幼儿园传统文化活动设计

吕一中 主编

北京理工大学出版社
BEIJING INSTITUTE OF TECHNOLOGY PRESS

版权专有 侵权必究

图书在版编目（CIP）数据

幼儿园传统文化活动设计／吕一中主编． -- 北京：北京理工大学出版社，2022.3

ISBN 978-7-5763-1119-8

Ⅰ．①幼⋯ Ⅱ．①吕⋯ Ⅲ．①中华文化-教学活动-教学设计-学前教育 Ⅳ．①G613.2

中国版本图书馆 CIP 数据核字（2022）第 038097 号

出版发行 /	北京理工大学出版社有限责任公司
社　　址 /	北京市海淀区中关村南大街 5 号
邮　　编 /	100081
电　　话 /	（010）68914775（总编室）
	（010）82562903（教材售后服务热线）
	（010）68944723（其他图书服务热线）
网　　址 /	http：//www.bitpress.com.cn
经　　销 /	全国各地新华书店
印　　刷 /	三河市天利华印刷装订有限公司
开　　本 /	787 毫米 × 1092 毫米　1/16
印　　张 /	23.5
字　　数 /	550 千字
版　　次 /	2022 年 3 月第 1 版　2022 年 3 月第 1 次印刷
定　　价 /	92.00 元

责任编辑 /	李　薇
文案编辑 /	杜　枝
责任校对 /	刘亚男
责任印制 /	施胜娟

图书出现印装质量问题，请拨打售后服务热线，本社负责调换

前　言

近年来，国家对学前教育越来越重视，随着幼儿教师地位的不断提升，幼儿教师的岗位能力也应不断加强。开展丰富多彩的教育活动是幼儿园工作的重要内容，而教育活动设计则是幼儿教师的基本岗位能力。《幼儿园教育指导纲要》中明确提出："幼儿园的教育活动，是教师以多种形式有目的、有计划地引导幼儿生动、活泼、主动活动的教育过程。""教育活动的组织与实施过程是教师创造性地开展工作的过程。""教育活动内容的组织应充分考虑幼儿的学习特点和认识规律，各领域的内容要有机联系，相互渗透，注重综合性、趣味性、活动性，寓教育于生活、游戏之中。"因此，幼儿教师应积极探究教育活动的设计方法，拓宽活动内容，摸索设计技巧，积累实施经验，提高教育活动设计的能力与水平。

习近平总书记强调："要继承和弘扬中华优秀传统文化，弘扬中华传统美德，弘扬时代新风，振奋中华民族精神。中华优秀传统文化是中华民族的突出优势，是我们最深厚的文化软实力。"传承与学习中华优秀传统文化对于个人、民族、国家乃至世界都有着非凡的意义，幼儿园开展中华传统文化教育活动意义深远。幼儿时期接受传统文化教育，对于幼儿的情感体验、社会认知、道德品质、人格修养等方面都能起到至关重要的作用。首先，传统文化教育对于幼儿的情绪和情感体验有着积极的促进作用。我们都知道，幼儿阶段的教育是启蒙教育，影响着幼儿的一生，《3~6岁儿童学习与发展指南》中针对小、中、大班各年龄阶段的幼儿对于自己的家乡、祖国、民族等概念有着明确的认知目标，因此，在教育启蒙时期开展传统文化教育，更有利于帮助幼儿建立并形成积极进取、健康向上、热爱祖国、热爱家乡等良好的情绪情感。其次，传统文化教育能够培养幼儿养成良好的道德品质与人文教养，中国优秀的传统文化中蕴含着丰富的人生哲理，如《孔融让梨》《司马光砸缸》等经典传统故事，让幼儿懂得谦恭礼让是美德，遇事要善于动脑筋想办法，从而帮助幼儿养成良好的道德品质；春节、端午节、中秋节、重阳节等中国传统节日，让幼儿了解传统节日习俗，懂得尊老敬老、纪念伟人、和睦感恩、阖家团圆是优秀的人文教养。再次，传统文化教育能培养幼儿高雅的人文艺术修养，如戏曲艺术作为我国重要的非物质文化遗产是中华民族的瑰宝，以京剧脸谱、皮影戏等为例，能让幼儿切身体会经典戏曲艺术独特而鲜明的中华文化特质、文化风采和神韵。最后，传统文化教育能够激发幼儿的好奇心和求知欲，传统文化有着深厚的底蕴与悠久的历史积淀，富含很多神秘色彩，这些奥秘使幼儿一探究竟的好奇心自然而然被点燃，如传统节日春节，放烟花爆竹是民间习俗，那么烟花爆竹是如何上天的呢？又是如何在天上形成美丽图案的呢？传统节日中秋节，《嫦娥奔月》的故事曲折感人，那么嫦娥又是怎么上天的呢？月亮上真的有玉兔吗？《后羿射日》的故事精彩神秘，但天上真的有10个太阳吗？等等。正是对这些问题的关注和兴趣，激发了幼儿科学探究的好奇心，从而可以培养他们科学探索的求知欲。

本书收取了来自北京学前教育职教集团成员单位中高职学前教育专业学生、幼儿园教师撰写的50篇教育活动设计案例，分别以大、中、小班为实施对象，以传统文化为活动内容，涉及中国传统节日、传统戏曲、传统技艺、传统故事、传统习俗等多个方面。

本书具有以下特点：

第一，内容具有适宜性。首先，书中的活动设计案例紧紧围绕"中华传统文化"这一主题，根据大、中、小班幼儿的年龄阶段和认知水平甄选了适宜的活动内容，如针对小班的幼儿，老师挑选了《包香包》这一简单易学的活动内容进行设计，考虑了幼儿的年龄特征。其次，活动开展的形式也比较适宜，老师们通过创设游戏情景、营造文化氛围，让幼儿在真实体验中感受传统文化的魅力，相比于单纯的说教、图片赏析等传统教学手段，这些新颖的形式更利于幼儿接受。

第二，设计具有可操作性。中国传统文化种类丰富，书中的活动设计案例涉及剪纸、包粽子、画脸谱、腌腊八蒜、下围棋、画瓷盘等多个游戏，让幼儿在有趣的体验操作中，通过做一做、玩一玩的方式体验中华传统文化的博大与魅力，幼儿的参与度高，在拓宽视野的同时还能激发学习动力。

本书存在的不足：

首先是丰富性有待加强。书中大班活动设计较为丰富，但中、小班活动设计较为单薄，应加强提炼和总结。另外，幼儿园教师对中华传统文化的认识与理解还可以加强广度和深度，加强学习与研究，筛选并挖掘适宜的素材扩充活动内容，如传统建筑、传统技艺、传统故事、传统游戏、传统风俗、传统美食等，都可以进一步扩充到教育活动内容中，通过丰富的活动体验加强幼儿对中华传统文化的热爱。

其次是创新性有待提升。现代学前教育需要在传承传统文化过程中加以创新，将传统文化中的精华和现代人的教育理念加以整合，以此丰富幼儿对于中国传统文化的认知，这方面的完善也需要进一步研究与探索。

本书可以作为中高职院校学前教育专业学生的教学案例参考书，也可以作为幼儿园教师教学、培训和教研活动的指导用书。书中的每个活动设计案例都可以成为幼儿园教师活动设计与实施的参考。希望本书能够为学前教育专业学生、幼儿园教师的专业成长提供帮助。

最后，感谢北京理工大学出版社为本书的撰写和出版所做的大量工作，也感谢其他所有在本书编写过程中给予帮助的朋友们！

由于作者水平有限，书中不足之处在所难免，真心希望广大读者批评指正。

目　　录

认识传统节日——春节 …………………………………… (1)
十二生肖（一） ………………………………………………… (9)
端午节活动 ……………………………………………………… (19)
辞旧迎新 ………………………………………………………… (26)
一起过端午 ……………………………………………………… (35)
十二生肖（二） ………………………………………………… (43)
京剧周 …………………………………………………………… (50)
快快乐乐过春节 ………………………………………………… (56)
元宵元宵乐开花 ………………………………………………… (63)
欢欢喜喜迎新年 ………………………………………………… (70)
京剧脸谱 ………………………………………………………… (78)
元宵节主题活动 ………………………………………………… (83)
喜迎中秋团圆 …………………………………………………… (92)
民族大家庭 ……………………………………………………… (105)
清明时刻 ………………………………………………………… (114)
欢欢喜喜过大年 ………………………………………………… (125)
认识少数民族 …………………………………………………… (130)
我们一起过端午 ………………………………………………… (135)
元宵节 …………………………………………………………… (146)
丰收节 …………………………………………………………… (153)
小熊游北京 ……………………………………………………… (159)
欢欢乐乐过元宵 ………………………………………………… (165)
被遗忘的国粹 …………………………………………………… (174)
传统节日之端午节 ……………………………………………… (180)
端午节 …………………………………………………………… (188)
二十四节气 ……………………………………………………… (195)
国粹京剧 ………………………………………………………… (203)
新年 ……………………………………………………………… (211)
纸文化 …………………………………………………………… (219)
中秋节 …………………………………………………………… (227)
初识中国传统节日 ……………………………………………… (233)
中国传统手工艺陶瓷的魅力 …………………………………… (240)
走进中华民族 …………………………………………………… (249)

非物质文化遗产——围棋 …………………………………………（256）
过年啦 ……………………………………………………………（264）
十二生肖（三）…………………………………………………（270）
文化传承 …………………………………………………………（276）
有趣的剪纸 ………………………………………………………（283）
中秋节的快乐 ……………………………………………………（293）
小成语大智慧——盲人摸象 ……………………………………（300）
年味活动之腌腊八蒜 ……………………………………………（306）
创意三折剪纸 ……………………………………………………（314）
包香包 ……………………………………………………………（318）
大手拉小手，给爱插上翅膀——感受爱、学会爱、传递爱 …（322）
中国影灯——皮影戏 ……………………………………………（330）
九九重阳节，浓浓敬老情 ………………………………………（338）
投粽子 ……………………………………………………………（350）
神奇的水拓画 ……………………………………………………（353）
百家姓 ……………………………………………………………（358）
穿越回没有文字的时代 …………………………………………（362）
附表：北京学前职教集团"传统文化活动设计"名单 ………（366）

认识传统节日——春节

> **申请人简介：**
> 我是来自北京经贸职业学院的学生安天琦，在学前教育专业学习期间，学习了许多关于学前教育的知识，而且越来越喜欢这个专业。在此次活动中我选择幼儿传统文化教育设计活动，是为了让孩子们对传统文化有最基础的认识，并喜欢上中国的传统文化。
> **所在单位：** 北京经贸职业学院国际经济贸易系2019级学前教育专业
> **适用班级：** 大班

一、设计意图

中国传统文化是几千年来中华民族努力创造并赖以生存的一笔巨大精神财富，一直受到全世界的高度重视。对幼儿的教育是人生的底色教育，人们从小开始学习中国传统文化能够在人生道路上以不屈不挠的精神面对一切困难和坎坷。传统文化对一个人的思想、性格、品行、礼仪、道德、气质、风度等各方面的塑造都起到了至关重要的作用，是值得幼儿家长和幼教工作者重视的事情，对处于人生起步阶段的幼儿，也是十分必要的。我认为幼儿学习传统文化的目的是：知道中华传统文化的起源及发展历程；继承中华优秀传统文化；自觉地弘扬中华优秀传统文化。

二、活动目标

（1）通过游戏学习关于春节的基本常识。
（2）激发幼儿的阅读兴趣，培养阅读习惯。
（3）让幼儿喜欢交往，与同伴友好相处，在交流时能够勇敢自信地表达，学会关心和尊重他人。
（4）能用基本准确的节奏和音调唱歌。
（5）能用多种工具、材料或不同的表现手法表达自己的感受，大胆发挥想象力。
（6）在艺术活动中能与他人相互配合，也能独立完成相关活动。

三、活动准备

关于春节的PPT、水彩笔、橡皮泥、红色和黄色卡纸、安全剪刀、视频、音乐、小气球等。

四、活动过程

课题一　年兽的故事

（一）活动目的

(1) 让幼儿了解年兽，知道春节的来历。
(2) 让幼儿知道贴对联和放鞭炮是春节的风俗。
(3) 让幼儿懂得感恩。

（二）活动教具

怪兽"夕"、神童"年"的图片，一串小气球（代替鞭炮），小对联，准备4~5组道具。

（三）导入环节

老师：小朋友们，你们知道正月初一是什么日子吗？（春节）那你们知道春节的由来吗？（不知道）我们今天讲一个小故事，了解一下春节的由来。接下来老师给你们讲一个小怪兽的故事。

很久以前，有个怪兽叫"夕"，它在每年的年关都要出来伤人，连保护老百姓的灶王爷也拿它没办法。于是灶王爷上天请来一位叫作"年"的神童，神童法力高强，用红绸和放在火中烧得噼啪作响的竹竿消灭了"夕"，这一天正好是腊月的最后一天，老百姓为了感谢和纪念"年"在这一天除掉了"夕"，就把农历每年的最后一天叫作"除夕"，把新年的第一天叫作"过年"。百姓希望家家都有年手中的红绸和竹竿，于是红绸和放在火中烧的竹竿逐渐演变成了家家户户过年时都有的红对联和鞭炮。

老师：老师已经把故事讲完了，所以一个叫"年"的小神童把谁消灭了？（夕）老百姓们为了感谢这位小神童把这一天叫作什么？（除夕）小神童把怪兽"夕"消灭之后，我们应该对小神童说什么呢？（谢谢）我们把除夕的后一天叫作什么呢？（过年）为了纪念这位小神童，百姓们做了些什么呢？（贴对联、放鞭炮）

（四）活动环节

老师用以上准备的教具绘声绘色地讲述年兽的故事2~3遍。然后把幼儿分成4~5个小组，每组准备一组道具，在老师的引导下，每个幼儿扮演不同的角色，把整个故事表演出来，加深故事在幼儿头脑中的印象。

（五）活动总结

用一个年兽的小故事做导入，引起幼儿对春节由来的兴趣。在老师的引导下，让幼儿了解除夕和过年是怎么来的。在这一天百姓们会放鞭炮、贴对联来阻挡年兽的到来，让幼儿了解春节的习俗。

课题二 燃烧烟花爆竹的危害

（一）活动目的

（1）让幼儿知道鞭炮是什么。
（2）让幼儿知道燃放烟花爆竹的危害。
（3）让幼儿知道保护自己的方法，避免危险的发生。

（二）活动教具

提前准备吹好气的小气球和大气球，用于展示空气污染和火灾照片的PPT；红色正方形卡纸30张左右，黄色长条纸，金色丝线，胶棒，牙签（仅老师使用）。

（三）导入环节

老师：故事中的老百姓放鞭炮、贴对联是为了什么呀？（为了消灭年兽）那鞭炮伤到年兽时是不是也会伤到老百姓呢？（会）百姓们在放鞭炮的时候是不是要注意安全呢？（是）我们在不伤到自己的情况下是不是就可以过一个开心的年了？（是）那么接下来老师就要告诉你们应该怎么保护自己和家人的安全。

老师介绍烟花爆竹的危害。

（1）燃放烟花爆竹会造成空气的严重污染，会直接导致幼儿的呼吸系统受阻，也会对人们的身体造成危害。
（2）燃放烟花爆竹的声音可能会让人们变得耳聋，听不见任何声音。
（3）燃放烟花爆竹会使幼儿受到惊吓，睡眠受扰。也会对人们的心理活动有影响，让人变得急躁，容易生气。尤其对老年人和婴幼儿的影响更大。
（4）燃放烟花爆竹容易引起火灾，尤其是在山上或树木比较多的地方，会引起大规模的火灾。

老师：所以，小朋友们在看大人们放烟花的时候，要躲得远远的，捂住自己的耳朵，也不要靠近烟花爆竹，更不能拿它们当玩具，否则会受伤。

老师：现在老师讲完了燃放烟花爆竹的危害，小朋友们回答老师几个问题吧！燃放烟花爆竹会污染什么？（污染空气）我们的耳朵也会怎么样呢？（听不到声音）（老师引导幼儿们说出来）宝宝和爷爷奶奶听到了会怎么样呢？（睡不着觉，听力下降）在森林里还会怎样？（引起火灾）小朋友们真棒！都答对了呢！

（四）活动环节

在讲述燃放烟花爆竹的声音会造成耳聋的时候可以运用大小不一样的气球，分别戳爆小气球和大气球让幼儿们体验声音的危害。在戳爆大气球的时候可以先让幼儿们在距离老师近一点的地方听声音，再让幼儿们距离老师远一点听声音。幼儿们会发现，在距离老师远的地方声音较小。以图片的形式告诉幼儿们气味会危害身体，还会引起火灾。活动结束后老师和幼儿一起总结烟花爆竹的危害。

老师：现在我们为了保护环境和人们的安全不能放鞭炮，所以我们是不是不能放鞭炮呀？（是）但我们可以动手做纸鞭炮挂在家里作装饰物，接下来老师教你们如何制作小鞭炮吧！（好）

老师：老师现在教小朋友们制作一个纸鞭炮吧！老师首先给大家示范一下，大家跟着老师一起做哦，做完后交到老师这里好不好呀？（好）

（老师开始制作，一步一步带着幼儿学习）

老师先示范如何做一个小的鞭炮。将红色正方形卡纸卷成一个小圆柱体，用黄色长条纸缠在红色圆柱体两端，用胶棒粘上，用牙签在红色圆柱体的两头各扎一个小眼，用金色丝线穿过。接下来让幼儿跟着老师一起做小鞭炮，让每个幼儿都跟着做，做一个纸鞭炮串。做好的鞭炮老师要保存好以备接下来的课题使用。

（五）活动总结

在这一环节中，老师告诉幼儿们燃放烟花爆竹的危害。让幼儿们通过老师捏爆气球的声音了解声音带来的危害，通过观看图片和视频让幼儿们知道燃放烟花爆竹会引起人们身体不适，严重的还会引起火灾。用一个纸鞭炮的小游戏激起幼儿们的兴趣，锻炼幼儿们的动手能力，让幼儿们在课堂上收获快乐。

课题三　我们一起过大年

（一）活动目的

（1）让幼儿知道春节的传统活动、特色食品，感受中华传统文化。

（2）让幼儿体验收压岁钱、拜年等习俗，使幼儿感受节日的氛围。

（3）鼓励幼儿勇敢地对别人说出新年祝福。

（二）活动教具

老师提前准备红色的纸包和模拟纸币，把不同面值的纸币放到红纸包中。

（三）导入环节

老师：故事中的百姓们放鞭炮除了要消灭年兽"夕"，还为了庆祝新年，那小朋友们知道过年我们都要干什么吗？（知道/不知道）那我们就以小组的形式来交流一下吧！你们可以在自己的图画本上画出来，一会儿老师会到每个组听听你们在讨论什么哦，开始讨论吧！（每组开始讨论，老师观察，3分钟左右）

老师：春节的时候人们通常会吃团圆饭、逛商店、买年货、贴春联、放鞭炮，小朋友们还会收到压岁钱。（在这里介绍什么是压岁钱，压岁钱代表大人对孩子的心愿与美好的祝愿）在春节期间，人们会准备糖果、年糕等。春节的特殊活动有拜年、扭秧歌、除夕守岁等。过年期间我们见到长辈、朋友都会说新年快乐，给您拜年了！

老师：小朋友们知道守岁是什么吗？（不知道）除夕守岁是最重要的年俗活动之一，大家通常彻夜不眠，等待新年的到来，我们称为守岁。守岁是对即将过去的一年的留恋，也是对新的一年的期盼。据说年龄大一点的人守岁有珍爱光阴的意思，年轻人守岁是为了延长父

母的寿命，所以我们在过年的时候合家团坐守岁，有美好的祝福和寓意。接下来我们玩个游戏好不好呀？（好）

（四）活动环节（拜年）

老师：现在老师教大家说新年祝福语。我们要对爷爷奶奶等长辈说"福如东海，寿比南山"；对同伴们说"新年快乐，万事如意"；对父母说"吉祥如意，心想事成，工作顺利"。小朋友们跟着老师一句一句学吧！现在我们找几位小朋友饰演不同的角色，我们表演一下，好不好？（好）

让不同的幼儿扮演不同的角色，如爷爷、奶奶、姥姥、姥爷、爸爸、妈妈、宝宝等，让幼儿相互拜年，说祝福语。

（五）活动总结

这个课题活动主要是帮助幼儿了解春节习俗。游戏拜年鼓励幼儿们大胆说出自己的祝福，既锻炼了幼儿与同伴的交流能力和语言表达能力，又能让幼儿学习如何给长辈拜年，学习了关于礼仪方面的知识。

课题四　包饺子

（一）活动目的

(1) 让幼儿了解饺子是春节的特色食物之一。
(2) 让幼儿初步学习包饺子的方法。

（二）活动教具

多种颜色的橡皮泥，小纸条或小纸团，各准备4~5组。

（三）导入环节

老师：小朋友们知道我们在春节的时候吃的最重要的食物是什么吗？（饺子）那你们知道为什么饺子是春节中最重要的食物吗？（不知道）在春节吃饺子寓意着新的一年喜庆团圆、吉祥如意，所以我们才会在春节的时候吃饺子。小朋友们会不会包饺子呢？（不会）那我们接下来玩一个包饺子的游戏好不好呀？（好）

（四）活动环节（包饺子）

游戏说明：以小组的形式进行比赛，看哪个小组最先包好3个饺子，幼儿们可以相互帮助，最终饺子数量最多、样子最像模型的一组获胜（由老师判定）。

老师先做好几个用橡皮泥包的饺子模型放到每个小组的桌子上，需要准备3种不一样的饺子模型，饺子的褶子尽量简单易学。

老师先将包饺子的步骤告诉幼儿，让幼儿尝试自己动手，在没有老师帮助的情况下看他们是否能单独包好一个饺子。10分钟后老师观察每组的情况，一步一步地教不会包饺子的幼儿包饺子。最后在做出来的成品上，让幼儿写上自己的名字，全部收上来放到展示区展示。

老师：接下来我们分成4个小组，小朋友们可以用桌子上的材料制作小饺子啦！小朋友们一起喊开始，然后我们就动手吧！1，2，3，开始了！如果有问题小朋友们要及时告诉我哦！（幼儿们开始制作）

（五）活动总结

在这个活动中告诉幼儿饺子是春节这个传统节日的特色食物之一，幼儿学习包饺子的过程锻炼了幼儿的动手能力和团结协作能力。

课题五　动手做年货

（一）活动目的

让幼儿知道春节有哪些特色标志。

（二）活动教具

白色的灯笼模型、彩纸、颜料、胶水、安全剪刀。4~5组纸门，高度按照幼儿平均身高制作（让幼儿可以够得着），胶水，双面胶，胶棒，8~10个灯笼，8~10组对联。

（三）导入环节

给幼儿们准备一张图，贴在黑板上，图片上是一所房子门口和屋内的照片，门口的柱子上挂着红灯笼，门框上贴着对联，窗户上贴着窗花，窗花是牛的图案，屋里的墙上挂着福字，让幼儿发现图中的装饰物。此过程可以播放音乐《新年好》。

老师：小朋友们快来看看，图片上面都有什么过年的标志物呢？（灯笼、窗花、对联、福字）小朋友们真棒。这些东西这么好看我们一起来做一做好不好？（好）

（四）活动环节

游戏一：制作动物灯笼

老师：小朋友们看看桌子上的东西，猜猜我们接下来要做什么呢？（灯笼）你们喜欢什么小动物呢？（猫、狗、兔子……）老师现在示范制作一个灯笼，小朋友们可以跟着老师一起制作哦！（老师带着幼儿们完成一个灯笼后）请小朋友们制作自己喜欢的灯笼吧！（好）

把幼儿们分为4~5组，让他们团结合作，要求每个幼儿都做出一个自己喜欢的动物图案的灯笼。

游戏过程

老师在讲台上摆放3~4种不同的动物灯笼，将白色的灯笼模型发到每个幼儿手里，准备彩纸、颜料、胶水、安全剪刀等工具供幼儿使用。老师先带着幼儿做一个完整的灯笼，让幼儿知道做灯笼的步骤，然后交给幼儿，以小组的形式每人制作一个灯笼。

首先给每个幼儿一个白色的灯笼模型，用颜料涂上自己喜欢的颜色。有需要的幼儿可以用安全剪刀在彩纸上剪出自己喜欢的小动物的图案,用胶棒粘在灯笼上。每个幼儿在做出来的成品上写上自己的名字,老师将全部灯笼收起来,在展示区展示。

游戏二:贴对联,挂灯笼

老师:现在墙上有这些门,小朋友们现在到自己小组的门前,和小组成员一起贴对联、挂灯笼吧。小朋友们只需要把胶水粘到对联或灯笼后面,然后贴正就好了。好了,小朋友们现在开始吧。

(五)活动总结

以图片和音乐的形式吸引幼儿的注意力。在老师的带领下,幼儿用自己喜欢的小动物做出动物灯笼,引发幼儿兴趣,让幼儿有做下去的欲望,让幼儿在游戏中体验制作灯笼的快乐。小组合作的形式锻炼了幼儿的动手能力和团结协作能力。

课题六 看花灯

(一)活动目的

(1)让幼儿有感情地演唱《看花灯》。
(2)让幼儿感受春节的喜庆氛围。

(二)活动教具

小手鼓若干(每个幼儿一个)。

(三)导入环节

老师:我们刚刚动手制作了这么多灯笼,接下来我们来听一个关于灯笼的歌曲《看花灯》吧。小朋友们在听的时候要注意音乐里都出现了什么样子的灯笼哦!(播放音乐)

(四)活动环节

老师:小朋友们在听《看花灯》的时候听到歌曲里都唱到了什么花灯?(狮子灯、鲤鱼灯、梅花灯……)对,小朋友们真棒!小朋友们伸出你们的小手,跟老师一起打拍子吧!小朋友们觉得这首歌的旋律怎么样呢?(欢快的)对的,老师现在一句一句教给你们怎么唱,好不好?(好)小朋友们的问题出在……我们在下次唱歌的时候要注意这个问题哦。

(五)活动总结

老师在带幼儿学习音乐的时候要耐心,要打着节拍跟幼儿一起学习音乐,让幼儿初步掌握韵律。在学习音乐的时候要关注幼儿的弱点在哪里,及时纠正,不要按照错误的方式一直唱下去。

五、活动延伸

课堂上的时间是有限的,幼儿园教师不是幼儿唯一的老师,家长也是幼儿认识世界的重要老师。春节是个阖家团圆的日子，在课堂上感受到的节日氛围不够浓厚，家庭是幼儿学习和感受的最好环境。例如，春节阖家团圆的时候我们通常会吃饺子，但即使不是春节，一家人围在饭桌上一起包饺子时，家长们教幼儿包饺子，可以让幼儿真切地感受到团圆的氛围。

幼儿们还可以阅读关于春节的绘本。我推荐的第一本书是《团圆》，这本书获得了首届"丰子恺儿童图画书奖"大奖，被美国《纽约时报》评为2011年十大绘本之一，也是《纽约时报》开评此项活动以来首部入选的中国作品，这本书可以让幼儿感受有关团圆的情感。第二本书是《春节》，这本书最民间、最生活、最温情，可以让幼儿在阅读中品味生活，感受中国文化。

六、活动反思

在此次以春节为主题的教育活动中，我认为应从两方面去反思如何把教育工作做好：一是老师怎么教，二是幼儿怎么学。就第一方面"老师怎么教"而言，我们要用通俗的、简单易懂的语言与幼儿交流，让他们更好地理解。以语言领域为例，我们不能原封不动地将神话传说直接讲给幼儿，应站在幼儿的角度去理解，转换成他们可以理解的语言。在我的设计中，借助教具来讲述关于春节的传说，虽然使幼儿理解起来容易一些，但是故事情节对于大班的幼儿来说可能过于烦琐，会使幼儿理解起来有障碍。这个问题在以后的教学中可能也会遇到，我们可以巧妙处理，把烦琐的故事变简单，让幼儿更容易理解。另一方面关于"幼儿怎么学"，以我的设计中关于语言领域的活动为例，幼儿最容易走神，也最容易集中注意力，我们可抓住这一特点，用在讲故事的时候借助教具、营造故事中的氛围等各种方法来吸引幼儿注意力，使幼儿能够更好地学习授课内容。就我设计中的健康领域活动而言，如果以直接的方式告诉幼儿燃放烟花爆竹的危害，可能使课程变得无聊乏味，幼儿可能听不下去。在以后的教学中传达知识时应该采用有趣的方式让幼儿学习。就我设计的艺术领域活动而言，在教幼儿学习歌曲的时候，不仅仅是多教几遍而已，应该引导幼儿在充分欣赏音乐的基础上，理解音乐，指出他们在学习中暴露出来的问题，引导幼儿关注、解决问题。老师也需要站在幼儿的角度去思考他们能不能更好地接受、是否有充足时间去消化已经学习的内容。

十二生肖（一）

> **申请人简介：**
> 我是李若，来自北京经贸职业学院国际经济贸易系，是一名大二学生。我的性格天真活泼，特别喜爱和小孩子一起玩耍。我的专业是学前教育，我选择的活动主题是《十二生肖》。
> **所在单位：** 北京经贸职业学院国际经济贸易系2019级学前教育专业
> **适用班级：** 大班

一、设计意图

《幼儿园教育指导纲要》中指出，社会性教育是在日常生活中，借助于日常生活，并且为日常生活而进行的教育。大班幼儿大多5~6岁，这个时期的幼儿自主性强，比较喜欢游戏活动。大班幼儿的活动更加具有目的性。幼儿们能够自主地控制游戏进行，有了自己的思维，也更容易提出稀奇古怪的问题。我之所以选择《十二生肖》来进行传导与教授，是因为动物是幼儿们都感兴趣的一个话题，大班的幼儿也对自己属什么感兴趣。幼儿们总会提问，"大家都是什么生肖呢？"

十二生肖的起源与人类对动物的崇拜有关。据湖北云梦睡虎地和甘肃天水放马滩出土的秦简可知，先秦时期即有比较完整的生肖系统存在。最早记载与现代相同的十二生肖的传世文献是东汉王充的《论衡》。十二生肖，又叫属相，是中国与十二地支相配以人出生年份的十二种动物，包括鼠、牛、虎、兔、龙、蛇、马、羊、猴、鸡、狗、猪。

十二生肖是十二地支的形象化代表，即子（鼠）、丑（牛）、寅（虎）、卯（兔）、辰（龙）、巳（蛇）、午（马）、未（羊）、申（猴）、酉（鸡）、戌（狗）、亥（猪）。随着历史的发展，十二生肖逐渐融入相生相克的民间信仰观念，表现在婚姻、人生、年运等方面，每种生肖都有丰富的传说，并以此形成一种观念阐释系统，成为民间文化中的形象哲学，如婚配上的属相、庙会祈祷、本命年等。现代，更多人把生肖作为春节的吉祥物，成为娱乐文化活动的象征。

我相信，此项活动能够让幼儿们更好地了解中国传统文化的魅力，也能让幼儿们了解自己与朋友及家人的生肖，促进中国传统文化的发展，让中国的传统文化发扬光大。

二、活动目标

（1）认知方面，让幼儿们知道十二生肖是中国特有的一种文化，以及十二生肖所代表的年份。

(2) 技能方面,让幼儿们知道十二生肖由什么动物组成以及它们的排列顺序。

(3) 情感方面,让幼儿们更加深切地感受中国传统文化的魅力。

三、活动准备

(1) 手工类准备:十二生肖的纸质头像。

(2) 软件类准备:十二生肖儿歌,十二生肖动画片。

(3) 操作材料准备:绘画的彩笔。

(4) 课前氛围准备:让幼儿询问家人的生肖。

四、活动过程

(一) 活动结构(图1)

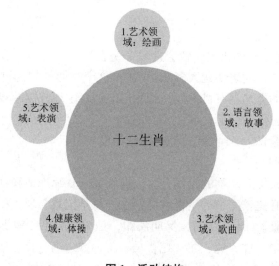

图1 活动结构

(二) 导入环节

播放十二生肖的动画片《十二生肖转圈跑》。

老师:小朋友们,让我们观看一个动画片来进行本次授课,大家说好不好?

老师:(看完动画片)你们都认识了什么动物呢?这些动物你们喜欢吗?如果让你们扮演,你们会选择哪个小动物呢?你们都会模仿什么动物的叫声或动作呢?让我们开始本次课的课程吧!宝贝们,你们准备好了吗?

课题一 绘画（艺术领域——美术）

老师：小朋友们，我们拿起画笔来画第一只小动物小老鼠（图2）。首先我们写一个"7"，在"7"下面写上"+"，再写一个"2"。小朋友们，你们知道7+2等于几吗？没错，就是等于9，你们太棒了！然后添上小老鼠的尾巴与小眼睛。我们的小老鼠就制作完成了。小朋友们，你们画得太棒了，都非常漂亮！

图2 小老鼠

老师：小朋友们，接着我们来画第二只动物大黄牛（图3）。我们先画出大黄牛的头，像一个皮球，再画出大黄牛的两只耳朵，大黄牛的两只角和两只眼睛，大黄牛的嘴巴和鼻子，然后画出大黄牛的身体。小朋友们知道大黄牛有几条腿吗？对的，你们太聪明了，大黄牛有四条腿，接着我们画出大黄牛的四条腿，最后画出大黄牛的尾巴，然后小朋友们给大黄牛涂上颜色。老师的大黄牛画好了，你们的呢？

图3 大黄牛

老师：接着我们制作第三只动物大老虎（图4）。首先我们画出大老虎的头。老虎是森林之王，所以我们在老虎的头上写上一个"王"。画出老虎的眉毛和眼睛，接着是大老虎的鼻子和嘴巴，然后画出老虎的身体尾巴。我们再给大老虎戴一个铃铛。小朋友们，我们还可以给大老虎戴朵小花以及其他装饰品，最后给大老虎涂上颜色。这样大老虎就画好了。

图 4　大老虎

老师：第四只动物是小兔子（图5）。小朋友们，你们知道兔子都有哪些特征吗？对的，小兔子有长长的耳朵，短短的尾巴，大大的眼睛。那么我们先开始画小兔子的长耳朵，接着画小兔子的头，然后画小兔子的身体，小兔子的腿，添上小兔子大大的眼睛和嘴巴，最后是小兔子短短的尾巴。小朋友们可以自由给小兔子涂上颜色。

图 5　小兔子

老师：第五只动物是天上飞的龙（图6）。我们先画龙的头，要画半个正方形，然后写一个大大的、倒着的"3"。对的，就是这样。接着我们画龙的两只角和胡须。小朋友们，龙的身体是什么样子的呢？对的，你们太聪明了，龙的身躯是弯弯曲曲的。画好龙的身体之后画龙的尾巴以及龙身上的鳞片，然后小朋友们可以用喜欢的颜色给自己的龙涂色。这样龙就画好了。

图 6　龙

老师：小朋友们知道第六只动物是什么吗？对的，它就是我们的小蛇宝宝（图7）。小朋友们知道小蛇宝宝都有哪些特征吗？没错，小蛇宝宝是弯弯曲曲的，它的舌头总是伸出来。首先我们画小蛇宝宝的头部，然后给小蛇宝宝画上眼睛，接着是它的嘴巴和长长的舌头。先画一个小圆，再画一个大圆，这就是小蛇宝宝的身体了。最后涂上你们喜欢的颜色，我们的小蛇宝宝就画好了。小朋友们画得真是太棒了，非常漂亮。

图7 小蛇宝宝

老师：接下来第七只动物——小马宝宝（图8）出场了。跟紧老师的步骤哦。画出小马宝宝的头和嘴巴，添上眼睛和耳朵。小马宝宝的鬃毛长又顺，身体高又壮。宝宝爱骑马，画上小坐垫。马儿跑得快，画出四条腿。添上尾巴和摇椅，马儿宝宝画好了。

图8 小马宝宝

老师：我们的第八只动物——小羊弟弟（图9）要出场了。小羊弟弟聪明又可爱，画出小羊弟弟的脸，一个半圆形，添上眼睛和嘴巴，小羊弟弟耳朵小小的，两个波浪线画出小羊弟弟的头发和身体。四只小腿短又细，小羊弟弟跑得快。让我们给可爱的小羊涂上颜色，这样小羊更加漂亮了。

图9 小羊弟弟

老师：接着让我们请出第九只动物——小猴子（图10）。猴子是个机灵鬼，一个大大的"3"包裹着一个小小的"3"。补全小猴子的面部，添上眼睛和嘴巴，画出猴子的前腿和后脚掌。猴子的尾巴长又弯，小猴机灵又可爱。小猴子要穿衣，宝宝们，快给它们涂上颜色。小猴子变得更漂亮了。

图 10 小猴子

老师：请出我们的第十只动物——小鸡宝宝（图11）。小鸡宝宝最好画，大圆小圆挨着画。小鸡宝宝眼睛圆又大，一只小嘴叼着虫，小鸡小鸡背着手，画出尾巴和小腿，小鸡宝宝就出现。最后请小朋友们给小鸡穿上花衣服，涂上自己喜欢的颜色。我们的小鸡宝宝就完成了。

图 11 小鸡宝宝

老师：轮到我们的第十一只动物——小狗宝宝了（图12）。小狗宝宝的耳朵大又厚。小狗宝宝的脸像半个椭圆形，两只眼睛炯炯有神，有了鼻子和嘴巴才可以呼吸和吃饭。接着画出小狗宝宝的身体，给小狗宝宝画上尾巴，最后给小狗宝宝带上一个铃铛。然后小朋友们自由发挥，给小狗宝宝涂上好看的颜色。老师的狗宝宝完成了，小朋友们都画好了吗？宝贝们，你们太棒了，画得比老师还要好呢！

图 12 小狗宝宝

老师：有请我们的第十二位小嘉宾——小猪佩奇（图13）。首先画出小猪佩奇的鼻子和头，加上眼睛和嘴巴，画上佩奇可爱的裙子，添上佩奇的手和脚以及它的尾巴，再画上佩奇的耳朵。最后小朋友们可以给佩奇涂上美丽的颜色。这样小猪佩奇就画好了。

图13　小猪佩奇

老师：小朋友们，我们的十二只小动物都画完了。举起你们手中的画，让老师瞧一瞧。哇，小朋友们画得真是太棒了！

课题二　十二生肖的故事（语言领域——讲故事）

老师：小朋友们，你们喜欢听老师讲故事吗？老师今天跟你们讲十二生肖的故事，好不好呀？不过呢，在老师讲故事之前，先让我们观看一个小动画片。

老师：（幼儿们看完动画片之后）老师再给小朋友们讲一下十二生肖的故事吧！

有一年，玉皇大帝过生日，下令让所有的动物在正月初九这天前来祝寿，并按报到顺序选定十二种动物作为通往上天之路的守卫，按年轮流值班。

当时小老鼠和猫是邻居，体大的猫常常欺负弱小的老鼠，小老鼠对猫是敢怒不敢言。猫有个贪睡的毛病，接到玉皇大帝的命令后，小老鼠窃喜：报复猫的机会终于来了。果不其然，在这一天，猫敲响了小老鼠家的门，请求小老鼠正月初九早上叫醒它一同前去给玉帝祝寿，小老鼠满口答应。可是，到了正月初九早晨，小老鼠没有叫醒猫便独自悄悄地出发了。

小老鼠虽然起得很早，跑得也很快，但到了宽宽的河边，面对着波涛汹涌的河水无法过河。它只好坐在河边等其他动物渡河时跳到它们的背上借以渡河。等了一会儿，较早出门的大黄牛走到了河边，小老鼠趁着大黄牛泅入水中的瞬间，敏捷地跳到大黄牛耳朵里，大黄牛平时就以憨厚、善于助人著称，它对小老鼠这种投机行为毫不在意。渡过了河，小老鼠觉得躺在大黄牛耳朵里既舒服又省力，就没有跳下来。傍午时，大黄牛载着小老鼠到了玉帝的家门外，大黄牛进门时，小老鼠迫不及待地从大黄牛耳朵里蹿出来，抢先跳到了玉帝面前。就这样，小老鼠得到了第一名，而载了小老鼠一路的大黄牛只得到了第二名。

后来，老虎、兔子、龙、蛇、马、羊、猴、鸡、狗也陆续到达，小猪最后到达。玉帝按它们报到的先后次序一一赐封它们为每年的轮值生肖，十二生肖的顺序就这样确定下来。

给小朋友们讲完故事后，老师问幼儿们几个问题。

老师：小朋友们都知道十二生肖的动物有什么了吗？是的，没错，十二生肖的动物依次有小老鼠、大黄牛、大老虎、小兔子、天上飞的龙、地上游走的蛇、在草原上飞快奔跑的马儿、在田地里低头吃草的羊儿、机灵可爱的小猴子、捉虫子的小鸡，还有看家护院的小狗狗，最后一个是我们的朋友小猪。小朋友们知道喜欢偷东西的小动物是什么吗？小朋友们真聪明，它就是小老鼠。请问小朋友们眼睛像铜铃一样大，喜欢吃草的动物是什么呢？没错，它就是大黄牛。那么小朋友们知道森林中的大王是谁吗？是的，是大老虎。爱吃胡萝卜，又白又软的小动物是什么呢？小朋友们真是太聪明了，它就是小白兔。小朋友们知道躲在云里吐泡泡的动物是什么吗？它就是天上飞的龙。有只动物好像一条又长又细的绳索，两只眼睛仿佛在绳索上，大人小孩儿都怕它，它就是小蛇。在古时，有只动物常常被当作运输工具，人们常骑在它的身上，它可以跑得很快，小朋友们，知道它是谁吗？是的，它就是小马。有只小动物喜欢吃草，会发出咩咩的叫声。你们猜这是什么动物？没错，它就是小羊。有只小动物机灵可爱，会爬树。是的，你们太棒了，它就是小猴子。太阳公公起来，它就喔喔叫。小朋友们，猜猜这是什么动物呢？没错，这是公鸡。坏人来了，它就汪汪叫。小朋友们，知道这是什么动物吗？是的，它就是我们的朋友小狗。最后一只小动物，它爱睡觉，会打鼾。是的，你们简直太棒了，它就是小猪。小朋友们太棒了，全部答对了，为自己鼓鼓掌。

课题三　十二生肖歌（艺术领域——歌曲）

老师：宝贝们，接下来，让我们听一首有关十二生肖的儿歌吧！

十二生肖歌

小老鼠打头来

牛把蹄儿抬

老虎回头一声吼

兔儿跳得快　兔儿跳得快

龙和蛇尾巴甩

马羊步儿迈

小猴精灵蹦又跳

鸡唱天下白　鸡唱天下白

狗儿跳　猪儿叫

老鼠又跟来

十二动物转圈跑　请把顺序排

请把顺序排

小老鼠打头来

牛把蹄儿抬

老虎回头一声吼

兔儿跳得快　兔儿跳得快

龙和蛇尾巴甩

马羊步儿迈

小猴精灵蹦又跳

鸡唱天下白　鸡唱天下白

狗儿跳　猪儿叫

老鼠又跟来
十二动物转圈跑　请把顺序排
请把顺序排

老师：教幼儿们唱这首儿歌，让他们跟着老师一起唱起来，跳起来。

课题四　十二生肖体操（健康领域——体操）

老师：小朋友们，大家全部站起来。现在我们来学习一个十二生肖的体操。首先我们观看一个视频，接着我们开始跟着视频一起跳。

小老鼠，吱吱叫，看到猫儿就跑掉。小老鼠，吱吱叫，看到猫儿就跑掉。小老鼠，吱吱叫，看到猫儿就跑掉。

牛伯伯，好强壮，看到红布向前闯。牛伯伯，好强壮，看到红布向前闯。

虎大王，最神气，森林之中没得比。虎大王，最神气，森林之中没得比。

兔宝宝，爱睡觉，走起路来蹦蹦跳。兔宝宝，爱睡觉，走起路来蹦蹦跳。

龙爷爷，最神秘，躲在云里猛吐气。龙爷爷，最神秘，躲在云里猛吐气。

小白蛇，小青蛇，摇摇摆摆最有趣。小白蛇，小青蛇，摇摇摆摆最有趣。

小马哥，跑得快，跑呀跑呀快快快。小马哥，跑得快，跑呀跑呀快快快。

羊咩咩，最贪玩，野狼来了快快跑。羊咩咩，最贪玩，野狼来了快快跑。

小猴子，吱吱叫，红红屁股摇摇摇。小猴子，吱吱叫，红红屁股摇摇摇。

大公鸡，小公鸡，早晨起来喔喔啼。大公鸡，小公鸡，早晨起来喔喔啼。

小狗狗，尾巴摇，坏人来了汪汪叫。小狗狗，尾巴摇，坏人来了汪汪叫。

小猪猪，胖嘟嘟，打个滚来踏踏脚。小猪猪，胖嘟嘟，打个滚来踏踏脚。

十二生肖顺口溜记忆口诀：一鼠二牛三虎头，四兔五龙六蛇口，七马八羊九金猴，鸡犬猪站最后头。

课题五　表演（艺术领域——模仿）

老师：小朋友们都学会了吧！接下来让老师带领大家，根据我们讲述的故事，演一个十二生肖的小话剧吧。首先我们再次观看一个小视频。

给幼儿们分配好小动物的角色，让幼儿们模仿各种小动物的动作以及叫声，在他们扮演的动物出场的时候表演出来。

以此结束本次的教学活动。

五、活动延伸

家园共育：让家长引导幼儿说出自己的生肖以及家人的生肖，使幼儿更加热爱小动物，从而激发幼儿对中国传统文化的兴趣。

六、活动反思

（1）教学方面：因为幼儿园大班阶段是幼儿身心发展的关键时期，他们有独特的年龄特点，喜欢自己探索一些事物，能够控制自己的情绪，动作发展更加完善，因此更加需要老师的细心指导。

（2）活动环节：幼儿基本上能很好并且主动地参与进来，但也有个别幼儿不能主动参与，这就需要老师的不断引导。通过这些活动，老师对幼儿的绘画能力、歌唱能力和表演能力都有所了解，有利于以后对他们加以引导，而且有利于教学的不断改进及发展。大部分幼儿都能积极主动地配合老师进行活动，极个别幼儿指令不清，需要进行细心的指导。综上，本次活动较成功。

（3）活动效果：本次活动幼儿的参与性较高，能够长时间保持高涨的情绪和注意力，虽然难度稍高，不过整体效果不错，以后可以多设计此类活动。

（4）活动总结：通过本次活动的进行，让幼儿们更进一步了解了十二生肖，促进十二生肖的传承，激发幼儿们对中国传统文化的热爱。

（5）个人总结：如果重新上这节课，我会选择稍微降低难度，并且增加游戏环节，使幼儿们更加快乐地完成课堂活动。

端午节活动

> **申请人简介：**
> 大家好！我是北京经贸职业学院的学生瑶美琪，从小就希望当老师。我认为当老师可以给学生们传授知识。我从小喜欢跳舞、唱歌，也很喜欢和小朋友一起玩，跟小朋友在一起玩耍交流让我觉得很舒服，很自由。由于小朋友的个性不同，我认为与小朋友们相处能让我迅速成长，所以我想要成为一名学前教育老师。
> **所在单位：** 北京经贸职业学院国际经济贸易系 2019 级学前教育专业
> **适用班级：** 大班

一、设计意图

为了让幼儿更好地了解中国传统文化，了解中国民间节日特有的韵味，初步了解端午节的风俗民情，感受中国的社会文化，我设计了本次活动。端午节有着一个有名的来历——屈原的故事，通过这个故事可以让幼儿了解为什么佩戴香囊及为什么插艾草，还可以知道端午节的习俗，如包粽子、赛龙舟等。本次活动适合大班幼儿参与，既能锻炼和发展幼儿的动手能力，又能增进幼儿对中国传统文化的了解和兴趣。通过一系列的活动可以让幼儿们产生探索欲望，一点一点引导他们，可以让他们大胆地表现自己的个性。

二、活动目标

（1）让幼儿们知道端午节的日期，了解端午节的习俗。
（2）增加幼儿们对中国传统文化的兴趣。
（3）让幼儿们能够积极、大胆地与同伴展开合作交流。
（4）提高幼儿们的动手能力。
（5）能增进幼儿与家长之间的关系。

三、活动准备

准备关于端午节的书籍《端午节》，小短片《端午节的来历》，小故事《端午节的习俗》，龙舟道具，泡好的糯米，粽子叶，大枣，豆沙，咸猪肉，小彩绳，PPT，龙头，船桨，小手鼓。
邀请幼儿家长来幼儿园一起参加活动。

四、活动过程

课题一　端午节的来历（社会和语言）

（一）活动目的

（1）让幼儿知道端午节日期及端午节是中华民族的传统节日。

（2）让幼儿了解端午节的来历和习俗。

（二）活动教具

PPT、书籍《端午节》、小短片《端午节的来历》。

（三）导入环节

老师：小朋友们知道什么是端午节吗？谁能告诉我什么是端午节呢？在这一天我们要干什么呢？我们要吃什么呢？（粽子）那我们首先来了解一下中国的传统文化吧。

（四）活动环节

首先我们看一个小短片《端午节的来历》。通过这个小短片，我们知道了什么呢？我们知道了端午节是哪一天，端午节要干什么，也知道跟谁有关。那是跟谁有关呢？对，是跟我国伟大的诗人屈原有关，他都做什么了呢？接下来老师给大家讲讲屈原的故事。

战国时代，楚秦争夺霸权，诗人屈原很受楚王器重，然而屈原的主张遭到以上官大夫靳尚为首的守旧派的反对，他们不断地在楚怀王面前诋毁屈原。楚怀王渐渐疏远了屈原，有着远大抱负的屈原备感痛心。公元前229年，秦国攻占了楚国八座城池，接着又派使臣请楚怀王去秦国议和。屈原看破了秦王的阴谋，冒死进宫陈述利害，楚怀王不但不听，反而将屈原逐出郢都。楚怀王如期赴会，一到秦国就被囚禁起来，他悔恨交加，忧郁成疾，三年后客死于秦国。楚襄王即位不久，秦王又派兵攻打楚国，襄王仓皇撤离京城，秦兵攻占郢城。屈原在流放途中，接连听到楚怀王客死和郢城被攻破的噩耗后，万念俱灰，仰天长叹一声，投入了滚滚激流的汨罗江。江上的渔夫和岸上的百姓听说屈原大夫投江自尽，纷纷来到江上，奋力打捞屈原的尸体。为了屈原大夫尸体免遭伤害，百姓们还拿来了粽子、鸡蛋投入江中喂食蛟龙水兽，有些郎中还把雄黄酒倒入江中，以便药昏蛟龙水兽。

小结： 每年的农历五月初五是中国传统节日端午节，端午节的来历，流传最广的是为了纪念我国伟大的诗人屈原。

展示一组图片——端午节的习俗，引导幼儿们了解端午节的习俗。

老师：接下来大家一起听老师讲故事，来了解端午节都干什么好不好？

有一个神奇的故事。很久以前，民间五谷丰登，家家户户大囤满小囤流。有一天，一位天上的老神仙化装成小老头来到一个村子里面，他走进一户人家，见一个妇女在用白面汤喂猪，汤中还有成块的饼和馒头，老人要饭，却遭到妇女的辱骂，连口水都没要到。老人见妇女如此恶毒，便在她家墙上写了一行字"明日起瘟病，全村人死光"。然后化为一阵青烟飞走了。第二天清晨，老神仙拿着瘟瓶来到村子上空，刚要撒药，忽然看见一条小河中，一位妇女抱着一个大孩子，领着一个小孩子，慌慌张张地过河，妇女说大孩子是她丈夫的前妻留下的，小孩子是亲生的，要首先照顾这个大孩子。老神仙很感动，拔了一棵艾草，告诉她插在门上便可免灾。这位好心的妇女回到村中，在每家每户门前都插上了艾草。瘟药无处落，全飘进海里去了，全村人都得救了，而这一天，正好是五月初五。

这天还有一个习俗，家家户户门前要挂一把菖蒲用以避邪，因为在大部分北方人眼中，农历五月是恶月，而五月初五更是恶日，菖蒲本是一种草药，人们认为能避邪驱瘟，逢凶化吉。这一习俗还有一个有趣的故事，性质却完全不同。故事说的是古时候有位穷秀才，娶了一位貌美能干的姑娘瑞英为妻。有一年大旱，眼看就要到端午节了，五月初四这天，瑞英心想，端午正逢自己的生日，想办得热闹一些，她见只有公公种的菖蒲青翠碧绿，便挖了几棵洗净后挂在门上，并题了一首诗在门前，自叹命苦。秀才傍晚回家来到门口，读了诗很是羞愧，返身而去，见田中有一头牛，旁边无人，便将牛牵走准备卖掉，没想到被牛的主人发现了，把秀才送到县衙。秀才将实情禀告知县，知县就派人把瑞英叫来，要她当堂作诗，瑞英要过笔墨，题上一首七绝，自比牛郎织女。知县大喜，免了秀才的罪，并送了秀才几十两银子，小两口谢恩，回到村中，开了一个酒店，从此过着美满幸福的生活。

小结：通过这个小故事我们知道在端午节人们要干什么呢？对，人们要插艾草、挂菖蒲。为什么要插艾草、挂菖蒲呢？是为了免灾，让不好的事情远离我们。

老师：除了插艾草，我们还有其他的习俗，所以小朋友们继续听老师讲哦。

从前，一条大河的边上有一个美丽的小村庄。住在这里的人们每天耕田种地，过着快乐的生活。这条大河里住着一个龙王，每年春天，当人们开始耕田的时候，龙王就会飞到空中腾云驾雾，天空就会下起绵绵细雨，田里的秧苗喝饱了水，都长得郁郁葱葱、生机勃勃。

可是这一年的春天，很长很长的时间都没有下雨。稻田干涸了，秧苗也枯黄了。焦急的人们不知道该怎么办。有一天，村子里的一个小女孩跟着妈妈去河边洗衣服，她们来到河边，小女孩学着妈妈的样子，拿着洗衣棒在河中敲打，一边敲一边嘴里念着："咚咚咚，咚咚咚……"声音传出很远很远，惊醒了正在河底深处睡觉的龙王。当天晚上，村子里的人们都做了同样的梦，在梦中，龙王说："亲爱的人们，很对不起，我睡着了，睡了太长太长的时间。现在我很想为大家降场大雨，可是我需要大家的帮助。请你们用大树做成我的样子，在河面上划行，这样我就能为你们降雨了。"第二天早上，人们醒来后纷纷来到山上，砍下又粗又壮的大树，做成漂亮的龙舟，在端午节这一天放到河中去划行。天空果然立刻下起了大大的雨，田里的秧苗开心地喝着水，很快就直起了腰杆儿。人们高兴极了，他们从心里感激龙王，从此每年端午节这一天，人们都会敲锣打鼓在河面上赛龙舟，祈福这一年风调雨顺、五谷丰登。

小结：这个故事告诉我们赛龙舟是要祈福每年风调雨顺、五谷丰登。

（五）活动总结

通过给幼儿们讲故事，引导幼儿们了解中国传统习俗，还可以通过儿歌让幼儿记住端午节要做什么。

课题二　包粽子（艺术）

（一）活动目的

（1）增进幼儿之间的交流和合作。
（2）增强幼儿的动手能力。
（3）培养幼儿的思维创新能力。
（4）增进幼儿与家人的交流。

（二）活动教具

粽子叶、咸猪肉、泡好的糯米、大枣、豆沙泥、小彩绳。

（三）导入环节

老师：小朋友们了解了端午节的来历、端午节的习俗，那我们这一天会吃什么呢？（粽子）老师给你们带来了很多很多的小粽子，你们每个人拿一个看一看，摸一摸，想一想，用一句话来说一说你手里的小粽子。

（四）活动环节

老师：小朋友们看了老师给大家带来的小粽子，这些都是别人做出来的，小朋友们要不要做一个属于自己的小粽子呢？这样就可以拿回家给自己的家人品尝啦。（要）好，那我们5个人一个小组，穿上小围裙，戴上厨师帽，哇，我们也是小厨师啦。小朋友们看到前面桌子上的材料了吗？我们要用这些东西做属于我们的又香又美味的小粽子。看到前面绿色的叶子了吗？那是小粽子的衣服，我们要给它洗个澡，让它变干净。洗完之后，跟老师学，把两片叶子叠在一起，这样里面的小糯米就不会流出来，然后卷成一个锥形，像小蜗牛的家一样，让小糯米住进去。接下来我们把泡好的糯米用勺子挖两勺放在里面，记住不要放多哦，因为一会儿还要把自己喜欢的馅儿放在里面，放好糯米之后在里面挖一个小洞，在洞里放上自己喜欢的东西，老师喜欢吃肉，所以就在里面放了一块肉，记住不要放得太多，不然就包不住了。放完了我们再铺一层糯米把它盖住。盖住之后我们把后面多出来的粽子叶对折盖住前面的馅儿，用手握住，然后用我们喜欢的小彩绳缠住，老师喜欢粉色的，所以就用粉色的把它缠住，最后再给它打个结，让它固定住。大家做好了吗？（做好了）哇，小朋友们的小粽子好可爱呀，看到我们面前的小锅了吗？里面的水开了就把我们包好的小粽子放在里面。煮好了，大家来品尝一下自己做好的小粽子吧，不要烫到哦，我们要吹一吹再吃。小朋友们包的粽子比老师包得都好。你们的小粽子让老师看得流口水了呢！快拍拍小手给自己一个大大的鼓励吧！小朋友们回家后，按照老师教的包粽子的方法，可以跟自己的家人一起包粽子哦，让家人也尝尝自己的手艺。

（五）活动总结

通过包粽子，让幼儿分享自己的劳动成果，既能展示自我个性，也能增进与家人的交流。

课题三　龙舟比赛（艺术）

（一）活动目的

（1）促进幼儿之间的团结合作。
（2）促进幼儿之间的积极交流。

（二）活动教具

龙头、船桨、小手鼓。

（三）导入环节

老师：我们了解了端午节的传统文化和习俗，还学了会包粽子，那小朋友们喜欢做游戏吗？我们今天玩一个非常有趣的游戏好不好？（好）这个游戏的名字叫赛龙舟。

（四）活动环节

老师：小朋友们每5个人一个小组，每个小组要有一个敲鼓的人，剩下的小朋友划船，大家都知道划船的动作吗？要把桨放在水里面，像这样，（小朋友的动作）对，这个小朋友好棒呀，做得对，我们都要像这个小朋友一样。划船的小朋友和老师一起来念："五月五，是端午，我划龙舟，你敲鼓，加油加油加加油！"每个小朋友都要说出来。我们要相互配合，每个小组站成一竖排，前面两个小朋友敲鼓要喊加油！好不好？（好）但是小朋友之间都要紧凑点，要跟上自己的小组，千万不要掉队哦，不然自己的小龙舟就散了哦，大家都明白了吗？（明白了）老师说开始的时候你们从这里一直划到对面的那个小竹竿的位置，老师们也会参加的哦。大家准备好，一定要注意安全，老师说开始的时候，前面拿手鼓的小朋友们要给后面划船的小朋友加油哦。好，比赛开始，加油！加油！哇，第一小组好快呀，其他的小组也不落后，老师队伍怎么落后了呀，快加油呀，不能输给其他的小组呀，加油老师组，加油小朋友们，在旁边的家长们一起给小朋友们加油吧！哇，第三组和第四组快要超过第一组了呢，好棒呀，好厉害呀。哇，其他小组也不示弱，最后第一小组赢了这个比赛，给第一小组鼓鼓掌，其他小组表现也非常好，老师组今天表现得不太好，不过没关系，我们下次继续努力，小朋友们给老师组加加油吧。（加油，加油）刚刚第二小组有个小朋友掉队了是怎么回事呢？（是因为他们划得太快了所以我才没有跟上的）是这样呀，没关系，我们也可以和自己的家人一起玩这个游戏。

（五）活动总结

通过节日风俗的游戏，让幼儿们感受到这些节日风俗的乐趣，也让他们体会到中国传统习俗的特殊之处。同时让幼儿知道输了比赛也没有关系，下次继续努力。比赛不重要，重要的是参与。

课题四 唱儿歌（艺术）

（一）导入环节

老师：通过刚刚老师给大家讲的故事，我们了解了端午节的由来，了解了端午节的习俗，老师教大家唱一首儿歌好不好？（好）

（二）活动环节

端午节

小手小手拍拍，小手小手拍拍。
五月五，是端阳。
吃粽子，加白糖。
插艾草，挂香囊。
赛龙舟，嘿咻咻。

老师：小朋友们跟我一起念一遍。

（三）活动总结

通过一首简单儿歌，可以让幼儿们更加清晰地记住端午节的习俗和文化。

五、活动延伸

这次的主题活动可以更加丰富。课题一可以多看几个小短片，让幼儿更充分地了解端午节，加上两个小故事，就可以让幼儿更清楚地了解传统习俗。在包粽子环节可以让幼儿和家人一起包，这样可以增进交流，如果在学校没有完成，可以留成作业让他们回家完成，拍照片或者视频，第二天让幼儿把照片带到学校里与大家分享，这样可以体现幼儿的个性。在赛龙舟环节，也可以让家长一起参与，让幼儿和家长一起比赛划船，这样可以增进亲子关系。最后可以教幼儿跳跳舞、唱唱歌，可以多教几首儿歌。

六、活动反思

通过这次的端午节活动，让幼儿了解中国传统文化和习俗。中国传统文化博大精深，通过这次活动，既能让幼儿互帮互助，也能促进幼儿与家长之间、与同伴之间的交流和沟通。让幼儿知道赛龙舟比赛输了也没有关系，因为比赛结果不是最重要的，更重要的是参与这场比赛。应该再多加一点儿歌和舞蹈，这样就能让幼儿更加喜欢这种有关传统节日的活动，也显得不那么生硬。

通过小短片引发幼儿们对端午节的兴趣，提高幼儿们对传统文化的兴趣。提出问题让幼儿们思考，让他们充分发挥想象力。通过小故事，让幼儿们知道端午节的习俗。再通过手工课，教他们包粽子，让他们感受包粽子的乐趣。如果再通过儿歌或者童谣来引入主题，会让幼儿们更加喜欢包粽子,如果增加视频教程,可以让幼儿们包得更好。回到家里,幼儿们可以和自己的家人一边唱一边包,让家长知道幼儿在学校里面学到了很多东西。在赛龙舟比赛的过程中我认为应该再分出几个组,这样能让幼儿更加团结互助,使活动更加有趣。

应该再多放几张 PPT,这样可以让幼儿们将注意力集中到端午节活动里。在课堂上,我们要积极鼓励幼儿,要在某一时刻针对某一方面夸奖幼儿,不能给幼儿压力,就算幼儿做得不太好,也要委婉提出,在课堂上要让幼儿们积极回答问题,让幼儿们的思路跟着老师走,激发幼儿们的动手能力和思维能力。所有设计活动要环环相扣,我认为我的活动不是那么顺畅。要通过多种思路让幼儿们了解中国传统文化和习俗。

辞旧迎新

> **申请人简介：**
> 我叫侯婉秋，是一个阳光向上的女孩，我一直很喜欢小朋友，喜欢玩小游戏，也喜欢创造游戏。我从小热爱艺术类活动，对学前教育有着浓厚的兴趣，因此我也对学习学前教育产生了浓厚的兴趣，希望能通过自己的努力对未来的教育研究做出一点点贡献。
> **所在单位：** 北京经贸职业学院国际经济贸易系 2019 级学前教育专业
> **适用班级：** 大班

一、设计意图

春节是所有节日当中持续时间最长、最热闹欢快的一个节日，幼儿们每年都会参与其中。为激发幼儿们的学习兴趣，增加他们对中国传统文化的了解，提高他们对春节的认知，从活动中开拓视野，从欢乐中感受到传统文化，我设计了本次活动。通过本次活动，可以让幼儿们感受过年时的景象，认识生活，拥有更多体验，丰富阅历；可以让幼儿们表达自己在过年时的想法与心得，以神话传说及小故事的形式让幼儿们更好地接受历史的发生和故事的寓意。

通过设置多样化的活动让幼儿们提升认知，并从艺术、健康、社会、语言、科学这五大领域中感受中华传统文化的博大精深与趣味性，从中学习一些道理和礼节，做一个懂礼貌、讲礼仪、知辛苦的好孩子。幼儿们在活动中不仅可以了解历史知识、传统文化、传统礼仪礼节等，还可以了解很多事情的利与弊。比如为什么要过年，为什么要打败年兽，为什么烟花爆竹是驱邪避害的，同时也可以让幼儿们知道烟花爆竹的危险性，使幼儿们具有安全意识。以春节的主体为代入，引发幼儿共鸣，身在其中，主动表达自己，展示自己。

二、活动目标

活动目标如图 1 所示。

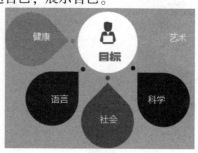

图 1　活动目标

（一）健康领域

1. 具有一定的适应能力

幼儿们能够在班级内部的活动中积极参与，参与过程不怯场。

2. 具有一定的平衡能力，动作协调、灵敏

幼儿们可以积极参与小歌曲唱跳活动以及游戏环节，在活动过程中认真学习与模仿，注意动作要协调，避免绊倒摔跤等状况。

3. 具有一定的力量和耐力

幼儿们在活动进行中，不中途离开，不中途放弃，积极配合并完成活动。

（二）语言领域

1. 具有文明的语言习惯

幼儿们在故事以及文学类的学习中，能认识到什么是文明语言并对同伴以及长辈使用文明语言。

2. 喜欢听故事并全神贯注

幼儿们在老师讲故事的过程中能够深入其中，代入感情。

3. 具有初步的阅读理解能力

幼儿们能够找到一篇自己喜欢的故事并说出自己的感受。

4. 具有表达愿望的初步技能

幼儿们能够在活动环节中获得自己想要的答案并学会分享。

（三）社会领域

1. 喜欢交往并适应群体

幼儿们多接触新鲜事物，在活动中尝试与他人合作并适应环境。

2. 能与同伴友好相处并关心、尊重他人

幼儿们在合作过程中不与同伴起冲突并且谦让他人。

3. 遵守基本行为规范

幼儿们在活动中能够跟随老师的步伐，按规则把活动进行下去。

（四）科学领域

1. 喜欢探索问题，并具有初步的探索能力

幼儿们要有一颗好奇心，去探索自己感兴趣的东西。

2. 在探索中认识周围事物和现象

幼儿们在探索新事物的同时认识新朋友，发现新现象。

（五）艺术领域

1. 能够感受和欣赏多种艺术形式和作品

幼儿们能够清楚地感受一件事物的形象并提出自己的观点。

2. 喜欢艺术活动并大胆表现

幼儿们通过自己大胆想象，在艺术活动中创造出自己的作品。

3. 具有初步的艺术表现和创造能力

幼儿们通过画画、创造等方式发现艺术的魅力与价值。

三、活动准备

灯笼、春联、窗花、福字、胶带、儿童画笔、儿童画本等。

四、活动过程

（一）导入环节

老师：小朋友们，我们每年的冬天都会做什么啊？是不是每年都有一个节日叫作春节？

幼儿：是的。

老师：那么宝贝们，我们春节都是在哪里过的呢？

幼儿：在家里。在奶奶家，在姥姥家……

老师：好的宝贝们，那我们在家里都是怎么过春节的呢？请小朋友们给大家分享一下好不好？

幼儿：我们每年在家里都会观看春晚，还会吃很多好吃的。我们家会包饺子，很多家人都会回家一起过年。过年我会收到红包，过年家里会有很多哥哥姐姐一起玩耍，过年还能看到烟花……

老师：哇，原来过年的时候大家的家里都这么热闹呢！老师家里也跟大家一样热闹又有趣呢。那么宝贝们，你们知道我们为什么要过年吗？

幼儿：因为希望努力工作一年的大人们都聚在一起，可能是因为这个时候大家都放假了。

老师：好的宝贝们，大家说得都很不错。但是春节是源于一个传说，大家想不想知道啊？

幼儿：想！

老师：那么接下来，就让老师来给你们讲一讲关于春节的传说……

（二）活动环节

活动一：年兽的故事

老师：宝贝们仔细听哦！接下来老师给大家讲一个年兽的故事。

在古时候，有一个野兽，头上有一个尖尖的角，眼睛总是瞪得很大，爪子又大又厚，嘴里还长着一口尖利的牙，特别凶悍。它会摇着自己的大尾巴并且挥舞着厚重的大爪子走在路上，嘴里还发出"年——年——"的声音，可怕极了。所以大家给它起了一个名字叫作"年"。（图2）

"年"爱睡觉，很怕热，所以它一年365天每天都在海底睡着。只有在每年冬天最寒冷的一个晚上

图2　年兽

（也是除夕那天），它才会醒过来，爬上岸走到村子里的每个角落觅食。它会吞食牲畜和村民们。只要年兽一出现，人间便遭了殃——无论是人还是动物，只要被它看见，都会被吃个精光。这可把当地的村民们都吓坏了，所以每到除夕这一天，村民们都相互转告并做好措施，关门的关门，逃走的逃走，来躲避"年"的伤害。

在这一晚，家家户户都提前做好晚饭，将炉火熄灭，再把牲口拴好，关紧门窗。做完这一切后，大家才躲在屋子里吃"年夜饭"。

不久，夜幕降临，年兽蹿上岸，一路嚎叫着奔向人类聚居的村落，准备大吃一顿。但这时，家家户户都紧闭着门窗，街上静悄悄的，一个人都没有，年兽只好饿着肚子返回深山里去了。

可是，有一年除夕，从村外来了个乞讨的老人。村里依旧是慌乱收拾的情景，没有人理会他，只有村东头一个善良的老婆婆给了这个老人一些食物，并劝他赶快上山躲避"年"。然后那个老人把胡子撩起来笑道："婆婆若是让我在家待上一夜，我一定把'年'赶走。"老婆婆没有将那个老人的话放在心上，继续劝说，乞讨老人笑而不语。

到了半夜时分，"年"闯进村。它发现村里的气氛跟以往变得不一样了，村东头的老婆婆家，门上贴了大红纸，屋内灯火通明。"年"心慌了，浑身一抖，怪叫了一声。将近门口的时候，院内突然传来"噼里啪啦"的炸响声，"年"浑身战栗，再也不敢往前凑了。这是因为"年"最害怕的就是红色、火光和炸响声。这时，老婆婆的家门打开，只见院内一位身披红袍的老人在哈哈大笑。"年"大惊失色，狼狈逃窜了。

第二天是正月初一，避难回来的人们见村里安然无恙，十分惊奇。这时，老婆婆恍然大悟，赶忙向乡亲们诉说了乞讨老人的许诺。这件事很快在周围村里传开了，人们知道了驱赶"年"的办法便非常安心。从此之后的每年除夕，家家贴红对联，燃放爆竹；户户烛火通明，守更待岁。初一一大早，还要走亲访友道喜问好。这些风俗广泛流传，成了民间最隆重的传统节日。

故事问答

老师：小朋友们，大家听了这个故事后，了解到了什么呢？

幼儿：我知道年兽害怕火和鞭炮！我知道过年是因为一个野兽引起的……

老师：小朋友们说得都非常好，我们显然已经知道了年的由来。我们在过年的时候还有许多的习俗对不对？那么下面老师讲关于过年的另一个故事好不好啊？

活动二：小蚂蚁米米

老师：小朋友们要仔细听哦！

从前有一只可怜的小蚂蚁，名叫米米（图3）。自从失去了爸爸和妈妈，米米就再也没有穿过新衣服了。

图3　小蚂蚁米米

雪花飘，新年到，小朋友，穿新袄。
雪花飘，新年到，小朋友，穿新袄。
又过新年了。孩子们蹦蹦跳跳唱着歌儿，等着过年哩。
米米很难过地站在窗前抹眼泪。
它为什么会哭呢？原来它没有了爸爸妈妈，没有人给它买新衣服了。真是个可怜的小朋友。
叮叮当！谁会敲门呢？米米擦干眼泪，打开门一看，咦，居然是邻居小蚂蚁丁丁。
"米米，你好，明天是大年初一，你来我家吃饺子吧！"丁丁真诚地邀请。
"这，这合适吗？我，我……"米米不知该说什么好。它很感动，可是有点难为情。
丁丁看穿了它的心思，便说："米米，你来吧！是我妈妈让我来请你的。"
"谢谢你！"米米心里热乎乎的。可是，它低头看了看自己，身上穿着又脏又旧的衣服，怎么去丁丁家呀！米米低头摆弄着衣角，越想越难过，眼角泛着泪花。
丁丁看在眼里，它拍着米米的肩膀说："说好了，一定去啊！"说完，丁丁就走了。
第二天一大早，米米就醒了。有好多香味从窗外飘进来。
"叮叮当！"有人敲门。"这么早，谁呀？"米米打开门，原来是丁丁。
"米米，这是送给你的，快穿上，看看合适不？"丁丁从身后取出一件漂亮的黑色夹克衫。
好漂亮呀，米米简直不敢相信自己的眼睛。"送给我的？"它激动得说不出话来。要知道这对于米米来说，可是一件很不容易的事情。
丁丁帮米米换上夹克衫，啊，米米好精神，好漂亮啊！丁丁说："走，我妈把饺子做好了，等着咱们去吃呢！"
"你们对我真好！"米米打着颤儿，可那不是寒冷，而是幸福。
老师："宝贝们，米米的过年方式和大家一样吗？"
幼儿：不一样！
老师：那么米米和我们的过年有什么不同呢？
幼儿：它没有家人的陪伴，也很少有新衣服和好吃的。它在冬天很冷……
老师：那宝贝们，它为什么会哭呢？
幼儿：因为它没有爸爸妈妈的关爱，也没有人给它买新衣服。
老师：那它为什么又感到幸福呢？
幼儿：因为它遇到了一个很好的朋友啊。因为它的好朋友送它衣服，带它回家吃饭……
老师：宝贝们，你们是幸运的，有米米没有的来自爸爸妈妈的爱。但米米因为获得了友谊而变得幸福。老师讲这个故事，是想告诉大家，无论是亲情还是友情都是很重要的，所以我们一定要给身边的人多一些关心和照顾，互帮互助、团结友爱。在家里也要多理解爸爸妈妈的辛苦，不要让他们担心着急。

活动三：热闹的一家亲

1. 游戏规则

在教室中用灯笼、窗花、福字、对联等活动用具布置教室（图4），仿造家庭场景，并让幼儿们以扮演角色的方式模拟过年的情景。幼儿们发挥自己的想象，演绎过年的场景，要有一定的参与感和真实感。

图 4　布置教室

2. 活动引入

老师：宝贝们，看到了米米过年，让我们想到了过年的氛围，欢快又热闹。那么大家喜不喜欢过年呀？

幼儿：喜欢！

老师：那么宝贝们来分享一下，你们为什么喜欢过年呢？

幼儿：因为过年的时候家里会做很多我喜欢吃的饭菜。过年还可以和哥哥姐姐、弟弟妹妹一起玩。还会吃到饺子，里面会放幸运的硬币。会有好多红包和礼物。还能穿很漂亮的新衣服……

老师：原来过年有这么多有趣的事情啊，接下来我们做一些热热闹闹、有趣的事情好不好呀？

幼儿：好。

老师：好的宝贝们，现在让我们来模拟过年的场景，一起做一个游戏吧！

老师：我们会有很多不同的角色，就像是过家家一样，在这里我们过一次春节。现在老师给大家讲一下角色，有爸爸、妈妈、爷爷、奶奶、叔叔、婶婶、哥哥、姐姐、弟弟、妹妹、主人公小朋友小懿以及她的好伙伴们。如果宝贝们有特别喜欢的角色，现在就举起你的小手，大声地告诉老师你想扮演一个什么样的角色好不好？

幼儿：老师我想当主人公小朋友！我也想当小懿！我想当妈妈！我想当姐姐！我想当叔叔！我想当小伙伴……

老师：宝贝们的积极性都很强啊，大家都是积极参与的好宝贝！可是呢，有的角色只需要一个小朋友，这时我们应该怎么做呢？我们是不是要做一个会谦让的好宝宝啊？其实每个角色都是很重要的，是没有好坏之分的。所以，几个想演相同角色的小朋友，大家相互讨论、商量一下，看看最后谁来演这个角色好不好？

幼儿：好。

3. 活动内容

老师：宝贝们，我们已经分好角色了，接下来，大家要根据自己的角色和老师的指令开始做哦!

老师：开始了哦！现在，是过年的前夜，"爸爸""妈妈"正在布置家里（图5）。过年要红红火火的才好看。首先，"爸爸"要挂上灯笼，每年过年，"爸爸"都会提前一天将灯笼高高挂起。灯笼是春节的象征，它又红又圆很好看，预示着团圆和喜庆。"妈妈"看到高高挂着的灯笼心情也变得激动起来，心里想着大家都会回来过年，要给他们做一顿可口的饭菜。于是，便进了厨房准备大餐，一边哼着歌，一边准备菜。

刚挂完灯笼的"爸爸"想起来门上的春联还没有贴，所以就过去贴春联。贴完春联，看着厨房忙碌的"妈妈"，不想"妈妈"分心就去叫了小懿："宝贝，快过来和爸爸一起贴福字！""好的，爸爸！"小懿说道。她看着"爸爸"贴的福字是反着的，疑惑地看着"爸爸"问道："爸爸您怎么把它贴倒了？""爸爸"笑了笑说："宝贝，这是预示着福气到了呀，让福气来我们家，所以故意倒着贴。"小懿顿时就明白了，拍手叫道："福气来我家了，福气来我家了！"

(a) (b)

图5 布置家里
(a) 景象一；(b) 景象二

这时小懿的爷爷奶奶也到了，手里提着好多特产，是特意从老家带给他们吃的。"爷爷奶奶！"小懿看到他们便高兴地扑过去。"爷爷""奶奶"："哎，大宝贝真乖！我们给你带了好多好吃的。"话音刚落，小懿的叔叔婶婶、舅舅舅妈带着哥哥姐姐、弟弟妹妹们来拜年了。"叔叔""婶婶"："大家过年好啊。""过年好啊。""爷爷""奶奶"笑着说。小懿："我祝大家新年快乐，爷爷奶奶身体强健，长命百岁。叔叔婶婶、舅舅舅妈工作顺利，爸爸妈妈越来越年轻，哥哥姐姐、弟弟妹妹每天都开心！""叔叔"："这小嘴可真甜呐！""妈妈"也做好了饭菜端了出来，说道："大家快坐下吃饭吧，我们一起好好过个年！"

吃完饭后，小懿的邻居和小伙伴们也来拜年，大家一起放烟花堆雪人，玩得不亦乐乎。回到家，小懿和她的哥哥姐姐、弟弟妹妹一起贴窗花，嬉戏玩耍。不知不觉便度过了这美好的一天。

老师：宝贝们，大家都完成得非常好，都是最棒的小宝贝！无论什么角色都演绎得非常好，你们真是太厉害了！

活动四：心目中的春节

老师：宝贝们，我们经过了模拟春节，营造了家的气氛，非常开心，对不对？

幼儿：对！

老师：那我们有没有想到家里面过年的情景啊？下面我们来画出自己想象的家里面过年的样子，也可以把自己想象中的春节画出来。画完后我们给大家分享，展示出来（图6）。

……

老师：哇！宝贝们，你们的想象力也太丰富了，画画能力也很棒！

宝贝们，一个精彩的年，最重要的是有家人陪伴，和家人一起过年才是最完整的年，所以宝贝们要多跟爸爸妈妈分享，也要多帮助爸爸妈妈，多和他们一起去做你们喜欢的事情。

图6　幼儿绘画作品
(a) 作品一；(b) 作品二；(c) 作品三；(d) 作品四

五、活动延伸

(1) 引导幼儿们用在幼儿园学到的装扮新年氛围的方式去装扮家里。

(2) 每年在这个特殊的日子，家长可以用照片记录幼儿的成长。

(3) 幼儿们画的这些画充分表现了对过年的渴望，可以让他们把画送给爸爸妈妈保存，并和爸爸妈妈讲述画中的意义，还可以与爸爸妈妈合作再画一幅画，与爸爸妈妈互动，提升感情。

(4) 幼儿可以在过节的时候给家里展示自己课上学过的东西。如贴窗花、贴春联、给家人讲故事等。

(5) 家长们也可以认真地准备一些东西，做做小游戏、手工艺品，让孩子们每年都能过一个难忘的春节，让家里的气氛更加热闹，增进一家人的感情。

六、活动反思

通过这次春节活动,仿佛又让幼儿们回到了过年时开心的氛围中。这次活动我们间接地培养了幼儿们的好习惯,让他们把自己画的画带给家长们看,让家长们知道其实他们的想法很单纯,一定不要磨灭他们的这份童真。

越长大年味越淡,因为人们很少像小时候一样一家人围着一台电视一起看节目,一起放烟花爆竹了。但是,通过这次活动幼儿们也已经知道过年时要一家人在一起开开心心地团聚,这才是最重要的。最后,不管什么事都要听听幼儿们的心声,了解他们的想法与感受。

一起过端午

申请人简介：
我叫叶永静，热爱教育事业，儿时就立志要当一名光荣的幼儿教师。入学时义无反顾地选择了学前教育专业。我喜欢与活泼可爱的孩子们在快乐的游戏中学习知识。我已在校学习一年，恰好学校组织关于学前教育的活动，便开心地参加了此次比赛。我选择了关于传统文化教育活动的设计。
所在单位： 北京经贸职业学院国际经济贸易系 2019 级学前教育专业
适用班级： 大班

一、设计意图

近年来，传统节日日渐被人们遗忘，人们似乎忽略了传统节日的深远意义和存在价值。相反，国外的节日却逐渐为人们所喜爱和追求，比如西方的万圣节、圣诞节。对于此，我们绝不能坐视不理，因此我们要追溯历史、了解历史，继承和发扬我国的传统文化。良好的爱国热情要从幼儿抓起，本次主题的设计就是为了激发幼儿对中国传统文化的兴趣与探索欲，更好地了解端午节，感受端午节丰富的文化内涵，激发幼儿初步的爱国主义情怀，认识传统文化在中国的重要地位并应用在实际生活中。我的活动安排如图1所示。

（1）语言：了解端午节；
（2）社会：感受端午节的氛围；
（3）健康：大龙舟和大粽子绘画；
（4）艺术：五月五过端午舞蹈和包粽子实践活动。

图1 活动安排

二、活动目标

（一）认知目标

（1）初步了解端午节是我国的重要传统节日。
（2）能准确无误地说出端午节的日期和当天的传统活动。

（二）情感目标

（1）能身临其境地感受到端午节的氛围，让幼儿们更加深刻地融入端午节的氛围中。
（2）能够感知要表达的爱国主义情感并尊重历史、铭记历史，树立继承和发扬中国传统节日的责任意识。

（三）技能目标

（1）幼儿们能够熟练地画出赛龙舟和包粽子的图画并能够学会《五月五过端午》的舞蹈，动作整齐划一，铿锵有力，富有活力，富有激情。
（2）幼儿们能够熟练地背诵诗歌《五月五过端午》并在课后邀请家长一起参与背诵；学会包粽子。

三、活动准备

（1）布置"赛龙舟"的场景。
（2）班级中陈列幼儿们收集的关于端午节的物品，如艾草、粽子、鸭蛋、香包等。
（3）各班以端午节为主题更换主题墙饰，展示幼儿们参与端午节活动的全过程及在活动环节中的发现、收获和体验。

以"我的调查""我的发现"等为主题展示幼儿端午节活动进展，如有关端午节的问题以及端午节的传统与习俗方面的资料等。

（4）提供与主题相关的操作材料。
①图书角。提供有关端午节的图书、图片，供幼儿们欣赏、阅读。
②体育角。提供"赛龙舟"游戏所需要的竹竿、彩条、纸棍、小旗等，供幼儿们游戏。
③动手区。大班提供纸、线等材料，供幼儿们包粽子、缝香包、编鸭蛋网。
（5）家长园地。介绍主题活动中需请家长配合的内容、主题活动的进展情况等。
①请家长协助幼儿进行相关资料的调查及收集，丰富幼儿的相关经验。
②请家长来园参加活动，和老师、幼儿共同感受节日"做做、玩玩、尝尝"的快乐。
③在本地组织"赛龙舟"活动时，组织全班前往参观并摄影留念。

四、活动过程

课题一　了解端午节

（一）活动教具

故事书、图画、装饰用的大龙舟、大粽子、大鸭蛋和大香包。

（二）导入环节

老师：小朋友们，你们看看今天班级里的装饰和我们平时的装饰有哪些不一样的地方？是的，今天的装饰有大龙舟，有又绿又大的粽子，有五颜六色的大鸭蛋，还有五颜六色的大香包，大家知道这些都是关于什么的吗？这些都是为端午节准备的。小朋友们，你们想知道端午节是怎么来的吗？那仔细听老师给你们讲故事吧。

（三）活动环节

1. 老师给幼儿们讲端午节由来的小故事

老师：从前有个爱国的诗人名叫屈原，一心想要报国，然而他的君王却并不理睬他，当他获悉家破人亡时，便决定不再忍受屈辱，于五月初五这天投江自尽。百姓们知道这是位爱国的君子，不想他的身体被江里的鱼兽吃掉，便往江里投放糯米、鱼肉、鸭蛋来保护他的身体。这些习俗被后人传承下来，就有了端午节。端午节是每年农历的五月初五，又称端阳节、午日节、五月节、夏五、重五等，是我国重要的传统节日，也是为了纪念伟大诗人屈原的节日。

2. 老师带领幼儿们看图画

老师：小朋友们，你们看见桌子上的图画了吗？现在我们看第一张图片，这是什么？是大龙舟。看下一页是什么？是大粽子，粽子穿着绿绿的衣服呢。看这是什么？是香包对吗？我们接着看，这是什么？对了，是鸭蛋。

3. 老师带领幼儿朗读诗歌《五月五过端午》

老师：小朋友们知道端午节是怎么来的了，那现在我们一起来读关于端午节的诗吧。老师一句你一句哦。

五月五过端午节

五月五，过端午；
划龙舟，敲锣鼓；
一二三四五；
我来划船你打鼓。

小朋友们读得真棒，我们再来一遍。

（四）活动结束

老师：小朋友们记住端午节的由来了吗？那么谁愿意再说说呢？嗯，非常好。记住我们今天学的诗歌《五月五过端午》了吗？好的，非常好。回家一定要把这首诗背给爸爸妈妈听哦，再一起录个背诵的小视频吧。

课题二　感受端午节的氛围

（一）活动教具

口哨、红绳。

（二）导入环节

老师：小朋友们，我们上节课了解了端午节的由来。那么老师问问你们，你们知道端午节是要表达什么吗？小朋友们进园时有没有看到园门口的大龙舟和大粽子呢？一定有哪个小朋友没有注意到对不对？那我们排好队，老师带着你们一起去看看。

（三）活动环节

1. 排队

老师：小朋友们排好队，一定要安静，不可以随处走动哦，牵住前一个小朋友的红绳。听老师的口令，老师吹一次口哨你的两只小脚踩在地缝上，一个接一个地排好。嗯，真棒。我们走。

2. 在活动室外

老师：小朋友们大家手拉手，先看看这个门口的大龙舟。哇，原来龙舟这么大啊，龙舟里坐了11个人，可是，这11个人怎么又胖又绿啊？哦，原来是11个大粽子。每个大粽子身上都裹着绿绿的衣服。好了，看完大龙舟和大粽子了，那我们去下一个地方吧。小朋友们你们能描述一遍吗？

3. 图书角

老师：小朋友们，我们到图书角了，你们看看桌子上都有什么？这个最大的、红颜色的是什么？是大龙舟。那这个绿绿的胖胖的是什么？是大粽子。那这个长长的绿绿的是什么？是大粽子的衣服，大粽子的衣服叫作粽叶。那这个上边胖胖的下边有小红尾巴的是什么？这个叫香包。那这个球球是什么？是鸭蛋。小朋友们看完了这些物品，你们都记住了吗？老师一个一个地拿出来，你们告诉老师它的名字好吗？

（四）活动结束

老师：小朋友们参观完了，当你看到它的时候，你能立刻说出它的名字吗？那么有哪个小朋友想说说你看完之后的感受呢？嗯，非常棒。还有谁想说？你说得也非常好。小朋友们今天表现得特别棒，老师给你们竖大拇指。

课题三　大龙舟和大粽子绘画

（一）活动教具

水彩笔、图画纸。

（二）导入环节

老师：我们上节课参观了端午节会看到的物品，小朋友们还记得大龙舟和大粽子吗？你们心中的大龙舟和大粽子是什么样子的？我们一起把它们画出来吧！老师相信你们一定能把它们画出来的！

（三）活动环节

1. 将幼儿带到动手区

老师：小朋友们，大家坐好。坐好了我们就开始画画了。大家都安静下来了再开始画，看哪个小朋友最先安静下来。

2. 画大龙舟

（1）幼儿先动手绘画。

老师：小朋友们，把你们心中的大龙舟画到面前的纸上吧。老师也跟你们一起画，画完的小朋友可以拿着画和其他小朋友或者老师分享哦。

（2）画好后老师指点。

老师：呀，小朋友们画的大龙舟真好看。下面跟着老师一起画吧。首先画它的脑袋，再画它的牙齿还有鼻子，然后画它的眼睛和耳朵，画好后再画龙角和长长的大身子，最后我们再画它的大尾巴。一定要仔细哦，不要着急。哇，你们真棒。一幅大龙舟的画就完成了。

3. 画大粽子

（1）幼儿先动手绘画。

老师：小朋友们刚才画完大龙舟了，那现在开始画大粽子吧！把你们心中的大粽子的样子画到纸上吧！

（2）老师指导绘画。

老师：小朋友谁画完了就把你的画分享给其他的小朋友和老师。一定要慢慢画，不要着急哦。（画完后）呀，小朋友们都好厉害啊，画得真棒。现在跟着老师一起画吧！我们先画它胖胖的大身子，再给它穿上衣服，最后再把它的眼睛和嘴巴画上，这样就完成了。

（四）活动结束

老师：小朋友们刚才画的画都非常好看，老师特别喜欢。那么有哪个小朋友想说说自己画的大龙舟或者大粽子的颜色吗？给大家展示展示。你真勇敢，那你来吧，说得真好，真棒，还有哪个小朋友想说吗？嗯，你来说。好了，我们的展示就到这里了。如果有哪个小朋友还不会画的，可以找老师哦，老师再教你。不要害羞，不要不敢问哦。你们都很优秀，都是棒棒的。

课题四　五月五过端午舞蹈和包粽子实践活动

（一）活动教具

歌曲、粽叶、糯米、红枣、线团。

（二）导入环节

老师：小朋友们还记得刚上课时老师教你们的诗吗？五月五，过端午；划龙舟，敲锣鼓；一二三四五；我来划船你打鼓。小朋友们想起来了吗？那现在跟着老师一起学这个舞蹈吧。学完舞蹈老师再教你们如何包粽子。我们现在开始吧。

（三）活动环节

1. 做好舞蹈前准备

老师：小朋友们，像老师这样双脚并拢，坐在凳子上，双手举到脸的前面，手指打开，我们准备开始。

2. 学习五月五过端午舞蹈

老师：小朋友们跟着老师，老师做一步小朋友们做一步。开始。五，伸右手，手指张开；月，不伸手；五，伸左手，手指张开；过，双手指尖相对在头顶，指尖微微松开；端，双手指尖相对在头顶；午，双手指尖相对在头顶，指尖微微松开。划龙舟，左右手夹紧身体，手指握拳，在胸前前后摆两次；敲锣鼓，胳膊端起来手指握拳，上下摆动两次；一，伸出右手一个手指头；二，伸出左手两个手指头；三，伸出右手三个手指头；四，伸出左手四个手指头；五，左右手同时伸出五个手指头；我来，左右手指并拢，手背相对，指向自己胸口；划船，左右手夹紧身体，手指握拳，在胸前前后摆一次；你，左右胳膊向前伸，手掌并拢，手心相对；打鼓，胳膊端起来手指握拳。小朋友们，我们再来一次。学会后，跟着音乐来跳。

3. 学习包粽子实践活动

老师：小朋友们，集中注意力，向老师这里看，我们先看看包粽子需要哪些材料，桌子上有粽叶、糯米、红枣、线团，那么看老师如何操作。

（1）首先我们把叶子铺平，把右手边的叶子像老师这样卷上去。

（2）然后我们放进去一勺糯米，再放进去一颗红枣，仔细看这里，我们把叶子从右边向左边翻过去，再把左边的叶子向右边翻过去，对了，就是这样，真棒。

（3）我们还剩最后一步，把桌子上的红线拿出来，像老师这样把粽子缠起来，最后打结。

（4）这样就做好啦。老师看看你们做得怎么样，做得不错啊，非常好。那我们就再包个大粽子吧。你们期待它熟了之后是什么样子吗？那我们快点包吧。

（四）活动结束

老师：小朋友们，今天我们学了很多知识，舞蹈和包粽子你们都学会了吗？你学会了吗？真棒！宝贝们今天表现得非常好。回家后把今天的舞蹈跳给爸爸妈妈看吧，再邀请爸爸妈妈一起包粽子，比一比看谁的粽子大。我们这节课就结束了。

五、活动延伸

（1）幼儿回家后可以将端午节的故事讲给家长听。

（2）幼儿邀请家长一起画画或手工制作香包、龙舟、粽子，将画好的画或做好的香包、龙舟、粽子裱框挂在家里。

（3）幼儿与家长一起拍一个关于端午节的小视频或者拍下诗歌背诵、朗读、跳舞、做手语操的小视频，题材不限。

（4）幼儿可以与家长一起包粽子并拍成视频留念。

六、活动反思

（1）本主题活动以《幼儿园教育指导纲要》《幼儿园工作常规》《3~6岁儿童学习与发展指南》为标准，以为幼儿后继学习和终身发展奠定良好基础为目标，以促进幼儿在德、智、体、美各方面的全面协调、和谐发展为核心。

（2）本活动设计了语言领域的了解端午节、社会领域的感受端午节的氛围、健康领域的大龙舟和大粽子绘画，以及艺术领域的五月五过端午舞蹈和包粽子实践活动等内容，总体来看，这次活动是比较丰富充实的。时间和课堂活动安排合理，使幼儿能够充分地学到知识。

（3）在课题一中，老师通过讲故事的方式来教授幼儿关于端午节的知识，在课程临近结束时让幼儿畅所欲言，提高了幼儿的独立思考能力和语言表达能力。在课题二中，培养了幼儿对自己、对社会、对集体的正确态度，提高了幼儿的观察能力。在课题三中，激发了幼儿对学习的浓厚兴趣和对创作的强烈愿望，发展了幼儿的动手能力。在课题四中，老师通过舞蹈的形式让幼儿在游戏中得到锻炼，促进幼儿身体和心理的健康发展，同时促进其个性的发展，陶冶情操，培养其美感和肢体协调能力。

但本次活动也存在一些不足之处，主要体现在以下几方面：

（1）在课题一中，老师给幼儿授课不如让幼儿自己讲故事。这样幼儿对端午节的印象会更加深刻。

（2）在课题二中，先让幼儿观察物品，然后再直接讲出名称，不如让幼儿先观察，然后以问的形式让幼儿答，答不出来老师再说出物件名称，这样效果更好。

（3）在课题三中，老师先让幼儿画再手把手地教画画，使幼儿处在被动一方，大龙舟和大粽子的形象在幼儿的内心可能已经变成了老师心中的大龙舟和大粽子的形象了。画画可以是多样的，不只是大龙舟和大粽子两个物象，也可以是别的具有代表性质的物象，比如香包。再有，关于绘画的教学课程时间上可能会较长，可以采用捏橡皮泥、手工贴纸、手工制作的方式来教学，这样时间更充裕，给幼儿的印象也会更加深刻。

（4）在课题四中，老师通过舞蹈的方式确实让幼儿得到了锻炼，也提高了幼儿的身体协调能力和反应能力。但是这个舞蹈的时间较短，内容较少。音乐选材过于简单，可以选择一些内容较多、舞蹈时间较长的幼儿舞蹈类型，或者一些节奏感强的音乐，也可以自己创作简单的音乐教给幼儿。在舞蹈动作上，幼儿下半身处于坐姿的状态，只是上半身跟着音乐动，对于幼儿的身体健康发展和身体协调能力发展来说是不合理的，老师可以针对幼儿的下半身加上一些简单的腿部动作，让幼儿全身都动起来。这样能更好地锻炼幼儿身体，促进其肢体协调发展。

十二生肖（二）

> **申请人简介：**
> 我叫李立平，现在就读于北京经贸职业学院学前教育专业，是一名大二学生。我热爱教育行业，也特别喜欢孩子。幼儿园教师是孩子们学习生涯遇到的第一位老师，责任十分重大，我愿意陪伴他们共同学习，一起成长，我会充分锻炼自己，努力成为一名优秀的幼儿园教师。
> **所在单位：** 北京经贸职业学院国际经济贸易系2019级学前教育专业
> **适用班级：** 大班

一、设计意图

（1）本次教学设计以《国家中长期教育改革和发展规划纲要（2010—2020年）》和《国务院关于当前发展学前教育的若干意见》为指导，在遵循幼儿身心发展规律和学习特点的前提下，深入挖掘幼儿学习生活中"游戏"的独特价值，创设丰富的、有趣味性的教育情境，积极调动幼儿的好奇心和学习兴趣，达到促进幼儿身心全面和谐发展的教育目的。

（2）幼儿阶段是人身体发育和机能发展极为迅速的时期，也是形成安全和乐观态度的重要阶段，健康的身体、愉快的情绪、良好的生活习惯和基本生活能力等是幼儿身心健康的重要标志，是其他领域学习与发展的基础。

（3）语言是学习和生活的工具，幼儿阶段是语言发展，特别是口语发展的重要时期，幼儿语言发展贯穿身心发展的各个领域，对其他领域的发展有至关重要的影响。幼儿在交流时，也在发展人际交往能力、对交往情境的判断能力、自我思想的表达能力，逐步使学习超越个体的直接感知。

（4）幼儿阶段是社会性发展的关键时期，良好的人际交往能力和社会适应能力对幼儿身心健康发展以及知识、能力的发挥具有重要影响，幼儿在与成人和同伴的交往过程中，不仅在学习如何与人相处，也在学习如何看待自己、对待他人，不断发展适应社会生活的能力。

（5）幼儿的科学学习是幼儿在解决实际问题的过程中发现和理解事物的本质和事物关系的过程，主要包括科学探究和数学认知。幼儿在对自然事物的科学探究和运用数学解决实际生活问题的过程中，不仅能获得丰富的感性经验，充分发展形象思维，而且在感知具体事物的基础上初步尝试归类、排序、概括、抽象，逐步发展逻辑思维能力，为其他领域学习奠定基础。

（6）幼儿在艺术领域的学习关键在于充分创造条件和机会，在大自然和社会文化生活中萌发对美的感受和体验，丰富想象力和创造力，学会用心灵去感受和发现美，用自己的方式去表现和创造美。

二、活动目标

(1) 知道十二生肖是我国特有的传统文化，知道十二生肖的名称由来。
(2) 认识十二生肖包含的动物及排列顺序，明白年龄和生肖之间的关系。
(3) 通过收集其他人的生肖信息，锻炼人际交往能力。
(4) 通过创设情境、猜谜语等方式激发幼儿的学习兴趣，培养幼儿对中国传统文化的喜爱之情。
(5) 通过角色扮演的方式，提高语言组织表达能力和四肢协调能力。
(6) 通过学习十二生肖歌，增强节奏感。

三、活动准备

黑板、十二生肖动物卡片、十二生肖面具、十二生肖转盘、舞蹈视频、十二生肖动物的叫声音频。

四、活动过程

课题一 十二生肖的传说（语言）

（一）导入环节

老师：请小朋友互相打招呼并做自我介绍。（老师询问幼儿的生肖引出话题。）
幼儿：大家好我叫××，今年5岁了。大家好我叫××，今年6岁了。
（老师询问幼儿的属相是什么，幼儿回答属猴、属羊。）
老师：小朋友们讨论一下为什么他们两个不一样大，而且属相不一样呢？
幼儿：因为他们出生的时间不一样。
老师：小朋友们你们知道一共有多少个生肖吗？它们的顺序是什么？是按照什么排的？我们带着这些问题来听一个小故事，从故事里找到答案。

据说，在很久很久以前，生肖归四大天王掌管，当年执事的天王姓什么，那年出生的人就属什么。后来，四大天王回归天宫镇守南天门，玉皇大帝决定挑选十二种动物代表人间生肖，并赐为神。为体现公平，玉帝下令，在规定的日子，人间的动物都可以到天宫应选，并以赶到天宫的先后作为顺序，只取最先赶到的前十二名。那时鼠和猫是一对好朋友，它们约定一同到天宫去争取当生肖，并约定到时候老鼠叫猫一同出发。可是，机灵的小老鼠想，人间许多动物都比自己漂亮，并且还对人类有用，比如，猫念经、兔拜月、狗守屋、龙蛇治水、猴镇山、牛马耕田、猪羊供人食用，自己得想个法子才能拿到生肖。于是，在去天宫的那天早上，小老鼠悄悄地起来，也没去叫猫，自己偷偷跳上老牛的角中藏起来，让韧性最好、最勤奋的牛带自己上天宫去。老牛果然第一个赶到了天宫大门。天亮了，四大天王刚打开天宫的大门,老牛还没来得及抬蹄,小老鼠就从牛角上一跃而下,直奔天宫大殿。尽管并不愿意封这个小小的老鼠为生肖,可是君无戏言,玉帝也只好宣布鼠为生肖之首。老牛位居第二,按照动物到达的次序是鼠、牛、虎、兔、龙、蛇、马、羊、猴、鸡、狗、猪。猫在家等了半天,也不见鼠的影子,只好自己去天宫,但由于等待老鼠耽误了时间,等猫到天宫时,十二生肖的名额已经满了,没有猫的份儿了。从此,猫恨透了老鼠,一见到就扑过去咬,一泄心中的愤恨。老鼠心里也觉得对不起猫朋友,见到猫就跑。直到今天猫和老鼠还是死对头,人们也觉得老鼠这生肖之首来得不怎么光明正大,对老鼠失去了好感,其他动物也都疏远了它。于是老鼠便离开了人和别的动物,建立了自己的家园,过着独立自主的生活。直至今日,它们的子孙还是生活在地下。这样一来倒是免去了和其他动物的纷争,所以鼠的家族始终昌顺,繁衍不息。不管怎么说,老鼠也是凭借自己的机警和聪明坐上了生肖的第一把交椅。

(二) 活动环节

黑板上摆放十二生肖的卡片,打乱顺序。

老师:现在哪个小朋友可以告诉我一共有多少个生肖,是按照什么顺序排的呢?黑板上的动物卡片谁能给我排排序。

(可以举手回答也可以集体回答,多找几个幼儿让他们排序,遇到错误可以让其他幼儿帮忙指出)

幼儿:一共十二个,是按到天宫的时间排的。(鼠—牛—虎—兔—龙—蛇—马—羊—猴—鸡—狗—猪)

老师:老鼠是怎么成为生肖之首的呢?

幼儿:它跑到了牛角上,一开门就跑进去了。

老师:留一个课后问题,如果妈妈的生肖是鼠,那她的孩子也是属鼠的吗?和妈妈一样大吗?

课题二 全家属什么(社会)

(一) 导入环节

老师:开始的时候小朋友们都介绍了自己的生肖,可是我们有没有注意到家里爸爸妈妈甚至是爷爷奶奶、姥姥姥爷是属什么的呢?没有太注意这方面对不对?没关系,今天宝贝们的家长们都到齐了,请宝贝们问一下家长们的属相是什么,也可以和旁边的小朋友以及他的家长一起讨论,然后告诉老师你的家长属什么。

(二) 活动环节

(幼儿和家长自由讨论,依次回答,幼儿的生肖和家长的生肖有的相同有的不相同。)

老师:为什么宝贝们和家长的属相有相同的也有不同的?之前我留过一个问题,如果家长的生肖是什么,宝贝们的生肖就是什么吗?

幼儿:不一定。

老师：那为什么会有相同和不相同呢？年龄和生肖之间有什么联系呢？

（让幼儿说出理由）

老师：一共有十二个生肖对不对，每年都对应一个生肖，那大家看看我做的十二生肖转盘。比如小明的爸爸是属兔的，24 岁有了小明，那我们转 24 个格看看小明属什么，小明也是属兔的。小朋友们告诉我转盘一共转了几圈？

幼儿：两圈。

（让幼儿明白十二生肖是十二年循环一次）

老师：宝贝们拿起我们打印的转盘纸，和家长一起看看我们到底差了多少格呢？

老师：大家可以和旁边的小朋友一起讨论交流一下。

（幼儿自由讨论回答）

老师：我们现在都知道了十二生肖的由来和循环，那小朋友们知不知道怎么区分这些动物呢？我们回想一下这些动物的样子，休息一下，下节课做一个小游戏。

课题三　猜灯谜（科学）

（一）导入环节

老师：我们之前了解了生肖的由来，那小朋友们有没有注意到这些动物的特点和长相呢？我们来玩一个猜灯谜的游戏，小朋友们举手回答，回答正确的有小红花，我们开始吧。

（二）活动环节

灯谜①：春夏秋冬穿皮袄，浑身像个棉花包，又会跑来又会跳。

幼儿：兔子。

老师：宝贝好聪明，你是怎么发现它是兔子的呢，为什么不是蛇呢？（引导幼儿说出动物的外貌特征即可）

灯谜②：生来四只脚，爱攀又爱跳，坐站都像人，浑身毛茸茸。

幼儿：猴子。

老师：猴子和兔子有什么相同的地方吗？（可以做一些肢体提示）

幼儿：浑身都是毛。

灯谜③：身笨力气大，干活常带枷，春耕和秋种，不能缺少它。

老师：这个也没有说它长什么样子，只说了它力气大，这是什么动物呢？

幼儿：牛。（明白牛体格大、力气大）

灯谜④：尖嘴尖牙齿，留着小胡子，贼头又贼脑，夜里干坏事。

老师：是谁留着小胡子，总是半夜干坏事呢？

幼儿：老鼠。

灯谜⑤：穿白衣，爱吃草，唱起歌来咩咩叫。

幼儿：羊。

灯谜⑥：四肢短又短，两耳像蒲扇，鼻子哼哼响，尾巴打个圈。

幼儿：猪。

老师：小朋友们有没有发现，羊和猪除了长得不一样之外还有什么差别呢？
幼儿：叫声，羊是咩咩，猪是哼哼。
老师：小朋友们太棒了，所有谜语都答对了，请小朋友们挑一个自己最喜欢的回家讲给爸爸妈妈听。

（三）课题延伸

老师：大家都知道生肖的长相了，那除了长相，还能用什么来分辨它们呢？
（播放动物的叫声音频）
老师：小朋友们，老师来模仿一个生肖的叫声，大家仔细听是什么。嘶嘶嘶嘶嘶嘶。
（集体回答）
幼儿：蛇。
老师：太聪明了，小朋友们，是蛇，有没有小朋友知道蛇是怎么走路的呢？
幼儿：爬着。
老师：其他动物都可以走路，为什么蛇不能走路，需要爬呢？（准备好十二生肖的面具，拿出其他生肖与蛇对比，让幼儿知道蛇没有脚只能爬行）
老师：那我们来挨个数一数所有生肖都有几条腿。
鼠—4、牛—4、虎—4、兔—4、龙—4、蛇—0、马—4、羊—4、猴—4、鸡—2、狗—4、猪—4。

课题四　数数我有几只脚（健康）

（一）导入环节

选择宽敞的空间，简单介绍游戏的规则，老师先和幼儿示范讲解。鼓励幼儿先分组（根据人数视情况而定）练习，明白游戏的玩法，懂得团队协作。

让幼儿选择自己喜欢的十二生肖面具，知道自己选的动物有几只脚（按照动物有几只脚平均分配），让幼儿观察附近的其他幼儿戴的面具是什么生肖，有几只脚。

（二）活动环节

游戏规则：幼儿将面具戴好，根据"十二生肖都来了，只有小蛇没有脚，数数我有几只脚，我有×只脚"的口令让幼儿们找到同伴牵手，牵在一起的幼儿们面具上生肖的脚数要和老师喊出的数字一致。
老师：我们之前数过十二生肖各有几只脚，那是哪个生肖没有脚呢？
幼儿：小蛇没有脚。
老师：真棒！大家记得都很清楚，我会随机喊出一个数字，小朋友们要找到自己的小伙伴拉着手，让我看看，面具上生肖的脚数和我喊出的数字是不是一致的。小朋友们听清楚了没有？
幼儿：听清楚了。
老师：那我们开始吧。十二生肖都来了，只有小蛇没有脚，数数我有几只脚，我有16只脚。

（小朋友们拉好手）

第一组：鼠、虎、鸡、鸡、蛇、马。

老师：我们一起来数数第一组的小朋友的面具上是不是有16只脚呢，老鼠有4只脚、老虎有4只脚、鸡有2只脚、蛇没有脚、马有4只脚，所以第一组的小朋友有没有成功呀？（幼儿和老师一起说）

幼儿：成功了，有16只脚。

老师：那我们来看下一组。

第二组：牛、龙、狗、鸡。

老师：我们再来数一数这组小朋友的面具上够不够16只脚，牛有4只脚，龙有4只脚，狗有4只脚，鸡有2只脚，够不够呢？

幼儿：不够，还少2只脚。

老师：对，还少2只脚，还少哪个小动物呢？

幼儿：鸡。

（按照这样查看每组幼儿是否成功）

老师：这个游戏让大家了解了生肖有几只脚，小朋友们也知道如何合作，大家表现得特别棒，合作成功的组都有小红花。我们学习了生肖的由来，猜了灯谜做了游戏，那小朋友们听过《十二生肖歌》吗？想不想听一听？还可以学习舞蹈，学得最认真的宝贝奖励小红花。

课题五　十二生肖歌（艺术）

（一）导入环节

老师：小朋友们已经知道有十二个动物归为我们的十二生肖，那它们分别是哪些动物呢？让我们来数一数。鼠、牛、虎、兔、龙、蛇、马、羊、猴、鸡、狗、猪。这就像个绕口令一样，记得都非常清楚了，那小朋友们有没有听过十二生肖的歌曲呢？大家想不想听呢？现在就和老师一起学习一下吧。

（二）活动环节

（播放音乐《十二生肖歌》）

老鼠排前头，跟着老黄牛，
老虎一声吼，兔子浑身抖，
龙在天上游，蛇在地上扭，
马儿一路溜，羊儿慢慢走，
猴子翻筋斗，金鸡鸣山头，
快点追呀大狗狗，别学老猪空转悠。

（音乐循环，老师在前带领舞蹈，让幼儿们跟上动作）

老师：老鼠排前头，老鼠是什么动作呢？五个指尖贴在一起。（抓住重点动作，带领幼儿们一起做，观察幼儿们的动作是否标准，调整动作，节奏可以放慢）

大家一起跳，可以唱出歌词。

五、活动延伸

老师：小朋友们，今天我们在幼儿园都学到了什么知识呢？

幼儿：认识了十二生肖，玩了生肖游戏，学习了音乐和舞蹈。

老师：是不是还知道了爸爸妈妈的生肖是什么，还知道羊是咩咩叫，猪是鼻子哼哼叫。老师要问个问题，什么生肖没有脚？

幼儿：蛇没有脚。

老师：太棒了，今天学得非常好，每个人多奖励一朵小红花。老师今天布置个作业，今天学习了这么多的知识，为了加深大家的印象，我们回家要把这个生肖的故事讲给爸爸妈妈听，再听听动物的叫声，模仿一下动物的叫声，看看爸爸妈妈能不能猜到。相信大家都特别厉害，爸爸妈妈一下就能猜到。

幼儿：好的。

老师：那十二生肖里谁最特殊，我们从来都没有见过呢？

幼儿：龙。

老师：为什么我们没有见过龙，却说龙是汉族的图腾呢？龙到底长什么样子呢？小朋友们回去思考一下，问问爸爸妈妈，再来告诉老师，宝贝们再见。

六、活动反思

本次活动选题较为简单，幼儿对此已有一定的了解。在游戏环节，设计可以更加新颖，更有启发性。教学环节的设计应更加紧密贴合，条理清晰，要能带动幼儿的积极性，增强参与感、团队融入感，要有凝聚力，要让幼儿的思维更加发散，要有创意。有些环节不能完全按照预先设计的进行，要懂得变通，让每个幼儿都融入教学环境中。很多细节上的工作不能疏忽，课题的引入要能吸引幼儿的注意力，教具的使用对于整个教学来说至关重要。要对幼儿的表现给予恰当的回应。猜灯谜时，有的幼儿反应比较快，有的比较慢，幼儿的关注点并不统一。应该鼓励他们多表达自己的想法，以带动幼儿的积极性，一同探讨，一同学习，一同进步。在学习音乐舞蹈时，幼儿会跟不上节拍，要多练习。也可简化动作，通过舞蹈让幼儿加深印象。活动是有序和积极进行的，要照顾到全体，也不能忽略个体，一天之内学习的知识太多，幼儿会不好消化。重点知识和只需了解的内容要有区分，每节课的时间分配要均衡。同时要特别关注幼儿在家学习的状态，发现问题并及时解决。

京剧周

> **申请人简介：**
> 我叫王原梦，自小热爱教育方面的知识，喜欢孩子，富有耐心与毅力。我对"中国传统文化进幼儿园"有一定的想法，我认为中国优秀传统文化的熏陶一定要从小开始，大班幼儿已经具有较强的自我管理能力与理解力，老师可以从大班开始向幼儿们传输比较丰富的中华传统文化知识。
> **所在单位：** 北京经贸职业学院国际经济贸易系 2019 级学前教育专业
> **适用班级：** 大班

一、设计意图

现代社会大多数家长忙于工作，向孩子灌输的中华传统文化知识明显不足；被姥姥、姥爷、爷爷、奶奶带大的孩子较多，这些幼儿一部分会随着老一辈听戏曲，但无论是从电视、电脑上，还是从居民活动中汲取的戏曲知识都没有成为一个系统。

京剧作为五大戏曲之一，是对中国影响最大的戏种，在文学、表演、音乐、舞台、美术等方面都有一套规范化的艺术表现，我们可以教授幼儿们京剧文化。

京剧各行当都有一套表演方式与方法，唱、念、做、打四种技艺各具特色。京剧的演出内容很多都是历史故事，可借此向幼儿们传播历史。京剧的传统剧目数不胜数，我们可以挑出一个，通过讲故事、角色扮演、视频欣赏、画脸谱、打板等方式让幼儿们初步了解什么是京剧和京剧的表演特色等。通过五堂活动课，从健康、语言、社会、科学、艺术五大领域进行渗透。

二、活动目标

（一）健康目标

（1）身心状况：具有健康的状态，情绪安定愉快，具有一定的适应能力。

（2）动作发展：具有一定的平衡力，动作协调、灵敏，具有一定的耐力与力量，手的动作灵活协调。

（3）生活习惯与生活能力：具有良好的生活与卫生习惯，具有基本的生活自理能力，具备基本的安全知识和自我保护能力。

在这堂课上，大班幼儿要在身体和精神上具备完满状态及良好的适应能力。教师要给幼儿充足的安全感，从生理和心理上传达积极乐观的态度，引导幼儿有愉快的情绪。在户外京剧动作练习游戏中，增强幼儿的体质与动作协调性。在自己动手制作脸谱时，养成爱干净、不乱甩乱画的良好生活习惯和基本生活能力。在上课时，把环境布置成适合京剧表演的环境，让幼儿充分感受京剧的特别之处。要努力维持幼儿之间的友情，做幼儿交友过程中的润滑剂。在教导幼儿做游戏的过程中，不可以过度保护和包办代替，要适时地鼓励幼儿进行奇思妙想，给幼儿自主学习的机会，培养其独立性和主动性。

（二）语言目标

（1）听与说：认真听并能听懂日常用语，愿意讲话并能清楚地表达，养成文明的语言习惯。

（2）阅读和书写：喜欢听故事、看图书，具有初步的阅读理解能力，具有书面表达的愿望和简单技能。

在播放京剧的时候，一定要配上字幕，让幼儿了解故事大概讲了什么。播完之后要给幼儿充分的自由交流时间，在京剧周一定要鼓励和支持幼儿与成人及同伴之间的交流，不可以遏制幼儿的想象力。要让幼儿想说、敢说、喜欢说，并得到积极回应，否则会打击他们的活动积极性。在适宜的时候和幼儿一起交流自己的看法，给他们讲一些京剧故事，丰富他们的语言表达能力。读一些京剧类幼儿读物，培养他们良好的阅读兴趣和习惯，为以后的学习生活积累经验。

（三）社会目标

（1）人际交往：喜欢交往，能与同伴友好相处，具有自尊、自信、自主的心态，关心尊重他人。

（2）社会适应：适应并喜欢群体生活，遵守基本的行为规范，具有初步的归属感。

在本次活动中，幼儿可以通过画脸谱等游戏与同伴及成人发展良好的人际关系，增强社会适应能力，从而促进身心健康发展。通过小组讨论、活动课学习如何与他人友好相处，学会换位思考，不断增强社会适应能力。通过老师与家长的共同配合，为幼儿创设温暖的集体生活环境和家庭环境。让幼儿在游戏中增强自信，在老师维持课堂秩序的同时，让幼儿学会遵守规则。

（四）科学目标

（1）科学探究：亲近自然，喜欢探索，具有初步的探索能力，在探索中认识周围事物和现象。

（2）数学认知：初步感知生活中数学的用途和趣味性，感知和理解数、量及数量关系，感知形状与空间关系。

画脸谱，画、折、撕京剧小人，学习京剧动作等可以激发幼儿的探知欲。京剧人物颜色艳丽、造型独特，可以引起幼儿的好奇心，在老师引导幼儿探究脸谱为什么长得都不一样的过程中发散思维，对老师已给出的线索进行归类、排序、概括、抽象，逐步发展逻辑思维能力，为其他领域的深入学习奠定基础。教会幼儿如何探究是什么、为什么、怎么办，融会贯通，从而运用于新的学习活动，形成初具雏形的系统的学习方法和能力。

(五)艺术目标

(1)感受与欣赏:喜欢自然界与生活中美的事物,喜欢欣赏多种多样的艺术形式和作品。

(2)表现与创造:喜欢进行艺术活动并大胆表现,具有初步的艺术表现与创造能力。

幼儿可以通过画脸谱,画、折、撕京剧小人的方式感受到美的艺术,并表现每个人心中的美,课后作业"展示京剧"的不限形式也给予幼儿表达自己的空间。作为老师,我们不能扼杀幼儿的天赋,要利用游戏充分创造条件,利用各种机会在室内及室外活动中让幼儿展现自己的思想,用心灵去发现美和感受美,用自己的方式表现和创造京剧中的美。老师不能按照成人的想法限制幼儿的思想情感,应该尊重幼儿表现美的形式,否则千篇一律的思考方式就会复制粘贴到幼儿的脑中,以至扼杀幼儿的创造性。

三、活动准备

老师在课前准备好教案,把课程流程顺一遍,考虑是否有不妥的地方并及时改善。

准备《说唱脸谱》的音乐视频及纸质歌词,准备窦尔敦、关公、典韦、曹操、张飞的京剧脸谱图片,作为后期让幼儿思考为什么每个人脸谱都不一样的前期铺垫。将《说唱脸谱》教给幼儿,作为京剧基础。

让幼儿欣赏的京剧视频,应是一段简单易懂的京剧,这是幼儿学习京剧最好的敲门砖,比如《明公断》,讲的是包拯断案如神、不畏强暴、正直无私的故事,这段京剧可以培养幼儿勇往直前、不畏艰险的精神。

在活动环节中,老师要保持耐心,适当解答幼儿的疑问,随时注意幼儿上课的热情,活跃气氛。准备足够的面具,适当长度的绳子,各色颜料,画笔,可供幼儿参考的京剧人物形象图片(人物的服饰要有辨识度,色彩鲜艳,能吸引幼儿注意力)。

准备京剧《明公断》唱段,老师要提前预习故事情节,组织好语言,把京剧里较难的词语转化成大班幼儿能懂的词语。例如,北宋年间,有个叫秦香莲的人,她的丈夫陈世美进京赴考,一去就是三年,没有一点消息。那一年年成不好粮食歉收,公公婆婆接连饿死,香莲埋葬了双亲,领着一对儿女长途跋涉,寻找夫君。在京城,秦香莲震惊地听闻自己的夫君早就考中了状元,当了公主的丈夫,于是闯入驸马府认夫。可是陈世美贪图荣华富贵,狠心地抛弃了贤良淑慧的妻子,甚至将香莲撵出门。香莲母子三人前往开封府途中在一处野庙露宿,陈世美派武官韩琪追踪她们,想要杀香莲母子三人灭口。香莲向韩琪哭诉自己的不幸遭遇,韩琪听了十分同情,让香莲母子快些离开。但韩琪知道自己回去后无法交差,于是自杀而死。香莲看见后很震惊,悲伤愤怒到了极点,收起沾满鲜血的钢刀,直奔开封府告状。包拯传唤秦香莲出庭作证,陈世美拔剑刺向香莲,包拯见人证物证俱在,于是,判陈世美死刑,当场开铡,让正义得以伸张。

四、活动过程

课题一　这是什么？

（一）导入环节

通过和幼儿交流创设谈话情境，引出京剧话题。

（二）活动环节

老师：小朋友们大家好，今天我们来做一个新的游戏。

放一段京剧视频，引导幼儿提出疑问"这是什么？"

老师：为什么视频里的人穿的衣服、戴的头饰和我们日常生活中的不一样？脸上画的妆为什么都是浓浓的？

从京剧的服饰激发幼儿对京剧的好奇心，引出京剧。

课题二　为什么长得不一样？

（一）导入环节

老师：上节课老师给大家放的视频你们还记得吗？小朋友们下课后有没有查资料想想呢？今天我们就深入了解一下为什么京剧脸谱长得不一样。

（二）活动环节

老师：现在小朋友们观察老师手里的这几张面具，他们有什么不同呢？大家一起来找一找吧。

老师：现在小朋友们和小组同学一起思考，为什么每张面具的颜色和样子都不一样呢？

让幼儿有充分表达的机会，增强幼儿参与的积极性，并交流思想。

课题三　视频音乐欣赏

放京剧视频、音乐《说唱脸谱》，让幼儿通过音乐感受京剧的魅力。

老师：现在说了这么多，让我们来听一听京剧吧。

通过简单易懂的京剧（如《苏三起解》《明公断》），让幼儿感受京剧的腔调及特色（服饰、妆容、语言等）。

老师：小朋友们有没有听过包公的故事呢，大家还记得包公的脸是什么颜色的吗？对！是黑色。那小朋友们知道为什么在京剧中包公的脸是黑色的吗？

老师：老师刚刚给大家讲过《明公断》的故事，请大家联系《明公断》的故事，思考一下。

老师：在《说唱脸谱》里，蓝脸的窦尔敦、红脸的关公、黄脸的典韦、白脸的曹操、黑脸的张飞等脸谱各有特色，根据刚刚老师以包拯为例，大家思考其他人的脸谱为什么各不相同？

老师解惑，脸谱为什么不一样。

老师：小朋友们讨论好了，大家的想法都很有意思，现在老师要公布答案了。其实，一个脸谱上的颜色一般象征某个人物的品质、性格、气度，脸谱与这三个方面紧密相关。另外，京剧分生、旦、净、末、丑五种行当，每个行当都有不同的妆容及服装。

红色——忠贞、勇敢的人物形象。

蓝色——刚强、骁勇、有心计的人物形象。

黑色——正直、无私、刚直不阿的人物形象。

白色——阴险、疑诈、飞扬的人物形象。

绿色——顽强、暴躁的人物形象。

黄色——枭勇、凶猛的人物形象。

紫色——刚正、稳练、沉着的人物形象。

金、银色——各种神怪形象。

课题四　画脸谱

做游戏，画脸谱。

老师：小朋友们听了《说唱脸谱》，看了一小段京剧，知道了脸谱的不同颜色分别代表什么，现在大家想不想制作一个属于自己的脸谱呢？

老师：现在老师已经给小朋友们每人发了一张面具，请大家一起去户外活动场地，老师已经摆好了颜料和画笔，小朋友们排好队，排成一列一起走。

老师：小朋友们都拿到了面具是不是？相信大家都记得刚刚老师讲的为什么脸谱的颜色、样式各不相同了吧，现在请小朋友们想一想，自己要画一个什么样子的脸谱呢？这个脸谱为什么长成这样呢？

老师：现在小朋友们分成了几个小组，每个人也一定想好了自己应该画一个怎样的脸谱了。现在大家拿起画笔，画一张属于自己的京剧脸谱吧，注意不要胡乱甩笔，也不要用画笔随处画，保持好卫生哦。

课题五　我是小小京剧演员

课外活动，练习简单的京剧动作。

老师：经过前四节课，小朋友们已经大概了解了什么是京剧以及京剧的特征，小朋友们还记得老师放过的视频吗？对，《明公断》。今天老师要教小朋友们一些京剧里的动作，简单易学。现在小朋友们排队站齐，看向老师这边。然后一个接一个地走到老师这边拿戏服，注意不要乱挥袖子，防止打到其他小朋友。

第一个动作：打袖

准备姿势：叠袖。

动作说明：右手用袖法中"打"的方法，使右水袖直直地飞飘起来。身体向左前侧，目视右前侧。这个动作通常用于表现人物的愤怒、斥责或不高兴的情绪。

第二个动作：正搭臂袖

准备姿势：叠袖。

动作说明：左脚向前上一步，成右踏步，左手用袖法中"挑"的方法，将左水袖向左旁侧扬出；随即右手用袖法中"挑"的方法，将右水袖向左旁侧扬起，待右水袖下落时即搭在左臂上。身向右前侧，目视左前侧，亮相。这个动作通常作为人物行走或者讲述事件时的情绪动作。

（老师应该准备好相关的视频讲解，自己学会并熟练掌握动作技巧）

老师：京剧周不知不觉已经过了五天，这五天，我们一起学习了京剧的唱法，知道了什么是京剧，学习了歌曲《说唱脸谱》，知道了一个脸谱上最多的颜色一般象征某个人物的品质、性格、气度，还动手制作了自己的京剧脸谱，学习了两个京剧中常用动作——打袖和正搭臂袖。希望小朋友们回家后可以和家人一起分享自己学会的知识，一起看看京剧，聊聊京剧。

五、活动延伸

（1）让幼儿和家人一起看一部自己感兴趣的京剧，欣赏京剧文化，观察人物服装、饰品特点，然后和所有幼儿一起聆听。幼儿也可以在小组讨论或在课外活动课中和老师及其他同伴分享。大家一起交流自己喜欢的人物，看看有没有其他同伴也喜欢。

（2）和家人一起做一个京剧小人。除了老师在课堂上讲的包拯的形象之外，还可以和家人一起找其他京剧中的人物，大家利用身边的材料，通过各种方式表现人物形象，比如折纸、剪纸、贴纸、撕纸等。或者以废物利用的形式变废为宝，把各种颜色的塑料瓶剪成人物的头饰，请家人帮助自己把各个部件钉在一起，或粘在一起。老师和幼儿一起投票，选出优秀作品，摆放在展示角，供大家欣赏。

六、活动反思

本次活动参照《幼儿园工作规程》《幼儿园指导纲要》《3~6岁儿童学习与发展指南》等相关规章制度设计。在这次课程设计中，我认为还有一些不足之处可以改善，比如户外活动中可以再加入几个简单动作，形成一个简单的京剧片段，让幼儿由内而外感受京剧的魅力。

幼儿园还可以组织幼儿去社区、有关社会组织机构甚至剧院观看京剧表演，身临其境更加震撼人心，可以给幼儿留下更深刻的形象。古语说得好，"耳闻之不如目见之，目见之不如足践之"，用这种方法更能引起幼儿的好奇心。家长也可以利用假期带幼儿去剧院领略不同曲目的京剧，感受不同艺术的独特魅力，增加亲子互动时间。幼儿与家长一同学习，可以让亲子关系更加亲密。

快快乐乐过春节

> **申请人简介：**
> 我叫曹晨，是一个性格开朗、自信、不服输的人。在生活中我喜欢与人交往，通过和朋友的相处找出自身不足的地方，在课堂上我努力掌握幼儿园教师需要的技能以及专业知识。我从小就喜欢孩子，一直想到幼儿园工作。
> **所在单位：** 北京经贸职业学院国际经济贸易系 2019 级学前教育专业
> **适用班级：** 大班

一、设计意图

春节是中国的传统节日，是新一年的开端，对中国人来说，这是一年中最重要的一天。过年意味着放假、红包、团圆这些美好的东西……每年的春节都会如期而至，但是年味越来越淡了。大家仿佛更加喜欢过圣诞节、情人节等西方节日，导致春节越来越平淡，所以我设计了这节课，旨在让我们的幼儿对春节有更细致的了解。

二、活动目标

活动目标如图 1 所示。

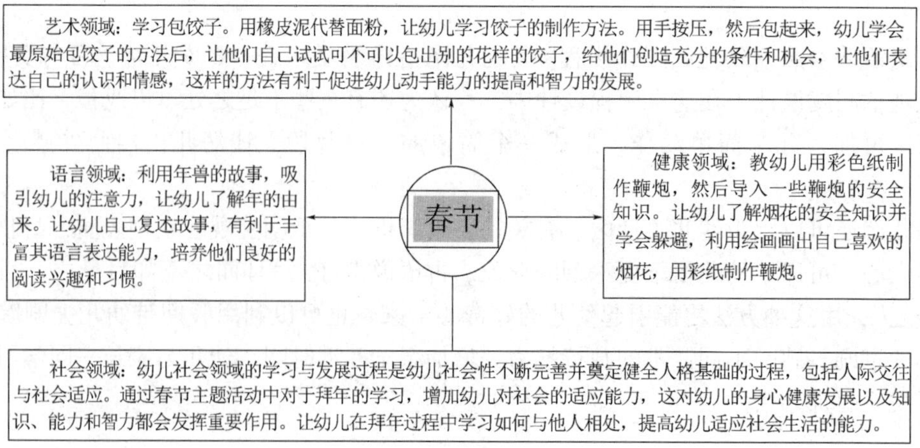

艺术领域： 学习包饺子。用橡皮泥代替面粉，让幼儿学习饺子的制作方法。用手按压，然后包起来，幼儿学会最原始包饺子的方法后，让他们自己试试可不可以包出别的花样的饺子，给他们创造充分的条件和机会，让他们表达自己的认识和情感，这样的方法有利于促进幼儿动手能力的提高和智力的发展。

语言领域： 利用年兽的故事，吸引幼儿的注意力，让幼儿了解年的由来。让幼儿自己复述故事，有利于丰富其语言表达能力，培养他们良好的阅读兴趣和习惯。

健康领域： 教幼儿用彩色纸制作鞭炮，然后导入一些鞭炮的安全知识。让幼儿了解烟花的安全知识并学会躲避，利用绘画画出自己喜欢的烟花，用彩纸制作鞭炮。

社会领域： 幼儿社会领域的学习与发展过程是幼儿社会性不断完善并奠定健全人格基础的过程，包括人际交往与社会适应。通过春节主题活动中对于拜年的学习，增加幼儿对社会的适应能力，这对幼儿的身心健康发展以及知识、能力和智力都会发挥重要作用。让幼儿在拜年过程中学习如何与他人相处，提高幼儿适应社会生活的能力。

图 1　活动目标

三、活动准备

（1）准备和春节相关的各种图片和音视频资料等。
（2）准备相关PPT。
（3）准备开展活动所需的各种物料。

四、活动过程

课题一　年兽的故事

（一）活动教具

找一个长相较凶狠的玩偶充当年兽，几张气宇不凡的乞讨老人、老婆婆和年兽的图片，胡须。

（二）导入环节

老师：小朋友们，我们看看今天谁来到我们班做客了，（出示一张年兽的图片）大家猜猜它是谁呢？（大怪兽）

在古时候，有一种叫"年"的怪兽，头上有触角，牙齿锋利，目光凶狠，它常年住在海底，每年到了除夕就会爬上岸，吃掉百姓养的牲畜，还会伤害人类。因此每年除夕这天，村里的人就会逃往深山以躲避"年"的伤害。这年除夕，村庄的人正在准备去山上避难，村民们有的封窗锁门，有的收拾行李，有的牵牛赶羊，村庄中一片狼藉。这时从村外来了一位乞讨的老人，只见他手拄拐杖，银须飘逸，目若朗星。大家都忙着收拾东西，只有一位老婆婆注意到这个老人，老婆婆驼着背慢慢地走过来，给了他一些食物，并劝他赶快去山上避难。谁知那老人摸摸胡子笑道："婆婆若是让我在家待一晚，我一定把年兽赶走。"婆婆仍然劝说，但是乞讨老人不为所动，老婆婆只好撇下他上山逃难。半夜时分，年兽大摇大摆地来到了村庄，他发现村口老婆婆家门上贴着大红纸，屋内烛火通明，年兽浑身抖了一下，怪叫一声，冲了过去，这时院内突然发出噼里啪啦的炸响声，年兽吓得不敢往前走了。原来它怕红色、火光和炸响的声音，这时，婆婆家的门打开，只见一位身穿红色衣服的老人站在院子里，看见老人，"年"吓得转身就跑。

第二天是正月初一，去山上避难的人回来发现村庄安然无恙，这时老婆婆想起昨天老人的许诺，赶忙向他们讲述，村民们一齐拥向老婆婆家，大家看见婆婆家门上贴着红纸，院子里还有未燃尽的竹子啪啪炸响，屋内的红蜡烛还在发着微弱的光亮……很快老人的做法就在村庄里传开了，人人都知道了驱赶年兽的方法，从此每年除夕，家家贴红对联、燃放烟花爆竹，户户灯火通明，人们守岁，吃饺子，初一的早上还会串门拜年。这些风俗越传越广，最终成为最传统的文化节日。

（三）活动环节

（1）将乞讨老人、老婆婆和年兽的图片分别发给幼儿，首先询问幼儿，故事中谁是破坏村庄的坏家伙（做出凶狠的表情，引导幼儿想到年兽），当幼儿拿出带有年兽的图片，老师要夸赞"小朋友们真棒,都选出了年兽的图片"。接着问幼儿是哪个人赶走了年兽(手假装捋胡子),引导幼儿拿出老人的图片,如幼儿不能及时找出,带领他们回顾一下故事,最终找出老人。

(2)让幼儿扮演年兽(凶狠的样子)、乞讨老人(带有白色胡须)、老婆婆(驼背)和村民,表演一个"年兽来了"的故事,让幼儿自行选择角色,然后老师选择一个角色和幼儿一起将故事重现。让幼儿能够大胆地进行表演,增强幼儿的自信心。老师扮演年兽如图 2 所示。

图 2 老师扮演年兽

(四)课题延伸

让幼儿一起复述故事,遇到卡壳的地方,给予引导帮助,以便幼儿顺利进行,最后让幼儿回家和爸爸妈妈一起分享年兽的故事。

课题二 包饺子

(一)活动教具

足够的彩色橡皮泥及工具,歌曲《包饺子》,几个箱子,几个别致的橡皮泥饺子,饺子的图片。

(二)导入环节

老师:小朋友们,过年的时候,你们最想吃什么东西呀?(幼儿畅所欲言,说出自己最想吃的东西)那你们想不想知道老师最喜欢吃什么?老师喜欢吃的东西就在这几个箱子里面,我们一起来揭晓答案吧。(幼儿打开箱子看到五颜六色、各式各样的饺子,然后引导幼儿通过颜色、形状来观察饺子不一样的地方)那小朋友们都喜欢吃饺子吗?饺子有很多种形状,颜色也是五彩斑斓的,我们来一起看看吧。(拿出准备好的饺子图片)哇,图中的饺子是不是超级漂亮啊,我们一起来学习包饺子吧。

(三)活动环节

老师:小朋友们,我们先来听一首歌曲。(播放包饺子歌曲,让幼儿和老师一起学习包饺子歌曲中提到的包饺子的动作,鼓励幼儿跟着歌曲唱出来)

老师：好了，我们刚刚听了包饺子的歌曲对不对？那饺子要怎么包呢？我们再来听一次。（第二次听之前将任务告诉幼儿，有助于幼儿将注意力集中在歌词上。听完询问幼儿歌词的内容，幼儿将歌词的内容说出来，遇到没有记住的部分可以再听一次歌曲，让幼儿提前了解步骤）

老师：（先拿出准备好的彩色橡皮泥分给幼儿，包饺子之前先排好队去洗手，擦干，回到位置上）老师先给大家演示一次，现在拿出一块橡皮泥，我们用橡皮泥里的小刀把它切成小块，当作饺子馅放入小碗中，接着拿出一块新的橡皮泥做饺子皮，我们先把它揉成一个小球，现在我们把这个小球放在左手上，用右手来压这个小球，把它压成一个小圆饼，压不好的时候就用我们的"小擀面杖"来擀擀皮，让面皮变圆，里面可以放下饺子馅。

老师：现在我们将刚刚切好的饺子馅放到饺子皮上，然后把两边对折捏在一起，捏捏捏，大家看，饺子包好了。那么现在大家开始自己动手包一个饺子吧！（老师巡回观察指导幼儿）。

老师：（幼儿完成以后，给幼儿发挥想象的空间）接下来我们来包一个和这个不一样的饺子，小朋友们可以按照自己心中想的样子来包，一定要大胆尝试用不同颜色的橡皮泥捏出不同的形状，但是一定要包住哦！（播放音乐《包饺子》）小朋友们真厉害，每个人的饺子都有自己的特点呢，请大家一个一个上来讲解自己包的这个不一样的饺子，上来讲解的时候要讲出自己饺子的颜色、样子和馅料。

每位幼儿讲完后应给予鼓励。将每位幼儿的饺子放在小盘子里面，等待橡皮泥干，一起拍照留念，发到家长群中，让家长更多地了解幼儿在学校的表现，最后让幼儿把自己制作的饺子带回家，给家长看看自己的成果。让幼儿了解饺子的制作过程，通过学习，擀出饺子皮，加馅，捏出小饺子。

（四）课题延伸

幼儿回到家后，可以和爸爸妈妈一起包饺子，让他们见到自己孩子小巧的手。回家与爸爸妈妈一起包饺子后，在幼儿园和老师、同伴一起分享在家包饺子的经验及感想。

课题三 制作小鞭炮

（一）活动教具

烟花爆竹视频，彩纸、安全剪刀、红线。

（二）导入环节

在电脑上播放准备好的燃放烟花爆竹的视频，激发幼儿的兴趣。再播放一些烟花爆竹带来危害的视频，让幼儿了解烟花虽然很美丽，但是燃放不得当会造成伤害。

（三）活动环节

1. 先将剪裁好的彩纸分给幼儿，老师讲解小鞭炮的制作过程

首先拿出一张红色彩纸，在彩纸两侧贴上黄色长条，将彩纸剪出多个小方块，方块两侧粘贴在一起，变成圆筒状，把鞭炮的两端各戳一个洞，用红绳串联起来，手工鞭炮就制作完

成了。接下来，将幼儿们分成5组，每个人做一个小鞭炮，然后把它们串在一起。

老师：小朋友们可以选择不同颜色的纸做鞭炮，看看谁的小鞭炮五颜六色，看看哪位小朋友认真。

给幼儿足够的制作时间，让幼儿自行发挥，老师及时观察是否有幼儿遇到困难，有遇到困难的及时给予引导或者帮助，让幼儿可以继续做下去。幼儿全部完成以后，让幼儿将自己做的小鞭炮一端戳一个小洞，然后一个接一个串起来。最后让幼儿和小组内成员分享自己的成果，讲述自己的制作想法。在活动过程中拍摄照片、视频分享到家长群中，让家长更好地了解自己孩子上课的状态。

2. 利用幼儿自己做的小鞭炮做游戏

老师：小朋友们，我们刚刚做了小鞭炮对不对？（对）那么我们现在利用小鞭炮做一个小游戏吧。我先来充当放鞭炮的人，你们都来当观看的人，我表演完就调换角色，好不好？（好）

让幼儿到空旷的地方，老师拿着一个小鞭炮到离幼儿较远的地方，假装点燃，模仿噼噼啪啪的声音，表示已经点燃了这个鞭炮，在点燃以后小步快跑到较远的地方。

老师：老师刚刚给大家演示的，放完小鞭炮要做什么？（要跑到远处、要跑开……幼儿畅所欲言）

老师：那我们看看如果老师没有跑开会发生什么呢？

再次演示，这次不跑开，依旧发出噼噼啪啪的响声，然后捂着眼睛，啊呀，被炸伤了，好疼呀！转身询问幼儿，不跑开会怎么样？（眼睛受伤、被炸伤……让幼儿回想）

老师：那我们是不是要离放鞭炮的人远远的？以后我们自己可以放的时候也要点完后赶紧跑开。现在小朋友来当放鞭炮的人，我们剩下的人在边上观看。两位小朋友一起，尽量离远些，不要因为放完鞭炮在跑开的时候受伤。

等所有幼儿全部体验完毕，带领幼儿回顾刚开始看的烟花爆竹带来危害的视频。

老师：燃放烟花爆竹会带来哪些危害呢？（炸伤人，伤到自己，烧毁房屋……让幼儿大胆说出自己的想法）所以在家中，有大人燃放烟花爆竹的时候，我们要离得远远的，不要伤到自己，同时也要提醒我们的爸爸妈妈，须在适合的地方燃放鞭炮。

（四）课题延伸

让每位幼儿把自己的手工作品和绘画作品整理好，装进小书包带回家，与爸爸妈妈分享今天的成果。

课题四　画出心中的小烟花

（一）活动教具

画画用的纸，彩笔，彩铅，蜡笔，烟花燃放的视频，绳子，颜料。

（二）导入环节

老师：今天我们来一起看看美丽的烟花。（老师播放烟花视频）刚刚我们看了漂亮的烟花，那烟花都有什么颜色、什么形状呢？（像花朵一样，有红色、蓝色、粉色……）烟花是五颜六色的，很漂亮对不对？那你们想不想放烟花？

（三）活动环节

幼儿：接下来我们画出自己心目中的烟花。（分发画画用的纸给幼儿，老师演示，在一张白纸上面，用蜡笔画出一个类似花朵的烟花，画大一些，尽量占满整张纸，画好以后展示给幼儿）这是老师喜欢的烟花，那小朋友们心里的烟花是什么样子的呢？来把它画出来吧。

播放轻松欢快的音乐，让幼儿放松身心，画画，老师巡回指导，引导幼儿用色彩鲜艳的彩笔来作画，可以用手指点画来完成，鼓励能力较强的幼儿多画几个不一样的烟花，给个别幼儿提供帮助，表扬认真制作、有创意的幼儿。绘画完成以后，让幼儿讲述自己的烟花。

老师：我们可以用小圆点来点出一个烟花；可以用波浪线画出像花朵一样的烟花；也可以点和线一起画，烟花的造型可真多！

老师：刚刚我们画出了好看的烟花，现在老师再来教你们一个不一样的烟花制作方法。我们先拿出一张纸，将纸对折，接着我们拿出一根绳子，捏住一边，然后在绳子的另一端蘸取颜料，接着把蘸取好颜料的绳子部分放到对折的纸里面，摆成 S 形，把纸对折好放在桌上，一手拉着绳子，另外一只手压在纸张上面，一下把绳子拉出来，我们打开纸看看有什么不一样？（让幼儿观察纸张）一朵花一样的作品就出来了，现在我们来自己动手试试吧，我们几个人一组完成一个，要注意不要把颜料弄到身上。（老师巡回指导，帮助幼儿）

（四）课题延伸

老师：今天画了漂亮的烟花，那我们将各位小朋友的作品挂在教室的墙上一起欣赏，一起分析每个作品的颜色、线条，用绳子画出的烟花像什么样子吧。

课题五　拜年，制作贺卡，新年许愿

（一）活动教具

彩纸、安全剪刀、胶棒、彩笔、装有小贴纸的红包、PPT、拜年图片、歌曲《新年好》《宝宝巴士》、愿望树。

（二）导入环节

老师：新年快要来了，我们来一起做贺卡送祝福吧，你打算做一张什么样的贺卡呢？先来欣赏一下贺卡，仔细观察它们是怎样制作的。

打开 PPT，让幼儿欣赏各式各样的贺卡，引导幼儿从贺卡的形状、颜色、图形等方面进行观察比较。引导幼儿讨论贺卡的主要制作材料和方法。

老师：大家觉得这些贺卡是用什么制作的呢？我们刚刚看的贺卡各式各样，有画的、粘贴的、立体的，还有镂空的，多种多样。你们最喜欢哪种贺卡呢？

（三）活动环节

老师：你们最想送给谁贺卡呢？那我们来动手做一张贺卡送给他吧。

老师先介绍材料，注意制作时产生的垃圾要放在盘子里面，保持卫生。让幼儿自行选择材料和工具进行制作装饰，尽量保持安静。老师巡回观察，鼓励幼儿。做好后将幼儿们的贺卡放到展示台上，交流贺卡的制作过程。

播放歌曲《新年好》，播放两次以后，询问幼儿刚刚歌词里面有哪些拜年的话语，学会说吉祥话。

老师：我们刚刚听的歌曲里面都是大家在相互拜年的时候说的话，我们也来学习一下吧。

幼儿进行模仿，相互拜年，说吉祥话，比如歌词中的新年好呀，祝福大家新年好。幼儿学会以后给老师拜年，老师拿出准备好的红包递给幼儿。

让幼儿学会说简单的新年问候语，了解中国春节的传统文化。进一步感受春节喜庆、热闹的氛围。

老师：新的一年，我们都长了一岁，那么小朋友们对新的一年、新一岁的自己有什么期望吗？想学会什么本领呢？要不要在家做一些事情？好，下面我们每个人都想一想，想好了，我们就在桌上剩下的小纸片上画出来，然后和周围的小伙伴分享一下自己的愿望。最后我们把自己的愿望小卡片放到愿望树上面。

引导幼儿大胆表达出自己的新年愿望，用绘画的形式表现出来。

（四）课题延伸

老师：通过今天的活动，小朋友们有了很多收获。回到家中将贺卡送给自己的爸爸妈妈，与他们分享自己的制作想法。

五、活动延伸

活动延伸部分已在各课题中体现出来，此处不再叙述。

六、活动反思

利用年兽的故事讲述了年的由来，让幼儿了解传统节日——春节。但是故事较长，可以带着幼儿回想一下再做游戏，游戏可以多做几次，争取让每个幼儿都体验到不同的角色。

包饺子活动可以较好地培养幼儿的观察力，在老师的指导下与同伴交流，独立操作。让幼儿听歌曲《包饺子》，巩固包饺子的方法。本次活动也有很多不足的地方，如可以邀请家长一起参加活动，这样可以增进亲子之间的感情。

过年时，最热闹的就是晚上燃放鞭炮了，活动前我播放了燃放烟花爆竹的视频，并引导幼儿了解鞭炮带来的危害，有人在外燃放时可以做到及时躲避。但活动的重点应该是幼儿面对烟花爆竹燃放时的反应，应该找一些音频辅助游戏，让幼儿及时躲避。

过年时，最绚丽的就是晚上燃放的烟花了，烟花总是一点一点变大，随着科技的发展，烟花的种类越来越多，颜色也越来越多，让春节变得更加热闹。幼儿们对烟花很熟悉，电视节目、短视频上，美丽的烟花层出不穷。活动前我播放了烟花爆竹的燃放视频给幼儿观看，引导幼儿了解烟花的形状，鼓励他们用五彩斑斓的画笔画出各种各样的烟花。但是应该在幼儿观察烟花形状的时候，给予幼儿充足的讨论时间。

我利用简单的歌曲教幼儿说吉祥话，用吉祥话来拜年，但是在制作贺卡时，并没有进行演示，直接让幼儿自己动手可能导致部分幼儿感到困难。

元宵元宵乐开花

> **申请人简介:**
> 各位老师好,我是来自北京经贸职业学院国际经济贸易系 2019 级的刘佳慧。我是一个乐观开朗,喜欢与孩子玩耍的女生。学前教育是我一直想学习的专业,也是我想长期从事的行业,我会努力提高自己的能力,为以后的工作打好基础。
> **所在单位:** 北京经贸职业学院国际经济贸易系 2019 级学前教育专业
> **适用班级:** 大班

一、设计意图

当今,随着全球化的发展,每个民族的特色传统文化也变得没有以前那么热闹和单纯了。我国的传统文化正面临着如何生存下去,以及如何代代相传这个严谨的问题。作为幼儿园教师的我们,应承担使幼儿了解、熟悉传统文化的责任。我们应该更早地让幼儿接触中国传统文化并能够与其他人进行简单的交流与沟通,让传统文化在幼儿的心中留下重要的一笔。

二、活动目标

(1) 让幼儿了解元宵节是中国人每年都会庆祝的传统节日。(语言)
(2) 通过不同的活动和互动,让幼儿进一步了解元宵节的来历、风俗习惯及饮食特点。(语言)
(3) 让幼儿感受元宵节是团圆的日子,要珍惜与家人在一起的时光。(亲子活动)
(4) 引导幼儿感受节日带给人们的欢乐与喜悦,并对节日产生喜爱之情。(社会)
(5) 通过活动培养幼儿尊老爱幼的传统美德。(社会)
(6) 提高幼儿对于合作性的认识,在之后的活动中主动、积极地与他人合作。(社会)
(7) 通过父母等亲人的配合,增进幼儿与家人的感情,能够在日常生活中增加此类活动。(社会)
(8) 提高幼儿的身体协调能力和平衡能力。(健康)
(9) 提高幼儿的动手能力,增强幼儿在倾听和互动方面的能力。(艺术)

三、活动准备

(1) 活动之前,准备关于元宵节的知识与图片。

（2）让幼儿在家中提前准备元宵节的照片和资料，将关于元宵节的书籍拿来与其他幼儿进行分享和沟通。

（3）准备做元宵的糯米粉和内馅，做花灯的卡片、剪刀、胶水、彩笔。

（4）在舞龙活动中，准备多个钻圈、平衡桥、小木墩、小气球，准备幼儿与大人舞龙活动穿的衣服。

（5）提前准备每个活动所需要的音乐、图片，以及可能发生意外的医药用品等。

（6）邀请幼儿家长一起参加元宵节的活动，让幼儿家长提前准备关于活动的资料，并让不同家长进行演讲。

四、活动过程

课题一　元宵节你不知道的那些事情（语言）

（一）活动目的

（1）让幼儿通过所讲的故事了解中国传统文化。
（2）引导幼儿对历史故事进行分析和评价。

（二）导入环节

每个幼儿拿着自己的书本并邀请父母坐在相应位置上，活动开始，首先给幼儿提出一个问题——"今天是什么日子？"，让幼儿自由回答问题。之后在屏幕上展示元宵和花灯的不同照片，引起幼儿对元宵节的兴趣，然后提出问题"大家都知道元宵节的由来吗？"

（三）活动环节

将准备的关于元宵节由来的动画视频打开让幼儿观看，并在观看之前提出问题——"大家仔细观看，想想因为什么将正月十五定为元宵节？"

观看过后，将开始提出的问题让幼儿回答，因为人物相对较多，幼儿只能大概将故事说出来，不能深刻地了解故事。

这时，将提前准备的小玩偶拿出来给幼儿讲述故事。

刘邦死后，刘盈登基为汉惠帝。但是因为刘盈生性懦弱，他的权力渐渐落到了吕后的手上。在刘盈病死后，吕后独揽朝政，因为吕后残暴无礼，刘氏害怕被杀害，只能容忍吕后肆意妄为。百姓就这样过着民不聊生的生活。吕后病死后，吕氏想要谋夺刘氏的江山，他们的计划被刘襄知道，刘氏决定一起讨伐吕氏，最后取得成功。在平乱之后，刘邦的第二个儿子刘恒登基，并将平定之日定为与民同乐日，这一天就是正月十五，而这个节日也成为现在源远流长的民间节日——元宵节。

故事讲完后，问幼儿"喜欢与谁做朋友？""谁是我们应该学习的人？"并告诉幼儿，现在和平与美好的生活都是英雄为我们创造出来的。

（四）活动结束

在结束活动之后，让幼儿和家长一起了解和交流元宵节的故事和有关知识，在第二天进行提问。

课题二 让我们舞起来吧!(健康)

(一)活动目的

(1) 在舞龙的活动中,让幼儿练习跑、平衡、站、走等能力。
(2) 增强幼儿对于音乐的反应能力。
(3) 锻炼幼儿的平衡能力。
(4) 让幼儿将舞狮的动作与音乐结合在一起。

(二)导入环节

向幼儿提出问题:"大家了解了元宵节的由来,那元宵节的活动有哪些?"让幼儿说说自己知道的活动,有些是关于元宵节的,有些是其他节日的。即使幼儿说得不对,也要积极鼓励他们,提高他们回答问题的自信心。这时,将舞狮的照片放到屏幕上,引导幼儿说出这个活动的名称,然后将活动的内容告诉幼儿,并让幼儿邀请各自的家长参与其中。将准备好的衣服发给幼儿及家长,引导幼儿自己将衣服穿好。让幼儿排好队,与家长手拉着手,一起去操场活动。

(三)活动环节

首先以谈话的形式进行,和幼儿说:"我们今天一起学习舞狮的舞蹈,老师和每个家长当作狮头,小朋友当作狮身。那么小狮子们,我们先站好队,老师给你们分组,接下来就开始练习吧。"在开始学习之前,先让幼儿进行拉伸与锻炼:包括转手腕、转脚腕、扩胸运动、绕脖子、蹲起等运动。

让幼儿回忆他们记忆中狮子的样子、狮子的特点并让他们模仿出来。老师先给幼儿演示舞狮的动作,让幼儿观看并提出问题,这样可以使幼儿更加认真地观看。之后,让幼儿踩在事先准备好的小木墩上,先让幼儿适应在小木墩上行走。老师将动作分开来,让幼儿和家长一起学习。把准备好的气球当作狮头分发给家长,让幼儿和家长分组进行练习,并说明,之后有一个汇报演出,谁表演得好,谁就会获得一个礼品。让幼儿们积极练习,努力获得奖励和表扬。

(四)活动结束

让幼儿依次进行表演,并给予表扬。给每个幼儿奖励和鼓励,对活动过程中幼儿的表现进行总结,希望他们以后可以继续保持。

课题三 动起我们的大脑(社会)

(一)活动目的

(1) 开发幼儿的大脑思维活动。
(2) 通过不同的描述让幼儿对动物和植物有更深的了解。
(3) 提高幼儿的团队协作能力。

（二）导入环节

先给幼儿放一首猜谜语的儿歌，然后提出问题。接着再重新放一遍，让幼儿找出这个谜语的答案，可以和家长讨论和研究。但是正式比赛开始后，家长只可以提示不可以直接告知，如果直接告知就算淘汰，不可以继续参加接下来的比赛。每个答对问题的幼儿，可以获得一颗糖果。让幼儿分为男生队和女生队，哪个队伍回答得多，那么这个队伍中的每个幼儿都可以获得一颗糖果。这样可提高幼儿的积极性和团队协作能力，增强幼儿的团队荣誉感。

（三）活动环节

比赛正式开始。

1. 关于动物的题目

谜语①：不是狐狸不是狗，前面架铡刀，后面拖扫帚。（打一动物）【狼】。

谜语②：此物老家在非洲，力大气壮赛过牛，血盆大口吼一声，吓得百兽都发抖。（打一动物）【狮子】。

谜语③：说它是马猜错了，穿的衣服净道道，把它放进动物园，大人小孩都爱瞧。（打一动物）【斑马】。

谜语④：头戴花冠鸟中少，身穿锦袍好夸耀，尾巴似扇能收展，尾羽开屏真俊俏。（打一动物）【孔雀】。

谜语⑤：头上两根须，身穿花衣衫，飞进花朵里，传粉又吃蜜。（打一动物）【蝴蝶】。

2. 关于植物的题目

谜语①：麻布衣裳白夹里，大红衬衫裹身体，白白胖胖一身油，建设国家出力气。（打一植物）【花生】。

谜语②：身穿绿衣裳，肚里水汪汪，生的子儿多，个个黑脸膛。（打一植物）【西瓜】。

谜语③：兄弟几个真和气，天天并肩坐一起，少时喜欢绿衣服，老来都穿黄色衣。（打一植物）【香蕉】。

谜语④：一物生得真奇怪，腰里长出胡子来，拔掉胡子剥开看，露出牙齿一排排。（打一植物）【玉米】。

谜语⑤：脸圆像苹果，甜酸营养多，既能做菜吃，又可当水果。（打一植物）【西红柿】。

这些谜语都是在动物园和生活中会看到的动物和植物，尽量让每个幼儿都回答和参与。将十个谜语平均分给男生队和女生队，并引导幼儿自己想出答案，即使回答得不对，也应鼓励幼儿让他们继续思考直到说出正确答案。

（四）活动结束

进行答题情况的总结，发现男生队和女生队的比分是 5∶5。每个幼儿都可以获得一颗糖果，鼓励他们。增加幼儿的团队荣誉感和幼儿之间交流的顺畅性。

课题四　活动我们的小手和大手（亲子活动）

（一）活动目的

（1）激发幼儿对做元宵的兴趣，让他们体会在欣赏自己的劳动成果时自豪和高兴的心情。

（2）指导幼儿练习揉、擀、捏等重要动作。

（二）导入环节

将准备好的东西分别放到每个幼儿面前——做元宵的糯米粉和内馅。提出问题："小朋友们，大家都知道这是什么东西吗？是干什么用的？""做元宵的。"有的幼儿会说。接下来准备做元宵。"小朋友们先不要着急，做元宵总共需要几个步骤？""先把糯米压平，然后将内馅放到糯米上，再把边捏起来，最后揉一揉，这样就可以了。"有的幼儿说。"到底是不是这样做呢？我们开始做元宵吧！"

（三）活动环节

老师先给幼儿做示范，然后让幼儿将手清洗干净并擦干。"小朋友们这是制作元宵所需要的材料，每个人和家长一起制作元宵，完成后放在自己的盘子里，一定要和家长一起合作哦！一会儿老师会将你们制作的元宵下锅煮，看谁做得又快又好，谁做得多就可以多吃些。"在制作过程中老师和家长作为助手。一共有20分钟进行制作，20分钟到了，老师将幼儿制作的元宵进行收集。将元宵放到事先准备好的开水中煮，在煮的过程中让幼儿观察元宵的变化。通过观察元宵沉、浮的不同过程，询问幼儿出现这种现象的原因，让幼儿进行思考。但在幼儿的答案中，没有正确答案，可以通过这个机会给幼儿讲解浮、沉的原理，让幼儿了解自然规律。观察结束后，老师询问幼儿："你们都做了几个？喜不喜欢做元宵？喜不喜欢和爸爸妈妈一起做活动？"幼儿会愉快地说："开心！""还想继续玩。""我要吃十个！"老师说："咱们的元宵就要好了，大家马上就可以吃到自己亲手做的元宵了。"

（四）活动结束

元宵出锅，等晾凉后将每个幼儿的碗筷拿出来放到他们面前，让幼儿和家长一起享受自己制作的元宵。"在吃元宵之前我们应该做什么呢？""洗手。""洗完手就可以吃了，一定注意不要被烫了。"

课题五　花灯怎么做（艺术）

（一）活动目的

(1) 了解制作花灯的材料、工具、过程和步骤，明白制作花灯的不易。
(2) 在遇到问题和麻烦时，能够自己想出合理的解决方法。
(3) 增强幼儿参加活动的积极性，提高对事物的审美观念，丰富幼儿的内心世界。

（二）导入环节

先给幼儿准备一些花灯的照片，激发幼儿对制作花灯的兴趣，再问花灯怎么做，然后将负责制作花灯的老师邀请过来，当场制作一个简单的花灯，让幼儿观察花灯，讨论制作花灯的材料，如彩纸、剪刀、胶棒、彩笔等。但幼儿可能想象不到需要花灯的木头灯架，将木头灯架拿出问幼儿这是什么，用什么做的，这是花灯的什么部位。并问幼儿想不想自己也制作一个，引导幼儿积极回答想做。

（三）活动环节

"那么让老师再重新制作一遍，小朋友们要认真观看哦。"让制作花灯的老师再一步一步地重新做一遍。第一步，拿出长方形的彩纸，长边对折，然后从折叠边向开口边剪出流苏，深度3/4左右。第二步，拿出压花器，在折叠彩纸上做出雪花、圆孔等镂空图案。第三步，把彩纸完全打开，卷起来用双面胶或胶棒粘贴。最后将制作的彩纸粘到灯架上，在彩纸上画上喜欢的图案，并写上名字。老师一边做一边进行讲解。然后老师对幼儿进行分组，各小组一起制作花灯。在制作过程中幼儿会遇到问题，但不能马上就去帮忙，要让幼儿自己思考，当实在没有办法时可以提供一点帮助。幼儿在团队的协作下完成了花灯的制作，让每个小组在作品上写上自己的名字和想说的话，将作品收集上来。

（四）活动结束

每一小组上台将自己的制作思路和构想与其他幼儿进行分享，对每个幼儿的想法进行表扬，并奖励礼物。将他们制作的花灯放在展示角，在班级展示。

课题六　大家一起唱起来、学起来吧！（艺术）

（一）活动目的

（1）让幼儿学习一首关于元宵的儿歌。
（2）增加幼儿将歌曲和舞蹈进行融合的能力。

（二）导入环节

先播放一首歌曲《闹元宵》。

元宵节，真热闹，
看花灯，吃圆子，
小牛灯，哞哞哞，
小狗灯，汪汪汪，
小龙灯，飞得高，
小兔灯，跑得快。

问幼儿"这首儿歌好听吗？大家想不想学呀！""想学！"幼儿大声地说。"那么，再听一遍，注意看老师的动作。"

（三）活动环节

根据《闹元宵》中的歌词分别做出看花灯，小牛、小狗叫以及小龙、小兔飞跑的动作。这时可以让幼儿跟着老师的动作进行模仿，做完一遍后，让幼儿认真观看，老师再做一遍，等老师做完后让幼儿进行练习。在第二遍时幼儿会更加认真地观看，并进行模仿。在第二遍做完后，分组进行练习，老师对每组进行纠正，要将手臂伸直，做动作要完整，不要马马虎虎，练习完成后进行表演。让幼儿的动作和歌曲结合在一起，能够将完整的歌曲表演出来。

（四）活动结束

练习完后，让每组进行表演，对幼儿的表演进行拍照和录像。把照片和视频发到家长群里，并表扬每个幼儿的表现都非常好，希望家长在家中进行表扬。并对幼儿说，希望他们回家后可以给自己的家长再表演一遍。

五、活动延伸

幼儿在幼儿园只学习了一点关于元宵节的知识，让家长回家后继续给幼儿讲解元宵节的来历、知识和风俗习惯。带幼儿走出家门，不只是了解元宵节的知识，对中华民族的传统节日也要进行了解，并收集照片。让幼儿回家后再做一遍元宵和花灯，并将制作过程拍下来，拿到学校里和其他幼儿进行分享。在幼儿园学习的舞狮和歌曲回家后要表演给家长看，并让家长和幼儿进行学习，增进幼儿和家长的关系，让亲子关系更加和谐美好。

六、活动反思

受全球化的影响，中国传统文化有的变质了，有的逐渐被淡忘了。所以现在要从小培养人们对传统文化的认识。

课题一可以增加幼儿对元宵节的认识，理解和知道这个节日的风俗习惯和来历。不仅让幼儿了解这个节日，还可以了解历史事件的发生过程。学会区分好人和坏人，并告诉幼儿以后不要变成吕后那样残暴无礼的人。但是课题一过于古板，没有更加新颖的部分，让幼儿了解得太少，应该增加一些互动环节，而不单单是讲解这个故事，这样可以让幼儿加深印象。

课题二具有一定的竞技性和趣味性，这种活动可以激发幼儿的竞技欲望和努力争胜的信念，可以让幼儿忘乎所以地投入活动，并自由发挥。但是在这种无法控制的活动中，会有一些预料不到的事情发生，比如在游戏中，每个幼儿都会投入进去，会无意地推或拉其他幼儿，导致他人摔跤或者擦伤，对幼儿的身体造成伤害。在活动中应该不时提醒幼儿慢跑，不要推人拉人，走路不要拥挤。在活动结束后，应该对表现好的幼儿进行表扬，对表现不好的进行指导，并让其他幼儿进行评价，应该学习谁的做法。

课题三让幼儿开发自己的思维和想法，在只有描述的情况下知道答案。遇到困难的时候，在老师和家长的引导下说出答案，把原因说出来，也可以提高幼儿在上台回答问题时的勇气。但是所有问题都是一个等级，应该找一些不同难度的谜语进行提问。有些谜语幼儿之前听过，应该找一些他们不知道的，这样会更好地开发幼儿的思维。

课题四能够激发幼儿对做元宵的兴趣，体会自己做元宵的自豪和高兴的心情。做元宵时让幼儿学会揉、搓、捏等重要动作。让他们珍惜父母给自己做的食物，让他们明白做东西的不易。但是，即使让幼儿之前洗手，做出来的元宵也难免有些脏，幼儿会把东西弄到地上再捡起来。如果老师未及时发现，幼儿吃到肚子里会不卫生。老师应该提高这一方面的安全意识，在保证活动正常进行的情况下，排除细微的安全隐患。

课题五能够让幼儿了解制作花灯的材料、工具、过程和步骤，明白制作花灯的不易。当幼儿在遇到问题和麻烦时，能够自己想出合理的解决方法。即使没有解决也可以提高幼儿的思维。增加参加活动的积极性，培养对事物的审美观念，丰富幼儿的内心世界。但是在制作的过程中，会有一些小组因为小事而争执起来。应该让每个幼儿都自己制作一个花灯，避免争吵。

在课题六中，幼儿可以通过元宵节儿歌学会一个舞蹈。让幼儿在学习中收获快乐，不仅学会一首儿歌，还能学会一个舞蹈。提高幼儿将舞蹈与歌曲融合在一起的能力，提高他们的专注力和忍受力。但是这一活动应该增加阅读古诗或是诗歌之类的环节，让幼儿在短暂的学习中，学习更多的知识。不应该太古板，应使活动更加欢乐。

通过对这些活动的学习和了解，幼儿能真正了解关于元宵节的知识。让逐渐被忽视的节日恢复应有的样子，让幼儿和家长一起度过一个既美好又有意义的元宵节。

欢欢喜喜迎新年

申请人简介：
我叫刘韵彤，性格开朗，待人友好，尽职尽责，有耐心和责任心，喜欢和小朋友相处，也喜欢幼师这份职业。
所在单位： 北京经贸职业学院国际经济贸易系 2019 级学前教育专业
适用班级： 大班

一、设计意图

中华民族文化博大精深，源远流长。古往今来，已汇聚成一派浩瀚巨流，而春节是我国重要的传统节日之一，春节来临之前到处都会为迎接新年做准备。但是，现在许多幼儿比较了解国外的节日，对我国的传统节日却一知半解。

（1）让幼儿熟知春节是我国传统节日，并了解春节的风俗和来历。
（2）进一步培养幼儿的爱国情怀，让幼儿热爱丰富多彩的传统文化。
（3）通过本次活动鼓励幼儿与同伴进行交流与合作，并培养幼儿的创新意识。
（4）培养幼儿的动手能力和想象能力，激发他们对艺术的理解。

二、活动目标

（1）提高幼儿的语言表达能力和倾听能力，促进其思维发展。
（2）让幼儿积极与同伴和老师交流，表达自己的见解。
（3）让幼儿学会分享自己的所见所闻。
（4）让幼儿了解春节的来历与习俗。
（5）引导幼儿积极参与艺术活动。
（6）培养幼儿的团队合作能力和动手能力，能够灵活使用基本工具，剪出简单图形。
（7）让幼儿掌握基本的颜色搭配技能。
（8）让幼儿喜欢社交，能与同伴友好相处，具有自尊、自信、自主的表现，懂得关心尊重他人。
（9）让幼儿喜欢并适应群体生活，遵守基本行为规范，具有初步归属感。
（10）引导幼儿养成良好的卫生与生活习惯，具有基本的生活自理能力，具备基本的安全知识和自我保护能力。

三、活动准备

（1）准备几首有关新年的儿歌和写有诗句的 PPT。
（2）收集有关春节来历和风俗习惯的相关资料。
（3）准备活动用材料，如胶棒、安全剪刀、彩纸、彩笔（彩铅）等；准备制作好的灯笼和窗花，一个空的红包；准备歌曲《新年真热闹》。
（4）准备大扫除与放鞭炮的安全小知识，准备卫生纸和消毒纸巾。

四、活动过程

课题一　不同的春节（语言）

（一）导入环节

老师：请问小朋友们你们知道 2021 年 2 月 12 日是什么节日吗？
引导幼儿说出自己认为的节日。

（二）活动环节

1. 老师介绍春节的习俗和儿歌
当有幼儿说出春节的时候，继续往下进行。如果没有，就展示准备好的童谣。
老师：那我给大家分享一首关于这个节日的童谣，看看有没有小朋友知道。

新年到，穿新衣，戴新帽；
舞龙灯，踩高跷，迎财神；
大家乐陶陶，大家一起迎接新年到。
过年啦，贴花啦，满窗子，都红了。
贴个猫，贴个狗，贴个小孩打溜溜，贴个老爷贴烟头，贴个没牙老满窗走。
新年到，放鞭炮，鞭炮蹦蹦跳，新年真热闹。
新年到，哈哈笑，新年长一岁，祝我个子快长高。

引导幼儿积极回答春节。
2. 分享春节
老师：小朋友们真聪明，那春节的时候有什么让你们印象深刻的故事？给我们分享一下吧！
引导幼儿分享自己的经历。
老师：春节时大家都要做什么呢？小朋友们一起分享分享。
让幼儿分享春节所做的事情。
幼儿：贴春联、放鞭炮、吃饺子、包饺子等。
老师：小朋友们说得都很不错，但是你们知道为什么要做这些吗？

引导幼儿发表自己的观点。

老师：那我们来看看这些活动的由来吧！

展示PPT，看完后，让幼儿分享刚才看到的和记住的习俗。

3. 编排儿歌

分享一些有关新年的儿歌或者童谣。

老师：听完了这几首儿歌，小朋友们可以自己试着编一编儿歌吗？

引导幼儿积极创编。

（三）活动结束

老师：小朋友们这节课表现得非常棒，我相信你们一定学到了很多关于春节的习俗，还学会了编儿歌。快到春节了，祝大家都能过一个愉快热闹的节日。

课题二　制作灯笼和窗花（艺术）

（一）导入环节

以问答对话的方式吸引幼儿。

老师：小朋友们，我们已经知道春节要贴春联、贴窗花、挂灯笼等，小朋友们想不想学习如何制作这些东西呢？

幼儿：想。

引导幼儿积极参与其中。

（二）活动环节

活动一：做灯笼

1. 画出自己想象的灯笼

老师：小朋友们画出你们看过的灯笼或者想象出来的灯笼。画完后和其他小朋友分享自己的灯笼。

引导幼儿积极绘画。

2. 观察与制作灯笼

老师：小朋友们都画完自己的灯笼了，先看看老师是如何制作自己的灯笼的。

引导幼儿认真观察，积极制作自己的灯笼。

3. 分享做灯笼的想法

老师：小朋友们都做完了吧？那我们来分享一下自己的灯笼吧。老师先分享一下自己的灯笼吧！

引导幼儿分享自己的灯笼。

活动二：剪窗花

1. 观察窗花

老师：小朋友们的灯笼都做得不错，那我们来学习一下窗花怎么剪吧！这是老师制作的窗花，小朋友们来观察一下吧。

引导幼儿认真观察。

老师：老师给小朋友们示范一下怎么剪窗花好不好？

引导幼儿认真学习。

2. 动手做

老师：老师示范完了，小朋友们也开始动手做吧！

引导幼儿认真制作。

老师：我看小朋友们的窗花都做完了，而且做的窗花都很漂亮，那请小朋友们讲解一下自己的窗花吧。

引导幼儿讲解自己的想法。

老师：小朋友们讲得都非常棒，每个人的窗花都不一样，都很有自己的想法。

（三）活动结束

老师：马上要过春节了，小朋友们都很开心，今天我们学习了如何制作窗花和灯笼，小朋友们制作得非常棒，每个人都积极参与其中，丰富了这次活动。老师希望小朋友们把学到的用在生活里，希望各位小朋友都能过一个难忘而有意义的春节。

课题三　我们一起来拜年（社会）

（一）导入环节

回忆原来学过的东西，使幼儿快速进入状态。

老师：小朋友们学习了灯笼和窗花的制作，那让我们来学习怎么用这些东西拜年吧。

引导幼儿认真听讲。

（二）活动环节

活动一：组队表演

1. 分享自己家拜年时的场景

老师：春节的时候，每家每户都要串门拜年，小朋友们可以上来分享一下自己家串门拜年的场景。

引导幼儿上台积极分享。

老师：小朋友们拿着自己准备的灯笼、窗花和红包自由组队，来表演一下你们是怎么拜年的吧！

引导幼儿找同伴组队。

2. 上台表演

老师：好了小朋友们，大家都准备得差不多了，那我们先请一组小朋友上来表演大家是怎样拜年的吧！

如果有幼儿主动举手，老师：小朋友们都很积极，那我先请这组举手最快的小朋友上台来表演吧！

如果没有幼儿主动举手，老师：小朋友们都很害羞呀，那老师随便挑一组小朋友上台来

表演吧。(多多鼓励这组幼儿)

幼儿全部表演完。

老师：小朋友们的表演都很不错，都很有自己的想法。(要积极鼓励幼儿)

3. 观察并表演

老师：小朋友们都表演了自己是怎样拜年的，那让我们来观看一下别人是怎样拜年的，并表演出来。

播放儿歌。

新年真热闹

过新年真热闹，放呀放鞭炮，

大红包压岁钱，猜猜有多少，

恭喜爷爷发大财，新年真热闹。

过新年真热闹，放呀放鞭炮，

大红包压岁钱，猜猜有多少，

恭喜奶奶发大财，新年真热闹。

过新年真热闹，放呀放鞭炮，

大红包压岁钱，猜猜有多少，

恭喜叔叔发大财，新年真热闹。

引导幼儿认真观察。

老师：这首歌好听吗？

幼儿：好听。

老师：那让我们自由分组，每个人挑一个角色来表演一下吧！

引导幼儿分组并表演。

老师：小朋友们都排练完了，有没有小朋友愿意主动上台表演呢？

如果有幼儿主动举手，老师：小朋友们都很积极，那我先请这组举手最快的小朋友来表演吧！

如果没有幼儿主动举手，老师：小朋友们都很害羞呀，那老师挑一组上台表演。(多多鼓励这组幼儿)

引导每组幼儿上台表演。

老师：小朋友们的表演都非常棒，大家都表演得生动形象。

活动二：欣赏故事《小熊过新年》

有一只熊，他从很远的地方搬到一个村落的旁边。

冬天快到了，熊找到一个树洞，在洞里给自己铺上干草，把脑袋藏在爪子的下面，缩成一个大毛球，就睡了。

熊是不用看闹钟的，一到春天，自然就会醒来，那时，他会听到连绵不绝的春雷，嗅到让他食欲大开的新鲜食物气味，于是他就爬出树洞，迎接新的一年。

每只熊都是这样。

熊睡啊睡啊，他不断地做梦。各种各样的梦——翻爬大树，追逐松鼠；在河水里扑抓，一条大鱼跃起，狠狠地甩了一下尾巴，正打在他的脸上——啪！——啪啪啪啪啪啪啪……声音越来越响，熊就被惊醒了！

噼里啪啦！轰！熊揉着眼睛，有点迷糊，是雷声吗？是春天来了吗？可能还困得很呢！

他把脑袋趴在干草上，想了一会儿。这时熊嗅到了香甜的气味，又温暖又香甜的气味，足够让一只熊忘掉困倦。熊睁大眼睛，伸出鼻尖在空气里贪心地嗅个不停。

熊把鼻子贴在树洞的缝隙上，他的肚子马上叽里咕噜叫了起来！

没错儿，准是春天来了！

熊急切地从洞里钻了出来，风吹来，他打了个哆嗦，但香味太迷人了，熊一步一步循着香味，走进村庄里。村庄四处都开着花儿，红艳艳的，不同的形状，花上还有鸟儿呢，熊从来没见过这么多漂亮的花儿。

白色的热气呼呼地从窗缝里出来，熊把脸贴在玻璃上，啊，这里也有大树洞！比熊的树洞要明亮得多啦！苹果、鸭梨、萝卜、红薯……熊看到许多他爱吃的东西。

一个鼻尖在玻璃的另一头顶过来，是一个孩子。他看着熊，熊看着他。他对熊笑了一下，熊也对他笑了一下。孩子给熊打开门："我们一起过年吧！"

熊挠挠脑袋，傻乎乎地乐了，能进入这个大树洞，让他开心极了！

熊东张西望。

熊不停地吃。

熊忍不住想到处摸一摸。

夜晚，熊和孩子一起放了烟花，当烟花在夜空里绽放的时候，熊惊呆了！

孩子对熊说："新年快乐！"

新年？熊从来没有这样迎接过新年，他想了一会儿，记起了小河、树林、只会啾啾叫的鸟儿，还有满身毛茸茸的蒲公英。

熊告别了孩子，回到自己的树洞，把脑袋藏在爪子的下面，缩成一个大毛球——

熊睡着了。

这回，他一定要睡到春天来到时再醒来。

老师：小朋友们，故事到此就结束了。

（三）活动结束

老师：春节要来了，我们一起分享了怎么拜年，也观察了别人是怎么拜年的，希望各位小朋友能记住，也祝福各位小朋友有一个愉快而有意义的新年。

课题四　除旧布新喜迎新年（健康）

活动一：扫尘

（一）导入环节

老师：小朋友们，春节要到了，我们都要干什么呀？

引导幼儿积极回答。

当有人回答打扫卫生时活动继续。

如果没有，老师：小朋友们听听这首儿歌，看看别的小朋友都在干什么吧！

老师播放儿歌。

(二) 活动环节

1. 观察大扫除

老师：小朋友们看完了视频，告诉老师你看到别的小朋友在干什么呢？

引导幼儿积极回答。

2. 大扫除

老师：小朋友们看完了，让我们拿起桌子上的纸巾擦擦自己的桌子和椅子吧！

引导幼儿擦桌子和椅子。

老师：都擦完了吗？擦得真干净呀！小朋友们都好厉害！

活动二：放鞭炮的安全

(一) 导入环节

老师：小朋友们过年一定少不了放鞭炮，让我们来了解一下放鞭炮的安全知识吧！小朋友们你们知道放鞭炮的时候，我们要注意什么吗？

引导幼儿积极发表观点。

老师：小朋友们知道的很多，那我们来看看老师准备的小知识点吧！

(二) 活动环节

引导幼儿认真阅读。

第一点，不要在屋内燃放，在户外也必须遵照说明书上的方法放鞭炮。

第二点，不要在商店、影剧院等人员集中的公共场所及储物仓库、化工厂、草料场附近燃放。

第三点，小朋友们不能单独燃放，因为小朋友们燃放烟花爆竹往往会惊慌失措，有的甚至会将点燃的爆竹随意乱抛，导致爆竹横飞，蹿进可燃物中引起火灾。

(三) 活动结束

老师：这节课我们学习了怎样大扫除，还擦干净了自己的桌子和椅子。我们还学习了很多放鞭炮的小知识，大家都表现得很积极。

五、活动延伸

课题一活动结束后，让幼儿和家长分享自己编排的儿歌，跟家长讲述春节的习俗。

课题二活动结束后，让幼儿和家长一起制作不一样的窗花和灯笼，样子可以多变。做完后，一起把它装饰起来，丰富这个春节。

课题三活动结束后，幼儿在家里可以跟家长表演《小熊过新年》并录视频，交到幼儿园，幼儿园留档并评奖。过年串门的时候，幼儿可以带上灯笼去串门拜年并拍照。

课题四活动结束后，让幼儿在家里帮助家长，一起给家里来一个大扫除，并和家长一起复习上课时讲的放鞭炮的小知识。

六、活动反思

　　课题一的活动丰富了幼儿对春节由来和习俗的认识。但不足的是，本次活动大多数都是文字，比较枯燥，幼儿无法全身心投入其中。

　　课题二的活动既可以培养幼儿的动手能力和独立思考能力，又可以增进亲子关系。但不足的是活动用具中的剪刀存在一定的危险性；让幼儿自己动手制作的时候，幼儿存在随意说话的现象，课堂秩序很难维持。

　　课题三的活动激发了幼儿的表演欲望。但是不足的地方是欣赏故事环节故事略长，幼儿可能无法集中注意力。

　　课题四的活动丰富了幼儿对放鞭炮的认识，培养了幼儿讲卫生的好习惯。但不足的是以文字讲述为主，幼儿感觉枯燥，注意力不是很集中。

　　在这些活动中，幼儿学到了很多新的知识，和同伴更亲近了，也了解了基本的卫生习惯，丰富了动手能力，引发了幼儿的思考。但不足的是，本次活动文字知识偏多，幼儿很难一直集中注意力，可以多加一些趣味性的游戏活动。

京剧脸谱

申请人简介：
我是北京经贸职业学院2019级学前教育专业4班的陆孝琴，我虽然是一个很容易害羞的人，但我从小就喜欢小孩子，也喜欢音乐和舞蹈，所以我很热爱学前教育这个专业，当我唱歌跳舞的时候，我便不害羞。我喜欢和小孩子一起玩时欢快的氛围，我喜欢小孩子们渴望知识的真挚的眼神，我喜欢教会小孩子们之后的那种成就感，将自己奉献给学前教育专业是我毕生的梦想。
所在单位： 北京经贸职业学院国际经济贸易系2019级学前教育专业
适用班级： 大班

一、设计意图

京剧脸谱是中国的国粹，是中华文化之瑰宝，但当今的幼儿对京剧脸谱既不了解，也不感兴趣，所以我设计这个活动来提高幼儿对京剧脸谱的兴趣，增加民族自豪感。脸谱是中国戏剧中特有的，以夸张的手法，鲜明地表现出人物的年龄、性格、面貌、品质等特征。脸谱的历史悠久，通过活动，可以让幼儿了解中国脸谱拥有的图案美与艺术性，培养幼儿对京剧脸谱艺术的欣赏能力和动手实践能力，激发幼儿对京剧脸谱的兴趣与热爱。

二、活动目标

（1）欣赏京剧，让幼儿了解中国国粹。
（2）学习京剧，让幼儿学习京剧舞蹈中简单的舞蹈动作。
（3）欣赏脸谱，让幼儿感受脸谱夸张的色彩。
（4）脸谱填色，让幼儿给脸谱画上自己喜欢的颜色。
（5）制作脸谱，让幼儿根据自己的爱好在空白面具上创作出简单的京剧脸谱。
（6）介绍京剧脸谱，激发幼儿对中国传统文化的兴趣。

三、活动准备

（1）准备京剧视频，让幼儿先学习一小段简单的京剧舞蹈。
（2）各个不同颜色的脸谱的照片。

（3）了解和准备"生、旦、净、丑"的一些具有代表性的脸谱。
（4）多张空白脸谱填色纸、白纸，油画棒，铅笔。
（5）丰富幼儿有关京剧和脸谱的知识。
（6）橡皮筋、安全剪刀、空白面具。

四、活动过程

活动一：看京剧视频

老师：小朋友们，老师今天带来了一段小视频，让我们一起来看看吧。

老师：小朋友们，这个视频所表演的，叫京剧，而演员们脸上戴的五颜六色的化妆造型，叫脸谱，京剧和脸谱是我们国家的传统艺术，是只有中国才有的，京剧更被称为我们国家的国粹，是我们国家的宝贝，它的唱腔融合了"西皮"和"二簧"，小朋友们跟着老师一起来了解下吧！（引出幼儿的兴趣）

活动二：京剧的由来

老师：这个京剧呀，是在清朝乾隆五十五年，也就是公元1790年的时候，有四个南方的徽剧班陆陆续续来到北京，徽剧里面的声腔和剧目，都特别丰富，逐渐就压倒了当时在北京很盛行的秦腔，然后许多秦腔的演员都转去学徽剧了，慢慢地，这个徽剧和秦腔就一点点相融合了。随后不久，北京又来了三个徽剧班，把盛行的昆剧也给压下去了，然后好多原来学昆剧的演员，也都转去学徽剧了。在清朝道光年间，也就是1828年的时候，有许多湖北的演员进京，带来了汉调，然后又有很多汉调演员，加入了徽剧班，与徽剧班同台演出，形成了后来的"皮黄戏"。最后啊，在京师里形成的皮黄戏，受到北京语音与腔调的影响，有了独特的"京味"。这些人之后经常去上海演出，于是，就给这种带有北京特点的皮黄戏取了个名字，叫作"京戏"，也可以叫作"京剧"。由于京剧的迅速发展，京剧的艺术水平在中国戏曲中名列前茅，后来在全中国都流行了，也被称为"国剧"，所以小朋友们，我们的京剧最初是徽剧班和湖北的汉调艺人合作，相互影响，接受了昆曲、秦腔的部分剧目、曲调和表演方法，吸收了一些民间曲调，逐渐形成相当完整的艺术风格和表演体系，最后才形成了我们中国的文化瑰宝"京剧"。

活动三：学习模仿京剧

老师：小朋友们，视频里面的演员们唱的歌、跳的舞，是不是都和我们平时电视上看到的不一样呀，那小朋友们和老师一起来模仿学习一下，学习我们中国的传统文艺节目，好不好呀？这是我们国家的宝贝，让老师看看谁学得最认真、最像，让老师看看是谁最喜欢我们国家的宝贝哦。

老师：小朋友们跳得真好看，不仅跳的动作很好看，连表情都很到位呢，刚才呀，老师看到有小朋友在模仿视频里面演员脸上画的面具的表情呢。那就让我们再仔细看一遍这个视频吧，让我们再仔细观察一下，视频里的演员脸上到底是什么样子的。（幼儿已经看过了视频，让他们学习模仿京剧可以增加他们对京剧的兴趣）

活动四：介绍脸谱的知识

老师：小朋友们，这个视频里的演员是不是长得都很奇怪呀？他们有的人脸是红的，有的人脸是蓝的，还有的人脸是黑的，而且每个人脸上的图案都不一样，小朋友们知道是为什么吗？

老师：小朋友们，在脸谱中呢，不同的颜色代表的是不一样的意思，就比如说，这个红色的脸，代表的是威武忠诚的意思；这个紫色的脸，代表的是善良正直的意思；还有这个黑色的脸，代表的是公正的意思。小朋友们知道包公包青天吗？包大人铁面无私，他就是黑色的脸。小朋友们看这个蓝色的脸，代表的是这个人性格特别刚直、桀骜不驯。还有这个金色的脸，他代表的是威武庄严的意思，一般都用在神仙的角色上，比如如来佛、二郎神等，他们就是金色的脸。来，小朋友们，知道白色的脸是什么意思吗？注意啦，这是阴险狡诈的意思哦。说明这个人很阴险，要小心。

老师：小朋友们，让我们一起仔细地看这个脸谱，有没有发现，这个脸谱，它的左右两边是一样的，是不是？它是对称的。脸谱脸谱，顾名思义，是脸的谱子，虽然它和我们的脸长得不太一样，但是，它是以我们的脸为基础设计出来的，让我们再仔细看看这个脸谱，找找这个脸谱上的五官，到底都发生了什么样的变化呢？

老师：小朋友们，通过观察，我们发现，虽然这个脸谱看起来很奇怪，但其实和我们的面部器官的轮廓、形状还是很相似的。这个京剧脸谱，说到底还是来源于我们的生活，是实际生活的夸张和放大。生活中人们常说的人的脸色，比如晒得漆黑啊，吓得煞白啊，燥得通红啊，病得焦黄啊，不仅是对剧中人物的心理活动、精神状态的揭示和生理特征的表现，还是确定脸谱色彩、线条、纹样和图案的基础。我们的脸谱用夸张的方式，把人物的性格、心理表现出来，我们的国人是不是很聪明呀？（举例子介绍脸谱，让幼儿认识面具，了解脸谱的基本知识，增加幼儿对我国传统文化的自豪感，并引出之后的脸谱填色）

活动五：脸谱填色

老师：小朋友们，现在老师给你们发了打印好的空白面具纸，我们也看完了视频，接下来请小朋友们拿起自己喜欢的颜色的油画棒，创作一张属于自己的面具吧，不一定要和视频里的一样哦，小朋友们可以按照自己的喜好，在面具的空白区域填上自己喜欢的颜色，记得画画的时候不要画到老师打印的黑色的边缘线哦，最后让老师看看，是谁的面具最好看。（让幼儿发挥自己的想象力进行创作，老师可以适当指导）

活动六：介绍京剧中的"生、旦、净、丑"

老师：小朋友们，老师手上有四张面具，分别代表京剧中的角色生、旦、净、丑，（拿起一张生的面具）小朋友们，看，这张红色的面具就是京剧中的生。生呢，其实是一个大的类别，这张面具只是其中之一，京剧中的生指的是男性角色，主要分为老生、小生和武生。老生一般以唱功为主，当然也有念白和表情的老生，叫作做工老生。有些除唱作之外，还注重兵器武打的老生叫文武老生。小生指青年角色，还可以细分为巾生、穷生、官生。武生指会武艺的人物，分为长靠和短打两种，武老生指年纪大的武生，武小生指年轻的武生。小朋友们知道周瑜吗，他是古代的英雄豪杰，能文能武，风流倜傥，在战场上又是手持兵器潇洒的武小生，我们把这种类型的小生叫作"文武小生"。（拿起一张旦的面具）小朋友们，看，这个白色的面具就是京剧中的旦，京剧中的旦主要指的是女性角色，可以分为老旦和小旦、青衣和花旦、武旦和刀马旦。老旦一般指老年妇女，有点像老生。花旦一般指的是性格活泼、天真和泼辣的青年女子，表演上着重京白和各种动作。武旦呢，就是会武艺的女性角色，她的动作不仅英勇善战，还很婀娜多姿。小朋友们，近来有一个新的行当，叫"花衫"，"花衫"打破了青衣和花旦的界限，它兼有了这两者的特点，还吸收了刀马旦的表演特点，更便于表现出不同妇女的性格。还有一些未被归类，但功力深厚、艺术成就较高的坤旦，也深受广大观众的喜爱和推崇。（拿起一张净的面具）小朋友们，看，这是京剧中的净行，净还有一个名字，小朋友们知道叫什么吗，叫"花脸"，是不是很有趣？因为他们脸上总是涂抹很多很多颜色，是不是很形象？"花脸"指的是性格和相貌有特点的男性角色，一般多是念韵白的角色。重唱功的净叫"正净""铜锤"或者"大花脸"，比较注重表演身段，功架与对白的净叫"副净"，也可以叫"二花脸"或者"架子花"，净不管是脸面上的化妆还是图案花纹，又或者是表演形式，都是最夸张的，对于不同人物的脸有各种不同规定的图案。（拿起一张丑的面具）小朋友们快看，这是京剧里的丑，指的是相貌丑陋的人物，一般在鼻子处勾画一块白，所以也叫"小花脸"，丑可以分为"武丑""文丑"和"一般丑"三种。武丑指的是会武艺的丑角，也可以把它叫作"开口跳"，武丑主要擅长念白和跳跃。"文丑"是指不会武艺的丑角，常常是滑稽可笑的人物。年老又诙谐搞笑的人物叫作"老丑"，女性其实也有丑角的，比如那种扮相特别夸张的角色，较年轻的女性丑角叫"彩旦"。小朋友们，基础的"生、旦、净、丑"就有那么多的讲究，这么多的分类，是不是没有想到啊，是不是更加感慨我们国人同胞的创造力？小朋友们最喜欢哪个角色呢？（介绍生、旦、净、丑，让幼儿进一步了解京剧和脸谱，增加幼儿对京剧和脸谱的兴趣和喜爱）

活动七：幼儿制作自己的面具

老师：小朋友们，老师看完视频，自己画了几张面具，（拿出画好的面具）好不好看呀？老师把生、旦、净、丑各画了一幅面具，这节课，我们就来画一张属于自己的面具吧，小朋友们，选一张你们最喜欢的面具，把它画出来吧，你们可以选择老师画的面具的样子，也可以选择老师发的照片的样子，如果实在不知道画哪个，你就想想自己最喜欢生、旦、净、丑哪个角色，选自己最喜欢的角色画，好了，开始画吧，小朋友们。（增加幼儿对面具的兴趣和喜爱，加深幼儿对京剧和脸谱的记忆）

五、活动延伸

老师：小朋友们，现在每个人都有了属于自己的面具了吧，小朋友们都知道自己画的是什么角色吗？请小朋友们根据每个人画的不同的角色，相同角色的小朋友站在一起，然后，我们每个人都把自己的面具戴在脸上，我们戴着面具玩游戏，好不好？（增加幼儿对面具的记忆和印象，加深对脸谱的喜爱程度）

老师：这几节课呢，老师给小朋友讲解了京剧和脸谱，还带你们一起了解了生、旦、净、丑。小朋友们每个人也创作了自己的面具还临摹了不同的面具，小朋友们还记得吗？京剧脸谱是我们国家的传统文化，也是我们国家的国粹，你们一定要记得，要把这个文化传下去，我们中华文明上下五千年，留下了好多好多有意思的传统文化，小朋友们可以回去了解一下。小朋友们，等你们回家，可以给爸爸妈妈看看你们今天画的面具，还可以表演今天学的京剧，你们的爸爸妈妈肯定可开心了，可为你们自豪了，你们还可以问问爸爸妈妈会不会，说不定他们都不会呢！

六、活动反思

我对于这节课的反思：这节课理论性知识比较多，讲述的地方比较多，而且没有运用故事的形式，可能会比较枯燥，下次应该多准备一些故事，应该从幼儿感兴趣的地方着手，让幼儿更有兴趣听我的课。这节课玩的环节比较少，课堂不太活跃，应该多加点小游戏，增加整个课堂的趣味性，让幼儿在欢乐中学到知识。此外，我应该让幼儿多感受一下京剧脸谱的魅力，增加幼儿的民族自豪感，为自己是一个中国人而感到骄傲。还应该让幼儿感受到中华文化的丰富多彩和博大精深，我以后应该着重培养幼儿的想象力、创造力和思维能力。在这次活动中，我深深地感觉到，我还有许许多多需要修改的地方，下节课我会更加努力，更好地教给幼儿新的知识。

在这次活动中，我给幼儿看了京剧，讲解了京剧的形成，并让他们模仿了京剧的舞蹈和歌曲，幼儿很欣赏京剧的表现形式，通过自身的学习可以更好地感受京剧的氛围，也可以更加了解我国的国粹京剧。

在这次活动中，我还给幼儿讲解了脸谱的一些基础知识，让幼儿画了脸谱，并让他们亲自做了脸谱，这可以给他们留下更深刻的印象。填色可以让幼儿增加对脸谱意义的理解，让他们充分发挥自己的想象力和创造力，让他们在玩与创造的过程中，学习新的知识，并且能对国粹京剧萌发兴趣。整体来说，这次的活动还是很成功的，既给幼儿传播了知识，又增加了幼儿对国粹的兴趣，以后应该多增加一些关于我国传统文化的活动，让幼儿在了解知识的前提下，增加对中国传统文化的兴趣，增加幼儿的民族文化自豪感。

元宵节主题活动

> **申请人简介：**
> 大家好！我叫王丽，是学前教育专业的一名大二学生，选择学前教育专业，是因为我喜欢这个行业。我性格开朗活泼，责任感强，喜欢和幼儿一起玩游戏，并会尊重他们的想法，我能很好地和他们进行交流沟通。我希望能为每个孩子的未来奠定一个好的基础。
> **所在单位：** 北京经贸职业学院国际经济贸易系 2019 级学前教育专业
> **适用班级：** 大班

一、设计意图

元宵节（又叫春灯节、上元节）是中国的传统节日之一，正月是农历的元月，古人称"夜"为"宵"，正月十五是一年中的第一个月圆之夜，所以称其为"元宵节"。元宵节的历史已经在中国甚至世界上流传很久，但由于近年来西方节日的不断流入、盛行，渐渐对中国的传统节日造成了冲击，所以在主题活动中，我们可以通过学习、表演、游戏等各种形式的活动，使幼儿不仅能对元宵节的传统文化和民俗习惯有一定了解，还可以通过参加活动，进一步获得对节日气氛的体验。

二、活动目标

（1）让幼儿知道正月十五是元宵节，是一家人团团圆圆的节日。
（2）让幼儿知道关于元宵节的传说、儿歌等。
（3）让幼儿知道元宵节有挂灯笼、猜灯谜、吃元宵等习俗。
（4）让幼儿自己动手做灯笼、做元宵，感受其中的乐趣。

三、活动准备

相关教具，关于元宵节的 PPT 和动画等；幼儿提前了解如何过元宵节。

四、活动过程

课题一　猜灯谜（语言）

（一）活动目的

(1) 知道猜灯谜是元宵节的一种习俗。
(2) 产生对猜灯谜活动的兴趣。
(3) 引导幼儿积极参加猜灯谜游戏，尝试动脑筋猜灯谜。

（二）活动教具

(1) 各种灯谜或谜语。
(2) 猜灯谜的视频。
(3) 准备3~4个不同颜色的灯笼。
(4) 相关PPT。

（三）导入环节

老师进入课堂：小朋友们，大家好！老师课前来给大家放一段小视频好不好呀？

幼儿：好呀，好呀。

说完老师播放视频。

老师：小朋友们，视频里提到的正月十五是什么节日呢？

（幼儿自主回答/幼儿如果不知道可以再看一遍）

幼儿：元宵节。

老师：小朋友们，动画里的小猫咪叫什么名字呢？

幼儿：猫小帅，猫小妹。

老师：猫小帅是去哪里找的猫小妹呢？

幼儿：灯谜会。（幼儿自主回答）

老师：小朋友们，真棒。（老师对幼儿竖起大拇指）

老师：那小朋友们在灯谜会上看到了什么呀？

幼儿：有灯笼。

老师：对的，有灯笼，那大家仔细看了没有呀，灯笼下面有什么呢，谁来告诉老师呀？

幼儿：有粉色纸条。

老师：非常棒，粉色纸条。那纸条上写着的内容想不想知道呀？

幼儿：想。

（老师拿出灯笼，灯笼下贴着谜语）

老师：小朋友们我们一起来看看灯笼下的小纸条上写着什么吧。

幼儿：是谜语。

老师：对的，是灯谜。

老师：这是春节后的第一个节日——元宵节，每年这个节日的晚上，人们都会赏花灯、猜灯谜，要是猜对了还有小礼物哦。（调动幼儿的积极性）

老师：小朋友看他们那么开心地玩游戏，我们要不要也来做游戏呀？（老师要时刻面对幼儿，语气温和）

幼儿：好呀，好呀。

（四）活动环节

老师借助PPT展现谜面，幼儿每猜一个谜底，老师就把图片放出来。

老师介绍游戏规则：选出4名小朋友拿着花灯和谜语（以小朋友自己踊跃报名为主），小朋友们围成一个大圈圈，由老师说出谜语，小朋友们猜，在猜不出时，老师要在一旁做动作提示。

老师：小朋友们，我们开始做游戏啦，大家过来围成一个圈圈好不好呀？

（幼儿纷纷过来围成一个大圈圈）

老师：一物像人又像狗，是个爬树小能手，擅长模仿人动作，家里没有山里有（打一动物，谜底猴子）

（答对了老师给予鼓励，猜错的话老师可以扮演猴子的动作加以提示）

幼儿：我知道我知道，是猴子。

老师：答对喽，小朋友真棒。

老师：那么接下来我们要开始第二个谜语啦，大家要动脑筋思考哦！

老师：嘴像小铲子，脚像小扇子，走路左右摆。（打一动物，谜底小鸭子）

（动作：扮演小鸭子走路）

幼儿：是小鸭子。

老师：哇，小朋友真的太聪明啦！

老师：那我们继续做游戏吧！

老师：千条线，万条线，掉到水里看不见（谜底雨）。

幼儿：我们猜不到。

老师：哗啦啦哗啦啦（手指模仿下雨的动作），什么东西在乌云密布的时候会落下，转动大家的小脑袋思考吧！

幼儿：下雨。

老师：小朋友们太棒啦，大家都很聪明。每个小朋友都有两朵小红花。

大家一起说：元宵节快乐。（然后回到座位）

老师：小朋友游戏好玩吗，那通过做游戏我们都知道了什么呢？

老师：这是过的什么节日呢，都有什么活动呢？

幼儿：元宵节，要猜灯谜。

老师：小朋友们非常棒。

（五）活动结束

老师：小朋友们都太聪明啦，非常棒，这个活动不知不觉就结束了，没有提灯笼的小朋友也不要灰心，下个活动我们继续来做其他游戏。

（六）课题延伸

老师：小朋友们今天猜了这么多灯谜，老师布置一个作业，小朋友们回家要和爸爸妈妈分享我们今天猜的灯谜哦。（可以把课上的谜语发给幼儿）

（七）课题反思

在猜谜语中我选择的都是幼儿易于接受的小动物谜语，尽可能调动幼儿的积极性，使幼儿围成一个大圈，全体幼儿尽可能参与到活动中去，不足之处：在做活动时，可能会有个别幼儿猜不到，应该尽量照顾到每个幼儿。

课题二　做花灯

（一）活动目的

(1) 学习简单画图并使用安全剪刀，制作简单的花灯。
(2) 充分调动幼儿的积极性，参与手工活动，体验制作花灯的乐趣。

（二）活动教具

(1) 已经做好的花灯。
(2) 胶棒、彩纸、安全剪刀、画笔、小灯。
(3) 相关 PPT。

（三）导入环节

老师：（回顾上个活动）小朋友们，上节课我们的猜灯谜游戏好玩吗？

幼儿：好玩。

老师：那老师要考考大家啦，大家知道在猜灯谜的时候老师手里提着的是什么吗？（好奇的目光）

幼儿：我知道，我知道。（幼儿踊跃回答）

老师：那大家一起说好不好呀？

幼儿：是兔子灯，小灯笼……

老师：对的，小朋友们真的好棒，观察能力很棒哦！

老师：那我们今天来学做小花灯好不好呀？

幼儿：好呀，好呀。

（四）活动环节

老师可以把准备好的材料分成几组，幼儿可以自行分组，6人一组，围成一个小圈圈，没有分组的幼儿老师也可以帮助其分组，然后把材料发下去。

老师：小朋友们，大家先观察老师做一遍。

（动作：看着老师做花灯）

（在做花灯时要边讲解边做，交代清楚工具的名称，做到哪一步该用什么工具，该怎么做花灯。时间尽量控制在 5 分钟内。同时录好视频发在家长群里）

老师：老师做完一个花灯了，也带领大家动手做一个花灯吧！

幼儿：好呀，好呀。（幼儿开始在老师的带领下动手制作花灯）

（老师一步一步带领幼儿做，在教完一步的时候要给幼儿时间去做，这时老师要巡回指导，帮助个别能力差的幼儿，对其加以指导）

（五）活动结束

老师：小朋友们真是小天才，做的花灯真的太棒了。

老师：小朋友们，我们都把自己做的花灯给别的小朋友展示下好不好？

幼儿：好呀，好呀。

（幼儿纷纷提着自己的花灯给其他幼儿观看，这时老师可以播放一段音乐）

老师：不知不觉活动就结束啦，小朋友们，我们用做的小灯笼来装饰教室吧！（可以让幼儿每天看见自己的作品，提高自信心）

老师可以把幼儿做的花灯视频、图片发在班级群里。

老师（回顾这节课的活动）：小朋友们，大家来回顾一下这个活动做的是什么吧！

幼儿：兔子灯，小灯笼。（幼儿自主回答）

老师：那小朋友们我们做的花灯是什么节日要用到的呢？

幼儿：元宵节。

老师：小朋友们非常棒！

（六）课题延伸

老师：小朋友们回家要和爸爸妈妈分享自己做的花灯哦，也可以和爸爸妈妈再做一个花灯。

老师整理好用具。

（七）课题反思

在做花灯活动中，用的工具会比较多，这时老师应时刻注意，以免有幼儿受伤。一定要提前告知幼儿不能把工具用在别的地方，或者老师在上课前将需要的图形先剪好。

课题三　元宵趣味多（健康、科学）

（一）活动目的

（1）知道元宵节要吃元宵，了解元宵为什么要做成圆的，会简单地团、捏、滚等，能制作出元宵。

（2）知道做元宵前要洗手，知道糯米不易消化，不能多吃元宵。

（3）激发幼儿参加活动的兴趣，充分感受做元宵的乐趣。

(二) 活动教具

(1) "糯米粉"(橡皮泥)、水、小碗、小勺等。
(2) 相关 PPT。

(三) 导入环节

老师:(回顾以前活动的游戏)小朋友们,我们元宵节带着小灯笼是在猜什么呀?
幼儿:是在猜灯谜。
老师:那我们今天来猜猜要做什么游戏好吗?
幼儿:好呀,好呀。
老师:我给大家说一个小谜语:白白胖胖,圆圆溜溜,甜甜五脏,装中间,吃在嘴里,又甜又软。(提醒幼儿谜底是元宵节要吃的,幼儿开动脑筋说出谜底)
幼儿:是元宵。
老师:对,小朋友好棒。吃元宵是元宵节的一个习俗。
老师:元宵的形状是什么样子的呢?
幼儿:圆的。
老师:对,小朋友们的观察能力好棒,元宵象征着团圆,表达了人们希望团团圆圆的美好愿望,所以元宵要做成圆溜溜的。

(四) 活动环节

老师:小朋友们,我们来做元宵好不好呀?
幼儿:好呀,好呀。
老师:做元宵之前有一个非常重要的事,大家知道是什么吗?(提示幼儿,吃饭前大家要伸出小手做什么呀?)
幼儿:洗手。
老师:对喽,做元宵前我们要把自己的小手洗干净哦!(老师和幼儿一起洗手)
老师把不同颜色的"糯米粉"(橡皮泥)发给每个幼儿,老师可以先做一个元宵,在做元宵的同时要向幼儿讲解该怎么做,尤其是在搓、团、滚元宵的时候要重点介绍。
老师:小朋友们,要不要自己尝试做一个漂亮的小元宵呢?
幼儿:要。
老师:大家可以选择自己喜欢的颜色做漂亮的元宵哦。
老师巡回观察幼儿,适当地帮助动手能力比较差的幼儿,时刻关注幼儿的提问,并及时回答。
老师:小朋友们,谁能告诉老师做出大元宵要用什么方法呢?(老师引导幼儿说出用搓一搓、滚一滚的方法)
幼儿纷纷做出漂亮的元宵。
老师:小朋友们做的元宵好漂亮哦!(给予鼓励)
老师:小朋友们想不想分享一下自己做的元宵呢?
幼儿:想。

老师：那小朋友们拿着自己的元宵互相展示好不好？
幼儿拿着自己做的元宵纷纷向同伴展示。

（五）活动结束

幼儿一起吃元宵，让幼儿进一步感受元宵节的美好。

老师：小朋友们都辛苦了，我们来品尝一下真正的元宵吧。（后厨做的元宵）

幼儿：好呀，好呀。

老师：大家刚才用什么做的元宵呀？

幼儿：糯米粉（橡皮泥）。

老师介绍糯米粉是不容易消化的食物，引导幼儿说出要少吃元宵。

老师：因为糯米不容易消化，所以小朋友要怎么样呢？

幼儿：尽量少吃元宵。

老师：对喽，小朋友非常棒。

（六）课题延伸

老师带着幼儿回忆一遍做元宵的活动，首先做元宵前要先洗手，然后梳理做元宵的步骤和技巧。

老师：今天的活动就到这里了，老师这里有一个小作业，我们回家要向爸爸妈妈分享自己课堂上做的元宵哦，跟爸爸妈妈分享自己做元宵的心情，带领爸爸妈妈一起做元宵。

（七）课题反思

用糯米粉做元宵可能不太容易，所以我选择了用橡皮泥来代替，之后在吃元宵前再告诉幼儿糯米是做元宵的材料，不容易消化，可能会有点生硬。

课题四　元宵节表演（综合）

（一）活动目的

（1）加深幼儿对元宵节的理解。
（2）学唱歌曲，理解歌曲的内容，感受歌曲所表现的热闹、喜庆氛围。

（二）活动教具

元宵节传说视频、儿歌视频、花灯。

（三）导入环节

老师：小朋友们，我们来欣赏一段动画片吧。（关于元宵节的传说）

幼儿：好呀，好呀。

（老师播放动画片）

老师：小朋友们来交流一下看动画片的感受吧！

（幼儿畅所欲言）

老师：刚才的动画片中都有什么角色呀？

（幼儿畅所欲言，有元宵姐姐、黄帝、东方朔）

老师：小朋友们非常棒。

老师：小朋友们，我们来表演一下看到的动画片好吗？

（幼儿自己选择角色，老师当旁白）

（四）活动环节

老师：汉武帝时期，有个擅长算卦的大臣叫东方朔，有一年冬天东方朔在御花园里游玩，突然看见一个小宫女在哭泣，东方朔上前安慰。

（动作：东方朔在讲台上游玩，小宫女哭着抹眼泪，东方朔安慰小宫女）

东方朔：（好奇地问）你怎么了，为什么在这里哭泣呢？

小宫女：（委屈地说）我想家了。

（动作：东方朔给小宫女纸巾，小宫女在哭泣）

老师：小宫女叫元宵，她的家人在长安城外，平时元宵不能出宫，家人也不能进城，时间久了，元宵特别想念家人，就在一旁偷偷哭泣。东方朔觉得元宵很可怜，答应帮她和家人团聚。

东方朔：你别哭了，我会帮助你跟家里人团聚的。

小宫女：非常谢谢您！

（动作：东方朔拍着胸脯说，小宫女向东方朔鞠了一躬）

老师：接下来的几天，东方朔在长安街摆摊算卦，不管谁来问卦东方朔都说同样的话。

问卦人：最近长安有什么事呢？

东方朔：玉帝发怒，正月十五那一天要火烧长安城。

（动作：问卦人听到东方朔说完很惊讶，双手捂嘴）

老师：这件事传到了汉武帝耳中，他找来东方朔问话。

汉武帝：正月十五有天火降临？

东方朔：是的。

汉武帝：该怎么解决？

东方朔：放天火的天神喜欢吃元宵，到了那天让每家每户都做元宵，天神嘴馋，就顾不上放火了。

（动作：汉武帝惊讶，嘴巴大张，天神开心地吃着元宵）

汉武帝：这样能瞒过玉帝吗？

东方朔：还要在城里挂上彩灯，开门让百姓进城看灯，百姓在街上走来走去，玉帝在天上看好像满城的大火一样，百姓们在街上走来走去，好像躲避大火。

老师：汉武帝听到东方朔说后哈哈大笑接着说。

汉武帝：赶快去布置这件事情。

（动作：百姓在教室提着灯笼走来走去，汉武帝听到东方朔的解决方案后哈哈大笑）

老师：这时元宵被派去城里教人们做元宵，到了正月十五那天元宵的家人进城看灯，元宵终于和家人团聚了。

（动作：元宵教人们做元宵，元宵家人提着灯笼看灯，他们紧紧抱着元宵，一家人开心地唱着歌，看花灯）

（老师开始放音乐，跟幼儿一起唱）

（五）活动结束

老师：小朋友们好不好玩呀？我们再来梳理一遍动画片里都有什么人，都在干什么吧。

幼儿自主回答。

老师：小朋友们，东方朔帮助小宫女完成了什么事呢？

幼儿：和家人团聚。

老师：小朋友们好棒，那我们也回家跟爸爸妈妈团聚吧。

幼儿：好呀，好呀。

（六）课题延伸

老师：小朋友们都很棒。时间不知不觉就过去了，该下课啦，今天布置一个作业，小朋友们回到家后要跟爸爸妈妈讲元宵节的故事哦！

老师播放一首音乐跟幼儿再见。

（七）课题反思

在活动中我通过一个小动画片，让幼儿开始围绕元宵节展开表演，之后全班幼儿基本都加入了表演，这时可能会有个别幼儿不愿意表演，但要尽量调动这几个幼儿的积极性。

五、活动延伸

可以引导幼儿在课后跟家长多交流在课上学到的元宵节活动，家长也要多给幼儿讲一些关于元宵节的故事，加深幼儿对元宵节的理解。

六、活动反思

这次元宵节活动不仅让幼儿感受到了在幼儿园过元宵节的快乐，而且通过播放动画、表演、做手工活动让幼儿深刻体会了元宵节浓厚的文化习俗。这样的活动对幼儿的成长和发展，以及理解我们的传统文化节日都是一个不错的方式。当然，我在之后的活动中还需要不断推出更加新颖的活动，创新活动形式，相信以后活动会办得越来越好的，会真正做到让幼儿在游戏中学习、生活中学习、动手中学习，在体会快乐的同时，也将文化贯穿其中。

喜迎中秋团圆

申请人简介：

我叫王佳媛，性格活泼开朗，热爱幼教事业，拥有一颗赤子之心，立志为教育事业贡献力量。我有强烈的求知欲和进取心，总是积极主动、一丝不苟地做好各项工作。我拥有细致的观察能力、敏锐的感受力、良好的表达能力，懂得尊重、理解、信任幼儿，爱岗敬业，热爱学生，团结协作。在教学工作中，我将会全面贯彻学校的教育方针，严格执行学校的教学计划，较好地保证教育教学的质量。

所在单位： 北京经贸职业学院国际经济贸易系2019级学前教育专业
适用班级： 大班

一、设计意图

中华民族五千年的悠久历史，积淀着许多洋溢浓厚东方文化色彩的传统节日。文化是民族的根本，而节日正是民族文化传承的重要载体。越来越多的国外节日在幼儿的生活中展现并被熟知，然而幼儿对我国的传统文化却一知半解，所以本次活动着重诠释中秋的内涵和底蕴，旨在弘扬中国传统文化，激发幼儿的爱国热情，促使其热爱祖国博大精深的文化，并能以最快乐、最自然的方式融入其中，深刻感受幼儿园大家庭的温暖与亲情。时值中秋节与国庆节同时来临，为了让幼儿了解这些传统节日，积极参与到实践活动中，我设计了本次活动，并且在活动过程中把礼仪渗透到各个细节。

二、活动目标

（1）社会领域：幼儿在人际交往中，能遵守基本的行为规范，具有初步的归属感。

（2）语言领域：幼儿能听懂常用语言，愿意展示自己所要表达的，喜欢听故事，能懂得讲话顺序。

（3）科学领域：鼓励幼儿大胆尝试新鲜事物，勇敢面对问题，懂得探究活动中合作与交流的快乐，鼓励幼儿大胆想象，并使其发现自己收获满满的乐趣。

（4）艺术领域：幼儿喜欢自然界与生活中的美好事物，喜欢欣赏多种多样的艺术形式和作品，喜欢进行艺术活动并大胆表现，具有初步的艺术表现与创造能力。

（5）健康领域：幼儿具有良好的生活习惯与生活能力，具备基本的安全知识和自我保护能力。

三、活动准备

（1）与中秋节相关的图片和各种音频、视频资料等。
（2）相关 PPT。
（3）开展活动所需的各种物料。
（4）提前告知家长给幼儿讲关于中秋的绘本故事；幼儿提前熟悉一些物体和动物的轮廓形状。

四、活动过程

课题一　你心目中的中秋是什么？（社会）

（一）活动目的

（1）人际交往：创造交往的机会，让幼儿体会交往的乐趣，学会倾听并分享自己的所见所闻，大胆而又自信地在同伴面前展现自己。
（2）遵守基本的行为规范：帮助幼儿了解基本行为规则或其他游戏规则，让幼儿体验、理解规则的重要性，学习自觉遵守规则。
（3）具有初步的归属感：运用幼儿喜闻乐见和能够理解的方式萌发幼儿爱家乡、爱祖国的情感，知道中国的传统节日中秋节是在农历八月十五，中秋节也是我国传统的团圆节。

（二）活动教具

（1）挂横幅"喜迎中秋团圆"和贴有谜语的灯笼。
（2）请家长帮助幼儿收集关于中秋节的文字资料以及一些中秋节的图片。
（3）与中秋节相关的 PPT。

（三）导入环节

1. 以对话的形式导入，激发幼儿兴趣
老师：小朋友们，你们知道什么节日要吃圆圆的好吃的月饼吗？
幼儿：中秋节。
2. 向幼儿介绍中秋节，包括时间、来历
（1）老师：请问小朋友们，你们知道中秋节是哪一天吗？
幼儿：知道，八月十五。（老师请幼儿介绍中秋节的时间，并请其他幼儿回答从中知道了哪些，与别人有哪些不同）
（2）老师：小朋友们，你们知道阴历的八月十五和阳历的八月十五日有什么区别吗？
引导幼儿回答。
老师：小朋友们，你们知道为什么十五这一天月圆吗？（老师介绍自己的材料，使幼儿了解中秋节的来历并解释为什么在每月的十五、十六这两天月圆）

（四）活动环节

活动一：幼儿观看关于中秋节来历的视频

老师：小朋友们欢迎你们来到"喜迎中秋团圆"活动现场，转眼之间，中秋佳节向我们走来了。"月"是民族、家庭幸福的象征，就让我们一起来体验一下充满诗意的中秋节吧！

首先，让我们在"嫦娥奔月"的小视频中开始今天的庆祝活动吧！

看完视频后，将是提问环节，小朋友们要加油哦！

活动二：幼儿知识问答环节

老师：小朋友们看看嫦娥姐姐会向我们提出什么问题呢？

问题一：小朋友你们知道中秋节是哪一天吗？关于中秋节的神话故事还有哪些呢？

幼儿：农历八月十五。

老师：对的，每年的农历八月十五为中秋节，神话故事有嫦娥奔月、吴刚伐桂、玉兔捣药、朱元璋月饼起义、唐明皇夜游月宫。（任选其中三个）

问题二：那你们知道中秋节还叫什么节吗？

幼儿：团圆节。

老师：小朋友们真棒！八月十五这一天，月亮最圆最美，月色最皎洁，人们看到圆月就会联想到一家人的团聚，所以中秋节也叫团圆节。秋天也是收获的季节，粮食丰收，水果丰收，所以中秋节又叫丰收节。

活动三：邀请幼儿上台分享自己眼中的中秋节

邀请3~4名幼儿上台分享，幼儿分享的时间控制在1~2分钟。

（五）活动结束

老师：亲爱的家长朋友们，小朋友们，我们"喜迎中秋团圆"活动到这里就圆满结束了，让我们共同祝福所有的家庭平安、幸福，祝小朋友们茁壮成长，祝大家过一个温馨浪漫又快乐的中秋节！

（六）课题延伸

让幼儿在中秋节的晚上与家人分享自己学到的关于中秋节来历的故事，家长配合幼儿进行角色扮演并录成视频或拍照片发给老师存档。

（七）课题反思

本次活动通过视频和分享相结合的方法，让幼儿能正确地了解中秋节的来历，知道我国传统节日的魅力，能让他们更深刻地记在心中。

另外本次活动也有不足之处：①未确定家长在帮助幼儿收集中秋节资料时的广泛度，以及资料是否能让所有的幼儿完全理解；②在收集图片的时候无法确定是否会有重复；③不确定老师准备的小短片中人物的关系幼儿是否会理解。

如果改正这些问题我相信这次活动会更成功，幼儿体验会更好。

课题二 中秋节的习俗有哪些?(语言)

(一)活动目的

(1)幼儿在集体中能注意听老师或者其他人讲话。
(2)幼儿愿意与他人讨论问题,敢在众人面前说话,不怯场。
(3)幼儿能有序、连贯、清楚地讲述一件事情。
(4)幼儿懂得按次序轮流讲话,不随意打断别人。

(二)活动教具

(1)家长自带水果。
(2)准备与中秋节习俗相关的PPT以及有关中秋节的小故事。
(3)月亮变化的图片,衣服的图片,安全剪刀,彩笔,胶水。

(三)导入环节

以对话的方式引入本次中秋节活动的目的,吸引幼儿的注意力。
老师:小朋友们你们知道中秋节有哪些习俗吗?
幼儿:吃月饼,猜灯谜……
利用PPT向幼儿介绍。
中秋节的习俗有看花灯、猜灯谜;赏月、吃月饼;喝桂花酒,吟诗作篇;玩花灯。

(四)活动环节

活动一:模拟赏月

老师:(向幼儿提问)夜晚的时候天上的星星和月亮是什么形状的呢?
引起幼儿对本活动的兴趣。
引导幼儿积极举手回答问题。
老师:月亮姑娘很美,她啊,一直都想穿上美丽的衣裳,可是呀她一点办法也没有,那小朋友们你们知道这是为什么吗?
幼儿也许会迷惑地摇摇头,也许会说不知道。
让幼儿观看《月亮姑娘做衣裳》的故事,观看视频后向幼儿演示月亮变化的图片(图1)以及衣裳的图片。

(a)

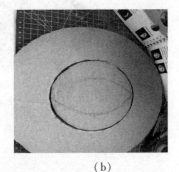
(b)

图1 月亮变化的图片
(a)图片一;(b)图片二

(c)

(d)

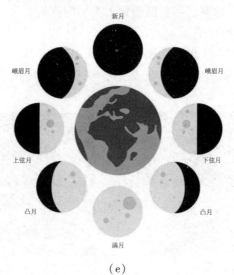

(e)

图1 月亮变化的图片（续）

(c) 图片三；(d) 图片四；(e) 图片五

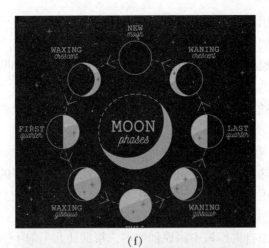

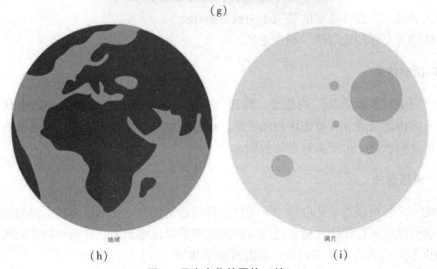

图1 月亮变化的图片（续）

(f) 图片六；(g) 图片七；(h) 图片八；(i) 图片九

在讲完之后让幼儿思考，月亮姑娘为什么会一直穿不上衣服呢？

引导幼儿积极举手回答问题。

老师：因为月亮姑娘每天都在变化，所以穿不上衣裳。那请小朋友们开动小脑筋想一想有什么办法可以让我们的月亮姑娘穿上漂亮的衣裳呢？

老师指导幼儿用纸做衣裳给月亮姑娘穿，让幼儿上台讲解自己制作的衣裳。（时间控制在1~2分钟）

活动二：分享绘本《伊伊，中秋节快乐！》

内容简介：中秋节这天晚上，全家吃了团圆饭。晚饭后，伊伊的奶奶讲了嫦娥奔月的故事，伊伊兴奋地给月亮上的兔子打了个电话，并给兔子讲起了自己在中秋节一整天里的经历。其实兔子不是别人，正是伊伊的爸爸装扮的。

利用视频或者老师亲自讲解该中国原创绘本，帮助幼儿了解中国传统文化节日以及风俗习惯，让幼儿感受亲情的温暖、家人相聚的美好。

活动三：吟唱民谣

老师带领幼儿吟唱中秋节民谣。

月光光

月光光，照谷场，
谷场上，农人忙。
今年稻谷收成好，
家家户户乐陶陶。

让幼儿尝试自己写关于中秋节的简短民谣。

活动四：作诗篇

老师列举关于中秋节的古诗。

静夜思

床前明月光，疑是地上霜。
举头望明月，低头思故乡。

让幼儿思考一下这首诗写的是关于中秋节的什么。

尝试让幼儿有感情地朗读《静夜思》。

（五）活动结束

通过《月亮姑娘做衣裳》的故事、民谣、古诗三种语言类活动让幼儿对中秋节的习俗以及中秋节的内涵与意义有更加深刻的了解，也希望幼儿与家长们度过一个团圆欢乐的中秋节，希望幼儿们度过一个充实有趣的假期。

（六）课题延伸

在活动一之后可以给幼儿讲解一下为什么月亮是每天在变化的，为什么月亮会有阴晴圆缺。在活动三之后可以让幼儿把自己编写的民谣有节奏地唱出来。在活动四之后可以给幼儿讲解《静夜思》这首诗的具体内容，丰富其文学知识。

（七）课题反思

本次活动丰富了幼儿对中秋节的认识，并拓展了他们的语言组织能力。

但还是有不足之处：理解能力较弱的幼儿可能无法理解并投入本次活动；有些幼儿的知识储备量不够，无法理解古诗内容。

课题三　中秋节都做什么呢？（科学）

（一）活动目的

（1）认真对待幼儿的问题，引导他们猜一猜、想一想中秋节吃什么，鼓励幼儿自己做食物。

（2）幼儿在做科学探究中能与他人合作交流并懂得合作中的快乐。

（3）幼儿能用常见的几何图形并结合自己的想法大胆制作物体。

（4）幼儿能发现和体会到自己做出物体的成就感。

（二）活动教具

（1）家长自带水果、盘子，以及制作月饼的材料：擀面杖、面板、模子、月饼馅、水、面、一次性手套（分组：以家庭为单位，2~3人一组）。

（2）投影仪、幕布、月亮图片、抠画出嫦娥形态的纸板、气球（大、小各一个），整间教室都要遮光。

（三）导入环节

用手影来引起幼儿做各种各样动作的好奇心，激发幼儿对手影游戏的兴趣。

让幼儿们充分发挥自己的想象力并根据故事《伊伊，中秋节快乐！》做出相应手影。

（四）活动环节

活动一："嫦娥奔月"

利用"小孔成像"的原理来展示嫦娥奔月，老师与幼儿利用准备好的材料共同抠画出嫦娥奔月形态的纸板，用纸板遮挡在屏幕与投影仪之间，屏幕上就会形成物的倒像，这样的现象叫小孔成像。在幕布左上角粘贴上月亮图片。前后移动中间的板，图像的大小方位也会随之发生变化。通过此方法，不仅让幼儿更生动地看到了嫦娥奔月的情形，而且让幼儿了解了小孔成像原理的科普知识。

老师：小朋友们好不好奇嫦娥奔月呀？那动一动我们聪明的小脑袋瓜和老师一起用原理来展示一下吧。

幼儿使用提前准备好的材料和老师一起动手制作。

活动二：制作月饼

赏月和吃月饼是中国各地过中秋节的习俗，俗话说："八月十五月正圆，中秋月饼香又甜。"月饼一词，源于南宋吴自牧的《梦粱录》，那时仅是一种点心食品。到后来人们逐渐把赏月与月饼结合在一起，寓意家人团圆，寄托思念。同时，月饼也是中秋节朋友间用来联络感情的重要礼物。让幼儿尝试自己制作月饼的过程可以增强他们动手和创新的能力。

1. 活动要求

（1）在活动中，老师与家长放手让幼儿去做，老师与家长只是起帮助指导的作用。

（2）进入活动室，要小声说话，以不影响他人为原则。

（3）活动结束后，整理好所有的物品，物归原处。

老师出示月饼店不同造型的月饼让幼儿观察。

老师：买月饼的人实在是太多了，奇奇忙不过来，让我们一起帮奇奇做月饼吧！现在老师就来教你们做月饼。

2. 教师边讲解边示范月饼的做法

（1）先将面揉好，用手团、压成饼皮，然后包馅，一手托皮，一手沿皮的边缘包上、捏紧；

（2）将包好的面团放入模具，摁一下，然后慢慢移除模具；

（3）将做好的月饼放入烤箱中。

在此过程中幼儿自己制作时老师可以观察，教幼儿团、压、捏、刻、印等技能，引导幼儿做出不同形状、不同花纹的月饼，但不可以干涉幼儿的自我创新能力。

老师：小朋友们做了这么多的月饼，让我们一起帮奇奇卖月饼吧！

（五）活动结束

老师：小朋友们，本次的两个活动就结束了。我们通过小孔成像的原理观察了嫦娥奔月的过程，小朋友们还自己制作了月饼，可以自己享用或者送给爸爸妈妈、爷爷奶奶，他们肯定很开心。

这两个活动分别从科学领域和实战领域让幼儿增加对中秋节的兴趣。

（六）课题延伸

（1）根据活动一让家长陪同幼儿一起模拟月亮变化的全过程：可以利用灯泡代替太阳，大气球代替地球，小气球代替月球，家长举起灯泡，幼儿举起气球，当打开灯泡时，大气球围绕着太阳转，小气球围绕大气球转，让幼儿观察大气球、小气球各自被对方的黑影遮盖的情况。

（2）根据活动二可以让家长陪同幼儿一起制作关于中秋节的另一种食物"桂花糕"。

（七）课题反思

在活动中，幼儿作为学习的主人，不仅对中秋节月亮的变化产生了兴趣，而且对吃什么产生了兴趣，并积极制作。但在本次的科学领域活动中老师担心的是幼儿无法理解知识内容，在时间充裕的情况下应给幼儿拓展科学知识，我相信幼儿会理解得更加深刻并产生更浓厚的兴趣。

课题四 中秋节有什么有趣的事情可以做呢？（艺术）

（一）活动目的

（1）让幼儿积极参与艺术活动，勇敢表达自己的感受与想象。
（2）幼儿在艺术活动中能够与他人配合，能独立表现。
（3）幼儿能用基本准确的节奏和音调唱歌。
（4）幼儿能用自己制作的美术作品布置环境，美化生活。

（二）活动教具

（1）彩纸、安全剪刀、胶棒、画笔。
（2）音乐《爷爷为我打月饼》。

（三）导入环节

老师：小朋友们，你们有没有听过关于中秋节的歌曲呀？让我们来一起欣赏下吧。

（四）活动环节

活动一：欣赏音乐《爷爷为我打月饼》

老师：小朋友们让我们来听一听《爷爷为我打月饼》这首歌吧！

听完这首歌曲后教幼儿手势舞，幼儿学会后再次听音乐，让幼儿在听音乐的同时边唱边做手势舞。

活动二：做灯笼

老师：为了给我们的中秋节增添喜气，现在我们开始做手工灯笼吧！

首先给幼儿展示老师自己提前做好的灯笼，其次告诉幼儿在制作手工灯笼时的注意事项，最后让幼儿自己开动脑筋制作灯笼，老师只负责指导不可提供帮助，激发幼儿对做手工的兴趣以及创新思维。制作完后可以让幼儿拿着自己制作的灯笼（图2）上台展示并装饰环境。

图2 手工灯笼

(五）课题延伸

（1）可以让家长买超轻黏土，让幼儿在家制作"兔儿爷"，家长可以和幼儿一起制作，（各做各的）做完后拍照发给老师存档。

（2）可以用彩纸或者相关材料自己动手制作月饼盒（或绘画）。

（六）课题反思

（1）在活动一中歌曲播放的时间不能过长，否则容易使幼儿产生疲惫感。

（2）在活动二中要时刻关注幼儿在制作过程中是否存在安全隐患，告诉幼儿不可以拿着剪子到处乱跑。

课题五　中秋节放假的注意事项有什么呢？（健康）

（一）活动目的

（1）幼儿初步了解并掌握出行应遵守的交通规则，切记"珍爱生命、安全第一"。

（2）家长尽量避免带幼儿到人群密集、拥挤的公共场所。

（3）避免幼儿接触危险物品。

（4）结合视频，让幼儿了解新型冠状病毒的传播渠道。

（5）教会幼儿正确洗手。

（6）提高幼儿的安全意识与防范能力。

（二）活动教具

（1）相关交通规则、交通标志的图片。

（2）相关病毒的绘本视频。

（3）相关正确洗手的视频以及儿歌。

（三）导入环节

老师：小朋友们，你们有没有注意到这个假期有点长呢？知道这是为什么吗？（幼儿分别回答）

老师：对的！因为中秋节即将放假了，那小朋友们在放假期间要注意哪些安全问题呢？因为新型冠状病毒的存在小朋友们要更加注意哪些问题呢？小朋友们你们了解什么是新型冠状病毒吗？

（四）活动环节

活动一：安全小知识

（1）首先展示交通规则的图片，让幼儿们了解遵守交通规则的重要性。

（2）其次给幼儿观看新型冠状病毒的绘本视频，让幼儿了解，并且思考怎么做才会战胜病毒。（幼儿分别回答戴口罩，勤洗手，少出门，多吃蔬菜，坚持午睡）

(3) 了解并且思考我们怎么做才会战胜病毒。

老师：小朋友们知道怎么正确洗手吗？我们一起来看动画片中的小朋友是怎么洗手的吧。（播放洗手儿歌）

幼儿：用洗手液，小手搓一搓，用水冲一冲，还要用干毛巾擦干净。

老师示范正确洗手步骤（图3）。

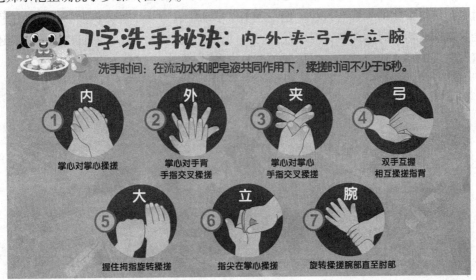

图3　正确洗手步骤

活动二：引导幼儿玩游戏"看谁找得快"，加强对安全标志的认识

老师：我们班的小朋友这么聪明，老师奖励你们玩一个小游戏吧，这个游戏的名字叫看谁找得快。注意这里也有规则，刚才老师说了不遵守规则就会混乱，你们要仔细听，和安全标志玩个游戏，老师出示安全标志图，请你快速说出安全标志名称。看谁说得又对又快。

（五）课题延伸

（1）家长可在家播放儿歌视频《洗手好习惯》《戴口罩好习惯》，引导幼儿了解和学习儿歌中传递的预防好方法。

（2）引导幼儿认识更多的安全标志，在生活当中会有很多不安全的地方，比如桌角、修路挖沟等，家长可以陪同幼儿一起给这些不安全的地方做一个标志，等开学后带给老师。

（六）课题反思

在本次活动过程中应尊重幼儿的看法和想象力，老师与幼儿相互配合能更好地完成教学内容，并且根据不同幼儿的接受能力安排不同程度的问题。在游戏和问答过程中加深学习，并应给幼儿足够空间去发挥想象力，用自己的方法记住安全标志及其含义。

五、活动延伸

各课题的相关延伸活动已在对应课题下进行介绍，此处不再叙述。

六、活动反思

中秋节是我国的传统节日，它有着独特的风俗，如吃月饼、玩花灯、猜灯谜、赏桂花等，利用五大领域课题开展中秋节主题活动，既可以锻炼和发展幼儿的动手能力，又能增强幼儿对中国传统文化的了解与兴趣。但是在本次活动中有许多不足，例如，在活动过程中有时候会忽略幼儿活动时的细节，对幼儿的身体动作方面也有所忽略，并且主题的内容还是不够丰富，表现的形式比较单一，以后要加以改进。

民族大家庭

申请人简介：
我叫白鑫悦，是来自北京经贸职业学院国际经济贸易系 2019 级学前教育专业的一名大二学生，我平时愿意与人相处，对待学习工作认真负责，对生活充满自信，热爱自己的专业，并且已有在公立幼儿园实习的经历，在课余时间已经通过教师资格证笔试的考试。
所在单位： 北京经贸职业学院国际经济贸易系 2019 级学前教育专业
适用班级： 中班

一、设计意图

一个国家和民族的灵魂精神是其文化。中国传统文化是中华民族屹立世界的基石，也是中华民族的核心价值。中国传统文化包括中国的传统节日、传统服饰、传统美食、古典文学、书法字画等。

本次活动设计主要偏向民族服饰，把民俗文化融入幼儿一日常规中，使幼儿充分认识每个民族的风俗习惯，并在此次活动中锻炼幼儿的语言表达能力。本次活动更偏重艺术领域，能让幼儿自由创作，引导幼儿全面发展。

二、活动目标

（一）艺术领域

（1）幼儿能够专心倾听音乐。
（2）幼儿能用不同的乐器和肢体动作感受乐曲欢快的节奏。
（3）幼儿能够用乐器演奏出与音乐相匹配的节奏。
（4）幼儿能够独立绘制自己心目中的特色服饰。

（二）健康领域

在跳竹竿活动中幼儿能够灵活地完成活动中指定的连贯动作。

（三）社会领域

（1）让幼儿了解我国是一个多民族国家。
（2）让幼儿可以做到认真倾听同伴发言。

(3) 让幼儿体验与同伴合作的快乐。
(4) 幼儿能够积极参加小组活动。

（四）语言领域

(1) 幼儿能大胆用语言表达自己知道的民族文化。
(2) 幼儿与家人、长辈、同伴都能够自信且连贯地进行语言交流。

三、活动准备

（一）经验准备

(1) 幼儿已对中国的民族状况有所了解。
(2) 幼儿可以熟练使用奥尔夫乐器。

（二）物质准备

(1) 穿着少数民族服饰的手偶。
(2) 歌曲《爱我中华》。
(3) 相关 PPT（根据当天课程需要更改内容）。
(4) 蒙古族、维吾尔族、朝鲜族、汉服等民族服饰（实物）。
(5) 彩笔、画纸、打击乐器（若干）。
(6) 有足够空间的活动教室。

四、活动过程

课题一　美丽的民族

（一）导入环节

老师：小朋友们早上好，快来看一看我们的老朋友小棕熊今天有什么不一样的地方？
幼儿：小棕熊今天穿了漂亮的衣服。
老师：今天棕熊特别开心，因为他穿上了非常漂亮的衣服，那你们有没有发现，小棕熊今天穿了什么衣服？
幼儿：是和我们平时穿的不太一样的衣服！
老师：没错，今天小棕熊穿的是我们国家少数民族的服饰，这些民族和汉族比起来，人数比较少，所以是少数民族，今天我们就跟着小棕熊，一起去美丽的少数民族玩吧！
音乐欣赏，引导幼儿观看动画中的小朋友都是哪些少数民族，回忆民族文化知识。

（二）活动环节

1. 播放 PPT，引导幼儿了解少数民族

播放蒙古族、藏族、维吾尔族、朝鲜族的图片动画。

老师：小朋友们，看一看这些图片中漂亮的衣服，她们穿的衣服和我们平时穿的是不是不一样？

幼儿：是。

老师：这些跟我们不同服饰、不同习俗的人是少数民族。

此次课题主要让幼儿了解蒙古族、藏族、维吾尔族、朝鲜族。

2. 播放PPT，幼儿自由发言，老师出示图片

老师：小朋友们，看一看，图片中是哪个民族的小朋友？

幼儿：藏族。

老师：藏族的服装有什么特点？

幼儿：有长长的白色哈达，头上戴着漂亮的帽子、头饰，穿着五颜六色的裙子。

老师：小朋友们继续看，这些图片中的人物是哪个民族？

幼儿：蒙古族。

老师：蒙古族的服饰有什么特点？

幼儿：有漂亮的花纹，颜色特别鲜艳。

老师：我们再看看小朋友身后的房子，她们居住的房子和我们是不是也不一样，是白色的半圆形的，它叫作蒙古包，门口还有随风飘荡的旗子，非常好看。

老师：接下来，我们看看这几张图中的人物是哪个民族？

幼儿：是维吾尔族。

老师：维吾尔族的小朋友头上都戴着好看的帽子，女孩子们都有长长的辫子。有人知道维吾尔族都有哪些美食吗？

幼儿：葡萄干、奶茶、哈密瓜。

老师：对，没错，这些都是维吾尔族非常有名的美食。

老师：小朋友们继续看，这是哪个民族？

幼儿：是朝鲜族。

小结：朝鲜族的女孩子们都穿着长长的裙子，男孩子都戴着高高的黑色帽子。

老师：宝贝们，你们知道我们是什么民族吗？

幼儿：汉族。（大部分幼儿回答）

老师：那快来看一下汉族的服饰是什么样子的，汉族有什么饮食习惯（你们平时最喜欢吃什么）。

小结：汉服有长长的裙子，漂亮的头饰，还有披风。汉族人喜欢吃大米和面粉做的东西。

（三）课题延伸

认识并可以介绍出任意几个民族的特点，回家与家长交流满族、苗族、傣族的民俗特色。

（四）课题反思

本次课程介绍了幼儿比较熟悉的几个民族，让幼儿了解了这些民族独具特色的民族服饰。为了丰富幼儿的经验，帮助幼儿加深了解各民族风貌习俗，有意识地引导他们观察民族

服装的特色，了解各民族的习俗，在活动过程中宣扬中华民族的民族文化。让幼儿了解我国是一个统一的多民族国家，56个民族灿烂悠久的历史构成了中华民族璀璨的文化。

本次课程需要幼儿大胆表达自己，以实现健康、全面的发展。

课题二　我最喜欢的少数民族

(一) 导入环节

老师：我们之前主要学习了四个民族的民俗特色，"去"了美丽的内蒙古、新疆、西藏，今天我们一起来学习另外几个民族的民俗特色。(老师展示这几个少数民族的图片)

(二) 活动环节

(1) 老师：苗族的服饰有什么特点？他们最喜欢吃什么？

小结：苗族服饰有大大的银质头饰，衣服的颜色有花格、全青、全蓝等，其中以花格布衣最有特色。

(2) 老师：傣族有什么好吃的东西？他们喜欢跳什么舞？

小结：傣族用芭蕉叶盛糯米饭，傣族有非常有名的孔雀舞。

(3) 老师：满族人喜欢吃什么？他们穿的衣服有什么特点？他们居住在哪里？他们喜欢干什么？

小结：流传至今的"驴打滚""萨其玛"都是满族传统点心，还有年糕。满族的服饰非常多样，比较有特点的是"格格头"。

(4) 引导幼儿分小组讨论，交流自己知道的民族知识。

幼儿自由讨论。

老师：小朋友们，还记得我们的祖国一共有多少个民族吗？

幼儿：56个。

老师：没错，我们国家有56个民族，接下来我们听一首好听的歌曲，结束今天的学习吧。

(5) 老师播放歌曲《爱我中华》，引导幼儿认真听音乐。

(三) 课题延伸

回到家中能用连贯流利的语言与家长一起分享今天学习的民族文化知识。

(四) 课题反思

本次课程主要通过认识苗族和傣族等，萌发幼儿热爱祖国大家庭的情感，引导幼儿比较苗族和傣族的不同之处，促进幼儿观察力、分析力的提高。让幼儿初步认识苗族和傣族的服饰，了解这两个少数民族人民的生活习惯。

课题三 美丽的民族服饰

(一) 导入环节

老师：小朋友们，今天我们的老朋友小棕熊又来带我们玩游戏了，我们前几天学习了一些民族的民俗特色，我发现大家最感兴趣的就是每个民族的服饰，女孩子们都喜欢漂亮的裙子，男孩子们喜欢帅帅的礼服。今天，我给大家带来了这些民族的衣服，我们一起看一下。

老师：每个民族都有他们自己的代表性服饰，今天我和小朋友们一起来认识一下几个民族的服饰（展示准备的衣服实物）。

(二) 活动环节

让幼儿近距离观察民族服饰，老师引导幼儿观察服饰特点。

老师：首先，我们来看一下藏族服饰，藏族的衣服袖子很宽大，冬天的时候会穿长靴。

老师：接下来我们再看一下蒙古族服饰，蒙古族人的主要特点是穿长袍，头上戴着头巾或皮帽子，腰间束腰带，脚穿皮靴。

老师：然后我们来认识一下维吾尔族服饰，男子穿斜领无扣的长袍，腰系长方巾。女子多在宽袖连衣裙外套上对襟背心，小姑娘会梳麻花瓣。

老师：刚才你们在欣赏民族服饰的时候，都看到了哪些不同的地方？

引导幼儿发现图案装饰的主要地方。

小结：小朋友看得真仔细，这些美丽的民族服饰的图案主要装饰在衣服的袖口、领口、衣角上。

老师：最后我们再来看一下汉族的衣服有什么特点？

小结：汉服的袖子非常宽，有腰带，纱质的比较多。

在幼儿仔细观察民族服饰后，引导幼儿创作自己心目中最美丽的民族服饰，鼓励幼儿可以不按照服饰原本的样子，自由搭配颜色。

幼儿开始创作，老师来回巡视，幼儿有困难时及时给予帮助。

老师：好了，小朋友们画得真不错，每个人的画都有自己的特点。现在，我们一起来介绍一下自己的作品。

让每个幼儿都展示自己的美术作品，可以讲述自己的设计意图。

开展比赛，让幼儿评选出"最美创意奖"。

可将幼儿的美术作品贴至班级外墙或区角进行展示。

(三) 课题延伸

继续将自己创作的民族服饰绘制完整。

(四) 课题反思

课程当中老师的用词可以再准确一点，在幼儿创作的过程当中，老师要起到充分引导的作用，让幼儿独立创作出自己心目中最独特的民族服饰，引导幼儿随意搭配颜色，每个人都是独一无二的，遇到能力较差的幼儿要给予帮助和鼓励。

课题四　娃哈哈（维吾尔族铃鼓）

（一）导入环节

老师：小朋友们，快来看看这是什么？

老师：没错，这是我们熟悉的铃鼓，但你们知道它是哪个民族的特色乐器吗？

小结：铃鼓是维吾尔族的特色乐器。

老师：今天我们就跟随这个铃鼓来到美丽的维吾尔族，学习一首维吾尔族的歌曲吧！

（二）活动环节

老师播放歌曲。

1. 第一次倾听音乐《娃哈哈》

幼儿每人一个铃鼓，让幼儿先用铃鼓来感受音乐中清脆的节奏，引导幼儿认真倾听。请幼儿说说自己听了音乐有什么感受。

小结：歌曲《娃哈哈》节奏感强，欢快热烈。

2. 第二次倾听音乐，老师出示节拍图

A 段

我们的祖国是花园

花园里花朵真鲜艳

和暖的阳光照耀着我们

每个人脸上都笑开颜

娃哈哈娃哈哈

每个人脸上都笑开颜

娃哈哈娃哈哈

每个人脸上都笑开颜

B 段

大姐姐你呀快快来

小弟弟你也莫躲开

手拉着手儿唱起那歌儿

我们的生活多愉快

娃哈哈娃哈哈

我们的生活多愉快

娃哈哈娃哈哈

我们的生活多愉快

幼儿边听歌曲边用乐器表现歌曲中的柔美和欢快节奏。

3. 第三次倾听音乐，边听音乐边用动作表现乐曲

请幼儿说说还可以用什么东西来表现乐曲，给幼儿不同的乐器，如三角铁、沙锤、响板

等。引出用不同节拍表现乐曲的清脆欢快节奏。

老师播放《娃哈哈》的动画视频，让幼儿观察动画中的舞蹈动作，引导幼儿学习并模仿舞蹈动作（简单的维吾尔族舞蹈动作，如动脖子、翻手等）。

幼儿边倾听音乐边用动作表现乐曲。

可以请幼儿到前面进行表演。

(三) 课题延伸

可以一边用铃鼓打节拍一边做舞蹈动作，完成完整的舞蹈表演。

(四) 课题反思

本次活动目标完成很好。另外，以记录的形式检验活动效果，更直观、更有效，符合中班幼儿的年龄特点，今后可在其他活动中继续使用。本次活动各环节衔接合理，一环紧扣一环，条理清楚，活动效果明显，每个幼儿都能集中注意力，对活动感兴趣，老师的提问语有欠妥的地方，有些提问没有意义，可开门见山地讲给幼儿听，老师的肢体语言表现力再强一些效果会更好。此外，在活动中一定要注意引导幼儿正确使用乐器，注意幼儿的安全。

课题五 跳竹竿

(一) 导入环节

老师：小朋友们，你们猜一猜今天我们要跟着小棕熊去哪里玩呢？今天天气这么好，要不然我们一起到户外去，今天小棕熊要带我们去美丽的黎族。

播放黎族竹竿舞的视频，随后老师做示范。(在竹竿开合的瞬间，要敏捷地进出跳跃)

老师：接下来，我来播放一段音乐，看看小朋友们能用哪些动作来表现这种节奏呢？

(二) 活动环节

播放音乐。

(幼儿按自己喜欢的方式，拍手或者跺脚来表现音乐的节奏)

老师：小朋友们，听听音乐，这个音乐和我们之前学过的《娃哈哈》非常相似，我们用它来配合今天的跳竹竿游戏，大家能跟着节奏，重拍时，两腿分开，弱拍时，两腿并拢，跳到两个竹竿之间，小朋友们，跟着老师一起动起来！

为便于幼儿提高动作的连贯性，让幼儿边喊节奏边跳。

跳的幼儿喊进—出，负责打竹竿的幼儿喊开—合，4人轮换练习。

(老师观察并及时进行指导)

在幼儿已经熟悉音乐节奏、基本能够完成跳跃动作之后，出示准备好的竹竿。

1. 练习打竹竿动作，结合竹竿进行跳进跳出练习

老师：小朋友们都非常厉害，接下来我们可以上竹竿进行练习了。(老师示范)

引导幼儿根据音乐节拍，按轻重拍有节奏地移动竹竿。

重难点：打竹竿时两人的动作一致，强调两根竹竿要有明显的开合，移动竹竿时不能把

竹竿抬得过高。竹竿移动要慢一点。

老师：非常棒，小朋友们快来试一试。

分组进行：4人一组。

确保每个幼儿都能轮换到，每个幼儿都学会打竹竿，每个幼儿都能跳竹竿。

对幼儿打竹竿的动作给予讲评。

老师：大家都会打竹竿了，那能不能在开合的竹竿间进行跳进跳出呢？

每组4个幼儿，2个幼儿负责移动竹竿，2个幼儿同时用双脚开合跳的方式跳进跳出。

（跳的幼儿喊进—出—进进—出，打竹竿的幼儿喊开—合—开开—合）

比一比，哪组幼儿喊的口令高、齐。

2. 学习基本动作

老师：刚才我们掌握了打竹竿的方法以及进出竹竿的时机，接下来我们要学习竹竿舞的基本动作。大家过来看视频，欣赏一下黎族的小朋友们是怎么跳的。

播放视频黎族竹竿舞。

（老师讲解步伐的方法和要领，强调口令跟动作的配合）

老师：小朋友们结合不动的竹竿练习过竿的方法。（幼儿全体练习，在不动竿上练习，熟练掌握，老师来回巡视保证幼儿安全并及时指导）

老师：现在大家能在动的竹竿中练习了吗？

（小组尝试）

重点提示幼儿跳进果断，时机恰当。

（幼儿配合，4人一组，2个幼儿打竹竿，2个幼儿依次或一起跳过2根竹竿）

注意幼儿的轮换。

（在跳的过程中循环播放音乐）

老师注意巡视，保证幼儿安全并及时指导。

3. 引导幼儿发散思维，自己创编舞蹈动作

老师：既然我们现在能跳过2根竹竿了，那能不能挑战一下自己，变成2个小组靠在一起打竹竿，连续跳过4根竹竿，最好能加上一些上肢和身体的动作，这样看上去更优美了。现在，就请小朋友们跟着音乐纵情地跳舞吧！

幼儿跟着歌曲的节奏练习竹竿舞，最好加上自创上肢动作。

4. 展示学习成果

老师：小朋友们真厉害，现在让我们以小组的形式来表演自己的学习成果吧。

以小组为单位，一组接一组，上台表演，其他小组为他们拍手打节拍。

（小组轮流协作表演，互相评价）

老师：好了，小朋友们跳得非常棒！

跟随音乐自由活动。

(三) 课题延伸

在户外继续进行竹竿舞的练习和动作的创编。

（四）课题反思

此次课程属于大型户外活动，最重要的还是保证幼儿的安全，要根据上课情况，观察幼儿的能力，改变音乐的快慢。注意幼儿在代入竹竿之后蹦跳不能太过着急，以免发生危险。在老师示范环节，应该做得更详细、易懂一点。对于弹跳力较弱的幼儿，老师应特别注意。

五、活动延伸

关于活动延伸的内容已经在各课题中进行了详细讲述，这里不再叙述。

六、活动反思

本次活动将传统文化贯穿于幼儿一日常规当中。在我看来，传承我国传统文化是我们每个人都应该做到的，而对幼儿来说，他们不喜欢刻板地讲述每个民族的特色，比较喜欢直观的传统民俗特色，喜欢音乐和色彩鲜艳的民族服饰，所以在活动中，我比较偏重于这两点。在整个活动当中，我更在意的是幼儿的自由发挥、自由创作。在艺术领域活动中，我让幼儿自主创作，不论是设计自己喜欢的民族服饰，还是在音乐活动中，运用幼儿比较熟悉的打击乐，让幼儿发散思维，自由创作，促进幼儿全面发展。

在活动当中，我使用了一些比较大的乐器，最后在跳竹竿活动中还使用了竹竿，在保证两课都在活动教室进行的同时，也要保证幼儿在手拿乐器或者参加体育活动时的安全，确定每个老师都有各自负责的区域，确保所有幼儿安全。

清明时刻

> **申请人简介：**
> 大家好，我叫陈香雪，来自北京经贸职业学院国际经济贸易系学前教育专业。幼儿园教师是一个专业性较强的工作，肩负着提高民族素质的使命，我会一直努力并且持续提高自我修养、素质、知识量以及行为表现，潜移默化地影响孩子的行为和语言，做一位好的幼师。
> 我的人生格言是："努力过不一定能成功，不努力一定不能成功。哪怕有一丝希望，也要勇于尝试。"
> **所在单位：** 北京经贸职业学院国际经济贸易系 2019 级学前教育专业
> **适用班级：** 大班

一、设计意图

清明节是我国的传统节日，清明来到，就意味着寒冷的冬天过去了，美丽的春天就真正开始了！在清明节期间对幼儿进行有关清明的教育活动，目的是让幼儿通过绘画、制作小花和元宝、欣赏诗歌、踏青、放风筝等一系列活动，向革命烈士致敬，树立继承先烈遗志、认真学习、长大建设及报效祖国的意识。让幼儿简单了解中国传统文化和孝亲故事，弘扬并传承中国传统文化。

二、活动目标

（1）让幼儿了解寒食节的来历。
（2）感受寒食节与别的节日在氛围上有何不同。
（3）通过历史事件人物，引导幼儿学习古人不争功名的精神。
（4）让幼儿了解清明节的由来及习俗，增进幼儿的交流能力，弘扬孝道亲情。
（5）让幼儿了解清明节还需要纪念为人民奉献而牺牲的人。
（6）引导幼儿亲近自然，感受发现自然美，锻炼身体，增进亲子关系。
（7）让幼儿了解中华传统文化，体会古人的智慧。
（8）提高幼儿的语言表达能力，丰富幼儿的想象力。

三、活动准备

（1）各种冷食的图片、故事主人公的相关图片等。
（2）防疫人员的卡通图片、牺牲战士的图片及视频。
（3）水果、零食、矿泉水、防蚊虫的药、风筝、足球。
（4）关于清明节诗歌的小视频、图片及文字等。

四、活动过程

课题一　清明前夕

（一）活动目的

（1）让幼儿了解寒食节的来历。
（2）让幼儿感受寒食节与别的节日在氛围上有什么不一样。
（3）通过历史事件人物，教导幼儿学习古人不争功名的精神。

（二）活动教具

各种冷食的图片、故事主人公的图片。

（三）导入环节

老师：小朋友们你们知道谁是介子推吗？
幼儿：不知道。
老师：你们知道什么是寒食节吗？
幼儿：不知道。

（四）活动环节

老师：老师来给你们讲个故事吧！听完故事你们就知道了！然后再回答老师的问题好不好？

寒食节是清明节的前一天。相传这个节日是纪念春秋的介子推的。介子推是当年晋国的贤臣，侍奉公子重耳（后为晋文公）。晋国发生内乱，公子重耳被迫逃亡国外，介子推不畏艰难困苦跟随重耳流亡；曾经割自己的肉熬汤，献给重耳。重耳做了国君后，开始时还铭记介子推，但是时间久了，也把他淡忘了。介子推十分难过，和其年迈的母亲回到家乡，隐居在山中。有一天，晋文公发现自己左右少了介子推，想起自己忘了奖赏这个"割股奉君"的贤臣，非常内疚，亲自跑到他隐居的山中寻找。但是只见山峦重叠，树木葱葱，就是不见介子推的影子。他想，介子推是个孝子，如果放火烧山，他一定会背着母亲出来。于是，晋文公命令放火烧山，结果火一下蔓延数十里①，连烧三日不熄，但介子推没有出来。火熄之后，大家进山察看，才发现介子推和他的老母相抱在一起，被烧死在深山之中。这事传出

---

① 1 里 = 500 米。

来，人人尊敬和怀念介子推。以后便在他被烧死的这天纪念他，这天就在每年四月清明节的前一天。因为介子推是被火烧死的，大家在这天都不忍心举火，宁愿吞吃冷食，所以这天叫"寒食节"。

老师：小朋友们，你们现在知道寒食节为什么要吃冷食了吗？

幼儿：在寒食节这天我们吃冷食是为了祭奠介子推。

老师：那么冷食都有什么呢？

小结：寒食节的冷食有姜丝排叉、硬面饽饽、炸焦圈、糖卷粿、艾窝窝、马蹄烧饼、螺蛳转儿、馓子麻花、驴打滚、蜜麻花、糖耳朵、糖火烧、芝麻酱烧饼、奶油炸糕等。

寒食食品还包括寒食粥、寒食面、寒食浆、青粳饭及饧等；寒食供品有面燕、蛇盘兔、枣饼、细稞等；饮料有春酒、新茶、清泉甘水等数十种之多。

（五）课题延伸

老师：小朋友们回家之后，可以与爸爸妈妈一起制作一种冷食，大家可以将自己制作的食物拿到学校来，与其他小朋友分享，也可以分享制作时自己遇到的困难，体会爸爸妈妈做饭的不容易，以后好好珍惜爸爸妈妈做的饭。

课题二　怀念已故的人

（一）活动目的

(1) 让幼儿了解清明节的由来及习俗。
(2) 增加幼儿的情感技能和交流能力。
(3) 弘扬孝道亲情。

（二）活动教具

相关图片及动画小视频。

（三）导入环节

老师：在我们中国有一个传统的祭祀节日你们知道是什么？（清明节）对，是清明节。它是中华民族古老的节日，既是一个扫墓祭祖的肃穆节日，也是人们亲近自然、踏青游玩、享受春天乐趣的节日。

（四）活动环节

老师：我这有一个古老的传说故事！小朋友们想不想听呀？

幼儿：想。

相传在秦朝末年，汉高祖刘邦和西楚霸王项羽，大战好几回合后，终于取得天下。他光荣返回故乡的时候，想到父母的坟墓上去祭拜，却因为连年的战争，一座座坟墓上长满杂草，墓碑东倒西歪，有的断落，有的破裂，因而无法辨认墓碑上的文字。

刘邦非常难过，虽然部下也帮他翻遍所有的墓碑，可是直到黄昏的时候还是没找到他父母的坟墓。

最后刘邦从衣袖里拿出一张纸，用手撕成许多小碎片，紧紧捏在手上，然后向上苍祷告说："爹娘在天有灵，现在风刮得这么大，我将把这些小纸片抛向空中，如果纸片落在一个地方，风都吹不动，就是爹娘的坟墓。"说完刘邦把纸片向空中抛出，果然有一张纸片落在一座坟墓上，不论风怎么吹都吹不动，刘邦跑过去仔细一瞧模糊的墓碑，果然看到他父母的名字刻在上面。

刘邦高兴得不得了，马上请人重新整修父母坟墓，而且从此以后，每年的清明节一定到父母的坟上祭拜。

后来民间的百姓，也和刘邦一样在每年的清明节都到祖先的坟墓祭拜，并且用小土块压几张纸片在坟上，表示这座坟墓是有人祭扫的。这也是清明节的由来。

老师：那你们知道清明节我们应该做些什么吗？

小结：清明节是纪念革命先烈和祭奠家中故去的人的日子！在这天家人们会很难过，我们一定要安静地陪在他们身边，乖乖地不吵不闹。

老师：你们知道为什么清明节的时候会有很多人参加预防森林火灾的活动吗？

老师：不知道也没关系，听老师给你们讲啊，人们要祭扫和烧纸钱给故去的人，这里就要注意什么呢？文明用火，我们长大之后要干什么啊？要孝顺爸爸妈妈，要多多地陪在他们身边。

（五）课题延伸

清明节来临之际，幼儿要提醒家人，文明扫墓，注意防火。

课题三 纪念

（一）活动目的

让幼儿了解清明节还需要纪念为人民而牺牲的人。

（二）活动教具

（1）防疫人员的绘画形象。

（2）牺牲战士的图片及视频。

（三）导入环节

老师：你们来看老师手里拿的图片是什么（图1）？

嗯嗯，对！是勇敢的医生叔叔、护士阿姨和无私奉献的志愿者，还有一个是什么啊？

老师：小朋友们实在是太棒了，这个就是那个坏坏的新冠怪兽。

图 1　老师展示的图片

（四）活动环节

老师：2020 年爆发了新冠疫情，在抗疫过程中，有无数的医生叔叔、护士阿姨以及志愿者哥哥姐姐们勇敢地投身抗疫之战并且做出了很大的牺牲，才换来我们现在比较安全的环境。他们是不是在和一只叫新冠的怪兽做斗争？

老师：小朋友们知道我们应该怎么做吗？

幼儿：戴口罩、洗手……

老师：对，戴口罩，勤洗手，还有什么呀？还有就是多通风，注意安全防护。除了我们经历过的疫情，以前也有这样的故事，我们看看大屏幕。（播放视频）

（五）课题延伸

老师：小朋友们回家之后，可以和爸爸妈妈一起看一下《宝宝巴士》里面讲的抗击疫情的视频。看看小动物们是怎么理解此次疫情的，他们是如何尊敬和敬仰拯救大家的医生、护士和志愿者们的。以前牺牲的那些英雄们，我们要记住他们，纪念他们。

课题四　我们一起去郊游

（一）活动目的

（1）让幼儿简单了解清明节的传统习俗和由来，乐于参与清明节的活动。

（2）让幼儿亲近自然，锻炼身体，增加亲子关系。

（3）和幼儿一起感受、发现自然美。

（二）活动教具

水果、零食、矿泉水、防蚊虫的药、风筝、足球。

（三）导入环节

老师：小朋友们，看看外面是什么样子的？窗外是什么颜色的？感受一下外面的气温是什么样的？

幼儿：美丽的，绿色的，温暖的，是春姑娘和风婆婆。

老师：嗯，你们说得很对，是春姑娘来了，它还带来了风婆婆。春天来了，天气逐渐变暖。我们可以和爸爸妈妈一起出去踏青了。

幼儿：老师，什么是踏青呀？

老师：好的，宝贝，我来给你们讲讲，踏青就是春日的郊游，你真是一个勤学好问的小朋友！

（四）活动环节

老师：小朋友们，你们知道蹴鞠的来历吗？也就是足球的来历？

幼儿：不知道。

老师：那老师来告诉你们，足球运动是一项古老的体育活动，源远流长，足球在我国古代被称为"蹴鞠"或"踢鞠"，"蹴"就是踢的意思，"鞠"是球名。"蹴鞠"一词最早记载在《史记·苏秦列传》里，汉代刘向《别录》和唐人颜师曾《汉书·枚乘传》中均有记载。到了唐宋时期"蹴鞠"活动已十分盛行，成为宫廷之中的高雅活动。

老师：好了，故事讲完了，现在我们一起玩足球吧，我们分成4个小组，每个小组围成一个大大的圆圈，将足球圈在里面，将球踢传给自己对面的人。但是要注意力度，力度不要太大，要把球传到对面。请小朋友们在做活动的时候注意安全。

（五）课题延伸

老师：小朋友们回家吃过晚饭之后，和爸爸妈妈一起去公园荡秋千，和爸爸妈妈一起动手折纸花并将成果拿到学校来，跟小朋友们一起分享和讲解你们折的是什么花。老师期待你们的成果展示！我们会将成果贴在班级墙上及活动角进行展示。

课题五　感受诗歌的美

（一）活动目的

（1）让幼儿了解中华传统文化，体会古人的智慧。

（2）提高幼儿的语言表达能力。

（3）增强幼儿的记忆力，丰富幼儿的想象力。

（二）活动教具

关于清明诗歌的小视频、图片及文字。

（三）导入环节

（1）故事导入，观察讲述，引发幼儿学习诗歌的兴趣。

（2）老师讲述关于"清明"的故事。

（四）活动环节

老师：我下面朗诵的诗歌，你们一定要认真听哦！

清明

清明时节雨纷纷，路上行人欲断魂。

借问酒家何处有，牧童遥指杏花村。

老师：这首诗里面隐藏了一个节日，你们知道是什么吗？答对了奖励你们一人一朵小红花哦！

老师：看看这幅图片（图2）上有什么？他们都在干什么呢？天气怎么样？

图2　清明

老师向幼儿介绍图中的老人就是行人，图中的小孩就是牧童，这里画的就是行人向牧童问路的情节。

让幼儿慢慢跟读，然后增加幼儿的记忆力，老师说上一句，让幼儿接下一句。让他们分组练习，左边的幼儿说上一句，右边的幼儿说下一句，分批给大家展示，展示结束后给幼儿颁发小红花，作为奖励。并且在区角活动里设置相应的活动内容，让幼儿更好地理解古诗内容和意境，以及清明节的含义。

（五）课题延伸

让幼儿把今天学会的古诗给家人诵读，或者与其他幼儿进行交流。

课题六　感受艺术的美好

（一）活动目的

(1) 让幼儿体会乐于助人的快乐。

(2) 让幼儿敢于并且乐于表达自己，敢于选用颜色。

(3) 让幼儿学会辨别红、黄、蓝、绿几种颜色。

（二）活动教具

（1）足够的画纸和卡纸、安全剪刀、彩笔。
（2）音频、视频，并准备舞蹈动作。

（三）导入环节

首先对幼儿进行分组，4人一组，分桌坐好。

老师：小朋友们，看看老师今天给你们带来了两位好朋友。他们是谁呢？……他们就是小花姐姐和小花妹妹。

（四）活动环节

小花妹妹：姐姐，姐姐，你的粉色裙子好漂亮啊！我也想要，呜呜，呜呜。

小花姐姐：妹妹哭了！我该怎么办呢？

老师：小朋友们，小花妹妹为什么哭了呀？

老师：对，她也想要和姐姐一样漂亮的裙子，我们来帮小花姐姐想想办法吧！我们帮小花妹妹把衣服涂上她们喜欢的颜色好吗？那我们就赶快动手开始吧！

小花妹妹：姐姐，姐姐，你看小朋友们帮我涂出了漂亮的小裙子，我好开心呀，哈哈，哈哈。

小花姐姐：真的谢谢你们啊，帮我妹妹做出了好看的裙子。

老师：小朋友们真棒，你们给小花妹妹的衣服涂上了漂亮的颜色，小花妹妹不哭了，还开心地笑了起来，你们真是乐于助人的好孩子。

（五）课题延伸

老师：小朋友们，你们回家之后，让爸爸妈妈帮你们找一件不要的白色衣服，然后可以拿你们最喜欢的颜色在上面画自己喜欢的图案，可以让爸爸妈妈帮你们准备材料，但是画画要自己动手哦！

课题七　绘画的美

（一）活动目的

（1）尊重幼儿的自由表现和创造，并适当给予指导。
（2）有助于提升幼儿的记忆力和想象力。
（3）使幼儿对色彩有初步认识。

（二）活动教具

（1）足够的彩笔、彩铅、画纸。
（2）清明柳的图片。

（三）导入环节

老师：小朋友们，你们知道人们为什么要在清明节这天带柳枝吗？

幼儿：不知道。

老师：那是因为晋文公带领大臣到绵山祭奠介子推，发现他的墓边被烧死的柳树又发芽了，他非常感动，就宣布把他上山祭奠的这一天定为"清明节"，那棵柳树也被命名为"清明柳"。

老师：今天我们就来画柳枝吧！请大家看图片（图3）。

图3　清明柳

（四）活动环节

我们先观察柳枝是什么样子。

幼儿：细细的，长长的，绿绿的。

老师：宝贝们，你们观察可真仔细，柳枝啊，它就是细细的，长长的，叶子是绿绿的。

老师：孩子们，注意啦！注意啦！虽然彩笔和彩铅的颜色很好看，但是也不要画到自己和其他人身上哦！彩铅很尖，注意不能扎到自己和别人！

老师：我们现在就开始吧！老师就在你们身旁，有什么问题举手叫老师，我就会来到你们的身边，现在拿着你们的小画笔，开动吧！画好之后是要分组展示的哦！好好发挥你们的想象力，画得好的小朋友会得到老师奖励的小红花哦！

（五）课题延伸

老师：请小朋友们把今天我们画的画儿带回家给爸爸妈妈看看。你们还可以做小老师教爸爸妈妈画，和爸爸妈妈共同完成一幅美丽的画作。

课题八　音乐的魅力

（一）活动目的

（1）让幼儿在音乐中体验与他人合作的快乐，学会理解、接纳、尊重他人的创作。

（2）让幼儿敢于并且乐于表达自己，感受音乐的节拍。

（二）活动教具

关于清明节的音乐、小视频。

（三）活动环节

老师：小朋友们你们来听，这是什么歌曲？再来看看这个手指舞，我们一起来学习一下好不好？

老师：大家先一排排站好，跟老师一起观看视频，学习手指舞。老师一个一个分解动作来教你们，大家一定要认真学习哦！表现好的小朋友会得到小红花哦！

（四）课题延伸

老师：回家之后，你们也要当好小老师，教爸爸妈妈一起做今天上课学习的游戏好不好？

五、活动延伸

活动延伸的内容已在各课题中进行过详细介绍，此处不再叙述。

六、活动反思

课题一中幼儿接受寒食节的故事可能有点难，应给他们具体讲解，也可以让幼儿发挥想象画一画，制作冷食时存在安全隐患，应多次提示家长看护好自己的孩子。

课题二中讲述的故事应该让幼儿能够听懂，并且要注意吸引幼儿的注意力。

课题三中关于疫情的内容，让幼儿对医生、护士、志愿者有了一定的认识，知道了为什么要祭奠那些牺牲的医生、护士、志愿者。幼儿可能无法理解牺牲这个词，应该另想办法让幼儿知道思念已故亲人，从而了解为人民做出伟大贡献及无私奉献而故去的人就叫牺牲。我们要感激和纪念已故的医生和护士，以及近代历史上那些做出伟大贡献的人。

课题四中幼儿们休息吃零食的时候，不知道注意卫生和安全。以后要注意改善幼儿手部卫生的问题。

课题五中让幼儿跟读诗歌存在困难，动作无法记清楚，这就需要老师耐心指导，将动作简化，多次练习跟读。让幼儿想参与并且主动交谈，正确表达自己的意思，增强幼儿的交流能力和肢体协调性。

课题六中有的幼儿动手能力不强，色彩涂得不均匀，需要老师进行辅导，老师要耐心辅导。这一活动既能培养幼儿乐于助人的美好品质，也能培养幼儿的动手能力。

课题七的内容动手能力极强，需要让幼儿慢慢适应，不能打击幼儿的自信心。要鼓励幼儿大胆用色，展开想象，不要禁锢幼儿的想法。

课题八既能让幼儿感受音乐节拍，增加乐感，同时也可以增强幼儿的记忆力，活动时间不宜过长，必须能够准确吸引幼儿注意力。

老师应该告知幼儿每年的 4 月 5 日前后是清明节，让幼儿在观看图片时纵观全局，不要只关注一个点,在活动过程中要让幼儿注意安全,清明节这个话题对于幼儿来说肯定不好理解,要用幼儿能够理解的话来讲解,并让幼儿了解为什么要过清明节,清明节不只是祭祖扫墓,还有踏青、荡秋千、蹴鞠等一系列有意思的活动,在绘画时让幼儿有意识地构图,在听音乐的时候可以听懂简单的音律。

本次开展的这一系列活动,能够让幼儿感受中华传统文化,在活动中可以培养幼儿乐于助人的良好品德,同时还开展了一些亲子活动,增进了家长与幼儿的情感。

欢欢喜喜过大年

> **申请人简介：**
> 我叫张欣怡，是北京经贸职业学院学前教育专业的一名学生，我从小热爱学前教育专业，是一个对教育事业充满无限热情的青年，对教育工作有浓厚的兴趣，有强烈的求知欲和进取心，可以积极主动、一丝不苟地做好各项工作，喜欢小朋友。我秉承着一颗童心，有爱心、信心，始终如一地对待每个家长和孩子，既然选择了喜欢的专业，就要坚持做到最好，我会更加努力，不负所望，把自己的潜能发挥出来。
> **所在单位：** 北京经贸职业学院国际经济贸易系2019级学前教育专业
> **适用班级：** 大班

一、设计意图

我国是一个历史悠久，具有五千年灿烂文化的文明古国，泱泱大国风情万种，特色民族文化众多，值得人们慢慢挖掘。孩子是一个国家的希望，也是国家未来的栋梁，幼儿还是我们民族文化的传承者。所以我们非常有必要让幼儿了解我国的传统节日。随着经济的发展，社会的不断变迁，人们不缺吃少穿了，但年味也越来越淡，国外的节日正在中国不断盛行，导致幼儿记得的多是圣诞节、万圣节等外国节日。对于中国人来说，春节是一年中最值得庆祝的传统节日，是中国人团圆的大日子，人们吃团圆饭，去亲戚家串门拜访，买年货，贴春联，挂年画，等等。我们应该把这些传统文化继续传承和发扬下去。

二、活动目标

让幼儿更加了解春节文化，了解中国人过春节的风俗习惯，告诉幼儿为什么要过春节，知道春节的由来。受到中华文化的影响，世界上一些国家和地区也有庆贺新春的习俗。开展本次活动不仅能开阔幼儿视野，让幼儿增长知识，感受生活，还能让幼儿了解不同地区的春节习俗，培养幼儿对春节的热爱之情，增强幼儿对中国传统文化的了解，感受春节的欢乐气氛，并正确、有礼貌地对长辈说祝福语，体验与人们共庆春节的快乐，还可以让幼儿体验写春联、剪纸，跟家人一起包饺子、挂年画等。

在活动过程中，幼儿可以互相交流过年的所见所闻以及经历的有趣的事，提高幼儿的语言表达能力、语言组织能力，养成倾听的好习惯，学会与别人分享自己的快乐，感受喜庆、欢快、热闹的春节给人们带来的幸福感。

三、活动准备

（1）收集有关新年的图片、新年传说的动画片。
（2）收集有关春节的图书、小故事、图片资料供幼儿阅读、观察、欣赏。
（3）关于春节的PPT。
（4）准备动画片《过年的传说》。
（5）准备红色的纸、安全剪刀，收集灯笼、福字、对联、毛笔、砚台、墨水等与春节有关的物品。
（6）关于春节的儿童歌曲，收集鞭炮声、锣鼓声、拜年声的音频资料。
（7）让幼儿问家长自己的生肖，了解自己的生肖。
（8）准备关于十二生肖的图片、资料，收集十二生肖的故事。

四、活动过程

（一）导入环节

老师：小朋友们，你们知道过什么节日的时候可以收压岁钱，穿新衣服，吃好吃的吗？

提示幼儿，展示关于新年的图片，如烟花图片、逛庙会图片、吃年夜饭图片等，引导幼儿围绕"过新年"的话题展开讨论，电脑播放与春节有关的PPT。春节一般指除夕和正月初一，但在古代人们从年末腊月二十三和二十四的祭灶便开始"忙年"了，新年到正月十九才结束；在现代人们把春节定于农历正月初一，一般至少要到正月十五新年才算结束。节日交流问候传递着亲朋乡里之间的亲情，它是人们增进感情的重要节日。是欢乐祥和、亲朋好友欢聚一堂的传统佳节。春节是中华民族最隆重的传统节日，它不仅集中体现了中华民族的思想信仰、理想愿望、生活娱乐和文化心理，而且是祈福攘灾、饮食和娱乐活动的狂欢式展示。各种地区活动丰富多彩，带有非常浓郁的民族特色。

老师教幼儿春节儿歌：

> 新年到，穿新衣，
> 戴新帽，舞龙灯，
> 踩高跷，迎财神。
> 大家乐，乐陶陶，
> 大家一齐迎接新年到。

老师：小朋友们，你们知道春节是怎么来的吗？关于春节其实还有一个传说，它的前身是一个小怪兽，叫年兽，我们一起来看看吧！（播放动画片《过年的传说》）

老师：小朋友们，现在知道新年是怎么来的了吧，那我们应该做些什么来过春节呢？刚刚动画片里已经展示出来了，使用哪三样法宝可以打败年兽呢？（根据幼儿说到的内容找到相关图片展示在黑板上，让幼儿观察图片，并把幼儿没有提到的其他内容补充出来）

老师：老师今天给小朋友们带来一段过新年时候的录音，小朋友们要认真听哦。（播放鞭炮、锣鼓、拜年的声音，老师提问幼儿听到了什么）

老师：年兽不仅害怕这些声音，还害怕红色的东西，我们今天就来做一些红色"武器"。（带领幼儿做手工）

（二）活动环节

把幼儿分成5个小组，每个小组4个幼儿，把他们带到手工区域。

老师：小朋友们，刚才我们看的动画片里，是不是出现的红颜色最多，我们现在就来做关于新年的红颜色的东西吧。（展示剪纸样品）

老师：小朋友们，你们还记得在过春节的时候家门口两边贴的都是什么吗？（此时老师讲解春节为什么要贴春联）

老师：因为贴春联是中国民间春节习俗之一。它以对仗工整、相互对称、简洁精巧的文字描绘美好形象，抒发美好愿望，是中国特有的文学形式和习俗文化。贴春联是中国人过春节的重要标志之一。当人们在自己的家门口贴上春联的时候，意味着春节将要来临，大家开始准备迎新年，为春节做准备。

老师展示几副春联样品，并告诉幼儿春联的含义。

老师：春节来临的时候，按照我国的传统习俗文化，不管是城里还是乡村家家户户总要贴上新的春联，以示辞旧迎新，希望度过和和睦睦、开开心心的除夕之夜，迎来幸幸福福的新春佳节。那现在小朋友们明白春联的含义了吗？让我们做起来吧。（5个小组分别做手工）

老师：小朋友们做得真好，但是你们有没有发现，过年家长带你们出去玩的时候，在大街上是不是会发现有好多商家贴着一个小动物的贴画，老师屏幕上展示的幻灯片是不是也有好多小动物。（引导出十二生肖，让幼儿说出自己的属相，在讨论中引导幼儿对十二生肖产生进一步探究的愿望）

带幼儿了解十二生肖，数一数生肖一共有多少个小动物，都是些什么动物。

老师：小朋友们知道十二生肖的传说故事吗？一种动物代表一个生肖，也就是一个属相，每个人都有自己的属相。（引出十二生肖的小故事）

老师：哪个小动物是排第一个，又是谁排最后一个呢？（教幼儿记住十二生肖的排序小窍门，用于记年，顺序排列为子鼠、丑牛、寅虎、卯兔、辰龙、巳蛇、午马、未羊、申猴、酉鸡、戌狗、亥猪）

老师向幼儿解答十二生肖的年份及时间问题，夜晚十一时到凌晨一时是子时，此刻老鼠最为活跃。凌晨一时到三时，是丑时，牛开始耕田的时刻。三时到五时，是寅时，此刻老虎到处游荡觅食，最为凶猛。五时到七时，为卯时，这时太阳升起月亮还没落下去，月兔倒药正忙，地上的兔子开始出来觅食。上午七时到九时，为辰时，这时是天上的神龙行雨的好时光。九时到十一时，为巳时，地上的蛇开始活跃起来。上午十一时到下午一时，阳气正盛，为午时，正是天马行空的时候。下午一时到三时，是未时，羊这时候正在吃草，会长得更强壮。下午三时到五时，为申时，这时猴子活跃起来。五时到七时，为酉时，夜幕降临，小鸡开始归窝。晚上七时到九时，为戌时，狗狗开始守夜看家护院。晚上九时到十一时，为亥时，此时万籁俱寂，猪正在酣睡。

老师：小朋友们知道今年是哪个小动物的春节吗？是什么生肖来过年呢？

老师：十二生肖是中国人很早以前就发明出来的，只有中国人才有，这是我国的传统文化习俗，其实每个地区都有当地的过年习俗，小朋友们都知道哪些习俗呢？小朋友们先和身

边的小伙伴讨论一下,一会儿上台跟老师分享一下。(让幼儿回顾以往的过年经验,过渡到过年的不同风俗习惯)

老师:现在老师也收集了好多过年的习俗,我们一起来看看有哪些是小朋友们没有说到的。(播放 PPT,引导幼儿讲述不同的过年习俗)

老师:有的小朋友说了,每年过年都要去爷爷奶奶、姥姥姥爷家拜年,其实说到拜年,这是中国民间的传统习俗,是相互表达美好祝愿的一种方式,拜年包括向长辈叩头施礼、祝贺新年如意、问候生活安好等内容。

向幼儿科普拜年的风俗习惯,教幼儿拜年的基本礼仪,春节拜年要注意衣着整洁,吉利话要说得适宜,要在轻松愉快的气氛中,把道喜贺新的真情实意表露出来,拜年时接物要礼貌,主人送东西,要起身双手接住,并道谢,拜年时欢闹要有节制,要适度,不宜大声喧哗,拜年结束准备回家时,长辈起来自己才可以起来,走时要表示谢意,邀请人家回访。

老师:老师刚才讲的这些其实也是游戏规则,现在咱们一起玩一个角色扮演的小游戏,小朋友们跟自己身边的小伙伴组成一个小组,一个人扮演递东西的主人,一个人扮演接东西的客人,就像老师刚才说的,接东西的时候应该怎么接呀,离开的时候应该怎么跟主人说呢,说些什么话会比较好呢?两个人互相都扮演一下。

角色扮演游戏能充分满足幼儿的好奇心,激发他们的兴趣,只有拥有好奇心,才能促使他们去探索,去创造,才能更好地去完成。角色扮演游戏能充分满足幼儿的需要,从而发挥幼儿的能动性,使他们保持高涨的学习情绪,使幼儿能不断地尝试探索,获得更多的技能,学习更多的知识。

五、活动延伸

(1)幼儿在活动过程中了解了春节的由来,感受到了春节热闹、喜庆的气氛。
(2)幼儿回到家中还可以和家长共同完成剪纸和贴对联等活动。
(3)在活动过程中,幼儿学习了在春节时如何向长辈拜年,学会了春节拜年的基本礼仪,学会了如何与长辈交流,如何说祝福语。

六、活动反思

(1)春节是中国的重要传统节日之一,也是幼儿最开心、最快乐、最幸福的时刻,是最喜庆的日子。本次主题活动来自幼儿的兴趣与需要,通过活动让幼儿了解了怎样迎新春、过春节,充分展示了春节活动的丰富多彩,让幼儿体验了新春的快乐,开拓了幼儿的知识范畴。

(2)幼儿通过互相交流、唱歌和观看关于春节的传说动画片加深了对新春的认识和了解,通过剪纸和贴对联等活动进一步为了解新春做准备,引出十二生肖让幼儿更加了解中国的民俗文化。

(3)活动过程反思。
①对幼儿的反思:在主题活动中,老师要注意引导幼儿大胆地与别人交流,鼓励幼儿说出自己在家里是怎样过年的,学会和别人分享自己的快乐。在活动过程中引出中国传统民俗

文化十二生肖，应该说得更清楚易懂一些，使幼儿懂得自己长大了一岁，在新的一年里应更加懂事、听话，自己的事情自己做，在家做力所能及的事，成为一名爱学习、有礼貌、懂文明的小朋友。因为是春节主题活动，而烟花爆竹是春节的必备品，对于中国人来说它象征着红火，但烟花爆竹是一种易燃易爆物品，每个烟花、小爆竹都像是一颗小炸弹或燃烧弹，不只是污染空气，每年都会有幼儿因为玩烟花爆竹而受伤，应向幼儿灌输烟花爆竹的安全小知识，使其远离烟花爆竹，最重要的是幼儿千万不要一个人点燃烟花爆竹。

②对幼师专业发展的反思：本次设计的主题活动符合大班幼儿的年龄特点和兴趣需要，通过这次主题活动，我对以后开展主题活动有了一些经验。

③对幼师互动的反思：本次主题活动大部分是幼儿之间的交流和互动，缺少幼师和幼儿之间的互动，应该增加师生的互动，多参与幼儿的游戏活动。今后我会多丰富自己的语言，让幼儿更容易听懂，多让幼儿们发挥自己的想象力，多设计一些问题和游戏。

（4）本次春节主题活动，符合大班幼儿的年龄特点和兴趣需要，幼儿参与积极性高，但在开展主题活动中，因幼儿年龄尚小，对以往过年的经验和知识很少甚至没有。本次只是通过相互交流、唱儿歌、观看动画片和一些简单的图片来开展活动的，幼儿能掌握一些过年的知识，但掌握起来很吃力，虽然最后幼儿都学会了，但这是通过老师"填鸭式"反复解释、讲解做到的，显得有些生硬。

（5）有了这次主题活动的经验，在开展下一次主题活动时，我会多为幼儿考虑一些，再多准备一些相关的资料，让幼儿加深了解，直观地感受春节的一些活动和习俗，直接获得知识和经验。本次主题活动现场布置得不够喜庆，下次再开展主题活动时应该多注重现场布置，此外，幼儿的参与性和操作性应加强，只有幼儿的能力得到发展，主题活动才会更有意义，活动开展起来才会更加顺利。

认识少数民族

> **申请人简介：**
> 我叫张奥，是一名性格比较外向的女孩子，平时比较自律，虽然已经 18 岁了，但是在我的世界里一直保留着一颗童心，所以我认为在幼儿园里我还是可以和小朋友们打成一片的，而且我从小的目标就是成为一名人民教师。我的沟通能力和相处能力比较强，如果以后从事教师行业，我希望把小朋友们的童年变得丰富多彩，并且在我的带领下可以在快乐的氛围中学到更多的知识。
> **所在单位：** 北京经贸职业学院国际经济贸易系 2019 级学前教育专业
> **适用班级：** 大班

一、设计意图

我国是一个幅员辽阔、物产丰富的国家，共有 56 个民族，除汉族以外，还有 55 个少数民族，它们的历史都很悠久，所以我要带领幼儿们在欢乐中学到少数民族的知识。

二、活动目标

（1）让幼儿认识到我国是一个多民族的国家。
（2）主要让幼儿从服饰上认识壮族、满族、回族、蒙古族、维吾尔族五个民族，并了解这几个民族人民的主要生活习惯和居住地。
（3）要培养幼儿热爱少数民族的情感，对幼儿进行爱国主义教育。

三、活动准备

（1）各个民族的习俗、每个少数民族服饰的图片。
（2）课前要丰富幼儿有关地理与音乐舞蹈方面的知识。
（3）自制 PPT，准备中国地图和五个民族的娃娃，做好标记。

四、活动过程

（一）导入环节

引导幼儿认识56个民族：我国是一个多民族国家，除汉族以外的民族人数都相对较少，所以也称他们为少数民族。

老师：我们来看几个少数民族的服饰，看看哪个少数民族的服饰最好看好不好呀？（拿出五个民族娃娃给幼儿展示）

（二）活动环节

向幼儿展示每个民族的图片。

老师：你们看，这个是壮族，壮族是这些少数民族里人数最多的，下面我们来看壮族的服装好不好呀？你们看男子穿的是对襟上衣，纽扣以布结之，下裤短而宽大，缠绑腿，扎绣有花纹的头巾，女子穿的是藏青色或深蓝色的矮领，下穿宽肥的裤子或者黑色百褶裙（展示穿着壮族服饰的娃娃），宝贝们觉得好看吗？

老师：接下来我们来看满族的好不好呀？满族的剪纸是非常著名的哦，也是一种民间艺术呢。接下来我们来看满族的服饰好不好呀？小朋友们来看这是满族男子穿的袍服，外套马褂，这是满族女子穿的袍服，有长短袖之分，经常佩戴荷包香囊（展示穿着满族衣服的娃娃），宝贝们觉得好看吗？

老师：然后我们展示的就是回族的娃娃了，回族可是在中国分布最广的民族之一，男子穿的衣服宽而肥大，裤长到脚面，不过老人是要扎裤腿的，而女子的服饰则是上窄下宽，通常长度会到膝盖或膝头，还会带披肩盖头。这样的服饰宝贝们喜欢吗？（展示穿着回族衣服的娃娃）

老师：接下来我们要展示的是什么呢？大家看，是蒙古族的娃娃，蒙古族的分布地区也是比较广泛的哦，而蒙古族的服饰主要有四部分：首饰、长袍、腰带、靴子，其中腰带是最主要的部分，也是最重要的部分哦，这就是蒙古族的服饰啦，宝贝们喜欢这样的服饰吗？（展示穿着蒙古族服饰的娃娃）

老师：宝贝们，接下来我们要讲最后一个民族的娃娃了，大家记得还剩哪个民族吗？对啦，就是维吾尔族了，维吾尔族男子穿"袷袢"长袍，右衽斜领，无纽扣，用长方丝巾或布巾扎束腰间，女子现在多穿西装上衣和裙子；维吾尔族男女都喜欢穿皮鞋和皮靴，维吾尔族姑娘以长发为美，宝贝们喜欢这样的服饰吗？（给幼儿看穿着维吾尔族服饰的娃娃）

老师：现在老师已经带你们了解了这几个民族的服饰了，下面老师就来考考大家的学习成果怎么样。这个是什么民族的服饰呢？对啦，就是维吾尔族的服饰。那这个是哪个民族的服饰呢？说对啦，就是蒙古族的服饰，你们真是太棒啦！那我们一起来看下一个，这个又是哪个民族的娃娃呢？不对哦，宝贝们说错了，这个是回族的娃娃哦，你们看，这件衣服是宽而肥大的，衣服都长到膝盖了，对不对呀，好，那我们来看最后一个，这又是哪个民族的娃娃呢？说对啦！就是壮族的娃娃，小朋友们太棒啦。这一节课老师看谁听得最认真，就把这几个民族娃娃送给谁当作奖励好不好呀？

活动一：马头琴的来历

老师：接下来老师给你们讲几个小故事好不好？

在很久以前，察哈尔草原有一个叫苏和的牧童，有一天他抱回来一只没有妈妈的小白马，这只小白马在这个小牧童苏和的喂养下成长为非常漂亮的一匹白马，它跑起来非常英姿飒爽，蹄下生风，速度可以追上梅花鹿呢，于是这匹白马和小牧童苏和就成了好朋友。后来有一年春天，有一个王爷要举行赛马大赛，还答应赏给第一名一群羊，于是小牧童苏和就骑着这匹白马去参加大赛了，这匹白马跑得非常快，最后取得了第一名，但是这个王爷非常喜欢这匹白马，又见这匹白马的主人只是一个小牧童，于是就很蛮横地说："我给你三个元宝，你把这匹白马卖给我。"小牧童苏和非常生气，对王爷说："我不是来卖马的。"王爷听后也非常生气，于是就把小牧童苏和打昏在地，把小白马抢走了，但是这个王爷刚骑上这匹白马就摔了下来，小白马挣脱了缰绳飞奔而去，这个王爷万分恼火，命令侍卫用毒箭射杀小白马，中了毒箭的小白马坚强地跑到苏和的面前就死掉了，小牧童苏和十分难过地大哭起来，一天晚上，小牧童苏和梦见了小白马，小白马在梦中对小牧童苏和说："你不要难过，用我的筋骨做一把琴吧，这样我们就可以一直在一起了。"后来苏和按照小白马的话做了一把非常漂亮的琴，这也就是蒙古族的第一把马头琴。

老师：接下来，老师来给大家讲一下蒙古族的乐器——马头琴，老师先给大家听一段用马头琴弹的曲子好不好呀？我们来感受一下。（放一段马头琴的曲子）小朋友们，马头琴弹出来的音乐是不是很有气势？马头琴是一种非常适合演奏蒙古长调的乐器，它能够非常准确地表达出内蒙古人的生活，比如辽阔的大草原，奔腾的马儿，欢乐的牧歌，以后小朋友们有时间也可以亲自去体验一下大草原，在那里可以看到奔腾的马儿和辽阔的草原。

活动二：维吾尔族的传说

老师：小朋友们还想听故事吗？那老师再给大家讲一个小故事好不好呀？小朋友们你们知道吗，维吾尔族的少女都会梳着很迷人的小辫子，几条、十几条甚至是几十条，随着她们轻盈的步伐，她们的小辫子都是整个街道上最迷人的风景线，所以，她们的小辫子其实也有一段非常美丽的传说。

在很久以前，在茫茫的沙漠深处，有一个王国，那里一年四季黄风四起，沙尘漫天，那里的人们都是靠打猎为生，就连吃的粮食都是靠家畜也就是自己家里养的牛或者羊和自己打到的猎物到外地换回来的。这个王国的国王有一个很庞大的骆驼商队，每年的春天都会把皮毛运到外地，到了秋天就可以把粮食驮回来了。一年春天，这个老国王对他的两个儿子说："你们年龄也不小了，我想让你们到外地去做点儿买卖，也算是学点儿本领，不知道你们愿不愿意呢？"这两个儿子听完了都满心欢喜。大王子为人非常狡猾，对自己国家的臣子和百姓都非常吝啬苛刻，总是贪图享受，他早就在沙漠王国待够了，于是在心里暗自盘算要带走更多的皮毛，他对老国王说："父王，您给我一百峰上等的骆驼毛，到了秋天我就可以带回来二百峰骆驼的粮食了，就足够我们享用一年了。"老国王非常高兴，答应了大王子，这时二王子又说了："父王，您给我五峰上等的骆驼毛和我平时的青鬃马，我去找万能神，这样我就可以把沙漠变成美丽的乐园了。"老国王也非常高兴地答应了，但是同时也很愁，对二儿子说："我听说万能神那里有个黄蛇妖，会吃人的。"二王子拍着胸脯说："能把我们国家变成美丽的乐园，孩儿万死不辞。"

后来，兄弟俩就出发了，走到了一个三岔口，大王子向西走，二王子向东走，二王子和仆人走了一个多月，有一天晚上他听见一声巨响，抬头一看，忽然从西面天空飘来了一片彩云卷走了他和他的青鬃马，不知道飘了多长时间才落到了地上，二王子仔细一瞧，青鬃马开口说话了，它对二王子说："我亲爱的主人，你的幸福马上就要来到你的身边了，待会儿会有三个姑娘过来洗澡，到时候你把那件绿色的衣服藏起来，当这件绿色衣服的主人找到它的时候你要求她做你的妻子，如果她同意了，你和你们的国家就会得到幸福。"说完，青鬃马腾空而起飞向了天空。

第二天，有三只非常美丽的天鹅飞了下来落在了湖畔上，她们都梳着小辫子，随风摇动，闪闪发光，非常美丽动人，二王子赶紧抱起绿色的衣服跑进了芦苇丛里，姑娘们洗完澡以后有一个姑娘大叫："哎呀，我的衣服呢？"二王子胆怯地走出来说："你的衣服在我这里。"小姑娘把辫子一甩生气地说道："你为什么偷我的衣服？"二王子把自己在沙漠王国里的经历都告诉了小姑娘，小姑娘脸上露出了欣喜的笑容，最后二王子成功地把王国变成了非常美丽的乐园。

老师：小朋友们喜欢听这个故事吗？维吾尔族的女生都是非常漂亮的，都有长长的辫子和大大的眼睛，老师来给大家看几组维吾尔族人的图片吧（展示维吾尔族人的图片），是不是都非常漂亮。

活动三：观看美食

老师：老师也给你们讲了两个故事了，接下来老师要讲的是大家最感兴趣的，那就是吃的，老师给你们讲几个少数民族的特色美食好不好呀？首先，老师先给你们看几张图片，大家来猜一猜这都是什么？（展示几张奶片、牛肉干、烤全羊的图片）大家看完以后知道老师接下来要给你们讲的是哪个少数民族吗？大家猜对了，就是蒙古族，首先我们来看这张图片，这张图片大家知道是什么吃的吗？对！就是奶片，蒙古族的主食分为奶食和肉食，奶食顾名思义就是"白色产品"，因为奶是白色的。奶食也分为两种，一种是食品，一种是饮料，食品主要分为：黄酥油，也就是这种（展示黄酥油的图片）、奶皮子（展示奶皮子的图片），还有白酥油（展示白酥油的图片），它们的制作过程也非常复杂，要把鲜羊奶或者鲜牛奶装进瓷罐里发酵为酸奶后，再用一根杆儿杵上万次，才能从酸奶里分离出糊状的白酥油。老师来给你们看一段视频吧，一起看看它们的制作过程。（展示制作过程的视频）

接下来我们来看看肉食吧，老师还是先给你们看几张图片，大家来猜猜这都是什么食品好不好？第一张（展示牛肉干的图片），第二张（展示全羊宴的图片），第三张（展示烤全羊的图片），好啦，我们都看完了，这些都是什么呀？哈哈，都猜对啦，的确都是肉，这就是蒙古族的肉食，蒙古族的肉类主要是牛肉、绵羊肉，其次是山羊肉，也会有少量的骆驼肉和马肉。刚才我们看的那几张肉食图片就是烤全羊和全羊宴，其实还有更多，比如烤羊心、炒羊肚、羊脑烩菜等，有70多种，小朋友们是不是对这些非常感兴趣呀？有机会我们可以和爸爸妈妈一起去内蒙古的草原上一边感受大草原的风景一边品味美食。

活动四：跳舞

老师：课堂的最后我们一起来跳舞吧，在跳舞之前，老师给你们先看一段视频，大家通过服饰猜一猜这是哪个少数民族好吗？（展示维吾尔族的舞蹈视频）好了，哪位小朋友可以告诉老师这是哪个少数民族呢？猜对了，就是维吾尔族，这个舞蹈是维吾尔族人的舞蹈，这个舞蹈也叫"赛乃姆"舞蹈，这种舞蹈是一种自娱性舞蹈，不论是什么场合，都可以跳，无论年女老少，都是即兴发挥的，还可以和场外的围观者一起舞蹈，这会让人觉得很亲切，气氛非常融洽，也可以促进感情。

老师：好，我们知道了这种舞蹈，那老师再给你们看一个舞蹈，看看大家喜不喜欢这样的舞蹈呢？（展示维吾尔族的夏迪亚纳舞）好了，我们看完了，哪位小朋友来告诉老师，你认为这两种舞蹈的共同点是什么呢？（找几位幼儿来回答）这几位小朋友回答得都很棒，总的来说就是，都会感受到一种欢乐的气氛对不对？刚才给大家看的那个舞蹈叫夏迪亚纳舞，也是维吾尔族人喜欢的一种舞蹈，夏迪亚纳在维吾尔语的意思是"欢乐的"。过去都是王室出巡、欢送时才会跳这种舞蹈，而且这种舞蹈也非常简单，是以小舞步为主，手的动作也很简单，不过新疆各地的夏迪亚纳舞各有千秋，新疆北边讲究活泼可爱的气氛，新疆南边的舞姿华丽，老师带大家了解了维吾尔族的舞蹈，你们想不想亲自跳跳感受一下呢？

那接下来老师给你们放音乐，大家站起来跟着老师跳一段好不好？让老师看看谁跳得最棒。好，那我们起立一起来和老师跳舞吧。

五、活动延伸

老师：这节课老师带着大家了解了少数民族，一共有多少个少数民族？我们讲了关于少数民族的什么？老师带大家学习了两个维吾尔族的舞蹈，回到家可以很骄傲地告诉爸爸妈妈："爸爸妈妈，今天课上我学会了维吾尔族的民族舞，我来给你们跳一段吧！"你们的爸爸妈妈一定会非常高兴，另外这节课上课之前老师答应过你们，谁表现得好，谁听得认真老师就把民族娃娃奖励给谁，那大家觉得这节课哪几位小朋友表现得最好呢？下面我们就把这几个民族娃娃奖励给他们好不好？

六、活动反思

我对于这节课的反思：课堂的气氛不够活跃，互动活动准备得不够多，应该再多准备几个小游戏，让幼儿感受到课堂的欢乐，在欢乐中学到知识，既能开阔眼界，又能感受中华传统文化的广泛性和博大精深。此外，在教学方法运用上还应继续开动脑筋，下节课我计划从复习儿歌、认识中国地图开始，然后再引入本课的具体内容，结束的部分与开始的部分应该是相呼应的，而压轴的部分应该是点睛之笔，让幼儿理解民族大团结，并让幼儿感受到团结的欢乐，最重要的是培养幼儿的思维能力、想象力、创造力和鉴赏力，下节课我会再接再厉！

我们一起过端午

申请人简介：
我叫周邵婷，一直都很崇拜幼儿园教师，做一位优秀的幼儿园教师是我的梦想。通过这一年多的学习，我深知幼儿教育对于一个孩子身心健康成长至关重要。希望通过这次活动可以让我将职业技能技巧学以致用，在以后的幼教工作中更加得心应手。
所在单位： 北京经贸职业学院国际经济贸易系 2019 级学前教育专业
适用班级： 大班

一、设计意图

鲁迅先生曾说："越是民族的，越是世界的。"但是，现在"世界的"越来越多，而"民族的"却越来越少。幼儿们爱吃的是"麦当劳""肯德基"，手里的玩具大多是芭比娃娃、奥特曼，幼儿们对身边的传统文化知之甚少。端午节这类传统节日有丰富的文化内涵和深厚的历史背景，是中华民族优秀传统文化的重要载体。因此，我想通过这次端午节的活动，让幼儿更好地了解传统文化，让幼儿感受端午节丰富的文化内涵，激发幼儿的爱国主义情感。

二、活动目标

（1）激发幼儿的阅读兴趣，培养阅读习惯。
（2）让幼儿喜欢交往，喜欢与他人一起谈论图书和故事。
（3）尊重幼儿的兴趣和独特感受，理解他们的行为。
（4）让幼儿喜欢进行艺术活动并大胆表现，有初步的艺术表现与创造能力。

三、活动准备

（1）准备有关端午节的照片及资料等。
（2）准备相应的过节活动道具。
（3）准备幼儿玩游戏所需的材料及环境。
（4）家长带幼儿去超市观察不同形状的粽子，以及不同口味的粽子。

四、活动过程

课题一　我知道的端午节

（一）活动目的

(1) 让幼儿了解有关端午节的来历和习俗，知道端午节是中国的传统节日之一。
(2) 让幼儿通过查阅资料进一步了解端午节的来历及风俗习惯。
(3) 鼓励幼儿们大胆地与同伴进行交流与讨论。

（二）活动教具

(1) 有关端午节的PPT（粽子、屈原、五彩绳、香包等图片）。
(2) 幼儿进行端午节的相关调查。
(3) 端午节儿歌。

（三）导入环节

老师出示赛龙舟的图片（图1），引出活动主题。

老师：小朋友们，你们知道图片里的人在干什么吗？一般什么时候人们会举行这个比赛呢？（引导幼儿说出端午节）

图1　赛龙舟

（四）活动环节

1. 让幼儿了解端午节的来历与习俗

老师：你们知道端午节是怎么来的吗，大家都了解多少呢？（鼓励幼儿根据自己的调查资料，互相交流、分享有关端午节的经验）

2. 老师讲述屈原的故事（图2），让幼儿了解端午节的由来以及为什么端午节要赛龙舟

相传，屈原倡导举贤授能，富国强兵，力主联齐抗秦，遭到贵族子兰等人的强烈反对，

屈原遭谗去职，被赶出都城，流放到沅、湘流域。他在流放中，写下了忧国忧民的《离骚》《天问》《九歌》等诗篇。公元前278年，秦军攻破楚国京都，屈原眼看自己的祖国被侵略，心如刀割，但是始终不忍舍弃自己的祖国，于五月五日，在写下了绝笔之作《怀沙》之后，抱石投汨罗江自尽，以自己的生命谱写了一曲壮丽的爱国主义乐章。后来为了纪念这位伟人，每年的五月初五就被定为了端午节。

图2　屈原的故事

3. 老师讲述端午节习俗的来历

传说屈原死后，楚国百姓悲痛万分，纷纷涌到汨罗江边去凭吊屈原。渔夫们划起船只，在江上来回打捞他的真身，此后逐渐发展成为龙舟竞赛。有位渔夫拿出为屈原准备的饭团、鸡蛋等食物，"扑通、扑通"地丢进江里，说是让鱼龙虾蟹吃饱了，就不会去咬屈大夫的身体了。人们见后纷纷仿效。有位老医师则拿来一坛雄黄酒倒进江里，说是要药晕蛟龙水兽，以免伤害屈大夫。后来为怕饭团为蛟龙所食，人们想出用楝树叶包饭，外缠彩丝，发展成粽子。以后，在每年的五月初五，就有了龙舟竞渡、吃粽子、喝雄黄酒的风俗，以此来纪念爱国诗人屈原。

4. 教师展示有关端午节的图片（图3），让幼儿对传统习俗更加了解。

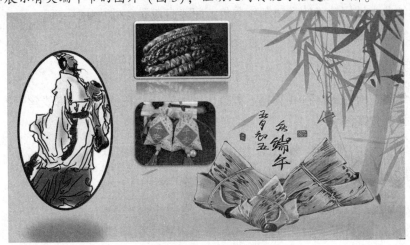

图3　有关端午节的图片

（五）活动结束

老师：小朋友们，在端午节的时候呀，人们会进行很多活动，如吃粽子、赛龙舟、挂香包等。这些都是为了纪念我国伟大的爱国诗人屈原。最后，小朋友们，让我们来学一首关于端午的儿歌吧。

五月五，是端午，
小伙伴们来敲鼓。
吃粽子，赛龙舟，
高高兴兴过端午。

（六）课题延伸

让幼儿通过书籍、图画、网络等查找有关端午节的资料及各种习俗的具体内容，方便在接下来的课上展开相关活动。

（七）课题反思

本次活动我十分注重使用鼓励性评价，及时肯定幼儿的参与，鼓励幼儿大胆发表自己的意见，激发幼儿的活动兴趣；及时发现并解决问题；同时要求自己在课堂活动中用语亲切、自然，因此在整节活动中幼儿情绪积极，注意力集中，参与性强，思维活跃，并能大胆地表达自己的意见，达到了预期效果。

不足之处：可多请几个幼儿重点表述问题，更好地激发幼儿上课的积极性。幼儿相互之间的交流较少，需提高他们积极、大胆地与同伴进行交流和讨论的能力。

课题二　挂上香包蚊虫快走

（一）活动目的

（1）让幼儿观察香包，初步了解香包的功用及制作过程。
（2）让幼儿尝试用针缝的方法制作香包，感受自制香包的快乐。
（3）让幼儿知道用针的安全，知道与同伴保持适当的距离。

（二）活动教具

（1）制作香包所需的材料（香料、香袋、针、棉花、各色的线、绑线丝带等）。
（2）制作香包图解。
（3）民间音乐。

（三）导入环节

老师出示香包，引出活动主题，激发幼儿兴趣。

老师带领幼儿在儿歌《端午节》中一起拍手入座，引导幼儿看一看、摸一摸、闻一闻面前桌上放置的各种各样的香包，并提问这是什么，有什么味道，有什么用。（引导幼儿说

出挂香包是端午节的一个习俗，端午节挂香包可驱散蚊虫）

（四）活动环节

1. 学习制作香包的方法

老师：香包用处这么大，那你们想不想自己动手做一做啊？（想）

老师出示香包制作材料及制作图解，引导幼儿观察制作图解，然后引导幼儿按照香包制作图的顺序来制作香包，老师示范一遍香包的简易制作过程：将准备的棉花和香料装入香袋（注意不要装太满）——将香袋口收紧——用串好了丝线的针缝制香袋口（注意用针的安全）——绑上彩色丝带。

2. 在音乐声中，自己动手制作香包

播放音乐，幼儿开始参照香包制作图解制作香包，老师巡回指导并提醒用针安全（不用的针要插在针线包上，放置在针线包内），也可鼓励幼儿合作缝制香包，互相帮助，在最后环节老师可给予适当帮助。

（五）活动结束

将做好的香包挂在幼儿胸前，让他们互相观赏，体验自制香包的快乐。

（六）课题延伸

老师和幼儿共同收集全国各地端午节的照片。

（七）课题反思

本次活动能使幼儿学会通过缝制香包，体验动手制作的快乐。同时培养了幼儿自主观察制作的能力，以及在操作中的发现、体会能力。

不足之处：老师示范的香包制作过程较为简单，但是幼儿喜欢较难制作的其他款式，所以出现部分幼儿制作香包较为困难等情况，需要老师提供帮助。

课题三　折纸粽子

（一）活动目的

（1）让幼儿学会折纸粽的方法。

（2）鼓励幼儿用自己的作品或艺术品布置环境，在过程中体验成功的快乐。

（二）活动教具

（1）与粽子有关的谜语。

（2）若干已量好的绿色长条纸。

（3）已经折好的纸粽子。

（4）折纸粽子步骤分解图。

(三) 导入环节

观察折好的纸粽子，激发幼儿折纸粽子的欲望。

老师：上节课我们动手制作了可以防止蚊虫叮咬的香包，大家都非常棒。那么在上这节课之前先让大家猜个谜语好不好？（好）它是我们在端午节会吃的一种食物，认真听哦！（引起幼儿好奇心）

谜语：一个白胖子，裹着绿叶子，脚扎细绳子，装着糯米和枣子。——谜底：粽子。（引导幼儿说出谜底）

老师：粽子这么好吃，大家想不想拥有不被吃掉的粽子呢？（想）那今天我们就来折一个不会被吃掉的粽子，大家仔细观察一下面前的粽子，看看它有什么特点，和我们吃的粽子区别在哪里呢？（引导幼儿思考并回答）

（四）活动环节

探索折纸粽子的具体方法。

老师：大家都非常棒，回答非常正确。那接下来大家可以来猜一猜、想一想这个纸做的粽子到底是怎么折的呢？你和同伴之间也可以相互交流一下哦！（引导幼儿思考问题并与同伴交流）

引导幼儿把纸粽子拆开看看，观察一下折痕，看看有什么规律，让幼儿和同伴讨论一下，试试自己能不能折出来。（引导幼儿动手与思考折纸粽子的方法）

老师：谈论得怎么样了呢？嗯，对，你们真棒。现在呀，老师这里有折纸粽子的具体步骤，老师先来示范一遍，注意折的时候线一定要对齐了，这样折出来的粽子线条才会分明而且容易折叠哦。现在，大家可以拿起手边的绿色长纸条，按照步骤试着折一遍，注意步骤的顺序不要搞错。（引导幼儿在遇到困难时，通过看图示、观察同伴制作等方法来解决问题）

（五）活动总结

将幼儿制作的纸粽子用针、线串在一起，老师和幼儿一起布置环境，体验成功的快乐。

（六）课题延伸

让大家探讨一下喜欢吃什么味道的粽子，进而引出下一课题"下节课我们再一起来制作品尝美味的粽子，好吗？"

（七）课题反思

本次活动能使幼儿学会用长纸条通过反复折叠的方式折出纸粽子，体验动手制作的快乐。也培养了幼儿自主观察步骤分解图的能力，以及与他人讨论自己在操作中的发现、体会的能力。

不足之处：部分幼儿在拆纸粽子时，容易撕破纸片，下次用硬度稍微高点的纸会更好。

课题四　美味粽子我来包

（一）活动目的

（1）让幼儿了解包粽子的材料和方法。

（2）让幼儿了解粽子有很多种形状和馅料，进一步加深吃粽子是端午节传统习俗之一的感知。

（二）活动教具

包粽子原料：粽叶、糯米、各种不同的馅料、棉线等。

（三）导入环节

老师出示粽子图片，引出课题。

老师：小朋友们，这个（图4）是什么？（粽子）它是什么样子的啊？（外面被绿色的粽叶包着，里面是白白的糯米，糯米里面还有各种各样的馅）你们跟爸爸妈妈在超市里面找到了哪些形状的粽子呀？（三角形、长方形）那你们吃过哪些馅料的粽子呀？（豆沙馅、鲜肉馅、蘸白糖的粽子）闻闻你们每个人前面的粽叶，它香不香呀？（香）

图4　粽子

（四）活动环节

指导幼儿动手制作粽子。

老师：我们在动手之前，先来看一下包粽子的视频吧，这样能包出更漂亮的粽子哦。（播放包粽子视频）

老师：将粽子叶两片叠在一起→粽叶另一端折成漏斗形状，漏斗底不能有空，要折严，否则糯米会从下面漏出来→用勺子舀几勺糯米放在漏斗底部压平→放入馅料→再舀几勺糯米盖上（糯米的量与漏斗口一样高，不要超出或不足）→将最上面的粽叶压下来，用食指压住，再把左边多出来的粽叶向下折，用大拇指压住，右边多出来的叶子折下去，用中指压住→用绳子捆住固定（注意不要包太紧，不然会煮爆）。

幼儿动手制作粽子，老师巡回指导，并鼓励幼儿遇到困难时观察一下周围其他同伴的动作，可互相帮忙。老师帮忙捆绑绳子结尾。

（五）活动结束

老师：大家粽子都包好了吗？（好了）包得真棒！

（六）课题延伸

将包好的粽子煮好，让幼儿吃到自己亲手包的粽子。

（七）课题反思

通过此次活动，幼儿体验到了动手包粽子的乐趣，不但锻炼了他们的观察、动手能力，也锻炼了他们与同伴交流、探讨问题、解决问题的能力。

不足之处：幼儿在给粽子捆绑固定时比较困难，会有包不牢、包太松的情况，或许减小粽叶尺寸，让幼儿包小一点的粽子会改善该情况。

课题五　热热闹闹赛龙舟

（一）活动目的

（1）让幼儿体验团队赛龙舟的快乐，感受团结、协作的重要性，具有初步的归属感。
（2）帮助幼儿了解并遵守游戏规则。
（3）通过参加比赛，让幼儿获得集体荣誉感。

（二）活动教具

红、黄、蓝三色宽布以及三色彩带和三个鼓。

（三）导入环节

观看视频，激发活动热情。

播放赛龙舟视频，让幼儿感受到紧张激烈的比赛氛围，以及选手们共赴终点的团结力量。让幼儿互相交流观看视频后的感受，并询问选手们的动作有什么特点，为什么会赢。（选手们很团结，动作整齐划一，船头敲鼓的节奏很好，反应快，等等）

（四）活动环节

老师：端午节赛龙舟本来是人们为了借划龙舟驱散江里面的鱼，以免鱼吃掉屈原的身体。那么现在看完了紧张刺激的龙舟比赛，小朋友们想不想也来比一场，比比看哪一队能最快地驱散江里的鱼，解救屈原的身体呢？（想）

将幼儿分为粽子（绿色）、香包（黄色）、龙舟（红色）三队，每队3～4人，按顺序站好，每队两组（一组上场，另一组等待）。每队选一位幼儿当队长，每位幼儿头戴自己队伍颜色的丝带，每队用自己队伍颜色的宽布绕队伍一周并固定（宽布长度不会及地，避免了幼儿因踩布而摔倒的危险；比赛时用手提着身侧的布，防止掉落），老师讲解游戏规则并落实到每位幼儿。

"龙舟们"位于老师鼓手对面。随着音乐敲鼓声的响起，"龙舟们"出发（边走边喊口号，一起出同一个方向脚），到达终点最快的队伍获胜。

（五）活动结束

老师：小朋友们，我们刚才进行了龙舟比赛，大家表现得太好啦，你们对节奏的把握很棒哦。现在是不是有点累呀？下面我们就来放松放松，跟着老师来：甩甩手，转转头，扭扭腰，踢踢脚，拍拍腿，深呼吸。大家回教室吧。

（六）课题延伸

让幼儿了解赛龙舟已由传统民俗活动逐步变成国际性的体育文化活动，幼儿可回家查阅相关视频资料。

（七）课题反思

此次活动考虑到幼儿的兴趣特点，有利于调动幼儿的积极性；通过活动也丰富了他们的群体活动经验。

不足之处：幼儿比赛的时候手提宽布，手肘会相互碰触，若能增加布的长度、加大幼儿之间的间距会更好。

课题六　端午情景我来做

（一）活动目的

（1）让幼儿能用多种工具、材料或不同的表现手法表达自己对于端午节的感受和想象。
（2）让幼儿在活动中既能与同伴相互配合，又能独立表现。

（二）活动教具

（1）幼儿收集端午节活动中喜欢的物品。
（2）准备绘画材料。
（3）收集端午节歌曲。

（三）导入环节

总结端午活动，引出活动主题。

老师：小朋友们，我们这次端午节活动就快要结束了，大家开心吗？（开心）那我们在活动的最后以画画和跳舞来结束这次端午节活动好不好呀？（好）

（四）活动环节

1. 进行端午情景绘画

老师：大家想想我们要是画画的话，能画哪些端午节的事物呀？（引导幼儿说出屈原、粽子、龙舟、香包、大家一起做游戏等）嗯，大家真棒，那现在就请大家利用桌子上的画笔画纸，把我们刚刚说到的东西或者事情画下来，也可以用剪刀剪下来做成剪贴画。大家也可以模仿你们收集的物品。现在快开始吧。

老师巡回指导，提醒幼儿注意彩笔和剪刀的使用。

老师：彩笔应该在纸上画，不应该出现在其他地方，要是画到了其他小朋友的身上，那彩笔就要回到笔盒里去了；剪刀使用完应该放在安全的地方，不可以指向人。

展示幼儿作品，并让幼儿互相评价作品。

2. 跳起端午舞

老师播放端午节歌曲，让幼儿随着歌曲自由创作舞蹈动作，按照音乐的节奏跳舞，可以单人跳，也可以和伙伴一起跳。

老师：大家真是太厉害了，每位小朋友都跳出了属于自己的端午特色舞蹈，回家不要忘记给爸爸妈妈也展示一下。

（五）活动结束

老师：现在我们的端午节活动就结束啦，大家不仅了解到了端午节的由来，还知道了端午节的习俗，我们会赛龙舟、做香包、吃粽子等，大家还利用自己聪明的小脑瓜，创作出了一幅幅美丽的作品，跳出了一段段美丽的舞蹈，大家真的太棒啦！回家记得和家里的长辈一起吃粽子过端午节。

（六）课题延伸

让家长带幼儿出门感受节日气氛，观看端午节活动。

（七）课题反思

让幼儿自主创作作品和舞蹈创编，让幼儿喜欢参与艺术活动并大胆表现。他们不注重活动的结果，注重的是活动的过程。

不足之处：在自主创作作品和舞蹈时，部分幼儿还不太清楚，较为迷茫，下次可以给他们播放一些作品，那样效果会更好。

五、活动延伸

让家长带幼儿出门感受节日气氛，观看端午节活动。让幼儿和家人共度端午节，可以在家一起包粽子、做香包等。

六、活动反思

在此次以端午节为主题的教育活动中,我让幼儿了解了端午节的来历及意义,了解了我国传统的风俗习惯及文化,幼儿产生了初步的民族自豪感。教学中我鼓励幼儿积极发言、思考,并鼓励他们多与同伴交流互动,懂得团队协作的好处,培养了他们的团结精神。在活动中我还多次运用音频、视频、照片等,做了很多游戏,寓教于乐,激发了他们对于活动的兴趣。但是也有一些不足,例如在语言领域,在讲解端午节的由来故事时,语言可以更加通俗易懂,多用儿童的语言去讲述一个故事,以便幼儿更好地记忆和理解。还有在艺术领域,在教幼儿动手制作香包和粽子时,可以多示范几遍,给予幼儿消化的时间。如果后面开展类似系列活动,我会加以改进。

元宵节

> **申请人简介：**
> 大家好，我叫王文敏，是北京经贸职业学院国际经济贸易系学前教育专业的一名大二学生。我之所以参加这场比赛是本着对幼儿园教师这份职业的热爱。我喜欢小朋友，我觉得小朋友们就像一张白纸，没有任何心机，他们可爱、单纯、率真。正因如此我选择了这份职业。
> **所在单位：** 北京经贸职业学院国际经济贸易系2019级学前教育专业
> **适用班级：** 大班

一、设计意图

通过元宵这一节日让幼儿知道珍惜粮食，树立"从我做起，从一粒米做起"的思想。在制作元宵的过程中，培养幼儿使用道具的能力，以及与同伴配合的能力。

二、活动目标

（1）通过合作学习、自主探究，引导幼儿学会使用简单的劳动工具。
（2）让幼儿在集体的氛围中能够注意听老师或其他人讲话，有问题会向别人请教。
（3）让幼儿初步了解人们的生活与自然环境的密切关系，知道尊重和珍惜生命，保护环境。
（4）让幼儿在艺术活动中既能与别人相互配合，也能独立表现。

三、活动准备

（1）教学PPT。
（2）活动材料：彩纸、剪刀、双面胶、尺子等。
（3）制作汤圆的材料：糯米粉、白砂糖、花生米、芝麻、温水、小塑料刀、保鲜膜、猪油等。
（4）歌曲《火红的歌谣》。

四、活动过程

老师：小朋友们，我们都知道春节要吃饺子，中秋节要吃月饼，那谁能告诉我元宵节要吃什么呢？

老师：嗯，我听到了要吃汤圆，小朋友们真聪明。那小朋友们知道元宵节是怎么产生的吗？元宵节为什么要吃汤圆呢？

老师：嗯，不知道没关系，那接下来就让我们一起来了解一下吧。

课题一　故事小天地

（一）活动目的

（1）让幼儿了解元宵节的由来。

（2）培养幼儿在集体中集中注意力听老师讲故事的能力。

（二）导入环节

老师：欢迎小朋友们来到故事小天地。小朋友们要竖起自己的小耳朵呦，那么故事来喽。

相传在汉朝，有一个非常聪明的大臣叫东方朔，他心地善良，常常为百姓解危救难。有一天，东方朔来御花园赏梅花，刚刚踏进御花园就看到一名宫女要投井自尽，他赶紧上去阻止，并询问道："姑娘，你为何要来此寻短见呢？"宫女回头见是东方朔，就跪下哭诉："东方大人，奴婢叫元宵，是后宫的宫女。由于进宫良久未与家人相见，眼看新年就要结束了仍然见不到亲人，忧心多日，不如绝此残生。"东方朔听后，心中产生怜悯之情，他安慰了元宵一番，并答应帮助她同家人团聚。

东方朔回到家中后，苦思冥想、绞尽脑汁，终于想出了一个巧妙的办法。他不远千里，找到了元宵的家，向元宵的父母仔细地做了一番安排。东方朔回到京城，就在长安街上摆摊卖卦。人们知道东方朔有学问，都来向他求卦问卜，可是人们拿到的卦条上，写着同样的七个字——"正月十五火焚身"，大家看后，一个个心惊胆战，急忙问东方朔："怎样才能够解难？"东方朔沉思了一会儿，对大家说："正月十三傍晚时分，火神将派红衣仙姑下凡察访，城中父老若齐去跪求，也许灾祸能幸免。"到了正月十三傍晚时分，果然来了一个骑驴的"红衣仙姑"，说是玉皇大帝要在天上观火，她是被派来放火的。长安城中的父老听了，都跪下向"红衣仙姑"苦苦哀求，仙姑见大家态度虔诚，就扔下了一张纸条，骑着驴走了。百姓拾起纸条，只见上面写着："长安在劫，火焚帝阙；十六灭火，焰红宵夜。"

汉武帝得知后，赶忙请东方朔前来商议。东方朔说："火神爱吃汤圆，可命人做些上等汤圆，正月十五供奉火神，以求宽恕；再命长安城内家家户户在正月十五晚上挂灯、放焰火，以骗过玉皇大帝的眼目。"汉武帝听罢，急命宫中做汤圆的能手元宵，赶快多做些汤圆，又传谕京城官宦百姓扎制灯笼。

正月十五晚上，一切就绪。汉武帝命宫女元宵提灯开道，命东方朔手捧汤圆敬奉火神。

元宵的父母在东方朔的吩咐下，就急忙跑上前去叫"元宵"，元宵一家终于在东方朔的妙计下团聚了。事后，皇上自以为是元宵巧手做的汤圆及灯笼、焰火消除了灾难，就下旨将汤圆改为"元宵"，年年正月十五张灯结彩吃元宵。

老师：故事结束喽！提问时间到了，老师在故事中提到了元宵节的哪些元素呢？（汤圆、灯笼、焰火）对，小朋友们都答对啦。小朋友们为自己鼓鼓掌吧！

说了这么多，相信大家对元宵有了浓厚的兴趣，那接下来就让我们一起进入元宵的世界吧！

课题二　汤圆小实验

（一）活动目的

（1）培养幼儿们的动手能力。

（2）使幼儿们懂得"从我做起，从一粒米做起"的思想理念。

（3）让幼儿们知道粮食是来之不易的。

（二）活动环节

老师：欢迎小朋友们来到我们汤圆小实验课堂。我们在小天地了解了元宵节要吃汤圆、做灯笼、放焰火、猜灯谜等，那接下来让我们一起制作汤圆好吗？现在让我们先把小手洗干净。小朋友们还记得洗手歌吗？让我们一起来："排排队，挽挽袖；轻轻地扭开自来水龙头；先湿手，打香皂，手心相对搓一搓，掌心正对揉一揉；手指交叉搓手背，十指交叠洗手掌，扣实双手扭一扭；大拇指为轴走走手，换手攥紧小拳头；手成小铲手心划，轮着进行六流程，洗得病菌无从躲；捧水三洗自来水龙头，水龙头扭紧擦拭手；良好的习惯，每日做，身心健康乐滋滋。"

老师：好啦，我们的小手洗干净啦。现在开始制作小汤圆。首先我们将白砂糖、芝麻、猪油、花生米和面粉混合搅拌，制成小方块馅料待用，然后取一些面粉加入适量凉水和成面，然后取一小块捏扁，放入切好的馅料封口，小朋友可以根据喜好捏成自己喜欢的形状哦。那么问题来了：小朋友们知道面粉是怎么来的吗？小朋友们真棒，面粉是由小麦加工磨成的粉状物，那是谁种植的小麦呢？小朋友们真棒！是农民伯伯。那农民伯伯每天是怎样种植小麦的呢？老师给你们讲个故事你们就知道啦！小朋友们要竖起耳朵认真倾听呦！

很久以前有一位农民伯伯，他刚刚拥有一笔小财富，便想怎样可以将这笔小财富扩大呢？只要扩大这笔小财富，未来的日子就有了保障。他想了好久都没想到，就在这时他的肚子咕咕叫了。于是他转身进了家门，突然看到了袋子中所剩无几的面粉。就在这时他灵光一现，如果我扩大产地，用这笔小财富去投资面粉，就算不成功起码以后的面粉不用愁了。农民伯伯转身跑出去，也不再管自己是否饿着，买了种子、肥料跑去庄稼地进行实验。农民伯伯顶着烈日将一颗颗种子撒入已经挖好的洞中。他的汗水顺着脸颊一滴一滴地滴下，然后将洞埋起来。最后再施上肥料，浇上水。就这样日复一日，小麦长出了小牙，农民伯伯也瘦了许多，可是农民伯伯一点都不在意这些，小朋友们知道是为什么吗？因为农民伯伯用这些换取了小麦的成长。几个月过去了，小麦终于长成了，农民伯伯开始割麦穗，一些小小的穗粒他都要捡起来，嘴里还嘟囔着："锄禾日当午，汗滴禾下土。谁知盘中餐，粒粒皆辛苦。"

就这样农民伯伯按照试验田的方法对产地进行扩充,他的收入也随着扩大了。

老师:好了,故事讲完了。小朋友们觉得农民伯伯辛苦吗?那农民伯伯做到了珍惜粮食,我们是不是也要向农民伯伯学习呢?嗯,小朋友们真棒。

老师:让我看看小朋友们捏的是什么形状?哦,有圆形的、长方形的,哇,还有各种小动物,小朋友们真厉害。接下来让我们将这些收起装进小盆里,我们把自己的名字贴在小盆底下哦,然后把小盆子交给老师,15分钟之后就可以吃到自己做的汤圆喽。

汤圆都装好啦。嗯,小朋友们真厉害,不过老师要提醒大家汤圆不宜多吃哦!那么小朋友们会问了,"汤圆这么好吃为什么不能多吃呢?"大家带着这个问题一起进入我们的健康小知识吧!

课题三 健康小知识

(一) 活动目的

(1) 知道汤圆怎么进入肠胃中。
(2) 知道肠胃怎么把汤圆消化掉。
(3) 知道汤圆吃多了会对肠胃造成什么影响。
(4) 让幼儿们简单了解人体结构。

(二) 活动环节

老师:欢迎小朋友们来到健康小知识课堂。小朋友们在汤圆小实验中提到"汤圆这么好吃为什么不能多吃呢?"现在让我们一起来探讨这个问题。小朋友们来看这个图片(图1),黑色的小圆圈代表我们自己做的汤圆,这条黑色的线代表汤圆要行走的路径。

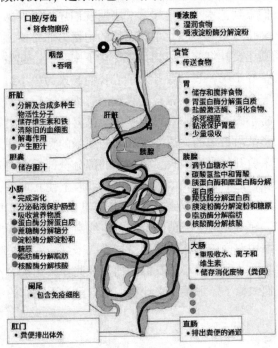

图1 人体结构

老师：现在我们要开始吃汤圆，汤圆从嘴进入我们的口腔，经过我们的牙齿咀嚼通过我们的咽喉，经过食道从我们的胃部上端进入胃里，汤圆在胃里停留的时间越长，我们就越觉得饱，越不想吃别的东西。由于汤圆在胃里一直堆积，我们的胃部可能会发生一些变化。比如胃里会有发热的感觉，严重一点就会发生胃溃疡，也就是我们的胃壁上出现擦伤或者出现一些小坑洞。当这些小擦伤和小坑洞出现腐烂时，就会造成消化道内出血，这个时候我们的肚子就会痛喽。那么问题来了，如果我们的身体生病了，应该怎么做呢？吃药，还有吗？打针，还有吗？看医生，对。如果我们不知道自己得了什么病盲目吃药是不对的，这个时候我们应该告诉爸爸妈妈，让爸爸妈妈带着我们去医院做检查，明白了吗？那我们继续回到这个问题。汤圆进入胃里就会由胃部进行消化，一些好的养料被我们的肝脏吸收，没有被胃部消化的食物残渣就会从胃部下端进入我们的小肠进行消化。没有被小肠消化掉的食物残渣再由小肠进入大肠。大肠是用来临时储存食物残渣的地方。最后经过直肠排出体外。如果我们汤圆吃多了，就会堆积到小肠里造成消化不良引起便秘呦。所以小朋友们明白汤圆这么好吃但为什么不能多吃了吧，现在小朋友们亲手做的汤圆出锅了，大家可以享用啦！

小朋友们都吃完了，那我们要进入艺术小天地喽！

课题四　艺术小天地

（一）活动目的

（1）学会使用简单的劳动工具。

（2）培养幼儿们互帮互助、互相配合的能力。

（二）活动环节

老师：欢迎小朋友们来到艺术小天地课堂。小朋友们还记得老师第一个故事里讲的元宵节除了吃汤圆还有什么文化习俗吗？哇，小朋友们的记忆力非常棒，让我们为自己鼓鼓掌好不好。元宵节除了吃汤圆还要挂灯笼、放焰火。那接下来我们一起做一个灯笼吧。

老师：小朋友们准备好了吗？我们要开始了。我们5人为一小组，要自己找伙伴哦。小朋友们使用小刀要注意安全。首先选一张自己喜欢的彩纸，然后小朋友们可以在纸上画上自己喜欢的图案，我们要将小图案剪下来。再取一张自己喜欢的彩纸沿纸张最长的边裁剪下两厘米的宽度，将另一张彩纸沿最短的一边连续裁剪两厘米的宽度，注意不要完全剪开。然后将剪开的这张彩纸放在未剪开的彩纸中央，将多余的部分全部折叠起来。我们将折叠起来的彩纸沿折叠面粘上双面胶，之后将剪开的彩纸贴到双面胶上使其重叠，重叠之后就像老师这个样子。将未裁剪的彩纸沿最短的一边粘上双面胶使其两边重叠起来。这样灯笼就做出来啦。我们给它稍加装饰，在灯笼最上端剪两个洞，将线穿进这两个洞中，将两端打结。然后我们把已经剪下来的图案用双面胶粘在灯笼上。这样一个灯笼就出炉喽！小朋友们也可以加入自己喜欢的其他元素哦。让我看看小朋友们都加了一些什么元素呢？有猴子，有小猪，有小鸡，有小鹅，小朋友们太棒了。那接下来让我们将自己亲手制作的小灯笼融入接下来的游戏中好吗？

课题五　灯笼

(一) 活动目的

(1) 让幼儿们学会互相分享。
(2) 培养幼儿们互相配合的能力。
(3) 培养幼儿们为一个目标共同努力的思想。

(二) 活动环节

老师：小朋友们最期待的游戏小课堂来喽。让我们先听一下这首歌谣吧！

火红的灯笼挂起来，
火红的春联贴起来，
火红的鞭炮响起来，
火红的歌儿唱起来，
　火红的时光，
　向我们走过来，
　我们的心花，
在火红时代迎着春风开。
火红的蜡烛亮起来，
火红的金狮舞起来，
火红的图腾捧起来，
火红的酒杯举起来，
火红的太阳向我们照过来，
　我们的笑脸，
在火红岁月飘出吉祥来。
我和我的灯笼一起走，
我的灯笼和我一起走。
天上闪烁着星星，
地上闪烁着我们，
鸡儿咯咯，猫儿喵喵，
啦宾么啦叭么啦嘣。
我和我的灯笼一起走，
我的灯笼和我一起走，
天上闪烁着星星，
地上闪烁着我们，
灯笼的光啊，请不要熄灭，
啦宾么啦叭么啦嘣。
　娃娃哎，

> 出来玩灯哦。
> 不要你的红，
> 不要你的绿，
> 就要你一根小蜡烛。

老师：小朋友们你们从歌声中听到了什么？（有灯笼、春联、鞭炮、蜡烛、金狮舞）那接下来让我们一起来玩一个游戏吧。老师要讲一下小规则哦，首先小朋友要坐在自己的座位上，当歌词中出现"灯笼"两个字的时候小朋友们要拿起自己的小灯笼，离开座位，将一只小手伸出来。当听到"挂起来"时，小朋友们就要将自己的小灯笼挂到你旁边小朋友的手上。当听到"春联"两个字时，小朋友们要提起手中的小灯笼向旁边的小朋友晃一晃。当听到"贴起来"时，小朋友就将自己手中的小灯笼和旁边小朋友的灯笼挨在一块。当听到鞭炮想起来时，我们就跺跺自己的小脚。当听到歌儿唱起来时，就随着歌声晃动我们的身体。一直听到"我和我的灯笼一起走"，我们左手提着小灯笼，右手搭在自己座位前的小朋友的身上，就像小火车一样绕着走廊走起来。要记住第一、三、五节的车头是第一个座位的小朋友，第二、四节的车头是最后座位的小朋友。然后我们就绕着走廊走起来，当再次听到"我和我的灯笼一起走"，小朋友们要停下来提起小灯笼弯腰。当歌词结束后我们的小火车就要开动起来喽！一直到歌的结束哦。小朋友们明白了吗？现在让我们开始吧。

游戏结束了。小朋友们回到自己的位置上。

让我们回顾一下今天都学了哪些内容呢？有汤圆、灯笼，知道了汤圆是不能多吃的，知道了要珍惜粮食对不对呀？接下来老师要给小朋友们布置一个小作业，就是回家和爸爸妈妈一起做一个小灯笼好不好？嗯，小朋友们真棒。

五、活动延伸

幼儿回家和爸爸妈妈一同制作灯笼，不仅可以增进幼儿和爸爸妈妈的亲密关系，而且增强了幼儿对灯笼制作的记忆。

六、活动反思

本次活动与幼儿的互动环节较少，老师语言类叙述较多，衔接环节较弱，没有使用视频进行辅助教学。

丰收节

> **申请人简介：**
> 我叫徐钰昕，是北京经贸职业学院国际经济贸易系的一名大二学生，主修学前教育专业。我从小就喜欢幼儿，喜欢和他们接触，所以我就立志要考幼师专业，我觉得以我的兴趣爱好在这个专业上一定会有收获。得知这个比赛我迫不及待地参加了，在这个过程中我相信自己会收获很多，并且能弥补自己的短处，还能和老师有更多的学术上的交流。这在我成为幼师的路上是很难得的经历。
> **所在单位：** 北京经贸职业学院国际经济贸易系2019级学前教育专业
> **适用班级：** 大班

一、设计意图

丰收节，是世界各地人民庆祝丰收的日子，在中国，丰收节有着上千年的历史。这一天主要是为了庆祝一年的丰收，祈求来年风调雨顺，五谷丰登。大多数幼儿认为食物是花钱就能得到的，为了改变幼儿们的想法，我设计了这节课，以此让他们了解食物来之不易，并且对丰收节有更深的了解。

二、活动目标

（1）幼儿能根据自己所需的形状画出线条，能沿着线条剪出所需的样子，能使用简单的工具，提高动手能力和手脚协调性。

（2）幼儿在集体中能注意听老师或其他人讲话，听不懂要主动提出疑问。

（3）幼儿在较冷或较热的户外连续活动不少于半个小时，能较快融入新环境。

（4）幼儿知道食品安全的重要性。

（5）幼儿愿为集体做贡献，为集体的成绩感到高兴；知道食物来之不易，并学会分享。

三、活动准备

（1）材料：剪刀（按班里人数准备，确保每人一把），双面胶若干，圆形和方形彩纸若干，彩笔若干，小木棍若干，风筝线若干，苹果每人一个，麦穗若干。

（2）关于风筝的视频，舞蹈视频。

(3) 把幼儿随机分为两组。

四、活动过程

故事导入

在湘西有一个大山坡，那坡的名字叫"不麦"，坡上住着一户苗家，姓芈，这家人只有老少三口：老头、老妈，还有一个十七八岁的姑娘。姑娘是他们的独生女儿，名叫"妹米"。这不麦坡上四季常青，百花盛开，妹米从小就是在满山的花草中玩大的。她很爱绣花，她绣的花草就像真的一样，还未绣成，就有蜜蜂"嗡嗡"叫着采蜜来了。

一天，妹米坐在家门上，正想着绣幅什么图案，忽然见一对五彩斑斓的鸳鸯在门前小河里正交颈理毛，自由自在地嬉戏。妹米一时兴起，取出五彩丝线，用她灵巧的手，边看边绣，很快就绣出一幅"鸳鸯交颈图"来。谁知，她刚绣完最后一针，那对鸳鸯竟然眼睛转动，一展翅，"扑棱棱"带着绷上的绣布飞到小河里去了。妹米十分高兴，拍着手，连声喊着："好！好！好！"绣着"鸳鸯交颈图"的绣布随着河水漂呀漂呀，一直漂到妹米的视线不能及的地方。

这幅绣布最后到哪里去了呢？说来也真巧，在离妹米家一百里远的一个小河滩边，有个名叫巴贵的青年正在替别人打造渔船。说起巴贵，哪个都晓得，他是苗家出名的木匠。他当时刚满二十岁，爹妈早不在人世了，到处替别人做工，走到哪就住到哪，没有固定的家。这天，他刚造好一只船，正要下水试航，忽然眼前一亮，河面上飘来一件五彩放光的东西。他立即把船迎着撑过去，一看，原来是一幅极精巧的"鸳鸯交颈"丝绣。巴贵捧着这幅丝绣看了又看，心想，这一定是哪家心灵手巧的姑娘绣的，要是能找到她，那该多好啊！巴贵把丝绣拿回寨子，请大家来认，可是谁都认不出。他就带着这幅"鸳鸯交颈图"走遍了周围一十八个苗寨，也没有找到这幅丝绣的主人。这时正是秋高气爽、山乡苗寨丰收的季节，一天，巴贵经过一条小河边，看到一排"咕噜噜"转动的水车旁有一棵古老的青树，青树下，一群男女青年在荡秋千，边玩边唱歌，十分热闹。巴贵看着看着，忽然想到苗家每到丰收的秋天，有省亲访友、欢聚赛歌的习惯。如果仿照水车的形式，造一个能转动的秋千，这秋千按八个方位，一次坐四男四女，边转边对歌，不是能吸引很多人来吗？说不定那位丝绣的主人也会来呢。说干就干，巴贵立即动手，砍来结实的青枫树，在河滩上造起"八人秋"来。他边想边做，加上寨里的后生家热心帮忙，一个像风车那样能转动的高大"八人秋"竖起来了。

八人秋开秋的消息和着丰收的秋风，一下吹遍了各村各寨，自然也传到了妹米的耳朵里。妹米从小就喜欢打秋唱歌，现在听说有个后生巴贵造了一个能坐八人的新鲜大秋千，不知是什么样子，她多想去看看，坐上去打一打呀！妹米想得入神了，简直把一切都忘记了。

"妹米！"阿妈看见女儿在呆呆地出神，便喊了她一声，"你在想什么？"

"我想去……看看巴贵造的八人秋。"妹米向阿妈说。

"要去还不快做件好看的绣花衣？只差三天就到开秋的日子啦。"妈妈是最懂女儿的意、最顺女儿的心的。

绣一件什么样的花衣呢，就再绣一幅"鸳鸯交颈图"吧！妹米一动手，不到半天，一幅"鸳鸯交颈图"就绣出来了。妹米把它缝在胸前那块衣襟上。

开秋那天，天还没亮，各村各寨的男女老少都赶早向八人秋开秋的河滩拥去。秋场上，人山人海，笑声不断，歌声不绝。

"开秋！"一位德高望重的白胡子老人宣布打秋开始。第一轮上秋千的四男四女，随着八人秋的转动，亮开歌喉，开始了非常有趣的"盘歌"。地面上围观的人们也随着歌声的韵脚齐声附和，真像一锅煮开了的水，热闹得没法讲了。

在大家尽兴打秋唱歌时，巴贵却忙着在人群中找那位丝绣的主人。他拿着"鸳鸯交颈图"在人群中穿来穿去，特别注意看姑娘们穿的那些绣花衣。他找了又找，但都没有一个姑娘的手工赶得上这幅"鸳鸯交颈图"精巧。这时，忽然从东山的路口上走来一个姑娘，她胸前那新绣的"鸳鸯交颈图"放射出五彩的光芒，老远就把巴贵吸引住了。

巴贵一口气跑上去，激动地亮出自己手中的"鸳鸯交颈图"丝绣来。妹米万万没想到，漂走的丝绣会到巴贵手里。两人一见钟情。

后来，苗族青年男女为了像巴贵和妹米那样因赶秋得到幸福，每年都要在丰收的秋天竖起八人秋，举行盛大的"赶秋"活动。

小结：孩子们，这个民间小故事是发生在什么季节啊？没错，是秋天。那故事里他们的赶秋是在荡秋千，对吧？那我们的秋天是要干什么呢？快转动你们的小脑瓜想一想。

课题一 手工风筝，《锄禾》舞蹈（艺术）

（一）导入环节

先放一个关于风筝的视频，引出做风筝，把拼装的风筝发给幼儿，两人一组，完成做风筝的任务。

告诉幼儿风筝不只是在清明踏青的时候才能放，在秋分的丰收节也是要放风筝的，引出秋收时人们常说的诗句，老师示范舞蹈，幼儿跟着学。

（二）活动环节

老师：孩子们，现在是上课时间啦，先让我们来看一段视频。（看完后问）刚刚视频里的小朋友们在干什么？（放风筝）对，他们是在放风筝，那你们想不想放风筝啊？（想）都想啊！那我们来试着做风筝吧。老师这里为你们准备了纸、画笔、剪刀以及双面胶、风筝线。听好老师的要求哦，从现在开始我们分成两个小组，从中间的这条线划分，左面的叫小兔子队，右面的叫小乌龟队，哪个队伍表现得好，做得最棒，老师就让那组的小动物在这条长长的赛道上走一步，看看哪个队伍表现得最好。

现在跟老师开始学习怎么做吧，这里有两种类型的纸，分别是圆形和方形的，在上面画出自己喜欢的图案，涂好颜色，一定要画得很大，这样才能第一眼看到自己的小风筝。涂完颜色，像老师这样，把这两根小棍子交叉，固定好中间的交叉点，最后把它和风筝纸粘在一起。再添加一个小尾巴，用其他的纸画上线条，动手剪下来，粘在一起。做完后上老师这里拿风筝线，老师教你们怎么系上。（用20分钟让幼儿组装）

老师：好啦，快让老师看看哪个小朋友的风筝做得最好？哇！你们都好棒啊，都把风筝拼接好了，每个都这么好看，太厉害了，那我们去看看周围小伙伴的吧，看看是不是每个小朋友都和自己一样做得漂漂亮亮的。好啦，等下课了就去外面试试我们做的风筝能不能飞起来，好不好？

老师：放风筝是我们的习俗哦，不仅是在清明节人们踏青的时候。秋分的丰收节人们也会放风筝呢。那什么是丰收节？哪个小朋友来回答？××你来说，（是收麦子的时候）对，没错，××你再说说看，呀！你们真是太棒了，就是这个意思。看来我们的小乌龟队和小兔子队谁都很厉害呢。在大丰收的时候农民伯伯都会说这首诗歌《悯农》，你们应该也不陌生吧，会的和我一起说：

锄禾日当午，
汗滴禾下土。
谁知盘中餐，
粒粒皆辛苦。

老师：真厉害啊，我们的小朋友怎么这么棒呢。来来来，让我们继续看，这首诗还有一个舞蹈，老师教你们跳，眼睛看着老师哦，每个人都要认认真真的，我们的小兔子和小乌龟还等着突破终点呢，跟着我一起做哦，听着我的语言指挥。（舞蹈教学，老师示范，幼儿练习）

课题二 收麦子，运苹果（社会）

（一）导入环节

老师：孩子们，这个舞蹈都学会了吗？我们刚刚跳的是《悯农》，这里面的锄禾日当午，"禾"字指的是庄稼，那都什么是庄稼呢？快快举起小手，回答老师的问题吧。看看是小乌龟队的小朋友更厉害还是小兔子队的小朋友更厉害呀！

没错，我们吃的所有食物都是庄稼加工形成的，看看老师手里的东西是什么？（麦子）对！这是麦子，那我们来场比赛吧！在规定的时间里，看看哪组收麦子最快，拿得最稳，老师把麦子插在外面的地上，每个人要沿着直线收麦子哦。老师现在来说规则，我们四个人为一组，用接力的形式，每个人脚下的线是你们开始的地方，第二个人等第一个人拿到离自己线最近的麦子时，第二个人开始，第三个、第四个跟上面说的一样哦，每个人都站在线上，我们看看哪组小朋友最快最稳哦！在这过程中一定要遵守游戏规则不能打闹哦！

接下来每个小组先讨论一下作战计划吧，等讨论完，小朋友们就要站到自己的那条线上了，开始吧。（讨论尽量控制在3分钟内）

（二）活动环节

活动一：收麦子

我看大家都已经在线上了，那我们就要开始游戏了哦，老师这里有个小哨子，等我吹响的时候，第一个人就要开始收麦子了。预备，开始！（在这个过程中要注意安全，老师要时刻看着幼儿，幼儿之间间隔要大）

哇！第一名出现了，快看，是我们的小兔子队，第二名小乌龟队也很棒呢，手里的麦穗还拿得很稳,就是速度慢了一点点,没关系,我们还有下一个组,太棒啦,这个活动胜利的是小兔子队,我们的小兔子能向前走一步。快为自己鼓鼓掌,鼓鼓掌,我真棒!但小乌龟队不要气馁,我们还有其他活动,争取胜利,让我们的小乌龟也向前走一走!

活动二:运苹果

老师:那我们接下来进入下一个游戏,运苹果。快看,我们面前有两大筐苹果,我们要拿到苹果再跑回来放到我们面前的筐子里,还是分组哦,我们分为两组,看看哪组的小朋友先运完农民伯伯们摘下来的苹果,在运的过程中苹果不可以脱离手掌,而且一次只能拿一个,要稳稳地运到这里哦。注意,其间所有人都不可以有推的动作。小朋友现在排队,按照顺序站齐。准备好,老师要吹哨子了,预备,开始,加油!加油!还差最后几个,加油!哇!你们太棒了,比我想象中要快好多哦,苹果也很整齐呢,让我看看哪个队伍又整齐又迅速呢,呀,是我们的小乌龟队,快为自己鼓鼓掌,鼓鼓掌,我真棒!现在我们的两个队伍不分高低,这些苹果是奖励你们的,一人一个哦,等放学了就把苹果带回去,跟爸爸妈妈一起分享自己的劳动果实好不好?

还记得我上节课的风筝吗?我们用剩下的时间放风筝吧!看看哪个小朋友的风筝飞得最高。(15分钟左右)好了,我们接下来要回教室了,小朋友们把风筝拿回家,有时间和爸爸妈妈一起到户外去放吧。我们还可以回去教爸爸妈妈怎么做风筝,这样我们就又多了一个漂亮的风筝了。

课题三 食品健康安全(健康)

(一)导入环节

老师:我们刚刚是不是都拿到苹果了?在吃苹果之前我们要做什么呢?对!要洗洗手,还有吗?对了,还要把苹果洗干净。这样就不会肚子痛了。但一定要记住哦,吃任何蔬菜和水果之前都要洗干净,并且要把小手手也洗干净。

跟我学一学食品安全的小知识,来跟我一起读。

(二)活动环节

老师:小朋友们要记住,食品安全很重要,油炸食品方便面,不能把它当饭吃,冷饮不能当水喝,腐烂食品不能吃,多吃水果和蔬菜,面食米饭为主食,零食不要吃太多,食品安全记心间,我的健康我做主。

小朋友们快快来,食品安全要记牢,一日三餐有规律,饭前记得要洗手,垃圾食品不要吃,安全质量没保证,蔬菜水果吃前洗,食品安全靠大家,一齐行动你我他。

手心搓一搓,手背搓一搓。五指缝里搓一搓,指背搓一搓,大拇指转一转,手指尖搓一搓。手腕别忘记。

都记住了吗?这些很重要的,大家一定要按照刚刚老师说的小知识去做。这样对自己的健康更加有保障。

好了,我们今天的课到这里就告一段落了,那小朋友们跟我说说我们今天都做了什么呀?对,没错!我们看了视频,听了故事,然后做了风筝,放了风筝,收了麦子还运了苹果。那老师是不是还给你们讲了食品健康知识了呀？这些你们能记住吗？记不住没关系，老师一点一点教你们。那我们今天的收获是不是很多呀！

现在到放学时间了。你们收拾好自己的东西，拿着老师给你们的苹果和自己动手做的风筝排好队，我们要走出校园了。还记得老师刚刚说的吃东西前要干什么吗？没错，洗手！吃东西前一定记得要清洗哦。回家和爸爸妈妈分享这些知识吧！

五、活动延伸

艺术领域的手工制作和社会领域的尝试动手也可以让幼儿在家做。让家长带着幼儿去采摘园或者家里的小菜园采摘一些自己喜欢的蔬果。这样不仅可以锻炼幼儿的动手能力，还能锻炼他们的选择能力，幼儿通过劳动不仅能获得各种食物，还能呼吸到新鲜空气，锻炼身体。如果条件允许，家长还可以带着幼儿把这些自己摘来的果实清洗干净，让幼儿树立食品安全健康意识，让他们知道在吃蔬菜水果的时候要先洗净，还要把手洗干净。这样不仅让亲子关系更加亲密，还能让幼儿了解更多知识。

六、活动反思

通过这次活动幼儿们的动手能力有所提高，合作能力有所增强，团结意识有所改变。在这期间，幼儿不仅提高了肢体协调性，还了解了中国传统文化的意义以及要做的事情，这不仅能让幼儿们从小便开始关心国家；还能让他们知道祖国的伟大，他们来之不易的幸福生活都是由不同岗位的人们创造出来的。通过收麦子和运苹果的游戏可以让他们知道劳动的不易，以及丰收时的喜悦。然后再加以引导，让他们认识到任何食物都来之不易。这样他们就可以做到珍惜粮食、爱护资源了。第三个课题中食品安全是很重要的一点，不仅关乎着幼儿的身体健康，更关乎着他们对食品的看法。

为了达到更好的教育目的，只是通过简简单单的活动以及语言教学是无法第一时间达到效果的，这就需要我们以后继续加以指导和延伸。

小熊游北京

> **申请人简介：**
> 我是来自北京经贸职业学院教育与管理系学前教育专业 2019 级的张淇。我平时的爱好是看书和看电影。
> **所在单位：** 北京经贸职业学院教育与管理系 2019 级学前教育专业
> **适用班级：** 大班

一、设计意图

为了让幼儿更好地了解、认识我国的首都，我设计了"小熊游北京"这一活动，从科学、语言、社会、艺术等领域向幼儿们介绍北京，让幼儿们既能轻松愉快地获得知识，又能接受爱国主义的情感教育。

二、活动目标

（1）让幼儿了解北京的古建筑物；了解古建筑物的基本结构和特点，并能独立说出一到两种北京的古建筑物；了解北京的发展变化。

（2）激发幼儿对语言以及诗歌的兴趣，能使用较流利的语言描述情感，引导幼儿体会诗歌的优美意境和发挥丰富的想象力，能模仿编写一些简单的诗句。

（3）让幼儿知道北京是祖国的首都，了解北京的名胜古迹，对北京有向往的情感。

（4）让幼儿了解首都的发展和环境是分不开的，只有保护好环境才能更好地发展经济，并倡导身边的人参与到环保行动中去。

（5）通过操作，让幼儿了解十二生肖所包括的动物、顺序及十二生肖的循环特点，激发幼儿对传统文化的兴趣；在常识活动中激发幼儿的兴趣，培养幼儿的探索精神。

三、活动准备

（1）一只玩具熊，五张带有北京古建筑名的图片，介绍北京古建筑的视频（5 分钟左右），彩泥若干块，模具若干个。

（2）白纸若干张，师生共同收集的诗歌范例若干首。

（3）师生共同收集的有关北京的视频或图片，音乐《我爱北京天安门》，中国行政区图一幅。

（4）投影仪及十二生肖的图片。幼儿每人一件属相挂件及头饰，每人一套操作卡片，《十二生肖》录音故事。

四、活动过程

课题一 小小建筑师（科学）

（一）导入环节

设立情境：终于来到北京啦，小熊十分激动。可是，这是小熊第一次来北京。小朋友们，你们能为小熊做一次小导游吗？

（二）活动环节

第一节，小熊在北京游玩时，都会看到哪些建筑物？出示建筑物图片，引导幼儿说出古建筑物的名字并依次欣赏。

第二节，小小建筑家：小熊要盖新家了，聘请你来做他的小建筑师，你打算怎么搭建？哪些部分不能少？哪些部分可以有自己独特的想法？你打算用什么材料？如何使用？如果这种材料不够用，我们怎么办？

小结：有些材料可以大家一起用，有些材料不够的时候可以用其他材料代替。激发幼儿的动手能力与合作精神。

第三节，幼儿进行活动，老师巡回指导。重点指导幼儿在搭建中要体现建筑的基本结构和特点。提醒幼儿遵守规则，爱护自己和同伴的作品，并观察幼儿在制作中遇到了什么困难，以及是如何解决的。

（三）课题延伸

将教学活动延伸到家庭中，幼儿回家后，可以把自己的作品带给家长看，并把今天学到的知识汇报给家长。

课题二 《我爱你，北京》诗朗诵（语言）

（一）导入环节

设立情境：游览完北京，小熊回到了家里。小熊心情十分激动，打算写一首诗歌来纪念这次有意义的出游。你能帮助小熊写一写吗？

（二）活动环节

小熊在游览北京之后，心里会有什么感想？（骄傲、兴奋、自豪等）

活动一：我是小诗人

小熊回家之后，心情久久不能平静，于是打算写一首诗来抒发自己的爱国情怀。但是小熊自己不会写，你能帮他写一写吗？

小结：在活动中引导幼儿使用并拓展自己的词汇，鼓励幼儿在平时的生活和学习中多读书。

活动二：写作

幼儿进行写作，老师指导，将写得好的作品在班上朗读。此环节意在鼓励幼儿进行创作。

（三）课题延伸

将写作活动延伸到生活中。在我们的日常生活中，又有什么能让我们眼前一亮的事物呢？以此为出发点，留一个简易的家庭小作业。

课题三　"我们的首都在哪里"（社会）

（一）导入环节

设立情境：十一假期要到了，小朋友们打算去哪里游玩呢？（长城、故宫等）小熊的家住在遥远的大森林里，他从来没有来过北京。小朋友们，你们能为小熊介绍一下北京吗？

（二）活动环节

（1）寻找地图上首都的位置，引发了解首都北京的兴趣。

（2）知道北京是中国的首都。

课堂小讨论：你知道北京是什么样的吗？引导去过北京的幼儿讲述见闻，老师出示有关图片，并补充介绍天安门、长城、颐和园、故宫等。

小结：北京是我们国家的首都，有许多名胜风景，是人们向往的地方。2022年冬季奥运会也会在这里举行。许多中外朋友都会来这里参观、访问、学习。

（3）欣赏歌曲《我爱北京天安门》，激发幼儿向往北京的情感。

课堂小讨论：歌曲里唱了些什么？你想去北京吗？为什么？

（三）课题延伸

放学回到家中，让幼儿和家长一起讨论自己心目中的首都是什么样子的。

课题四　"我是绿色小使者"（艺术）

（一）导入环节

设立情境：小熊听了同学们的介绍，可高兴啦，连忙把自己心目中首都北京的样子用画笔画了下来。（出示一张风景画，上面画着蓝蓝的天、绿油油的草地）小朋友们，你们说小熊画得对吗？（对或不对）请说"不对"的小朋友来讲讲，小熊哪里画得不对呢？（雾霾、环境污染等）同学们说得非常好，环境保护还是非常重要的。那么，为了保护环境，我们能做些什么呢？（少用一次性用品、乘坐公共交通工具等）小朋友们说得非常好，那么今天我们就来做一名小小清洁员，为校园的环境整洁做出贡献，好不好？

（二）活动环节

引导幼儿在校园内进行义务捡垃圾、打扫卫生等清洁活动。

课堂小讨论：小朋友们，除了打扫校园，为了保护环境，我们还可以做什么？

（三）课题延伸

放学回到家后，让幼儿自己动手，制作一张优美的手抄报，用图文兼备的方式描述一下自己的感想。

课题五 "十二生肖"（科学）

（一）导入环节

设立情境：小熊来到北京之后，打算先逛故宫，再游长城。在游览故宫的时候，他在九龙壁上看到了九条龙的雕像。小朋友，你们还在哪里看到过龙呢？（十二生肖相关）那么，我们为小熊介绍一下什么是十二生肖，你们说好吗？（好）

（二）活动环节

1. 了解十二生肖

（1）老师指着胸前的挂件，问：小朋友你们知道老师胸前挂的是什么小动物吗？因为张老师属蛇所以我挂了一条小蛇的挂件，小朋友们谁知道自己属什么？你们家里人属什么？你最好的小朋友属什么？

（2）十二生肖里都有哪些小动物？一共有多少？展示十二生肖的图片，让幼儿认识十二生肖的名称。

（3）这些属相中哪些动物是我们看到过的，为什么会有"龙"这个属相呢？幼儿自由讨论。

小结：十二生肖是我们中国人在很早以前就提出的，每年都用一种小动物作为标志，一共有十二种生肖，生肖就是属相，知道了自己的属相就能推算出自己的年龄。

2. 通过图片、故事，让幼儿了解十二生肖的排列顺序

3. 听录音故事《十二生肖》

老师边放投影边提问：故事的名称是什么？十二生肖包括哪些动物？它们是按什么顺序排列的？

4. 幼儿尝试讲述十二生肖的顺序

十二生肖

鼠、牛、虎钻山洞，
兔、龙、蛇爬大山，
马、羊、猴练跨步，
鸡、狗、猪练跳高，

> 按着次序排好队，
> 锻炼身体争第一。
> 待到十二年之后，
> 鼠牛虎兔又一轮。

5. 讲解十二生肖的循环规律

（1）一个属相表示多长时间？十二生肖排完了怎么办呢？

（2）放投影提问：小红属马，姚爷爷也属马，这是怎么回事呢？

小结：一个阴历年是一个属相，同一个阴历年出生的人属相相同，十二个属相排完了，又从头排起，十二年循环一次。

6. 幼儿操作尝试

给十二生肖排队，看谁排得又对又快，老师巡回指导。

幼儿戴上头饰，进行表演，游戏结束后，幼儿模仿十二种动物的任何一种动作走出教室。

（三）课题延伸

放学回家后，让幼儿们了解一下自己爸爸妈妈和爷爷奶奶的属相，以此来加深自己对十二生肖的记忆。

五、活动延伸

活动延伸部分的内容已在各课题中进行了介绍，此处不再叙述。

六、活动反思

（1）在教学设计上，课堂中问题情景的设计应着重于趣味性、典型性与层次性，在课堂教学中应注重启迪幼儿智慧，培养幼儿能力。而这些通常是在一个接一个的问题情境和问题解决中实现的。所以，要想让幼儿进入情境，思考提出的问题，所设计的问题就必须有典型性、趣味性、层次性，就必须符合幼儿的心理发展阶段。这些理论在我经历了教学教案设计之后，有了更深的体会和更好的改进方法，为我将来正式成为老师提供了经验教训。

（2）在教学过程中，幼儿们往往会迸发出许多思维的火花——新奇的观点、巧妙的构思、多种多样的方法、更深层次的挖掘的延伸，不得不赞叹幼儿们的想象力和创造力！这些思想的闪光点往往是一瞬即逝的，而作为老师，在课堂上要尽力去抓住、利用这些思维的火花和一些看起来是"错误"的认知，因势诱导幼儿进行更深一步的探索和发现，并在教后进行反思、审视、总结并加以记录，为以后的教学活动做准备。

（3）反思教学方法以及师生情感交流方式是否得当。一节课是否成功，不仅在于幼儿的表现如何，更重要的是老师是否能够带领幼儿真正走入情境，也即老师准备的教学情境是否能吸引幼儿注意力。老师准备的教学情境应当符合幼儿心理发展水平，应当能激发幼儿探索知识的积极性，应当体现以人为本、以学为主的新课程精神。这样，老师便能总结反思经验，吸取教训。一堂课中，我是否做到了如上几点要求？这值得深思。

（4）这次主题活动的目的是让幼儿更加了解首都北京，更加了解北京的历史，更加热爱我国的首都。在课堂上，幼儿可以通过参与各种活动来深入了解首都北京，热爱这里的方方面面。老师设计一次活动，是否可以让幼儿积极参与其中呢？是否让幼儿拓展发散了自己的思维呢？往小处说，作为老师，能否通过这次活动让幼儿有所收获；往大处讲，这次学习所取得的收获和成果，对幼儿将来的人生之路会有什么影响呢？这些都是作为老师需要思考的，更是将来要成为老师的我需要反思和总结的。

欢欢乐乐过元宵

申请人简介：
我是来自北京经贸职业学院的一名大二学生，我叫张璐。我从小就很喜欢幼儿园教师这个职业，所以我选择了学前教育这个专业，想当一名优秀的学前教育老师。在老师向我们介绍这个比赛之后我非常感兴趣，通过比赛我可以知道自己对于教案还有哪些不足，哪些地方还可以提高。所以我非常开心，并且期望自己能取得好的成绩。
所在单位： 北京经贸职业学院国际经济贸易系2019级学前教育专业
适用班级： 大班

一、设计意图

现如今幼儿们被一些国外的节日所吸引，如圣诞节、复活节、万圣节……而忽略了我国的传统节日，所以我这次设计的主题活动主要是为了激发幼儿对中国传统文化的兴趣与探究欲望。通过对元宵节的深入了解，让幼儿们喜欢上这个节日，了解这个节日的传统习俗，并且让幼儿们对中国其他的传统节日或者文化产生好奇，从而主动询问、了解。

二、活动目标

（1）艺术领域：通过制作灯笼，加强幼儿的动手能力，并且在制作灯笼的过程中留给幼儿自由发挥的空间，以此激发他们对制作灯笼的兴趣。

（2）健康领域：让幼儿了解，为什么不能多吃元宵，不能暴饮暴食，如因暴饮暴食引起疾病应该去医院找医生。

（3）艺术领域：通过奥尔夫音乐教学，让幼儿在欢乐的氛围中学习音乐知识，了解元宵节的传统习俗。

（4）社会领域：通过转一转小市场，增强幼儿的沟通能力，让幼儿主动与他人进行交流；并且能够保护、尊重其他人的作品。

（5）语言领域：通过讲述故事、角色扮演让幼儿更加善于沟通。猜灯谜活动不仅可以让幼儿更加细心地观察身边物品的特征，还可以加强幼儿组织语言的能力。

三、活动准备

（1）带有灯谜的灯笼。
（2）彩纸、彩色线、细木棒、双面胶、拓印纸、剪刀、小瓶子（准备养乐多大小的瓶子并把瓶子外表用纸包装起来）。
（3）小熊玩偶，幼儿们制作的灯笼，桌子，转一转市场横幅，市场的场景图。
（4）多媒体，符合场景的图片，人物的小面具，医生和护士需要用到的工具，歌曲《元宵节》。

四、活动过程

课题一　猜灯谜

（一）活动目的

（1）让幼儿们想说、敢说，并能得到积极回应，敢于在众人面前说话，能有序、连贯、清楚地复述小故事。
（2）幼儿在集体中能注意听老师或其他人讲话。
（3）幼儿听不懂或有疑问时能主动提问。
（4）幼儿能结合情境理解一些表示因果、假设等相对复杂的句子。
（5）幼儿讲述时能使用常见的形容词、同义词等，语言比较生动。

（二）导入环节

老师：小朋友们，还记得春节之后的第一个节日吗？你们知道过元宵节有哪些传统活动吗？对，猜灯谜也是元宵节的传统活动之一，大家知道猜灯谜这个活动在元宵节中是怎么来的吗？下面老师给大家讲一个小故事。

相传很久以前，有个财主，人称笑面虎。他见了衣着体面的人，就拼命巴结，见了粗衣烂衫的穷人，就吹胡子瞪眼。有个叫王少的青年，曾因衣服穿得破烂，一次去借粮时，被他赶出大门。王少回去后越想越气，于是在元宵之夜，扎了一顶大花灯，来到笑面虎家门前。这大花灯上题着一首诗。笑面虎上前观看，只见上面写着：头尖身细白如银，称称没有半毫分。眼睛长到屁股上，光认衣裳不认人。笑面虎看罢，气得面红耳赤，暴跳如雷，嚷着："好小子，胆敢来骂老爷。"便命家丁去抢花灯，王少忙挑起花灯，笑嘻嘻地说："哎，老爷莫犯猜疑，我这四句诗是个字谜，谜底就是'针'，你想想是不是。这'针'怎么是对你的呢？莫非是'针'对你说的，不然你又怎么知道说的是你呢？"笑面虎一想，可不是，只好气得干瞪眼，灰溜溜走了，周围的人哈哈大笑。这事传开后，越传越远。第二年元宵节，人们纷纷仿效，将谜语写在花灯上，供人猜测取乐。以后相沿成习，猜灯谜、打灯虎成了元宵佳节的重要活动内容。

(三) 活动环节

课堂小讨论：小朋友们都知道为什么元宵节要猜灯谜了吗？（不知道）好，那我们先留一个悬念，接下来我们一起思考，为什么财主看到灯笼上的谜语后要说王少在骂他呢？（因为他写的那首诗）对，就是那首诗，如果从字面意思上来说，"头尖身细如白银，称称没有半毫分"是不是在说他有钱但是没有知识，上秤没有多少？那么让我们赶快进行下两句的分析"眼睛长到屁股上，光认衣裳不认人"，小朋友们快想想是什么意思。（眼睛长在屁股上，只认衣衫不认人）对，是不是因为财主有钱，看见体面的人就巴结他，看见衣衫褴褛的人就赶他走？所以小朋友们不要因穿着的不好而不喜欢一个人，他虽然因为一些原因穿着不好，但是可能在某一方面有所擅长。

好了，下面让我们思考为什么王少会说他这四句诗的谜底是"针"呢？大家可以想想"针"的形状是怎样的，有哪些特点。（尖尖的，细细的，银白的）对，针头是尖尖的，全身都是银白色，放在秤上很轻，那对应的就是"头尖身细如白银，称称没有半毫分"，针的底部是不是有一个洞用来穿线的，对应的就是"眼睛长在屁股上"，针是用来做什么的呢？（是用来缝衣服用的）嗯，小朋友们说得对，所以对应"只认衣裳不认人"。那么小朋友们都理解了吗？

游戏：我们现在来一起玩一个游戏，看看哪组的小朋友猜得对？老师先说一下游戏规则，等一下我会告诉一个小朋友一个日常生活用品，这个小朋友要说出用品的特点，让同组的小朋友猜，我们每个小组3分钟，老师计时，记住一定要说出物体的特点，不要做动作，要说出它的特点。老师举个例子，比如，肚子里面能盛水，这形容的是什么？对，是水杯，小朋友们都懂游戏规则了吗？那么请我们第一组选出一位小朋友，请其他小朋友们保持安静。（游戏控制在15分钟）

(四) 活动结束

老师：好，游戏结束，小朋友们请坐回自己的位置上。好，通过这个小游戏我们掌握了什么，谁能告诉老师？（嗯，我们可以自己出一些简单的小谜语让小伙伴们来猜了）好，那么老师来留一个课外小活动，我们回家的路上或者回家之后想一个生活用品，用语言来形容它的特点，让爸爸妈妈来猜猜看好不好？（好的）好了，我们这节课有一个课后小活动，下一节课老师要收到你们的反馈哦，记得要完成！

课题二　制作小灯笼

(一) 活动目的

(1) 幼儿能沿轮廓线剪出由曲线构成的简单图形，边线吻合且平滑。
(2) 提升幼儿的灵活协调性。

(二) 导入环节

老师：小朋友们，还记得老师上节课让你们做的课后活动吗？你们都是和谁做的？（爸爸妈妈）那你形容的是什么生活用品？他们猜出来了吗？（嗯）小朋友们的课后活动反馈都很好。哪位小朋友还记得灯谜是写在哪儿的？（灯笼上）对，是灯笼上，那谁见过灯笼，它是什么样子的？（圆圆的，有长方形，有方的）嗯，对，灯笼各种各样，我们身边的一些废物就可以做灯笼呢，比如老师手上拿的你们常喝的小饮料瓶，在这里老师要提醒，饮料不要多喝，不然会牙疼，牙疼的话我们就要去医院找谁？（牙医）真棒。好，那我们这节课要做什么呢？小朋友们来猜猜！老师刚刚提到了……（灯笼）对，真棒！我们在这节课要学做灯笼，就利用我们身边喝完的小饮料瓶子。

（三）活动环节

首先老师介绍一下活动都要用到哪些材料，包括各种颜色的彩纸和绳子、双面胶、画笔、拓印纸、剪刀、细木棒、小瓶子（图1）。

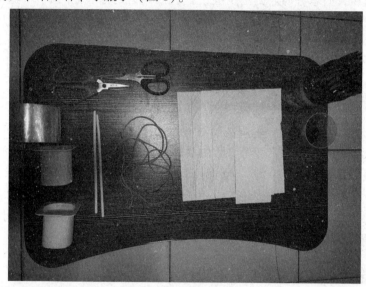

图1　制作灯笼的材料

幼儿：老师，拓印纸是干嘛用的？

老师：它是为了让我们能够剪出两张一样的形状。好，第一部分我们选择彩纸，老师喜欢红色和蓝色，小朋友们喜欢什么颜色就拿什么颜色。选好彩纸后，我们拿出画笔，画一个自己喜欢的形状，老师喜欢星星。所以我想在两张彩纸上画星星，小朋友们喜欢什么形状就画什么形状。放置彩纸是有顺序的。我把蓝色的纸放在最后，拓印纸放在蓝色纸上面，拓印纸上再放红色纸。记住拓印纸一定要放在两张彩纸之间，整理好后我要在红色纸上画一个大大的星星，记住有多大画多大，画完后再把拓印纸拿开。看，是不是有两张一样大小的星星？

幼儿：老师，为什么会有两个一样大小的星星呢？

老师：因为我们用拓印纸了，接下来我们沿着轮廓剪下形状，剪下后把剪刀放回原处。

老师：第二部分我们在两张纸的中央用细木棒戳出一个小洞口，然后把细木棒放在一旁，选择自己喜欢的绳子，以老师的为例，老师用绳子穿过蓝色纸，并在两边都系上扣子，两个扣子靠近纸片，并且一边线长一边线短。扣子要比洞口大，这是为了防止纸片掉落。然后取出桌子上的长方形彩纸，小朋友们也要选自己喜欢的颜色。小朋友们看，这是一个长方形，长方形有四条边，长方形较长的两条边叫作长，长方形较短的两条边叫作宽，懂了吗？那么现在在长方形的一个长边贴上双面胶，另一个长边沿宽度剪成一条一条的小细穗，不要剪到双面胶部分。剪完后撕开双面胶，贴在长线的尾部。

老师：第三部分把喝完的小饮料瓶子用双面胶固定在蓝色纸上，不要让瓶子超出自己的彩纸哟！然后小朋友们可以开动自己的脑筋，你们要在瓶子上加点装饰，比如画画，剪一些东西贴在瓶子上……这些就依靠你们自己了，老师就在上面画一个小兔子。

老师：第四部分选择红色纸（拿出放置已久的红色纸），和蓝色纸一样在两边都系上扣子，一边长一边短，在瓶子口贴上双面胶揭开，绳子短的一边朝向瓶子口。如果小朋友们感觉灯笼的顶部还缺少了什么就自由发挥，老师做了五个小卷粘在灯笼的顶部。

老师：好，哪位小朋友告诉老师咱们这灯笼完成了吗？

幼儿：完成了。

老师：嗯？完成了？咱们提线吗？不太好拿吧，怎么才能方便我们拿呢？

幼儿：安装一个提手。

老师：对，我们的最后一部分，拿出刚刚的细木棒贴上双面胶，揭开后把绳子缠在双面胶处，这样我们的灯笼就完成了。（手工制作控制在25分钟）

（四）活动结束

老师：小朋友们，都完成了吗？

幼儿：完成了。

老师：那这节课我们做什么了？

幼儿：做了灯笼。

老师：嗯，我们学会了自己做灯笼，还有使用工具更熟练了是不是？

幼儿：是。

老师：那我们留一个课后活动好不好？我们把刚刚做好的灯笼拿回家，让爸爸妈妈看看我们做的小灯笼好不好。我们回家之后有一个任务那就是要和爸爸妈妈一起制作一个灯笼，然后拿到幼儿园来，大家有信心完成吗？

幼儿：有！

老师：好，那本节课就结束了，大家不要忘记任务哟！还要把自己制作的灯笼带回来哦！

课题三 转一转

（一）活动目的

（1）为幼儿提供自由交往和游戏的机会，鼓励他们自主选择、自由结伴展开活动。

（2）引导幼儿分享喜欢的东西，想办法吸引同伴和自己进行游戏。

（3）在与别人的看法不同时，幼儿敢于坚持自己的意见并说出理由。

（4）幼儿能珍惜他人的劳动成果，不破坏他人的劳动成果。

（5）幼儿能主动发起活动或在活动中出主意、想办法。

（二）导入环节

设立情境：小熊哥哥拿着灯笼在院子里玩耍，小熊妹妹也拿着灯笼从门外走进来。"妹妹，你的灯笼好漂亮。""那当然了，这可是我自己做的呢！""那你能把灯笼送给我吗？你的灯笼真的好漂亮，我好喜欢。""嗯，可……可是要是送给你的话我就没有灯笼了。""嗯，有了，那我把我的灯笼送给你，你再把你的灯笼送给我，这样我们两个就都有灯笼了，妹妹你喜欢我的灯笼吗？""喜欢。""那我们交换吧！"于是小熊哥哥拿到了自己想要的灯笼，小熊妹妹也交换到了小熊哥哥的灯笼，他俩都非常开心。

老师：小朋友们，我们在小熊哥哥和小熊妹妹身上知道了什么？

幼儿：他们交换了灯笼。

老师：对，他们交换了灯笼，那重点是什么？

幼儿：交换。

老师：对，交换，小朋友们，比如说我喜欢你的灯笼，我直接拿过来，你会不会生气啊？

幼儿：会。

老师：嗯，所以我们要进行商量，对方同意了才可以拿，拿的时候不要白拿，要怎么样？

幼儿：交换！

（三）活动环节

老师：请小朋友们拿出上一节课我们自己制作的小灯笼和回家后同爸爸妈妈一起做的灯笼。接下来我们进行一个小活动，我们可以在教室里随意走动，你喜欢哪个灯笼就询问它的主人，询问是要用什么词呢？

幼儿：可以，是否。

老师：对，我们要用一些询问的话语，记住我们要交换。如果好多人同时看上了一个灯笼，那我们要学会商量。好，老师宣布我们的转一转小市场开始营业了，请小朋友们准备好自己的灯笼。（交换环节控制在20分钟）

（四）活动结束

老师：好，我们的转一转小市场要关门了，请小朋友们回到自己的位置上。这一节课我们知道了什么？

幼儿：交换。

老师：对，我们要交换，不只是在幼儿园，在外面我们也可以和其他小朋友们交换玩具，对不对？

好，那本节课就结束了，下次课见。

课题四　元宵节的饮食小知识

（一）活动目的

（1）引导幼儿不偏食、挑食，不暴饮暴食。喜欢吃瓜果、蔬菜等新鲜食品。
（2）引导幼儿吃东西时细嚼慢咽。
（3）幼儿能有序、连贯、清楚地讲述一件事情。
（4）幼儿讲述时能使用常见的形容词、同义词等，语言比较生动。

（二）导入环节

老师：小朋友们，我们上节课做了什么？
幼儿：交换灯笼。
老师：对，还记得灯笼是什么节日里的习俗吗？
幼儿：元宵节。
老师：对，元宵节，那元宵节除了做灯笼，还有什么传统的活动？
幼儿：吃元宵。
老师：好，小故事开始了。

小熊哥哥说："哎呀，我的肚子好疼呀！""哥哥，你吃什么了？""妹妹，我今天吃了一碗汤圆，汤圆可好吃了，哎哟，又疼了。"小熊妹妹说："哎呀哎呀，小朋友们我们应该去哪里找谁呀？"小朋友们，小熊妹妹应该带小熊哥哥去哪里，找谁？（去医院找医生）到医院了，小熊妹妹说："医生姐姐，我哥哥这是怎么了？""他吃了什么？""他吃了一碗汤圆。""那就是因为他吃了太多的汤圆，有点积食了，吃一片药就好了。"小熊哥哥说："哎，我再也不贪吃了。"

老师：小朋友们，小熊哥哥为什么会肚子疼？
幼儿：吃的汤圆太多了。
老师：嗯，家长在我们吃汤圆的时候会告诉我们少吃吗？
幼儿：会。
老师：那你们知道为什么要少吃汤圆吗？
幼儿：因为汤圆是黏的。
老师：对，汤圆的外皮都是用糯米粉为材料，而糯米粉含有较多淀粉、黏性大，过量食用不易被肠胃吸收，所以小熊哥哥才会肚子疼。小朋友们要是吃多了肚子疼该怎么办呢？
幼儿：找医生，揉肚子，多喝水。
老师：小朋友们说得都对，在去医院的路上可以让爸爸妈妈适当轻揉你的胃部，并且吃些山楂片、炖萝卜等帮助消化的健胃食品，然后到医院看医生，看医生的话我们就要吃药或者打针了，所以我们最好还是怎么样？
幼儿：少吃，适量。
老师：嗯，我们吃东西要适可而止，不要吃撑了。

（三）活动环节

老师：小朋友们，接下来我们要进行角色扮演了！现在我告诉大家都有哪些角色，我们有小熊妹妹、小熊哥哥、医生、护士、小熊妈妈、小熊爸爸的小面具。那么接下来就请小朋友们依据"小熊妹妹发现小熊哥哥肚子疼，小熊的爸爸妈妈带小熊哥哥去医院找医生，护士来打针"这一线索，其他的发挥你们的想象力来表演。桌子上有一些我们需要的物品，选择性挑选，还有不要争抢一个角色，要懂得谦让，大家分配好了吗？

幼儿：分配好了。

老师：那我们就开始吧，大家用 10 分钟的时间先排出小剧本，然后我们在班里进行小组展示！加油！（角色扮演活动 20 分钟）

（四）活动结束

老师：好了，我们看完了每个小组的角色扮演，小朋友们都很积极，完成得非常好。那这节课我们了解到了什么？

幼儿：汤圆要少吃。

老师：对，我们不要贪吃，吃太多会肚子疼。今天我们还进行了角色扮演，开心吗？

幼儿：开心！

老师：好，那么本节课就到这里了，小朋友们下节课再见了！

课题五　一起来唱歌

（一）活动目的

（1）幼儿能用适中的音量基本准确地唱歌。

（2）幼儿能通过即兴哼唱、即兴表演或给熟悉的歌曲编词来表达自己的心情。

（3）幼儿能用拍手、踏脚等身体动作或可敲击的物品敲打节拍和基本节奏。

（4）幼儿能用基本节奏和音调唱歌。

（5）幼儿能跟随熟悉的音乐做身体动作。

（6）幼儿能用律动或简单的舞蹈动作表现自己的情绪或自然界的情景。

（二）导入环节

老师：上几节课我们对元宵节有了一定的了解，那么这节课我们来一起唱一首有关元宵节的歌曲，好不好？

幼儿：好。

播放歌曲《元宵节》。

（三）活动环节

老师：老师这里有各种各样的小乐器，我们每两组拿同一种乐器，听，这是我们的节奏，来和老师一起试一试。对！好，停，拿铃鼓的小朋友先进入，一拍之后拿沙槌的小朋友进入，再过一拍拿三角铁的小朋友进入。听懂了吗？

幼儿：听懂了。

老师：好，那接下来先由老师指挥三遍，好，我们开始吧！（音乐教学20分钟）

（四）活动结束

老师：听了这么多遍的《元宵节》，我们一起来唱一唱，来，我们动起来，站起来，跳起来。好，小朋友们，我们本节课到这里就结束了，回家之后我们给爸爸妈妈展示好不好？小朋友们再见！

五、活动延伸

课题一：幼儿回家后想一个生活用品，用语言来形容它的特点，让家长试着猜出来。课题二：幼儿回家后同家长制作一个灯笼。课题四：幼儿回家后可以同家长一起进行角色扮演。这些延伸活动可以增强亲子关系，让家长在下班后有机会和自己的孩子进行亲密互动。这些活动可以提升幼儿的快乐指数，让他们开心快乐地玩耍，让他们的语言和动手能力都得到提高。幼儿希望获得父母的认可，在这个过程中，往往可以激发幼儿的内在潜能。同时，幼儿在与家长进行亲子活动的过程中可以更好地了解一些职业，激发对不同职业的兴趣。

六、活动反思

在课题三转一转小市场活动中幼儿们可以自由走动，我认为最好不要让所有幼儿在班级内自由走动，这样会导致老师无法全面看管幼儿，如果发生争抢或者推搡，老师不能及时发现，应当让幼儿们有秩序地进行活动。所以通过这次活动，我认为应该改为分小组进行，小组在规定的时间之内，可以自由走动。例如，第一组可以在班级内自由走动，和其他小组成员交换灯笼。其他组成员不可随意走动，一组成员自由走动时间结束后，第二组成员才可以随意走动。以此类推，这样可以更好地维持班级秩序，也可以让老师观察幼儿，防止争抢行为的发生。

被遗忘的国粹

申请人简介：
申利军，女，满族，于 2019 年 9 月被北京经贸职业学院录取，现在是大二学生，参加过许多志愿者活动，如中国舞蹈大会北京站，蓝天行动——爱心支教房山项目，一线有我、我在一线，房山青年在行动等。
所在单位： 北京经贸职业学院国际经济贸易系 2019 级学前教育专业
适用班级： 大班

一、设计意图

在元朝，中国曾经是世界上国土面积最大的国家；而在唐宋，中国又曾是世界上国力最强盛的国家。这样的大国有着博大精深、源远流长的传统文化。然而，随着世界的进步，社会的发展，外国文化的冲击，中华传统文化正在一点点被国人遗忘。

改革开放给人们带来了巨大利益，也侵蚀了一些中华民族传统美德，如谦卑、诚信等。除此之外，民俗文化也正在衰落，例如民间艺术醒狮舞龙等，除了在过节时和一些活动上能见到，平时已很难见其踪影了。

而我们作为中华儿女，有责任将中国的传统文化传承下去。作为老师更应当让幼儿了解国粹，了解他们不知道的传统文化。

二、活动目标

（1）让幼儿有兴趣了解中国京剧故事和京剧人物。
（2）让幼儿通过各种活动感受京剧、走近京剧、喜爱京剧。
（3）培养幼儿的艺术气质。

三、活动准备

（1）准备和京剧相关的各种图片和音视频资料等。
（2）让幼儿提前了解京剧的相关知识。
（3）准备制作脸谱需使用的各种物料。
（4）准备与汉字书写相关的各种物料。

四、活动过程

课题一　走进京剧世界

京剧是我国的传统戏剧，是中国的国粹。它是集唱（歌唱）、念（念白）、做（表演）、打（武打）、舞（舞打）为一体的综合性表演艺术。京剧的角色主要分为生、旦、净、丑四大行当。尤其京剧中的脸谱是最有特色的艺术之一。通过脸谱可以看出人物的忠奸、美丑、善恶、尊卑等性格特征。为了让幼儿们喜爱京剧，了解京剧，增强对国粹艺术的热爱，并亲身体验京剧，我设计了这节大班主题活动。

（一）活动目的
（1）让幼儿们知道京剧是中国国粹，了解四大行当"生、旦、净、丑"。
（2）引导幼儿通过小组合作，运用自己喜欢的方式表现京剧。
（3）幼儿能简单区分京剧中人物性格特征以及人物角色。

（二）活动教具
PPT、京剧四大行当的图卡、京剧视频、音乐等。

（三）导入环节

1. 出示一段京剧视频，激发幼儿兴趣

老师：小朋友们，在上今天这节课之前，我们来观看一个视频，让小朋友们对这节课有一个初步的了解。（播放结束）看完视频老师问几个问题好不好呀？在视频中看到脸谱大家会想到哪种戏曲？（幼儿自行回答）对！小朋友们太聪明了，就是京剧。那接下来老师给大家介绍一下京剧，京剧是中国的国粹，它是独有的一种戏曲，有将近200年的历史，比小朋友们大非常非常多，也是我们中国的骄傲。

2. 介绍四大行当

老师：（屏幕上播放京剧人物图片）大家看这里，老师在大屏幕上放出的这四张人脸照片，大家知道他们都是什么角色吗？（幼儿自行回答）对啦！他们呀在京剧里被分为四个角色，分别是生、旦、净、丑。那么接下来老师就简单介绍一下他们为什么叫这四个名字。

在京剧中呢，生多半是由男孩子来扮演，分为武生、小生；旦是由女孩子扮演；净也叫花脸，大多数扮演性格有些特异的男性人物；丑多是扮演喜剧角色，因为化妆的时候会在鼻子上抹一小块白粉来故意把自己扮丑（幼儿们可以在讲述过程中进行提问），以上就是对于这四个行当的介绍。（播放辨别四大行当的视频并引导幼儿通过外部特征、模仿动作及唱腔进一步辨别四大行当）小朋友们，看完这个视频，一会儿老师要和大家做个简单的小游戏。

（四）活动环节

1. 分类小游戏

老师：宝贝们，老师手里有许多生、旦、净、丑的角色分类图片，一会儿小朋友们有序排队来抽取图片，放到老师面前。宝贝们要仔细观察手中的图片，不要放错了位置（游戏结束）。看来小朋友们都非常认真仔细地观察了，在生活中，我们也要认真细心地去观察自己周围的事物。

2. 幼儿尝试表演、体会京剧的乐趣

老师：今天老师给大家讲了这么多，也了解了关于京剧人物的角色和性格特点，下面老师想邀请四位小朋友分别来表演一下生、旦、净、丑的角色特征。（多分几组让幼儿们都参与到活动中）小朋友们表演得惟妙惟肖，简直太棒了。今天老师讲了许多京剧的小知识，请各位小朋友们不要忘记今天老师所讲的知识点，多和身边的好朋友聊一聊京剧，互相分享一下对方不知道的小知识。老师和大家度过了非常愉快难忘的一天，以后大家也要去多多了解中国传统文化！

（五）课题延伸

老师：老师给大家布置一个小作业，大家回家后继续看有关京剧的唱段以及表演的视频。然后把自己搜集的京剧图片和人物剧照带到幼儿园，老师会给大家贴到活动角。

课题二　脸谱小课堂

京剧，又称平剧、京戏，是国内影响最大的戏曲剧种，分布地以北京为中心，遍及全国各地。清代乾隆五十五年（1790年）起，原在南方演出的三庆、四喜、春台、和春四大徽班陆续进入北京，与来自湖北的汉调艺人合作，同时接受了昆曲、秦腔的部分剧目、曲调和表演方法，又吸收了一些地方民间曲调，通过不断交流、融合，最终形成京剧。在此次主题活动中通过学习、观察、动手操作等活动，可以让幼儿更直观地了解京剧，除了可以了解文学知识，在活动中也兼具了科学性的知识、技能。由于大班幼儿已经积累了许多美术常识，可以根据每个人的特点让他们通过亲身经历体验传统文化。

（一）活动目的

（1）幼儿能用简单的形容词概括自己喜欢的脸谱。
（2）幼儿能使用工具按轮廓画出线条及色彩夸张的脸谱。
（3）播放京剧视频，让幼儿增加对京剧的热爱。

（二）活动教具

脸谱成品、京剧视频、字卡、PPT（彩色脸谱）、背景音乐、彩笔、空白脸谱、画笔、画纸、胶棒、剪好的图案、剪好的毛线，幼儿提前了解关于京剧的内容以及认识颜色。

（三）导入环节

1. 开始部分（老师和幼儿们随着背景音乐走台步入场）

老师：（老师和小朋友们站对立面）小朋友们大家好！今天我们来上一次与以往都不同的活动课。刚刚我们走的是什么步呀？（台步）哇！小朋友们太聪明了！接下来老师会播放一个视频,宝贝们要注意观察视频。(播放视频)请小朋友们告诉我,短片里放了些什么内容呀?(幼儿自由回答,出示字卡"京剧")小朋友们说得都非常棒!刚才有小朋友说看到了一张张大花脸,你们知道大花脸叫什么名字吗?它呀,有个好听的名字,叫脸谱(拿出字卡"脸谱"),我们都知道脸谱是画在唱京剧人的脸上的,京剧是我们国家的传统艺术,是中国的国粹,京剧的内容也非常丰富,刚才小朋友们也听到了里面各种各样唱着不同调子的人,我们管这种唱法叫唱腔,这些是我们国家才有的艺术,它是我们国家的国宝,唱京剧的人用各种各样的脸谱来表现人物性格。

2. 脸谱欣赏

老师播放准备好的PPT,幼儿和老师一起观察脸谱的颜色和对称性。

老师:请小朋友们仔细观察这些脸谱,把你看到的特别的、不明白的记下来,告诉大家。(幼儿回答)宝贝们太聪明了,发现了许多老师找不到的点,这些脸谱的颜色都不一样,那么老师来说一下这些脸谱为什么不一样。在京剧中这些颜色不是为了好看,而是代表了他们的人物性格,比如红色和黑色在京剧中代表好人,黄色、白色代表坏人,蓝色代表勇士。这些纹样在脸谱上都装饰了哪里?它是什么样子的?他们都有什么变化?(幼儿举手回答)小朋友们说得都非常好!这些脸谱的纹样很好看,有的在下巴上,有的在额头上,让脸上的眼睛、鼻子都变得和我们不一样。这么多脸谱,大家发现他们有没有什么相同的点?(如果幼儿没有回答出左右对称,老师用剪刀沿中间线慢慢剪开然后再合起来,让幼儿知道脸谱图案颜色绝大多数是对称的)

(四)活动环节

1. 制作脸谱

老师:小朋友们,现在老师手里有一张空白的脸谱,我们每个人都来当小化妆师,设计一下这个脸谱,好不好呀?老师手里分别有剪好的五官图案,我们应该怎么给它装饰得夸张、特别一点呢?(老师可以给幼儿提示)大家一起想一想我们该把眼睛、鼻子涂成什么样子?(老师鼓励幼儿大胆想象,当幼儿回答完老师直接画在空白脸谱上)现在,我们的五官都已经填好了!

2. 给脸谱装饰上色

老师:宝贝们,现在脸谱的五官都涂好了。接下来是最重要的环节,给脸谱装饰上色(拿出提前准备好的材料)。我们脸谱上的胡子可以用什么材料来贴?(幼儿回答,如果不知道可以给予提示)现在小朋友们可以动手来制作了!(老师进行指导,幼儿可以自由选择材料,提醒幼儿作画时注意画出左右对称的颜色以及图案,启发幼儿为脸谱画上胡须、头饰等)如果有做完的小朋友可以给老师看一下,展示一下自己的劳动成果,大家也可以说一说自己和其他小朋友画得不一样的地方。

3. 展示环节

老师:现在小朋友可以带上自己的脸谱来"开心舞台"了,按照自己喜欢的方式进行表演。

小结:今天,老师和小朋友们度过了快乐的一天,我们不但了解了京剧是我们国家重要的传统文化,也学会了制作脸谱,发现了绝大多数脸谱是左右对称的,学会了仔细观察脸谱,在生活中我们也要细心观察,这样我们就会发现一些非常奇妙的事情,值得我们去探索。

（五）课题延伸

老师：宝贝们，老师给大家留一个课后作业，大家回家后可以给爸爸妈妈制作一个脸谱并和他们分享我们今天在课上所学的知识。

课题三　汉字变化多样性

书法最基本的活动是写字，而写字起码的要求是把字写得规范、整洁、清楚，使人看了乐于接受，否则就失去了它的实用性。同时，汉字的点画、结构和形体不同于外文，更需要幼儿仔细观察写字的方法。通过点画线条的强弱、浓淡、粗细等丰富变化，书写的内容和思想感情的起伏变化，以及字形字距和行间的分布，构成优美的布局，从而形成了书法艺术。我在设计本次教案时，在考虑大班幼儿手指力度的同时也考虑本堂课要让幼儿们尽量掌握横画的基本写法，以及变化之后短横、左尖横等笔画的书写方法。在教学过程中，幼儿们自己来观察、比较、体会书法中笔画的多样性。

（一）活动目的

（1）让幼儿养成正确、规范写字的习惯。
（2）让幼儿学习书法，并愿意与他人交流和分享。
（3）让幼儿继续加深已学习的笔画。

（二）活动教具

简单的汉字卡片、书画毡、文房四宝、报纸。

（三）导入环节

1. 通过手指游戏引入课题

老师：大家早上好！今天我们来上一节书法课，这节课非常有意思，大家可以学习到更多的知识，学书法首先就要用到文房四宝。小朋友们知道是哪四宝吗？（幼儿自行回答）嗯！对了，大家回答得都很正确。现在我们从抽屉里拿出书画毡，与课桌对齐，拿出我们第一件宝贝墨盒，打开盖子，自己检查这些东西是不是放在指定位置，墨盒统一放在右上角。（放背景音乐）再拿出第二件和第三件宝贝，毛笔放在墨盒上面，现在可以拿出第四件宝贝宣纸了。

2. 老师进行握笔示范以及检查坐姿

老师：小朋友们都完成了吗？现在老师给大家做个示范，我们怎样才能写出好看的字呢？（念坐姿歌，老师检查坐姿，指导不规范的幼儿及时调整，老师示范）请小朋友们开始吧！别忘记我们的握笔歌，老大老二对对齐，中间还要留缝隙，铅笔握在手中间，老三垫在笔下边。

（四）活动环节

1. 写简单数字并展示

老师：（老师进行指导，放背景音乐）现在请写完的小朋友把字放在指定的报纸上面，收起文房四宝，放好的小朋友请依次排队去洗手。宝贝们，接下来老师就要看看大家写的字体都是什么样子的，有没有按照老师的要求去做。（老师进行点评）哇！小朋友们写得都不错，看来确实认真仔细地看了老师的示范过程。

2. 认识简单汉字

老师：（老师掏出卡片）现在老师手里有一些简单的汉字要告诉大家，大家来认一认。知道的小朋友可以把手举高一点让老师看见。（幼儿与老师认识卡片）太棒了，孩子们！今天老师教大家的一定要牢牢记住，我们以后还会接触这个"朋友"的。通过今天的学习，大家不仅知道了文房四宝都有什么，还学习了许多没有见过的汉字，书法是汉字的艺术表达，更是我们国家独特的文化。回到家里可以和爸爸妈妈分享今天所学的知识，多多了解我国的国粹。

（五）课题延伸

老师：小朋友们可以在家里与爸爸妈妈一起欣赏书法中的美，可以写一些我们在课上没有写过的字。老师会选出写得不错的小朋友的字，在班级中展示。

五、活动延伸

关于活动延伸的内容已经在各课题中进行了详细讲述，这里不再叙述。

六、活动反思

幼儿们在生活中了解京剧的机会并不多，为了让他们深入京剧的气氛当中，我认为要设计京剧课堂情境，这次我精心设计了课件，使它成为我授课时的辅助。课前我播放了京剧乐曲，配合多姿多彩的京剧人物画面营造气氛，幼儿们积极提问。在活动过程中一些教具起到了非常重要的作用，在讲四大行当的时候，我展示了许多人物的图片，幼儿们比较感兴趣，主动去扮演人物，印象也更深刻。将教学内容用多种形式来呈现时，幼儿们能学得更好。

在课题二中，我想尽可能让每个幼儿都有脸谱来作画，在作画前进行了讲解示范，但由于有些幼儿不知道如何搭配颜色，导致浪费了几张脸谱。此外，由于准备不够充分，有的幼儿制作得很慢，而课堂时间不够，导致脸谱没有制作成功。幼儿们对美术的感受能力不一样，有的幼儿画出来的脸谱颜色比较单一。在使用毛线的过程中，他们会将毛线粘在自己的脸上，我并未提前告知。因此，在以后的活动中我应该加强对幼儿观察能力的培养，让幼儿加强对色彩的认识。

在课题三中，在上课之前我让幼儿们提前了解了握笔姿势，在上课的时候也进行了一系列的指导，幼儿们学得非常好，在介绍完每个学习种类之后，我趁热打铁，安排幼儿及时描红临摹。在他们练习的过程中，我提醒幼儿写字时尽量做到"三个一"，并不停地巡视，帮助他们纠正握笔姿势，指导个别不会的幼儿，用红笔帮其描出竖中线，并适时给予表扬和鼓励。幼儿们兴趣很浓，写得十分投入。

传统节日之端午节

申请人简介：
我叫冀可欣，是北京经贸职业学院国际经济贸易系学前教育专业的大二学生，我喜欢旅游，性格开朗乐观，热情友好，能吃苦耐劳，学习能力强。两年的校园学习生活经历使我积累了较强的组织、协调、沟通能力和团队合作精神，具有较强的责任心。虽然我还缺少很多学前教育实践经验，但我有信心面对校外的实习机会，我会努力工作，积累更多的学前教育工作经验，争取实习期间在处理问题时能够取得更大的提升，使自己变得更成熟，成为一名优秀的幼儿园教师。
所在单位： 北京经贸职业学院国际经济贸易系 2019 级学前教育专业
适用班级： 大班

一、设计意图

根据《幼儿园教育指导纲要》中所提供的目标，我设计了关于中国传统节日的主题活动。由于国外节日已传入我国，并且有些节日越来越受人们欢迎，所以我设计了这次活动，旨在让幼儿对中国传统节日感兴趣，通过传统节日活动，了解节日风俗、感受节日氛围，从而激发幼儿的爱国情怀。

二、活动目标

（1）让幼儿知道端午节是中华民族的传统节日，乐于了解端午节的一些风俗和来历，乐于参与一些节日准备和庆祝活动。

（2）让幼儿学会倾听对方讲话，能理解日常用语；愿意与人交谈，讲话有礼貌。

（3）让幼儿学会互助、合作和分享，有同情心；能努力做好力所能及的事，不怕困难，有初步的责任感。

（4）让幼儿能初步感受并热爱环境、生活和艺术的美；能用自己喜欢的方式进行艺术表现活动。

三、活动准备

（1）准备与端午节相关的各种图片和音视频资料。

（2）准备绘画、折纸用的各种物料。

四、活动过程

课题一　端午节的由来（语言）

（一）活动目的

（1）引导幼儿无论在集体场合还是个别谈话时均能认真、耐心、有礼貌地倾听别人讲话。

（2）引导幼儿能主动表达自己的意思，乐于参加讨论，敢于发表不同的意见。

（3）幼儿能连贯地讲述一件事情，有感情地表演。

（二）活动教具

端午节 PPT、端午节活动图片、视频《屈原的故事》和端午节童谣。

（三）导入环节

老师拿出准备好的有关端午节的图片，将它们展示给幼儿。

老师：小朋友们，你们看图片里面有什么？（幼儿回答）

老师：小朋友们真棒，那你们知道为什么要过端午节吗？哪位小朋友可以告诉老师呢？好！你来说（幼儿回答）。

老师：这位小朋友说……，那还有别的答案吗？（幼儿回答）

老师：爸爸妈妈一定带你们看过赛龙舟吧！好的，今天老师就来带领小朋友们学习一下，我们为什么要过端午节好不好？（好）

老师：那我们该怎么做呢？

幼儿：一二三请安静，四五六请坐好。

（四）活动环节

1. 播放视频《屈原的故事》

在幼儿看完视频后，给幼儿提几个问题：我们为什么要过端午节？人们用哪些方式纪念屈原？你同意屈原的做法吗？

老师：小朋友们，接下来我们带着老师给的小问题再看一遍视频吧！

（再次播放视频）

老师：通过看小视频，有哪位小朋友可以勇敢地告诉老师，这个视频里出现了一个人，他叫什么呢？

老师：小红同学最先举手，我们来听一听，她是怎么说的。

幼儿：他叫屈原。

老师：你说得太对了。屈原，他是我国历史上一位伟大的爱国诗人。谁能给老师讲讲这位爱国诗人吗？（幼儿回答）

老师：小朋友们发言踊跃，接下来老师来给大家讲讲屈原，他早年受楚怀王信任，任左徒、三闾大夫，兼管内政外交大事。但屈原遭受贵族排挤毁谤，被先后流放至汉北和沅湘流域。秦将白起攻破楚都郢后，楚顷襄王只好跟那些执政的贵族们一起，狼狈不堪地逃难。自己的国家灭亡，君主又不信任，屈原有再大的能力，也没有地方可以施展自己的才华，于是他在悲痛中投江自杀了。

老师：那么为了纪念这位爱国的诗人，我们把他投江的这一天设立成端午节，这就是端午节的由来了。

老师：老师有个小疑问，视频里的人们是怎么纪念屈原的呢？快！动动你们的小脑袋想一想。

幼儿：吃粽子，赛龙舟，喝雄黄酒。

老师：小朋友们太棒了，都说对了，你们知道为什么要这样做吗？

幼儿：不知道，老师这是为什么呢？

老师：老师给你们讲个小故事你们就知道了，仔细听哦！

老师：传说啊，人们投到江里的粮食都被鱼虾吃了，于是他们在粮食外面包上箬叶，也就有了现在我们吃的粽子，但是这样鱼虾还是会吃，于是人们又想，在船只上画龙，这样鱼虾就不敢吃了，这就是现在的龙舟，但人们还是怕鱼虾会吃，于是在江里倒上雄黄酒，用来驱逐鱼虾。从此端午节包粽子、划龙舟的习俗，就由屈原的故乡传向全国，由古代传到今天。人们喜欢端午是因为屈原，是屈原使这个节日平添了一种民族的精神，端午节作为中国传统文化节日，对于我们有着更凝重的理解和感悟。小朋友们听明白了吗？

幼儿：我们知道了。

老师：接下来，我们将学到的故事讲给你的小伙伴听吧，老师看一看谁讲得最好。

（幼儿开始相互讲述端午节由来……）

2. 给幼儿播放端午节童谣，帮助他们理解主要内容

老师：小朋友们，在童谣里，过端午节时人们都有什么活动？（幼儿自由讨论）

老师：小朋友们太棒了，接下来我们来欣赏童谣《拍手歌》。

老师：在这首童谣里，你们听到了什么？（幼儿回答）

老师：你们有什么听不懂的地方吗？（幼儿讨论、提出疑问）

老师：过端午节，除了包粽子和划龙舟以外，我国各地还有一些有趣的习俗。旧时，一些人家门上插菖蒲、艾叶，将蒲叶剪成剑形，以示祛除瘟毒。堂屋里挂钟馗像，传说他能杀鬼驱魔。妇女用彩绸制成粽子、辣椒、萝卜、扫帚、簸箕、老虎之类的小饰物，用彩线串起，挂在孩子的肩头或胸前，叫"老虎索"。若以丝线扎成菱角形小袋，内装沉香，系在小孩身上，名为香袋。有些人家用雄黄酒涂在孩子额头和鼻耳之间，或在额上写一"王"字。

3. 学习童谣，了解拍手游戏的玩法

老师：小朋友们，你们还记得这首童谣的名字叫什么吗？（幼儿回答）

老师：我们可以怎样念这首童谣呢？（幼儿互相讨论，大胆猜想）

老师引导幼儿两两结伴边拍手边朗诵童谣。

老师：小朋友们，接下来我们两两结伴，边拍手边朗诵童谣好不好？

幼儿：好。

老师：来，跟着老师一起朗诵。（五月五，是端阳，香包带，香满堂；五月五，是端午，龙船下水人跳舞）

接下来让幼儿与小伙伴拍手朗诵，观察幼儿能否口齿清晰地朗诵，锻炼幼儿的表达能力。

（五）活动结束

老师：小朋友们，我们要过好端午节，纪念我们伟大的诗人屈原，要像他一样爱国，但是要珍惜自己的生命，远离危险的地方。

（六）课题延伸

老师：小朋友们，回家后将在课上学到的小故事和童谣讲给爸爸妈妈听，和爸爸妈妈一起看有关端午节来源的视频；学一首关于端午节的小儿歌，在下一次上课时分享给其他小朋友。老师要鼓励那些积极参与活动的小朋友，那些没有积极回答问题的小朋友也不要灰心，在下次活动的时候我们都要积极发言，很感谢每位小朋友的配合，我们今天的课就到这里了。

课题二　有趣的赛龙舟（社会）

（一）活动目的

（1）引导幼儿能主动为集体和他人做事。

（2）引导幼儿在活动中能够明确自己的任务，做事认真、不怕困难、有始有终，形成初步的责任感。

（3）引导幼儿能主动、友好地与他人交往，体验分享、互助、合作的快乐和意义，掌握一定的交往技能，能独立解决交往中的问题。

（二）活动教具

赛龙舟视频。

（三）导入环节

老师：上节课老师讲到，端午节我们要吃粽子、赛龙舟，那小朋友们你们看过赛龙舟吗？请小朋友们互相说一说自己看到的情景。（鼓励幼儿讨论）

老师：小朋友们，老师这里有个视频，让我们一起来看一下吧！

（四）活动环节

1. 播放赛龙舟的视频

老师：宝贝们看了这段赛龙舟视频，你们有什么感觉？

幼儿：热闹，有趣……

老师：小朋友们说得太棒了，老师从视频里感受到了龙舟竞赛场上的齐心协力、相互竞争的热烈气氛。

老师：那现场的观众是怎样为选手们加油的？（幼儿回答）

给幼儿讲述两岸观众呐喊助威的热烈场面。

老师：因为有了观众为选手加油，所以选手才有力量去划船，这就是鼓励的力量。

老师：接下来老师再播放一遍视频，请小朋友认真看完后，告诉你的小伙伴人们是怎样赛龙舟的，他们的姿势、动作是怎样的，好不好？

幼儿：好。

播放视频（幼儿激烈讨论），给幼儿讲述赛龙舟时人们的动作、表情。

老师：看到这样的场面，你的心情怎么样？快和小朋友们分享吧。（幼儿讨论）

2. 赛龙舟游戏

老师：现在小朋友们都知道赛龙舟的动作了，还对赛龙舟有了很大的兴趣，那我们来做个游戏吧，游戏的名字就叫作"大家一起赛龙舟"。（幼儿充满期待）

老师：这个游戏呢，需要三名小朋友来当小鼓手指挥我们的小龙舟前进，有谁可以勇敢地站出来当小鼓手呢？（幼儿勇敢地站起来）

老师：你们好棒啊，要当好小指挥哦！我们坐在地上组成小龙舟，要记得注意安全哦！动动你们的小脑袋让龙舟动起来吧。（幼儿开始相互讨论）

引导幼儿自由探索两个人组成"龙舟"前进的方法，交流用身体的不同部位使"龙舟"向前移动的方法。

老师：小朋友们已经可以两个人组成小龙舟前进了，那么现在老师要增加难度了，我们要三个人组成小龙舟前进，小朋友们有信心完成吗？（增加幼儿信心，鼓励克服困难）

帮助幼儿分成三组，借鉴两人合作经验，尝试多人合作组成龙舟。

老师：现在我们要开始比赛喽！让老师看到你们的小龙舟动起来好不好？（幼儿开始比赛）

在幼儿进行比赛的过程中，为他们加油鼓劲，表扬划得快的幼儿，鼓励暂时落后的幼儿，给他们增加信心，促进团结合作。

（五）活动结束

老师：小朋友们，我们的龙舟比赛到这里就结束了，老师想问你们，怎样才能让小龙舟划得快呢？（幼儿回答）对了！要齐心协力，要团结合作，这样龙舟才能划得快，每个人都要明确自己的任务，不能放弃。接下来你们跟小伙伴分享一下游戏的感受吧！

（六）课题延伸

老师：小朋友们，老师给大家留一个小任务，回家后把赛龙舟的小游戏分享给爸爸妈妈，一起感受赛龙舟的热闹气氛，如果有机会，可以和爸爸妈妈一起去赛龙舟现场看一看，看他们是怎样配合的。

课题三 多彩的端午节(艺术)

(一)活动目的

(1)引导幼儿参加美术欣赏活动,体验美术欣赏的快乐,逐步产生欣赏美的兴趣。
(2)引导幼儿参加手工活动,体验手工活动及创作的快乐,愿意尝试操作各种简单的工具、材料。
(3)引导幼儿学习用撕、剪、折的方法表现事物的简单形象。

(二)活动教具

(1)关于端午节的优秀作品。
(2)未装饰的龙舟、绘画用具、安全剪刀等。
(3)各色长条纸若干。
(4)已经折好的大纸粽、折纸粽步骤图。

(三)导入环节

老师:小朋友们,每年端午节都会举办许多活动,老师这里有很多关于端午节的优秀作品,我们一起欣赏一下好不好?
培养幼儿美术欣赏的能力。
老师:大家来分享一下,你们对于这些作品的感受与想法。(鼓励幼儿大胆发言)
体验美术欣赏的快乐,引导幼儿用自己的语言、动作等描述它们美的方面,如颜色、形状、形态等。
老师:看了这些作品,有没有激发你们的兴趣呢?让我们动手做自己的作品吧!

(四)活动环节

1. 拿出未装饰的龙舟、彩纸、笔、安全剪刀、胶水、抹布等
老师:你看到的龙舟是什么样的?上面有什么?(幼儿回答)
让幼儿观察龙舟,讨论装饰龙舟的方法,激发幼儿合作装饰的兴趣。
老师:小朋友们,龙舟上缺少什么?怎样才能把龙舟装饰得更漂亮呢?
老师:你们说得都太棒了。但是工作量太大了,你们准备装饰龙舟的哪一部分?用什么方法?需要什么材料?
引导幼儿分组协商、分工装饰龙舟。
老师:小朋友们已经明确了自己的工作了,那接下来开始动起你们的小手装饰好看的龙舟吧!(幼儿开始动手制作,观察幼儿合作情况,并对有困难的幼儿进行指导)
老师:小朋友们都做得好棒啊,那我们来举办一个活动吧,活动的名字叫"美丽的龙舟展",给老师和伙伴展示你们漂亮的作品好不好?(幼儿充满期待)
引导幼儿体验合作成功的快乐,并鼓励幼儿在创作时发挥更多的想象力。

2. 制作纸粽子

老师：小朋友们，每年端午节爸爸妈妈都会做什么给我们吃呀？（幼儿回答）

老师：对了，粽子，那我们用纸来制作粽子送给爸爸妈妈好不好？（幼儿兴致极高）

老师：老师这里有几个做好的纸粽子，你们看。

让幼儿观察大纸粽，激发幼儿折纸粽的兴趣。

老师：小朋友们，你们知道怎么制作纸粽子吗？（幼儿大胆猜测纸粽子的制作方法）

引导幼儿展开纸粽，观察折痕，讨论折纸粽子的方法。

老师：快去和你的小伙伴讨论一下吧！（幼儿相互分享）

老师：接下来，我们就开始动手制作吧。

引导幼儿在遇到困难时，通过看图示、观察同伴制作等方法来解决问题。

老师：小朋友们互相帮助的样子太棒了，我看到有的小朋友已经快做完了，其他的小朋友要加快速度哦！

将幼儿制作的纸粽子用针、线串在一起，展示幼儿的作品，鼓励幼儿用自己的作品或艺术品布置环境，体验成功的快乐。

（五）活动结束

老师：小朋友们今天表现得太棒了，我们学会了装饰龙舟，还学会了折纸粽子，在活动中互相帮助，愿意参加手工活动，体验了手工制作带来的快乐。

（六）课题延伸

老师：回家后将我们做好的作品带给爸爸妈妈欣赏，让爸爸妈妈带你们欣赏传统民间艺术品或共同参与地方民俗文化活动。在有条件的情况下，还可以让爸爸妈妈带你们去剧院、美术馆、博物馆等欣赏文艺表演和艺术作品。还要记得和爸爸妈妈做一下今天课上学会的小手工，在下一次上课的时候，带给其他小朋友分享，好了，今天的课就到这里了，小朋友们再见！

五、活动延伸

关于活动延伸的内容已经在各课题中进行了详细讲述，这里不再重复。

六、活动反思

今天开展的活动是介绍我国传统节日——端午节，活动目标是让幼儿对中国传统节日感兴趣，通过传统节日活动，了解节日风俗，感受节日氛围，从而激发幼儿的爱国情怀，珍惜我国的传统节日，发展我们的文化，使中国优秀的传统文化得以传承和更新。我在讲故事介绍端午节由来时，幼儿们能马上安静下来，用期待的眼神注视我，故事就是有这样的魅力。在安静的氛围中，幼儿们凝神屏息地聆听着故事的发生、发展、结局。可以做到注意倾听对方讲话，能理解日常用语；能主动表达自己的意思，乐于参加讨论，敢于发表不同的意见，并能连贯地讲述一件事情，有感情地表演。

在欣赏活动中，幼儿产生了浓厚的兴趣，在观看表演时就按捺不住好奇心，还模仿赛龙舟动了起来。在活动中，幼儿的积极性很高，通过运用已有的经验解决所讨论的问题，大胆地表达自己的想法，同时还能在讨论中大胆地提出新的问题。这几个课题的重要环节就是模仿动作、演说、制作。我以幼儿能理解的方式引导他们学习和记住动作以及所讲述的内容。

　　本次教学活动大多是以游戏形式来进行的，引导幼儿积极地参与活动，体验快乐，并有所收获。通过这一主题的实施，我发现幼儿在游戏中学习时掌握知识较快。从各自初步尝试装饰龙舟，制作纸粽子，到有意识地进行小组合作式制作，学习能力和动手能力有了一定的提高，人际关系得到了进一步的发展。同时，他们的操作能力、自主能力、交往能力和口语表达能力也相对有所提高。

　　但在活动中我也发现了许多不足之处。一是幼儿们的朗诵经验少，在朗诵活动中，害羞胆小，不能放开朗诵，不能投入其中。这与我开展此类教学活动较少有很大关系，幼儿缺乏此类经验。二是在制作活动中幼儿独立完成作品的能力有限，在活动中缺少耐心及探索精神，应该加大对幼儿能力的培养。三是幼儿的空间智能没有很好地发展，主要原因是以往活动中关于绘画、创作的内容太少，幼儿没有机会练习和提高。在以后的教案设计中，我会多提供一些经验给幼儿，注意幼儿的情绪与活动实施程度，给予幼儿必要的肯定与帮助。

端午节

> **申请人简介：**
> 我叫田贺然，是北京经贸职业学院大二在校学生，在校学生会团委办公室工作，同时也在班级中担任体育委员一职。我在平时生活中能和同学相处融洽，乐于助人，心地善良，对于学习有一颗上进的心，不怕吃苦不怕累，在校期间积极配合老师组织活动，是老师的得力小帮手。
> **所在单位：** 北京经贸职业学院国际经济贸易系 2019 级学前教育专业
> **适用班级：** 大班

一、设计意图

端午节是我国的一个传统节日，它有着独特的风俗，如吃粽子、赛龙舟、挂香袋等。这些活动都适合在大班幼儿间开展，既能锻炼和发展幼儿的动手能力，又能增进幼儿对中国传统文化的了解和兴趣。同时，端午节有其著名的来历，让幼儿了解屈原的故事，能激发他们初步的民族自豪感。为此，我结合一年一度的端午佳节，开展了相关的主题教学活动。

二、活动目标

（1）让幼儿感受端午节的文化氛围，萌发爱国主义情感。
（2）让幼儿了解端午节的由来。
（3）让幼儿在老师的引导下大胆讲述。

三、活动准备

（1）与端午节习俗相关的图片、实物。
（2）相关 PPT。
（3）开展各项活动所需的物料。

四、活动过程

课题一　了解端午节的习俗

（一）活动目的

（1）让幼儿了解端午节的由来。
（2）让幼儿知道屈原的事迹。
（3）让幼儿逐渐了解中国传统习俗。

（二）活动教具

端午节 PPT、粽子、龙舟模型、关于端午节的卡片。

（三）导入环节

老师：小朋友们，今天田老师给大家看一个东西，我相信大家看到以后肯定会特别兴奋，大家先听老师的描述来猜一下这个东西是什么。这个东西啊，它是一个立体三角形，是用白白的糯米做成的，它的大衣是绿色的，因为它怕大衣被别人偷走，就用线把大衣紧紧地裹在身上，小朋友们猜出这个东西是什么了吗？（给幼儿 1~2 分钟回答的时间）小朋友们真棒，这个东西就是粽子。今天老师给大家拿了一个粽子，有哪位小朋友知道什么节日会吃粽子？（给幼儿 1 分钟的时间来回答）对，这个节日就是端午节，有小朋友知道端午节的由来吗？老师给大家讲一讲关于端午节的故事吧，小朋友们要仔细听老师讲哦，后面会有问题问大家。

（四）活动环节

1. 听故事回答问题

老师：小朋友们都知道我国著名的爱国诗人屈原吗？（打开 PPT 播放）

屈原，战国时期楚国诗人、政治家，楚武王熊通之子屈瑕的后代。周赧王三十五年（公元前 280 年），楚顷襄王十九年（公元前 280 年），秦将司马错攻楚，楚割让上庸、汉北地；第二年，秦国大将白起攻楚，取邪、邓、西陵。周赧王三十七年（公元前 278 年），白起更进一步攻下了郢都，楚顷襄王只好跟那些执政的贵族们一起，狼狈不堪地逃难，"保于陈城（今河南淮阳县）"。在极度苦闷、完全绝望的心情下，屈原于农历五月五日投汨罗江自尽。这一年大概是楚顷襄王二十一年（公元前 278 年），屈原当时六十二岁左右。据说屈原死后，楚国人民非常悲伤，为了不让鱼、虾、蟹们来咬屈原的身体，有人把饭团、鸡蛋等食物丢进江里喂食它们，有人将雄黄酒倒进江里，为了药晕蛟龙水兽们，唯恐它们伤害屈原。此后，每年的五月初五被定为端午节，这一天人们纷纷赛龙舟、吃粽子、喝雄黄酒，以此来纪念爱国诗人屈原。

老师：老师的故事已经讲完了，下面要给各位小朋友提问题了！

第一个问题：屈原是我国著名的什么诗人？

第二个问题：百姓们为什么要把食物丢进河里？

第三个问题：端午节是每年的几月初几？

（一个一个问题问，给幼儿们3～4分钟回答的时间）

老师：好，小朋友们真棒啊，老师提出的问题小朋友们都回答正确了，大家给自己鼓鼓掌吧。

2. 端午节的习俗

老师：田老师刚才讲的是端午节的起源和屈原的故事，下面老师要给各位小朋友看看端午节都需要做什么事情，提问之前小朋友们可不可以把知道的事情告诉老师？（幼儿回答）

老师：小朋友们说得都不错，下面老师要开始讲了哦，小朋友们都要仔细听老师说的。

（1）打开第一张卡片——包粽子的卡片。

老师：大人们会用粽叶（菰白叶）把糯米、蜜枣、花生、豆沙等馅料包成菱角状、牛角状，或用竹筒装起来蒸熟，花样繁多，香甜可口，因为每个地方都有独特的口味，所以粽子也被分为了两大派别——咸粽子和甜粽子，咸口味的多在南方，而甜口味的多在北方。

（2）打开第二张卡片——喝雄黄酒的卡片。

老师：用研磨成粉末的雄黄泡制的白酒或黄酒，是中华民族传统节日端午节的饮品。雄黄需在阳光下晒，有的从五月初一晒到初五，作为一种中药材在一些地区流行，雄黄可以用作解毒剂、杀虫剂。传说端午节喝这种酒，可以驱虫解毒，儿童把酒涂在额头、手心，用来驱邪解毒。

（3）打开第三张卡片——艾叶蛋的卡片。

老师：用艾叶煮鸡蛋，早晨起来吃蛋喝水，饮酒一杯，打扫庭院，并将艾叶插在门上，可以"驱疾"。

（4）打开第四张卡片——赛龙舟的卡片。

老师：赛龙舟在我国南方比较流行，就是一边击鼓，一边划一种龙的形状的独木舟，在屈原的故乡湖南岳阳，每年端午节都会举行龙舟节，传说人们是以划龙舟来驱赶江中的鱼虾，以免伤害屈原的身体。

小朋友们，上面的四张卡片都是端午节的习俗，当然还有带五彩绳、带香囊，等等。

3. 激发幼儿对传统节日的热爱

老师：通过老师的讲解，小朋友们是不是觉得中国传统文化非常有趣？其实老师告诉你们，中国还有很多非常有趣的节日，例如春节、元宵节，还有一些特别时令的节日。老师想问问小朋友们，你们都喜欢什么样的节日呢？请小朋友们告诉老师原因。（找3～5个幼儿分享，老师可以适当点评）

老师：哦，原来小朋友们都喜欢过这样的节日啊，老师最喜欢过的节日是春节，因为春节大家可以一起包饺子，看春节联欢晚会，还可以和家人们分享这一年的经历，大家在一起团团圆圆、和和美美的。

（五）活动结束

老师：通过今天的学习，小朋友们学到关于端午节的知识了吗？或者对端午节有一定的了解了吗？我相信通过田老师的讲解，小朋友们对端午节一定有所了解了，对端午节的习俗和由来也应该有所理解，小朋友们这节课上得开心吗？老师要对今天回答问题的小朋友们提出表扬，你们真棒。

课题二　动手能力的培养

（一）活动目的

（1）让幼儿们勇于动手实践。

（2）让幼儿们学会色彩搭配。

（3）让幼儿们学会互相配合。

（二）活动教具

彩笔、A4纸、铅笔、橡皮、关于粽子的卡片。

（三）导入环节

老师：通过上一节课老师给大家讲解端午节的由来和起源，我相信小朋友们已经对这个节日有所了解了。今天咱们的课程主要以实践活动为主题，小朋友们还记得上节课老师给大家讲解的粽子吗？在老师心目中粽子是白白的身体，绿色的大衣，吃起来甜甜的。今天呢，咱们就要用彩笔来画出你们心中粽子的形象。让老师知道在你们心中粽子是圆滚滚的，还是长长的、扁扁的或者是其他形状的；外面的大衣是绿油油的，还是黄色的。

（四）活动环节

老师：现在小朋友们每四个人为一个小组。然后按小组坐好，桌子上有彩笔、铅笔、橡皮和A4纸，当然了，桌子上还有一张粽子的卡片，小朋友们可以按照卡片上的粽子来画，也可以按照自己的想法来创作，画好以后需要给大家展示，并且说一说，你为什么要这样画粽子，还要告诉大家你的粽子是什么馅的。

给幼儿充足的时间进行绘画，老师可以来回巡视，观察幼儿们绘画的成果，并对绘画认真的幼儿提出表扬，同时也要观察幼儿们在绘画中的配合能力。

老师：小朋友们画完以后上台展示，并且讲解自己配色的原因、粽子是什么馅的。（对于自我创作的幼儿要进行表扬）好的，小朋友们真棒，老师听到了大家的讲解，觉得你们都有一颗爱创造的心，这一点老师要给你们点一个赞，同时老师也要表扬小组配合得好的小朋友们，他们积极配合，团队合作和谐，老师也希望其他组可以和这几个组一样积极配合。

（五）活动结束

老师：今天小朋友们都画了属于自己的粽子，有甜的，有咸的，还有五彩斑斓的，小朋友们今天学到了什么呢？（找几个幼儿进行发言）真棒，老师也希望小朋友们继续努力。

课题三　中国传统节日

（一）活动目的

（1）让幼儿对中国传统节日有一定的了解。

（2）让幼儿喜欢上某一节日。

（3）让幼儿对中国传统节日有自己的认识。

（二）活动教具

关于传统节日的 PPT、小红花、卡片。

（三）导入环节

老师：小朋友们，通过老师第一节课的讲解，相信你们已经对端午节有了一定的了解。其实中国有很多传统节日，大家知道有什么节日吗？可以举手发言告诉老师。（给幼儿 3 分钟左右的时间回答，奖励回答问题的幼儿一朵小红花）小朋友们真棒，知道这么多节日，今天老师给大家讲解一下中国有哪些传统节日。

（四）活动环节

老师：小朋友们跟随老师一起看 PPT，老师给大家讲解的第一个节日就是春节。

春节，即农历新年，是一年之岁首、传统意义上的年节，俗称新春、新年、新岁、岁旦、年禧、大年等，口头上又称度岁、庆岁、过年、过大年。春节历史悠久，由上古时代岁首祈年祭祀演变而来。万物本乎天、人本乎祖，祈年祭祀、敬天法祖，报本反始也。春节的起源蕴含着深邃的文化内涵，在传承发展中承载了丰厚的历史文化底蕴。在春节期间，全国各地均会举行各种庆贺新春活动，带有浓郁的地域特色，热闹喜庆、气氛洋溢；这些活动以除旧布新、驱邪攘灾、拜神祭祖、纳福祈年为主要内容，形式丰富多彩，凝聚着中华传统文化精华。

在春节这一天要写春联、贴福字、包饺子、舞狮子。

第二个节日呢，就是七夕节，七夕节是农历七月初七，有情人终成眷属，也就是中国传统的情人节。

第三个节日就是重阳节，重阳节是农历九月初九，是尊老、敬老、爱老、助老的节日。

第四个节日就是清明节。清明节，又称踏青节、行清节、三月节、祭祖节等，节期在仲春与暮春之交。清明节源自上古时代的祖先信仰与春祭礼俗，兼具自然与人文两大内涵，既是自然节气点，也是传统节日。扫墓祭祖与踏青郊游是清明节的两大礼俗主题，这两大传统礼俗主题在中国自古传承，至今不辍。

第五个节日就是中秋节。中秋节，又称祭月节、月光诞、月夕、秋节、仲秋节、拜月节、月娘节、月亮节、团圆节等，是中国民间的传统节日。中秋节源自天象崇拜，由上古时代秋夕祭月演变而来。最初"祭月节"的节期是在干支历二十四节气"秋分"这天，后来才调至夏历（农历）八月十五日，也有些地方将中秋节定在夏历八月十六日。中秋节自古便有祭月、赏月、吃月饼、玩花灯、赏桂花、饮桂花酒等民俗，流传至今，经久不息。

第六个节日就是元宵节,元宵节又称为小正月、元夕或灯节,是春节之后的第一个重要节日。中国幅员辽阔,历史悠久,所以关于元宵节的习俗在全国各地也不尽相同,其中吃元宵、赏花灯、舞龙、舞狮子等是元宵节的重要民间习俗。

这些都是中国的传统节日,其实传统节日还有很多,今天老师就不一一给大家列举了。在中国众多的节日里面小朋友们最喜欢哪个节日呢?(3~5分钟回答时间,给回答问题的幼儿一朵小红花)

(五)活动结束

老师:今天老师给大家讲解了一些中国的传统节日,相信小朋友们对一些节日也有了自己的想法,小朋友们可以把感受和大家分享一下。(让幼儿进行分享,给分享的幼儿一朵小红花)好的,感谢这几位小朋友的分享。今天老师给大家讲解了中国的一些传统节日,希望小朋友们可以更加热爱中国的传统节日,并且有自己的认识。老师也希望大家能够对中国传统文化理解得更加深刻。

课题四 团队合作能力的培养

(一)活动目的

(1)引导幼儿懂得做事情要齐心协力才能成功的道理。
(2)让幼儿学会五个动词:挖、堆、推、拉、拖。
(3)引导幼儿仔细倾听故事并理解故事主要情节。
(4)培养幼儿仔细阅读的习惯,激发幼儿的阅读兴趣。

(二)活动教具

装饰好的纸箱一个,节日背景图一张,字卡若干,月饼、粽子、汤圆、饺子图片各一张。

(三)活动环节

1. 体验游戏"谁的力气最大"

老师:田老师给大家准备了一个装满东西的箱子,今天游戏的名字是谁的力气最大。而游戏规则是需要小朋友们把这个箱子放到指定的地方,现在先由田老师给大家讲个故事,小朋友们要认真听哦。

有一天,月饼在海边发现了一个漂流瓶,他很好奇这个漂流瓶里到底有什么,于是他决定找好朋友粽子帮忙,一起把这个漂流瓶打开,看看里面是什么,粽子看了半天也猜不出这里面到底装的是什么,于是他试着用双手把这个漂流瓶打开,可是他的力气太小了,漂流瓶除了外边磨损一点,别的什么收获都没有。于是粽子说咱们去叫元宵过来帮忙吧,或许他会有办法。于是他们把元宵叫来了,他们三个人决定一起把这个漂流瓶推上岸,粽子同意了这个想法,他们三个人就推呀,拉呀,拖呀,可是这个漂流瓶在原地一动也不动,为什么会这样呢?其实并不是因为这个漂流瓶很重,而是他们三个人的力气没有用到一块儿,粽子往左推,元宵往右拉,月饼往前拖。明白了这个道理的元宵赶紧跑到村子里找饺子帮忙,果然,四个人一起往一个地方用力气，瓶子就被推到了村子里。

老师：小朋友们猜一猜这个漂流瓶里到底有什么呢？

2. 谈话分享

让幼儿们说一说，自己刚才是用什么办法把这个重物放到了指定的地方。（老师提示用推、拉、托等动作）

（四）活动结束

引导幼儿欣赏完整故事后提问，老师出示箱子、背景图和卡片等把故事叙述一遍，使幼儿们对故事理解得更深刻。

老师：最后他们可能用什么办法把漂流瓶打开呢？他们刚开始为什么没有成功？

五、活动延伸

课题一结束后，幼儿们回家后可以和爸爸妈妈一起包粽子，然后和大家分享包粽子的经历和感受。

课题二结束后，幼儿们有了初步的色彩搭配和团队合作能力，幼儿们回家以后要和家长分享自己的绘画过程和绘画感受，并且让家长用手机记录这个时刻，家长还要对幼儿的画进行点评。

课题三结束后，幼儿们都有了自己的想法。幼儿们回家后可以和家长共同制作一个关于中国传统节日的表格，这个表格上可以加一些装饰画等。幼儿们回家以后和爸爸妈妈一起画一幅全家福，这个画里面要有自己的爸爸妈妈，还要有幼儿自己，也可以把家里的宠物画到画里面，这个全家福一定要大家一起完成，完成以后，幼儿们要把画带到学校，与同伴分享绘画过程和感受。

六、活动反思

这次课程可以让幼儿们学到一些传统文化知识，了解中国传统文化蕴含的节日习俗，提高幼儿们对传统文化和传统节日的兴趣，使他们更加喜欢过中国传统节日，并从中学到关于节日的寓意。这次课程让幼儿们对端午节印象深刻，也让幼儿们了解了屈原的事迹和习俗由来。此外，这次课程可以培养幼儿们的色彩搭配和团队合作能力，锻炼幼儿们的思维和语言沟通能力以及联想能力，从而提高幼儿们的各方面思维。

二十四节气

> **申请人简介：**
> 我叫卢心怡，来自北京。我喜欢小朋友，能够耐心地和他们进行互动，勇于发现和解决小朋友们生活中所遇到的问题，让他们能过一个快乐的童年。我现在虽然是一名在校生，但已具备了一定的知识与经验。我充满青春活力，具备良好的人品，乐于与人沟通，具有良好的团队管理能力和与人合作的精神，能够积极互动，努力达到团队的目标。
> **所在单位：** 北京经贸职业学院国际经济贸易系 2019 级学前教育专业
> **适用班级：** 大班

一、设计意图

根据《幼儿园教育指导纲要》和《3～6岁儿童学习与发展指南》所提供的目标，我设计了本次关于二十四节气的主题活动，旨在让幼儿们了解中国的传统文化，知道二十四节气的由来和有关二十四节气的习俗，并能自己组织语言说出对二十四节气的认识和理解。

二、活动目标

（1）语言领域：幼儿能清楚地说出自己想说的事；喜欢听故事、看图书。

（2）社会领域：幼儿对周围的事物、现象感兴趣，有好奇心和求知欲；能用适当的方式表达、交流探索的过程和结果。

（3）艺术领域：幼儿能用不同的艺术形式大胆地表现自己的情感和体验，激发想象力和创造力；在美术活动中能理解、接纳、欣赏、尊重他人的创作与表现，喜欢欣赏不同风格的艺术作品，发展审美情趣。

三、活动准备

（1）与二十四节气有关的图片和各种音视频资料。

（2）相关PPT。

（3）开展活动所需的各种物料。

四、活动过程

课题一 二十四节气歌

（一）活动目的

（1）无论在集体场合还是个别谈话时幼儿都能认真、耐心、有礼貌地倾听他人讲话。

（2）幼儿能主动表达自己的意思，乐于参加讨论和辩论，敢于发表不同的意见。

（3）幼儿能理解画面的内容，能用恰当的扩句和缩句来合理表达画面的内容。

（二）活动教具

（1）PPT课件：什么是二十四节气。

（2）有关二十四节气的图片。

（3）二十四节气歌。

（三）导入环节

老师：把准备好的二十四节气卡片展示给幼儿。

老师：小朋友们，看到这些图片你们能想到什么？知道的请举手回答。

幼儿：四季，风景，出去玩！

老师：很好，你们说得都不错。但这是二十四张描述二十四节气的图片。

老师：小朋友们，你们知道什么是二十四节气吗？它的作用是什么？接下来，就让我们来了解一下二十四节气吧！

（四）活动环节

1. 认识二十四节气

（1）二十四节气是什么。

老师：小朋友们知道什么是二十四节气吗？

幼儿：是二十四个天气！

老师：很接近了！二十四节气是根据太阳在黄道上的位置将全年分成的二十四个时段。

老师：小朋友们知道二十四节气都有什么吗？

幼儿：有大雪和小雪。春分。不知道。春节。冬至。

老师：大家说得很好，但是老师要告诉小朋友的是，春节不属于二十四节气，它是中国的传统节日。

而我们的二十四个节气包括立春、雨水、惊蛰、春分、清明、谷雨、立夏、小满、芒种、夏至、小暑、大暑、立秋、处暑、白露、秋分、寒露、霜降、立冬、小雪、大雪、冬至、小寒、大寒。

老师：现在大家知道二十四节气是什么了吗？

幼儿：知道了！

（2）二十四节气中每个节气的含义。

老师：现在小朋友们看一下 PPT 上与每个节气对应的图片，我们先来了解一下每个节气的大致意思。

立春：立是开始的意思，立春就是春季的开始。

雨水：降雨开始，雨量渐增。

惊蛰：蛰是藏的意思。惊蛰是指春雷乍动，惊醒了蛰伏在土中冬眠的动物。

春分：分是平分的意思。春分表示昼夜平分。

清明：天气晴朗，草木繁茂。

谷雨：雨生百谷。雨量充足而及时，谷类作物能茁壮成长。

立夏：夏季的开始。

小满：进入了大幅降水的雨季，小满江河满（南方）。麦类等夏熟作物籽粒开始饱满（北方）。

芒种：有芒的谷类作物播种，过此即失效，故名芒种。另有指麦类等有芒作物成熟。

夏至：炎热的夏天来临。

小暑：暑是炎热的意思。小暑就是气候开始炎热。

大暑：一年中最热的时候。

立秋：秋季的开始。

处暑：处是终止、躲藏的意思。处暑是表示炎热的暑天结束。

白露：天气转凉，露凝而白。

秋分：昼夜平分。

寒露：露水以寒，将要结冰。

霜降：天气渐冷，开始有霜。

立冬：冬季的开始。

小雪：寒潮和强冷空气活动频数较高，降小雨或雪。

大雪：意味着天气会越来越冷，降水量渐渐增多。

冬至：寒冷的冬天来临。

小寒：气候开始寒冷。

大寒：一年中最冷的时候。

老师：二十四节气是我国重要的传统文化，是我们祖先智慧的结晶，所以小朋友们一定要清楚它！

2. 提问环节，看谁记住的二十四节气多

老师：接下来老师要考考小朋友们，看看通过刚才的讲解，谁记得的二十四节气更多（幼儿回答）。

老师：小朋友们真厉害，这么短的时间能记住这么多的节气。但是小朋友们还是不能快速地把所有节气都说出来，那么下面让老师告诉大家一个关于二十四节气的小口诀，这样我们就能又快又准确地说出二十四个节气了。

3. 学会二十四节气歌

老师：下面我读一句，你们也读一句。

春雨惊春清谷天，夏满芒夏暑相连，
秋处露秋寒霜降，冬雪雪冬小大寒。

（五）活动结束

老师：好，小朋友们，今天我们已经初步了解了二十四节气，希望你们能把二十四节气歌熟练地背诵下来，谢谢各位小朋友的配合。

课题二 二十四节气的习俗

（一）活动目的

（1）帮助幼儿获取有关二十四节气的感性经验，形成对二十四节气的初步认识。
（2）幼儿能够与他人交流和分享发现的愉悦感受。
（3）激发和培养幼儿好奇、好问、好探索的态度。

（二）活动教具

（1）PPT：二十四节气对我们生活的影响。
（2）有关二十四节气习俗的小短片。
（3）煮熟的鸡蛋、盐、工具若干。

（三）导入环节

老师：好，小朋友们。上一节课我们已经初步了解了我们中国的二十四节气，今天我们就来看看二十四节气对我们的生活有哪些影响。

（四）活动环节

老师：二十四节气是我国古代天文学家和劳动人民在农业生产实践中发明、创造的，它服务于农民的耕耘、播种和收获，推算并预报二十四节气一直是我国农历的一项不可缺少的重要内容。所以说二十四节气的活动主要是农事上的，流传到现在又加了些新的改变。

1. 播放有关二十四节气的小短片，让幼儿们了解二十四节气的习俗

立春

立春为二十四节气之首，这一天后，草木复苏，万物始生，春天到来。在这一天，人们会吃春饼，迎接春天。

雨水

雨水后，降雨增多。这一天出嫁的女儿要带着礼物回家拜访父母，感谢父母的养育之恩。

惊蛰

"惊蛰至，雷声起。"正如其名中的"惊"，轰轰轰，冬眠的小动物全被春雷震醒，除了要为庄稼防虫，这一天，还要"打小人"驱走霉运。

春分

春分这一天，昼夜平分，寓意公平，古人会在这一天校对度量衡器具。
此外，每年这一天，无论男女老少，都"童心未泯"地玩着同样一个游戏：让圆滚滚

的鸡蛋立起来。

清明
清明是一个特殊节气。这天的很多习俗与郊游踏青有关：荡秋千、放风筝、蹴鞠、插柳。清明这个节气，既有思念故人的悲伤，又有踏青赏景的惬意。

谷雨
谷雨是春季最后一个节气，巴蜀等地开始下起夜雨。除了农作，谷雨这天，人们或走亲访友，或到野外散步，寓意强身健体，与自然相融合。

立夏
"槐柳阴初密"，立夏之后，万物从初生进入了繁茂。当天人们会称体重，寓意健康。

小满
小满正是插水稻的季节。当天农民会祭三车：祭祀水车、牛车、丝车。

芒种
芒种是农民忙着播种的时节。民间多在芒种日举行祭祀花神仪式，饯送花神归位，同时表达对花神的感激之情。

夏至
人们祭神止雨求晴，北方多求雨，祈祷风调雨顺。

小暑
小暑也是个硕果累累的日子，农民劳作半年终于可以尝到新稻谷了，所以当天要"食新"。

大暑
这个时节很热，所以人们会吃些食物来"消暑"。

立秋
立秋是秋季的第一个节气，也预示着丰收的开始。这一天的风俗很多，例如贴秋膘，这一天大家小户都要吃炖肉。

处暑
处暑后，秋意渐浓，正是人们畅游郊野迎秋赏景的好时节。

白露
每年白露节一到，家家酿酒，待客接人必喝"土酒"。

秋分
民间会吃一种叫作"野苋菜"的野菜，有的地方也称之为"秋碧蒿"。

寒露
因此时包括重阳节，故有登高活动。同时，还要吃花糕，寓意步步高升。

霜降
在中国的一些地方，霜降要吃红柿子，在当地人看来，这样不但可以御寒保暖，还能补筋骨。

冬至
农民会把农作物收割后储藏起来，人们会吃饺子来迎接冬天。

小雪
人们会腌腊肉，吃糍粑。

大雪

到了大雪节气，北方河里的水往往都被冰冻起来，人们可以尽情地滑冰嬉戏。

冬至

在北方冬至有吃饺子的风俗，而南方则是吃汤圆。

小寒

如今涮羊肉火锅、吃糖炒栗子、烤红薯成为小寒的习俗。

大寒

在这一节气中，比较重要的一环就是"食补"，八宝饭、芘杞炖子鸡、羊肉炖白萝卜、红杞田七鸡等都是百姓餐桌上必备的佳品。

老师：好，这就是关于二十四节气的全部习俗，但有些地区的习俗是不同的，需要小朋友们自己探索和发现各个地方在节气前后的习俗。

2. 老师带领幼儿玩游戏

老师：接下来我们来玩一个让鸡蛋立起来的游戏，这是春分时的习俗。

老师：老师现在发给每个小朋友一个鸡蛋，大家先观察一下鸡蛋外形，你们发现了什么？

幼儿：鸡蛋是椭圆形的。两头一个大一个小。

老师：对，没错！那现在小朋友们想想怎么在不破坏鸡蛋的基础上把它立起来。

幼儿：让大的一端在下面。

老师：非常好！那让我们利用桌子上的一些工具，开始游戏吧！

幼儿玩游戏时间约2分钟。

老师：你们的鸡蛋立起来了吗？

幼儿：没有。

老师：那老师提醒一下大家，如果往桌子上放些盐，鸡蛋会不会立起来呢？

幼儿：可以了！

老师：现在老师给大家讲解一下为什么鸡蛋可以在盐上立起来。

拿出事先准备的显示盐在显微镜下的图，向幼儿展示盐是小正方体，所以可以在底部各个地方撑住鸡蛋不倒，盐越多鸡蛋越容易立起来。

（五）活动结束

老师：好，今天我们更深入地了解了二十四节气，并做了其中一个节气的小游戏。希望小朋友们在节气来临时能运用今天所学的知识。

课题三　画清明

（一）活动目的

（1）启发幼儿借助多种绘画工具和材料，运用多种技能表达自己独特的思想与感受，体验创造的乐趣。

（2）引导幼儿较熟练地使用和选择手工工具和材料，表达自己的想法。

（3）幼儿能主动参与多种艺术活动并创造性地表现。

（二）活动教具

（1）PPT：二十四节气中清明时的场景。
（2）绘画工具等。

（三）导入环节

老师：小朋友们，根据前几节课的学习，我们已经深入了解了二十四节气。那今天呢，我们要画一画其中的一个节气——清明。

（四）活动环节

1. 对清明时节的活动展开想象

老师：首先，我们要回想一下清明时节我们要做些什么呢？
幼儿：放风筝，扫墓，荡秋千！
老师：小朋友们回答得很好。总的来说，在清明时，我们要出去踏青。那现在小朋友们想象一下和爸爸妈妈或者朋友春天出去玩时的场景。
放一些安静的音乐。
老师：（轻柔地说）想象一下你们拽着风筝的线，把风筝放上天空的画面；想象在散发着花草清香的树林里散步；想象你在郊外看见的小动物。

2. 用画画的方式表达踏青

老师：这种感觉真妙啊！小朋友们，让我们看看别人是怎么表达的。要是你来画能表达得比他更好、更有趣吗？
现在请小朋友们拿出自己心爱的美术工具，把自己刚才想象出来的画面在纸上画出来吧！（播放音乐）

3. 幼儿讲述，师生点评

老师：先画好的小朋友，可以和最好的朋友分享你的作品，也可以拿到前面来介绍给大家，并说说你的感受。

4. 以点带面，超越踏青

老师：刚才小画家们把踏青的感觉表达得淋漓尽致。现在小朋友们对清明这个节气不陌生了吧，其实二十四节气与我们的生活是息息相关的。

（五）活动结束

老师：好，今天小朋友们发挥想象力，创作了一幅清明时节去踏青的画。大家也感受到了二十四节气与我们的生活是息息相关的。

五、活动延伸

幼儿回家给家长背二十四节气歌，并查一查与节气有关的小故事。幼儿可以和家长一起做好准备迎接最近的节气。从二十四节气中任选一个节气，想想它到来时，我们身边的自然环境或者人们的生活有哪些变化，并画出这一变化。

让幼儿了解更多的中国传统文化，例如传统节日、诗歌、非物质文化遗产等。

六、活动反思

整个教学活动充满了温馨、快乐的气氛，幼儿们在我亲切的微笑和精心设计的教学环节中放松身心，大胆讲述以往的生活经验，充分感受到我国传统文化二十四节气的魅力。在第一个环节初步认识二十四节气中，课件吸引了幼儿们的注意力，让幼儿们明白二十四节气的意义。在第二个环节有关二十四节气的习俗中，幼儿们通过短片，感受到二十四节气就在我们身边。在这两个环节中幼儿们知道了有关二十四节气的基本理论，并体会到二十四节气对人类的影响。接着在我的启发引导下，幼儿们开始做"让鸡蛋立起来"的游戏，进一步感受了二十四节气的有趣之处。在第三个环节"画清明"中，幼儿们通过我的引导，展开想象，引起思考、讨论，如何画出清明时节出去踏青的情景，并充分感受、表达二十四节气给人们生活带来的快乐。最后，我引导幼儿们通过讨论得出结论：二十四节气与我们的生活息息相关。

活动中我抓住重点，围绕主题启发引导幼儿们积极思考、大胆表述，师幼互动良好。此外，我精心制作的多媒体课件不仅深深地吸引了幼儿们的注意力，还帮助幼儿们理解了二十四节气的意义。幼儿们通过多种感官参与活动，学习运用有关二十四节气的知识，最后在欢快的绘画活动中幼儿们的情绪达到了高潮。幼儿们参与活动的兴趣很高，学习的主动性、积极性也提高了，他们虽然不太会画画，或不能投入地画画，但从幼儿们欣喜的眼神中可以看出他们喜欢这次活动并乐于去尝试，去体验。幼儿们从各自初步尝试理解二十四节气，到能有意识地进行思考，学习能力有了一定的提高，动手能力与人际关系能力得到了进一步的发展。

但在活动中我也发现了许多不足之处。一是幼儿们的实际生活经验少，在游戏活动中，不能放开大胆地表达自己的想法，不能投入其中。这与我们在开展其他类似教学活动中这一方面涉及较少有很大关系，幼儿缺乏此类经验。二是在绘画活动中幼儿独立完成作品的能力有限，在活动中缺少耐心及探索精神。当遇到困难时急于求助他人，轻易放弃了自己探索的机会。三是幼儿的空间智能没有得到很好的发展，主要原因是在我们设计的活动中关于绘画、创作的内容极少，幼儿们没有机会去练习和提高。

针对该主题活动中的不足之处，我会在今后的主题活动中有计划地进行改进和完善，使幼儿们在各种主题活动中，各项智能都能得到均衡发展。

国粹京剧

> **申请人简介：**
> 本活动设计者张雨和李笑迎均是来自北京经贸职业学院学前教育专业的学生，在班级分别担任班长、宣传委员，性格都很温和乐观，积极开朗热情大方，善于帮助同学，待人友好礼貌，擅长表达和与人交往，老师发布的每项任务都会认真完成，处事灵活，对于班级事务也尽心尽力，有良好的思想品德和道德素养。
> **所在单位：** 北京经贸职业学院国际经济贸易系 2019 级学前教育专业
> **适用班级：** 大班

一、设计意图

党的十八大以来，以习近平同志为核心的党中央高度重视中华优秀传统文化的传承与发展，始终从中华民族最深沉精神追求的深度看待优秀传统文化，从国家战略资源的高度继承优秀传统文化，从推动中华民族现代化进程的角度创新发展优秀传统文化。

京剧是我国传统艺术的瑰宝之一，是中国影响力最大的戏曲剧种，具有几百年的发展历史。京剧传播全国，影响甚广，有"国剧"之称。京剧角色中丰富的色彩艺术与特色的音乐形式、鲜明的人物形象特征、咿咿呀呀的京剧语言都是幼儿在这个阶段喜闻乐见的艺术形式。我们通过为幼儿设计一些动手能力强、丰富有趣的课堂综合小活动，引领幼儿在活动中多听、多画、多说、多表现，以便对我国京剧有初步的了解和认识；通过加强幼儿对京剧文化的了解，激发幼儿对中国传统文化的热爱并亲身体验中国传统文化所展现的魅力。

二、活动目标

（1）通过 PPT、视频、音频等形式，让幼儿认真倾听京剧并了解京剧的起源、特点。

（2）通过 PPT、视频、音频让幼儿了解京剧中脸谱颜色所代表的含义，了解"生、旦、净、末、丑"的特征表现，并能通过讲故事的形式清楚完整地表达出来。

（3）通过绘画脸谱了解所装扮的人物，并简单区分人物的性格，能够运用不同的工具、材料表达自己的想法。

（4）通过佩戴自己所画的脸谱模仿扮演京剧中的人物，积极参与并与老师和其他幼儿进行互动。

（5）让幼儿通过自行分组的形式，运用喜欢的表达方式来交流展示京剧；让幼儿愿意与人交往，在活动中能够主动表达自己的不同意见。

（6）通过一些小游戏，让幼儿在活动时能与同伴分工合作，遇到困难一起解决。

（7）萌发幼儿的爱国热情。

（8）让幼儿感受中国传统文化的魅力，激发幼儿学习传统文化的兴趣。

三、活动准备

准备京剧 PPT 课件、京剧视频、京剧音频、京剧图片、京剧空白脸谱、所需颜色颜料和画笔等。

四、活动过程

课题一　走近京剧

（一）活动目的

（1）引导幼儿了解京剧的来源。

（2）引导幼儿知道京剧在我国传统艺术中的地位。

（3）提高幼儿的自主思考及表达能力。

（二）活动教具

（1）提前准备好京剧的 PPT 课件。（京剧的起源、特点，为什么京剧是国粹）

（2）京剧有名的四大行当剧目视频，京剧的图片。

（三）导入环节

出示京剧脸谱图片。

老师：小朋友们，有谁知道这是什么吗？举手来回答。

有的幼儿说：鬼脸。有的幼儿说：面具。有的幼儿说：京剧脸谱。

老师：对，小朋友们真聪明，老师手里拿的就是京剧脸谱，那小朋友们知道老师手里拿的这张脸谱是哪个京剧角色吗？（拿着张飞的图片）

幼儿：不知道。

老师：那今天宝贝们来跟老师一起学习好不好？

幼儿：好！

（四）活动环节

1. 讲解脸谱知识

展示并讲解 PPT 中脸谱的特点、起源以及京剧在中国传统文化中的地位。

老师在讲解京剧具体知识点时，引导幼儿尝试学会自己复述并记住内容。

老师：小朋友们都听懂老师讲的小知识了吗？

幼儿：听懂啦！

老师：老师来问几个小问题好不好？

幼儿：好！

老师：哪位小朋友来给其他小朋友解释一下京剧的起源是什么呢？

幼儿踊跃举手，选择其中一位幼儿站起来大声复述京剧的起源。（民间戏曲的融合）

老师：1号宝贝表现真好，小朋友们都听懂了吗？

幼儿：听懂了，老师。

老师：哪位小朋友来告诉老师京剧的特点是什么呢？

幼儿们踊跃举手，选择其中一位幼儿站起来大声复述京剧的特点。（以历史故事为主要演出内容）

老师：2号宝贝表现真棒！大家给他点掌声鼓励一下好不好呀？

掌声响起。

老师：最后一个小问题，哪位小宝贝来告诉老师京剧在我国传统文化中的地位是什么？

幼儿们踊跃举手，选择其中一位幼儿站起来并大声复述京剧在传统文化中的地位。（中国影响最大的戏曲剧种）

老师：3号宝贝真是太棒啦！老师给每位小朋友都发一颗糖，宝贝们一定要记得吃完漱漱口哦！

幼儿：好！

2. 观看视频了解脸谱特征

翻到下一页PPT，播放视频，让幼儿观看视频。

老师：好了，现在视频播放完了。小朋友们都看到什么颜色的脸谱了呢？

幼儿：蓝色、红色、白色、黑色……

播放讲述各种颜色脸谱特征的视频。

老师：哪位小朋友来给老师重复一下它们都有什么特点呢？

幼儿们竞相举手。

老师：2号小朋友你来。

听2号小朋友讲解黑色脸谱的特点。（性格严肃，不苟言笑，代表猛智）带领幼儿鼓掌。

老师：2号小朋友说得真好。那有谁再来给老师讲一下呢？

幼儿们再次举手。

老师：3号小朋友你来讲。

听3号幼儿讲解白色脸谱的特点，（阴险，疑诈，飞扬，肃杀的人物形象）再次响起掌声。

老师：3号小朋友真棒。老师奖励他们一人一个棒棒糖。让我们再给这两位小朋友鼓鼓掌！

（五）课题延伸

老师：那老师给大家留一个小任务，回到家之后给自己的爷爷奶奶、姥姥姥爷、爸爸妈妈讲一下我们今天学习的京剧小知识并让爸爸妈妈录一个漂漂亮亮的小视频传给老师好不好？

幼儿：好！

(六) 课题反思

这节活动课有优点也有不足，优点是提高了幼儿对于京剧知识的了解，提升了幼儿的自主观看能力以及认真倾听能力，同时提高了他们的表达能力。不足就是由于时间紧张，很多幼儿没能被叫到回答问题，不利于下次参与活动课的踊跃性的提高。下次我会注意这个问题，改善课堂提问方式，充分了解幼儿对于课堂知识的理解程度。课后也要及时了解幼儿有哪些没有理解的重难点问题。

课题二　小小艺术节

(一) 活动目的

(1) 让幼儿自己动手绘制脸谱。

(2) 让幼儿对自己绘画脸谱的颜色有清楚的认识，并能准确地说出脸谱人物的姓名、性格特征。

(3) 让幼儿佩戴好自己所绘画的脸谱，并能够积极踊跃上台表演此人物。

(二) 活动教具

准备空白脸谱若干个、画笔、颜料、小筐、松紧绳、小围裙。

(三) 导入环节

老师拿出画笔，问道：小朋友们，看老师今天手里拿的是什么呢？

幼儿：画笔！

老师：那宝贝们知道老师今天要带领你们干什么吗？

幼儿：画画！

老师：小朋友真聪明，还记得我们上节课学习了什么吗？

有的幼儿说：京剧脸谱的特点。

有的幼儿说：京剧脸谱的起源。

有的幼儿说：京剧脸谱的地位。

老师：那接下来老师给每个小宝贝都发一个空白的脸谱，小朋友们凭借上节课老师给大家放的视频，把自己最喜欢的脸谱画下来，好不好？

幼儿：好！

从小筐里拿出准备好的画笔和空白脸谱，依次传到幼儿手中。把颜料放到小桌子中间，保证每个幼儿都能够得到。给每个幼儿依次戴上小围裙，以防弄脏衣服。

老师：小朋友们，准备好了吗？

幼儿：准备好了！

老师：那我们现在开始吧。

（四）活动环节

幼儿自己动手画脸谱。在幼儿画脸谱的过程中，老师对幼儿进行指导，并对幼儿的绘画想法进行询问和探讨。

老师：小朋友们都画好了吗？让老师看看哪个小朋友画得最好呀？

幼儿们高高举起自己画的脸谱。

老师：小朋友们画得都很好。那小朋友们看到脸谱旁边的两个小孔了吗？

幼儿：看到了。

老师：小朋友们知道这是干什么的吗？

幼儿：穿绳子的！

老师：真棒！接下来老师给每个人发一个绳子，我们把它穿上好不好呀？

幼儿：好。

老师先给幼儿示范穿绳子的正确做法。（拿住绳子，将绳子一端穿进其中一个小孔，打一个结，再将绳子的另一端穿进另外一个小孔，跟这边一样系个结）

示范完毕，老师询问幼儿：宝贝们，大家看明白老师做的了吗？

幼儿：看懂了！（如果有没看懂的幼儿老师再次进行单独示范）

老师：现在老师会给每个小朋友发一根绳子，拿到绳子的小朋友先不要乱动，等老师和大家一起完成面具。

老师依次给每个幼儿发一根松紧绳，走回讲台。

老师：小朋友们都拿到绳子了吗？

幼儿：拿到了。

老师：那小朋友们跟老师一起把绳子穿到小孔里面好吗？

幼儿：好。

老师拿出一个脸谱、一根绳子，手把手教幼儿把绳子穿过小孔，完成任务。

老师：小朋友们穿好了，现在我们把它戴上好不好？

幼儿们把脸谱戴上。（如果有面具大小不合适的幼儿，老师可以协助其将面具调整到合适大小）

老师：哪位小朋友想上来给大家表演一下自己喜欢的角色呀？

幼儿们举手，老师挑选3~4名幼儿上台表演。

老师：1号小朋友来给大家表演一下你喜欢的这个角色，大家掌声鼓励一下好不好？

掌声响起，掌声落下。1号幼儿上台进行表演。

表演完毕。

老师：1号小朋友表演得真棒！还有哪位小朋友愿意上来表演吗？

幼儿们举手。

老师：2号小朋友来表演你最喜欢的角色吧。其他小朋友们的掌声呢？

掌声响起，掌声落下。2号幼儿上台表演。

表演完毕。

老师：2号小朋友第一次上台表演就特别棒呢，下次继续努力哦！还有哪位小朋友想表演角色吗？

幼儿们举手。

老师：3号小朋友来跟大家分享一下你喜欢的角色。小朋友们的掌声呢？

掌声响起，掌声落下。3号幼儿上台表演。

表演完毕。

老师：哇，3号小朋友表演得真像呢。三位小朋友今天表现得都非常棒，老师奖励每个小朋友一朵小红花。

老师拿出准备好的小红花，依次揭下来贴到三位幼儿的额头上。

（五）课题延伸

老师：今天每个小朋友都画得很棒，老师给小朋友们布置一个小小的任务好不好呀？

幼儿：什么呀？

老师：小朋友们把今天自己画的脸谱带回家，让爸爸妈妈在周末的时候带大家去博物馆或者展览馆参观脸谱。每个小朋友再在画纸上画出另外一种自己最喜欢的脸谱，明天交给老师好不好呀？

幼儿：好！

（六）课题反思

这节课准备得相对较充分，在整个教学活动中，我选择了以绘画的形式来引起幼儿的高度关注，贴近幼儿的生活学习乐趣。在活动开展时注意对幼儿进行有效的指导，从而培养他们的自主动手能力和感受绘画颜色的丰富多彩，热爱中国传统文化。并让他们利用节假日去博物馆等地参观多姿多彩的脸谱，自己动手画出不同的脸谱，提高他们对传统京剧的兴趣并加深对传统京剧的认识。

课题三　小小艺术家

（一）活动目的

（1）使幼儿简单了解京剧这种传统戏曲艺术，萌发幼儿对我国传统曲艺的好奇心和喜爱之情。

（2）使幼儿初步了解有关京剧人物，知道京剧是我国特有的戏曲种类，是我国的国粹。

（3）引导幼儿认识京剧特有的脸谱，了解典型、简单的京剧唱腔及台步。

（4）培养幼儿的绘画技巧和艺术气质。

（5）根据色彩进行大胆合理的想象。

（二）活动教具

（1）让幼儿搜集有关京剧演员的剧照、脸谱。

（2）准备京剧小戏装、音频、椭圆形纸及彩笔若干。

（3）准备生、旦、净、丑角色的京剧唱腔视频。

(三) 导入环节

老师：请小朋友们和自己的小伙伴一起交流一下在你眼中京剧是什么样子的。

幼儿们进行激烈的探讨。

老师：小朋友们讨论得怎么样了？有没有小朋友上台来和其他小朋友分享一下呢？

幼儿们踊跃举手。

1号幼儿：我觉得京剧颜色很多，很好看。

2号幼儿：京剧黑乎乎的脸太吓人了。

3号幼儿：我听爷爷奶奶唱过京剧，我觉着很好听。

(四) 活动环节

1. 观赏京剧剧照、脸谱、服饰等，了解剧照和图片中有关京剧人物（曹操、关羽、张飞、刘备）

2. 比一比，找一找，看一看，画一画，演一演

(1) 比较几种京剧人物脸谱颜色的差异。

(2) 找出脸谱上的额头、眉毛、鼻、嘴等处花纹对称的特点。

(3) 观看京剧视频片段，并鼓励幼儿学习和模仿典型易学的唱腔及台步。

(4) 大胆尝试在椭圆形纸上为脸谱五官化妆，并涂上喜欢的颜色。

(5) 戴上自制脸谱并相互交换，相互欣赏，穿上小戏装，在京剧唱腔的伴奏下，进行模仿和表演。

(五) 课题延伸

老师：今天老师是不是带领小朋友们做了关于京剧的小游戏呀？老师给大家布置一个小任务好不好呀？

幼儿：什么小任务呀？

老师：小朋友们回家给爸爸妈妈各做一个脸谱，然后和爸爸妈妈一起表演一小段京剧，和爸爸妈妈一起感受京剧的魅力，好不好呀？

幼儿：好！太好了！

(六) 课题反思

在这个活动的设计中，我考虑到了不同层次的幼儿，但在活动过程中还是有所偏向，稍微忽略了一些能力较弱的幼儿。同时，每个环节的衔接也稍显急促，没有给幼儿充分表达和表现的时间，我想在以后的活动中我会更好地把握每个环节。

五、活动延伸

大班幼儿动手能力和表达能力、模仿能力都比较强，这时期幼儿的模仿技能越来越好，他们通过老师的引导、示范、提示，逐渐能够做到举一反三、融会贯通。如在复述京剧的特点、起源以及京剧在传统文化中的地位时，幼儿先认真倾听老师的讲解，然后再复述老师讲

解的知识点时，就能更好地说出想表达的内容，这类活动不仅提高了幼儿的动手能力和表达能力，同时可以使幼儿更好地融入班级活动中。

六、活动反思

我的目标一是让幼儿认识京剧脸谱的特点、起源和京剧在中国传统文化中的地位，了解不同脸谱与人物身份、个性的关系，对于这个目标来说，幼儿一开始只是知道这是花花绿绿的一张脸，后来通过这堂课的学习，大部分幼儿认识了京剧脸谱，但只有少部分幼儿做到了了解不同脸谱与人物身份和特征、个性的关系。目标二是让幼儿感受脸谱的图案及色彩的美，萌生对脸谱艺术的兴趣。我觉得这个目标的完成是有所欠缺的，在上课的过程中，由于时间不够，让幼儿观察的时间较少，导致有很多幼儿只会在脸谱上涂颜色，只有少部分幼儿会画脸谱。

在今后的教学实践中，我将引导幼儿继续感受中国传统艺术的魅力，同时我也会不断探索美术欣赏教学实践活动，在提升幼儿欣赏美、感受美的同时使自己的欣赏水平不断得到提升。京剧作为我国的国粹，在国内外都享有极高的声誉。目前，京剧艺术已经被纳入中小学教育内容。幼儿园的教学内容是因人而异、因园而异的，没有统一的课程安排。但《幼儿园工作规程》中明确指出：幼儿园教育活动的内容应根据教育目的、幼儿实际水平和兴趣，以循序渐进为原则，有计划地选择和组织。培养幼儿从小热爱祖国及祖国的文化精粹这一目标是不变的。在大力提倡京剧艺术、弘扬祖国优秀传统文化的今天，幼儿们经常在电视里看到京剧艺术表演，对京剧产生了好奇和想模仿的心理，作为幼儿园教师的我们，还能对京剧不闻不问吗？

新年

申请人简介：
我叫王佳琪，是一名大二学生，平时喜欢做甜点，享受生活，热爱旅行，喜欢把生活和旅行过程中有趣的事情记录下来，有每天写日记的习惯。学习学前教育专业是因为我觉得小朋友的世界是非常不一样的，他们有自己的想法，也有自己看世界的视角。我们不应该只把他们当成孩子，而是应该当成一个大人来看，观察他们的世界并了解他们的想法。我也希望通过学习了解更多的知识，以便可以更好地去教学。
所在单位： 北京经贸职业学院国际经济贸易系 2019 级学前教育专业
适用班级： 大班

一、设计意图

幼儿本身对新年的气氛就特别熟悉，让他们去感受这份欢乐是他们再高兴不过的事情了。所以，我从生活中挖掘素材设计了本次活动，旨在让幼儿知道更多关于春节的知识，知道春节习俗的来历和历史故事，让他们喜欢上传统节日。

二、活动目标

（1）语言领域：让幼儿学会认真倾听并能听懂常用语言。
（2）艺术领域：让幼儿喜欢上艺术活动并能大胆表现。

三、活动准备

（1）与新年有关的图片和各种音视频资料。
（2）相关 PPT。
（3）各项活动所需的物料。

四、活动过程

课题一　压岁钱的由来

（一）活动目的

（1）幼儿在集体中能注意听老师或其他人讲话。
（2）幼儿在听不懂或有疑问时能主动提问。
（3）幼儿能结合情境理解一些表示因果、假设等相对复杂的句子。

（二）活动教具

一个封皮上写着岁岁平安的红包、里面放上一张一百元钱。

（三）导入环节

老师：小朋友们，今天王老师给大家看一个东西，大家看到的时候肯定特别高兴。小朋友们根据老师的形容先来猜猜这个是什么东西。这个东西每年过年都会见到，会有很多人给小朋友这个东西。不过这个东西有的小朋友会自己保存，有的小朋友拿到手之后就会转交给爸爸妈妈，爸爸妈妈会说："这个东西我先替你保存，等你长大了之后再给你。"有没有小朋友猜出来这是什么呀？

幼儿：压岁钱。

老师：对了，这个东西正是压岁钱，那有没有小朋友知道过年的时候为什么长辈会给大家压岁钱吗？不知道呀，那让王老师来告诉大家。

（四）活动环节

1. 压岁钱的由来

老师：小朋友们要仔细听下面王老师讲的这个故事，一会儿讲完故事后王老师会提问的。

最早的压岁钱出现于汉代，又叫压胜钱，但是这种钱币并不在市面上流通，而是为佩戴玩赏而铸成钱币形状的辟邪物。意思就是在汉代时压岁钱并不能花出去，而是辟邪用的。这种钱币的表面铸有"万岁千秋""去殃除凶"等吉祥话。压岁钱，有直接给予晚辈的，有的是在晚辈睡下后，放置在其床脚或枕边。

相传，古时候有一种小妖怪，名字叫"祟"，黑身白手，每年的年三十夜里出来害人，它用手在熟睡的孩子头上摸一下，孩子吓得哭起来，然后就发烧，讲吃语而从此得病，几天后热退病去，但聪明机灵的孩子变成了疯疯癫癫的傻子。在嘉兴府有一户姓管的人家，夫妻俩老年得子，视孩子为掌上明珠。到了年三十夜晚，他们怕祟来害孩子，就和孩子玩。孩子用红纸包了八枚铜钱，拆开包上，包上又拆开，一直玩到睡下，包着的八枚铜钱就放到枕头边。夫妻俩不敢合眼，挨着孩子长夜守祟。半夜里，一阵巨风吹开了房门，吹灭了灯火，黑矮的小人用它的白手正要摸孩子的头时，孩子的枕边竟裂出一道亮光，祟急忙缩回手尖叫着逃跑了。管氏夫妇把用红纸包八枚铜钱吓退祟的事告诉了大家。大家也都学着在年夜饭后用红纸包上八枚铜钱交给孩子放在枕边,果然以后祟就再也不敢来害小孩子了。原来,这八枚铜钱是八仙变的,在暗中帮助孩子把祟吓退,因而,人们把这钱叫"压祟钱"。又因"祟"与"岁"谐音,随着岁月的流逝"压祟钱"逐渐被称为"压岁钱"。压岁钱用来镇恶驱邪,寓意辟邪驱鬼,保佑平安,不让小孩子受到妖怪的伤害。压岁钱一直流传到现在,每年过年的时候长辈都会给晚辈压岁钱。

2. 提问

老师:故事讲完了,现在王老师要来提问了,老师给出问题后,知道答案的小朋友举手,回答正确的小朋友会得到一个小红花作为奖励。

老师:第一个问题,压岁钱最早起源于哪个朝代呀?A 宝贝举手了,那就让 A 宝贝回答。

幼儿 A:汉代。

老师:回答得真棒,压岁钱最早起源于汉代,给 A 宝贝一朵小红花作为他认真听讲的奖励。其他小朋友要再接再厉,看看下一个问题谁能回答正确。

老师:第二个问题来了,过年时出现的小妖怪叫什么呀?这个可是跟压岁钱有关系呢。B 宝贝举手啦,这道题让 B 宝贝来回答。

幼儿 B:小怪兽叫祟。

老师:真棒,B 宝贝答对了,这个小怪兽叫祟,因为小怪兽的名字才有了压岁钱这个名字。奖励 B 宝贝一朵小红花,其他小宝贝加油了。

老师:这是最后一个问题了,让王老师看看最后一朵小红花可以被谁得到,大家要加油了。最后一个问题是为什么要有压岁钱呢,或者说压岁钱是用来干什么的呀?哇,最后一题举手的人好多呀,让王老师来看看,嗯……C 宝贝来回答这道题吧,看看 C 宝贝能不能回答正确。

幼儿 C:压岁钱是用来给小孩子辟邪的,用来保佑小孩子平安的。

老师:不错不错,让我们给 C 宝贝鼓鼓掌,压岁钱用来镇恶驱邪,寓意辟邪驱鬼,保佑平安,不让小孩子受到妖怪的伤害。C 宝贝回答得非常不错,最后一朵小红花给 C 宝贝吧。

(五)活动结束

老师:今天这节课给小朋友们讲述了压岁钱的来历,以后大家在过年时收到压岁钱会对其有不同的理解,不再是单纯的有零花钱可以随意买东西了,收到压岁钱时可以感受到长辈们对大家的爱意和美好的祝愿。

(六)课题延伸

老师:今天王老师给大家讲述了压岁钱的来历,接下来要给小朋友们留一项作业,小朋友们把压岁钱的来历讲给自己的爸爸妈妈听,看看哪个宝贝可以形容得生动有趣,可以让爸爸妈妈了解压岁钱的来历。

(七)课题反思

本节课缺少图片和视频,给幼儿口头叙述的内容比较多,有的幼儿可能会觉得比较枯燥。

课题二　做春联

（一）活动目的

（1）积极参与艺术活动，有自己比较喜欢的活动形式。
（2）能用多种工具、材料或不同的表现手法表达自己的感受和想象。
（3）在艺术活动中既能与他人配合，也能独立表现。

（二）活动教具

对联形状的红纸、毛笔、墨汁、写毛笔字专用毡子。

（三）导入环节

老师：小朋友们，今天我给大家讲一个关于对联的故事。

据说五代时的后蜀国国君孟昶是个喜欢标新立异的国君，在公元964年岁尾的除夕，他突发奇想，让自己手下的一个叫辛寅逊的学士，在桃木板上写了两句话，作为桃符挂在他住室的门框上。这两句话是"新年纳余庆，嘉节号长春"。上一句的大意是：新年享受着先代的遗泽。下一句的大意是：佳节预示着春意常在。由此开始，桃符的形式和内容都发生了变化，这不仅表现在开始用骈体联语来替代"神荼""郁垒"，而且扩展了桃符的内涵，不只是避邪驱灾，还增加了祈福、祝愿的内容。这就成了我国最早的一副春联。

到了宋代，在桃木板上写对联已经相当普遍了。王安石的《元日》诗中写的"爆竹声中一岁除，春风送暖入屠苏。千门万户曈曈日，总把新桃换旧符"就反映了每到除夕之日，家家户户挂桃符的盛况。同时，随着门神的出现和用象征喜气吉祥的红纸来书写桃符，以往的桃符所肩负的驱邪避灾的使命逐渐转移给门神，而桃符的内容则演化成用来表达人们祈求来年福运降临和五谷丰登的美好心愿。

"春联"一词的出现，则是在明代初年。当年明太祖朱元璋当上皇帝之后，喜欢排场热闹，也喜欢大户人家每到除夕贴的桃符，就想推广一下。在一年的除夕前他颁布御旨，要求金陵的家家户户都要将用红纸写成的春联贴在门框上，以此迎接新春。大年初一的早晨，朱元璋微服巡视，挨家挨户查看春联。每当见到写得好的春联，他就非常高兴，赞不绝口。在巡视时见到一家没有贴春联，朱元璋很是生气，就询问原因，侍从回答说：这是一家从事杀猪和劁猪营生的师傅，过年特别忙，还没有来得及请人书写。朱元璋就命人拿来笔墨纸砚，为这家书写了一副春联："双手劈开生死路，一刀割断是非根。"写完后就继续巡视。过了一段时间，朱元璋巡视完毕返回宫廷时，又路过这里，见到这个屠户家还没有贴上他写的春联，就问是怎么回事。这家主人很恭敬地回答道："这副春联是皇上亲自书写的，我们高悬在中堂，要每天焚香供奉。"朱元璋听了非常高兴，就命令侍从赏给这家三十两银子。由此可见，"春联"的得名和推广，是朱元璋采取行政命令的办法，颁布御旨才得以在家家户户推广开来的。

（四）活动环节

1. 讲春联

老师：小朋友们，听完春联的来历之后，王老师要问大家一些问题，看看谁能回答出来，回答出来的宝贝会得到一朵小红花作为奖励。那么下面问题就来了，谁知道在过年的时候我们在门两边贴的春联上面写的是什么字呀？让王老师看看哪个宝贝举手回答这个问题。

幼儿 A：老师老师，我知道，我们家过年的时候门口的春联上面写的是"一帆风顺年年好，万事如意步步高，横批：吉星高照"。

老师：哇，A 宝贝好棒，让我们来给 A 宝贝一些掌声，这证明 A 宝贝平时会很细心地观察生活中的小细节，大家要向 A 宝贝学习。

老师：那下面王老师来说几副春联，给大家补充一下关于春联的知识。

第一副春联：上联是五湖四海皆春色，下联是万水千山尽得辉，横批是万象更新。

第二副春联：上联是一年四季行好运，下联是八方财宝进家门，横批是家和万事兴。

第三副春联：上联是旧岁又添几个喜，下联是新年更上一层楼，横批是辞旧迎新。

这三副春联分别讲了不同的事物，春联寓意着大家对新一年的期望和美好的祝愿。

2. 写春联

老师：听老师讲完春联，下面大家来亲手写写春联吧，我给大家一些春联，大家可以按照这个写。王老师给大家准备了红色的春联纸还有毛笔。大家写的时候一定要小心不要甩笔，不要把墨汁弄到自己和别的小朋友身上。不要用手抹眼睛，也不要蹭在身上，手弄脏了要及时叫王老师，王老师会来帮小朋友们。好了宝贝们，现在开始写春联吧，大家不要着急。

幼儿：好的，王老师。

3. 展示春联

老师：宝贝们，把手里这副春联写完之后就不要继续写了，宝贝们把自己写的春联都拿出来给王老师展示一下，我看看哪个宝贝写完了？

幼儿 A：王老师，王老师，看看我写的，我是自己想的。

老师：我来看看，哇，A 宝贝写得真不错。A 宝贝写的是第一副春联，还在春联的下面画了大海和青山，不光写了春联还画了画，非常有特色。

老师：小朋友们，把春联放在桌子上晾干，等晚上放学回家的时候带回去给爸爸妈妈看看。

（五）活动结束

老师：今天王老师带小朋友们了解了春联，也让宝贝们自己动手写了春联，体验写春联的过程。

（六）课题延伸

老师：今天晚上回家的时候小朋友们把自己写的春联给爸爸妈妈看看，给爸爸妈妈讲一下自己是怎么写春联的，等过年的时候让爸爸妈妈把大家写的春联贴在门上，也可以让爸爸妈妈给宝贝们讲讲自己小时候的故事。

（七）课题反思

这节课的设计在于让幼儿自己动手拿毛笔写春联，让幼儿感受春节的气息。不过幼儿还没有学过写字和拿笔，可能会有些不太好操作。此外，如果不小心幼儿可能会将墨水撒到衣服上或者弄到脸上。

课题三　购买年货

（一）活动目的

（1）幼儿愿意与他人讨论问题，敢在众人面前说话。
（2）幼儿会说本民族或本地区的语言和普通话，发音正确清晰。
（3）幼儿能有序、连贯、清楚地讲述一件事情。
（4）幼儿讲述时能使用常见的形容词、同义词等，语言比较生动。
（5）在别人讲话时幼儿能积极主动地回应。
（6）幼儿能根据谈话对象和需要，调整说话的语气。
（7）幼儿懂得按次序轮流讲话，不随意打断别人。
（8）幼儿能依据所处情境使用恰当的语言，如在别人难过时会用恰当的语言表示安慰。

（二）活动教具

准备幼儿喜欢的"年货"，比如拉花、福字、玩偶等，自制收款箱、小零食、写好钱数的纸张、收纳箱。

（三）导入环节

老师：王老师来问问小朋友们在过年的时候家里面会买什么东西呀？
幼儿：妈妈会给我买新衣服，妈妈会给我买喜欢的玩具，会买大红灯笼和小彩灯，等到年三十当天会挂在门口和窗户上。会买很多零食，还有糖果，平时妈妈不让吃的薯片也可以在春节的时候吃到。
老师：小朋友们说得真好，春节是一个团圆的节日，家家户户都会买很多年货来置办家里，还会买很多吃的。小朋友们来看看王老师面前的桌子上面都摆放了什么东西呀？
学生：有零食，有玩偶，有福字，还有拉花。

（四）活动环节

1. 讲清规则

老师：小朋友们请安静，来听王老师给小朋友们介绍这节课要做什么有趣的活动。咱们先分成两队，一队宝贝作为店家，来王老师这里领取要卖的年货来卖给别的小朋友。另一队的宝贝作为买家，到店家的摊位看看有没有你喜欢的东西，将要买的年货买回家。王老师会给大家钱币，小朋友们用这个钱币来买这些东西。
老师：店家小朋友先来挑选自己要卖的东西，店家小朋友挑选完之后买家小朋友来王老师这里拿小收纳箱，这样可以把买完的东西放在收纳箱里面，方便拿取。好了，小朋友们开始活动吧。

2. 分组买卖年货

老师：王老师提醒大家一下，手中的钱用完了之后就不能再来找王老师要了，所以大家要想好自己买什么东西，并且问好价钱，宝贝们要多动动自己聪明的小脑袋。

幼儿A：老师，我手里面的钱花完了。

幼儿B：老师我的钱也没有了。

幼儿C：老师我也是。

老师：好的，小朋友们，现在手里还有钱的买家小朋友再买最后一件年货，没有钱的小朋友稍微等一下还在买东西的小朋友。

老师：好了小朋友们，时间到了，我们这个环节结束了。下面来分享一下自己都买到了什么年货呀？

幼儿A：老师老师，我买的全是娃娃，我特别喜欢这个，您看看这个好看吗？

幼儿B：老师老师，我买的是零食和玩具。

幼儿C：老师老师，我买的是拉花、福字还有零食，我觉得这个拉花做得可好看了。

幼儿D：老师老师，我买零食的时候还跟E说让他给我便宜一块钱，老师您看我聪明吧。

老师：好了好了，宝贝们，我看到你们都收获满满，也买到了自己喜欢的东西，我也知道你们有的人还会跟店家讨价还价，真是个小机灵鬼。

3. 总结分享

老师：店家小朋友们有没有什么要分享的事情呀？你们看买家小朋友都可开心了。

幼儿E：老师老师，D从我这里买零食的时候，我还给他便宜了一块钱呢，这是我们友谊的见证。

幼儿F：老师，我觉得当店家没有买家的那种快乐感，店家只能看着东西从眼前被买走。

（五）活动结束

老师：好的，小朋友们，我知道了，下面老师来给你们讲讲。过年的时候，也是阖家团圆的时候，每家每户都会买很多年货来过年，买家小朋友觉得很开心，店家小朋友说感受不到那种快乐，其实不是。店家小朋友卖出去了东西，也收获了等价的钱，东西卖完后，也可以拿着卖东西的钱去买自己喜欢的东西。这样也可以感受到快乐了。

（六）课题延伸

老师：今天王老师带着小朋友们在班里感受了一下过年时买年货的快乐，等今年过年的时候宝贝们可以和爸爸妈妈一起去买年货，看看自己家里过年时都要买多少年货，也可以试着自己去和店家说要买什么东西，这样可以锻炼小朋友的语言沟通能力。

（七）课题反思

这节课可以锻炼幼儿的语言，让他们有良好的沟通和表达能力。但是没有考虑到角色转换的问题，应该是10分钟进行一次转换，这样让幼儿既当了买家，也当了店家，可以更好地锻炼他们的语言表达能力和沟通能力。

五、活动延伸

老师：今天王老师给大家讲了春节的传统习俗和故事，让小朋友们更加深刻地体会到了春节这个节日。小朋友们下课之后可以去了解一下中秋节或者端午节，这些节日也有很多值得我们去探讨的事情。比如中秋节关于月饼的制作、端午节为什么要吃粽子和赛龙舟等。

六、活动反思

春节是幼儿最喜欢的节日。因此，在活动开始时，幼儿非常投入并且非常感兴趣，对活动表现出浓厚的兴趣。在农历新年即将来临之际，将传统习俗展现在幼儿面前，让幼儿更深入地了解中国传统文化。当这些活动真正展现在幼儿面前时，他们会非常兴奋，从活动效果来看，幼儿有很强的做事能力，做了很多精彩的事情。将民间艺术欣赏与特定节日相结合，幼儿可以更好地理解其含义。同时，这次活动解决了幼儿园手工教学难的问题。我感觉这样劳逸结合还是不错的，可以让幼儿更好地发展。

不足之处在于，我做的 PPT 和准备的视频太少，全部是口头叙述，很少有能够让幼儿看得到的东西。未来，我会努力让自己的课堂变得更加生动有趣，以图文结合的形式，让幼儿更有代入感，让他们和我一起进入知识的海洋。

纸文化

> **申请人简介：**
> 李畅畅，女，汉族。目前就读于北京经贸职业学院2019级学前教育专业，很开心可以有机会参与这次活动。我是一个乐观向上、拥有梦想的青年，活泼乐观的性格促使我参加了很多有意义的活动，并且从中吸取每个人的优点弥补自己的不足。我爱好广泛，喜欢舞蹈，爱做手工、画画、旅行等。我希望从多方面塑造自我，结识一些志同道合的朋友共同成长。我参与这次活动主要是为了检验自己的学习成果，无论成败，只要能从中学习到一些东西就好。
> **所在单位：** 北京经贸职业学院国际经济贸易系2019级学前教育专业
> **适用班级：** 大班

一、设计意图

在五千多年文明发展中孕育的中华优秀传统文化，积淀着中华民族的精神追求，是中华民族独特的精神标志。中华优秀传统文化是中华民族的精神命脉，而中华文明更是四大古文明中唯一没有中断的文明。它是中华五千年文明的结晶，是中华民族的独特标志。中华优秀传统文化是中华民族的"根"与"魂"，一个国家和民族，如果丧失了根脉，就丢掉了灵魂，就无法在世界上立足，更谈不上成长与壮大了。为了使幼儿可以接受传统文化的熏陶，了解传统文化，感悟传统文化的博大精深、源远流长，我设计了以传统文化为主题的一系列活动。通过对纸艺的欣赏、了解以及自己动手操作，达到此次活动的目的，让幼儿爱上中华传统文化，身心得到全面发展。

二、活动目标

（1）让幼儿在亲身体验中感受中国传统文化的魅力，领略中华传统文化的博大精深。
（2）让幼儿明白纸张的来之不易，从小养成节约用纸的良好习惯。

三、活动准备

（1）与纸文化有关的图片和各种音视频资料。
（2）相关PPT。
（3）开展各项活动所需的物料。

四、活动过程

课题一　纸的千变万化

纸艺作为优秀传统文化之一，它所涵盖的内容十分广泛。大班幼儿已经具备了一定的观察力，开展欣赏各类纸艺作品的活动不仅可以提高幼儿的观察和表达能力，而且可以对幼儿进行美术熏陶，传播传统文化。

(一) 活动目的

(1) 欣赏纸艺美，增强幼儿对美的欣赏力。
(2) 感受民族文化的内涵，激发幼儿的民族自豪感。
(3) 培养幼儿耐心细致、乐于观察的良好习惯。

(二) 活动教具

(1)《折纸歌》的音频。
(2) 一个纸盒子、一张包装纸以及蕾丝。
(3) 关于各种纸艺作品的PPT。

(三) 导入环节

创设氛围，导入纸艺这一话题。

1. 放《折纸歌》

手儿巧，心儿美，
折出动物一大堆，
折画眉，歌声脆……

老师：小朋友们，刚刚老师放的歌唱的是关于什么的呀？（你们真棒，回答正确，是关于纸的歌曲）

老师：那么小朋友们，你们知道，纸都可以干什么吗？（可以用来写字，还可以用来折纸……）

2. 出示提前准备好的盒子以及装饰品

老师：（出示一张包装好的礼物盒的图片）老师手里现在拿了一个盒子，我们应该怎样把它变成图片上的这个样子呢？我们用这些纸给它包装起来，再扎一个漂亮的蝴蝶结，对不对？

老师：现在它变得真漂亮，那么，除了用纸包装礼盒，你们还见过哪些用纸来装饰的东西呀？（鲜花）

老师：小朋友们，你们刚刚说的都很对，其实在我们的生活中，有很多有关纸的艺术品，它们统称为纸艺。这节课我会带领大家来欣赏这些美丽的纸艺作品。

（四）活动环节

1. 出示关于纸艺作品的 PPT

（1）介绍纸雕。

老师：这是纸雕，它分为传统纸雕和 3D 立体纸雕两种。传统纸雕，最早在汉代的时候就已经出现了，已经有上千年的历史了哦，下面我们一起来欣赏它的制作过程吧。

老师：小朋友们，看完刚刚的视频，大家来说说，它的主要制作过程是什么呀？你们可真厉害，就是"刻"和"粘"，这是一件非常需要耐心的事情，只有专心致志地做这件事，才会有今天大家看到的这些美丽的作品。

（2）介绍折纸。

老师：除了刚刚需要其他工具辅助进行制作的纸雕，这些可爱的小动物也都是用纸折出来的，小朋友们知道这叫什么吗？宝贝们真棒，这叫折纸，它出现在我国的汉代。那么我们一起来看看它是怎么从一张纸变成各式各样的小动物的吧。

老师：用一张纸来回进行翻折，一只只可爱的小动物就出现了，是不是很神奇啊！

2. 介绍衍纸

老师：老师有一个小问题需要大家动动小脑瓜来思考一下。除了正方形的纸你还见过什么样的纸呀？（长方形的，折星星的纸就是长条的）

老师：这种长长的纸条除了可以折星星还可以做成一幅幅美丽的衍纸画，大家十分好奇对不对？下面老师就和大家一起来欣赏它的制作过程。

老师：看完视频，老师来找几个小朋友告诉我它是怎么变成了一幅美丽的衍纸画的。

老师：哦，把它卷成一个个小圆圈呀。接下来要做什么呀？你说得对，我们要把它捏成自己想要的形状。最后一步呢？对啦，我们要发挥自己的想象力把它们粘在一起，然后它就变成一幅美丽的画了。你们说的都超级棒，看来每个小朋友都认真地观看了刚刚的视频，老师为你们感到特别的骄傲。

3. 总结归纳

老师：那么接下来老师有几个小小的问题需要你们的帮助。

老师：今天我们都知道了哪几种纸艺呀？（纸雕、折纸还有衍纸）

老师：有没有哪位小朋友记得老师刚刚说过纸雕和折纸出现在哪个朝代呢？对了，就是汉代。

老师：在本次活动刚开始时我们听了一首歌，大家还想不想再听一次呀？（想）看来大家都很喜欢纸艺，那么老师就给大家再放一次。

（五）课题延伸

老师：今天的课就到这里了，大家课堂上的表现都非常好，每个小朋友都积极地参与其中，老师给你们鼓掌。老师能看出来，每个小朋友都对纸艺有很大的兴趣，所以老师就留一个小小的任务给大家。每个小朋友都选一个自己喜欢的小动物，回到家里和爸爸妈妈一起用纸把它折出来，好吗？

（六）课题反思

本次活动，我从情境创设入手，对幼儿进行启发和点拨，最后进行归纳和拓展。营造出轻松、愉悦、自由的氛围，使幼儿在快乐中体验、探究、反思。在活动中我恰当地运用了多媒体，用美丽的图片以及大量的视频素材，给幼儿带来直观的视觉冲击以及深刻的印象。同时，幼儿通过欣赏各种纸艺作品，了解它们的制作方法，提高了对美的鉴赏能力，真正体会到美来源于生活，了解中国传统纸艺的独特魅力，增强民族自豪感。

课题二　造纸术

纸是中国古代劳动人民长期经验的积累和智慧的结晶，它是人类文明史上一项杰出的发明创造。而发明于西汉时期，改进于东汉时期的造纸术，作为中国的四大发明之一，对世界上科学、文化的传播产生了深刻影响，对于社会的进步和发展起着重大的作用。纸的发明是中国在人类文化的传播和发展上所做出的十分宝贵的贡献，是中国史上的一项重大的成就，对中国历史也产生了重要的影响。通过本堂课对造纸术的讲解，可以培养幼儿的观察力并激发其对科学探索的兴趣，从而达到传播中国优秀传统文化的目的。

（一）活动目的

（1）让幼儿知道造纸术是中国四大发明之一，激发幼儿的民族自豪感。

（2）播放视频，使幼儿了解造纸的不易，教育幼儿养成节约用纸的好习惯。

（3）幼儿通过观察、比较和分析，发现造纸术出现前后的不同和变化。

（二）活动教具

（1）龟壳、竹简、帛等图片。

（2）有关造纸术的视频和 PPT。

（3）白纸、报纸、宣纸等不同种类的纸张若干。

（三）导入环节

1. 情境创设，课堂导入

老师：小朋友们，我们刚刚看到的图片上的那些画作、纸盒，以及书本都离不开什么呀？（纸）是的，我们写字、画画都离不开纸。

老师：现在有了纸我们可以写字、画画。但是，在很久以前，没有纸的时候，古代人把字写在什么地方呢？（幼儿进行讨论，然后展示图片）

2. 介绍龟壳

老师：在很久以前，我们的祖先为了记事，就把字刻在动物的骨头或者外壳上。但是，小朋友们，你们觉得这样方便吗？（不方便）是的，很不方便，因为龟壳很硬，不便于书写。

3. 介绍竹简

老师：于是我们的祖先又想办法把字写在了竹片上，然后用绳子把它们串在一起就变成了最早的书。用竹子做的书和我们现在的书有什么不一样的呢？（竹子做的书很重）是的，竹子做成的书很重，特别不方便携带。

4. 介绍帛

老师：于是，古人为了方便携带想到了用布来替代竹简，解决了不便于携带的问题。听了老师的介绍，小朋友们你们觉得哪一种书写品更好呢？为什么？（比较三种书写品的优缺点，幼儿进行讨论，老师进行总结归纳）

（四）活动环节

1. 介绍造纸术

老师：（出示蔡伦的画像）孩子们，这就是造纸术的发明者，当时，蔡伦看到大家写字很不方便，于是，他就研究改进造纸的方法。他总结了前人造纸的经验，带领工匠们克服重重困难最终获得了成功。（告诉幼儿做事要认真，要不断地思考探索）

老师：知道了是谁发明了纸，那接下来我们一起看一下造纸的过程。（播放现代造纸过程的视频，让幼儿有直观的感受）

老师：在他发明了纸以后，我们国家就有了纸。但是当时其他国家还不知道怎么造纸，所以只能和我们之前一样在羊皮树叶上写字。后来中国的造纸术才传到朝鲜、日本等国家。（使幼儿认识到中国是最早发明造纸术的国家）

老师出示提前准备好的不同种类的纸，让幼儿进行观察比较，发现它们的不同以及纸的特点。

2. 总结归纳，引导发言

老师：小朋友们，今天我们一起了解了造纸术，我们知道它是我国的四大发明之一。那么，有没有谁来告诉我造纸术是谁发明的呀？（蔡伦）对啦，你们说得很对，是一个叫蔡伦的人。

老师：他在造纸的时候是不是遇到了很多的困难呀，我们从他身上学到了什么呢？（引导幼儿发言。不放弃，团结协作，认真细心等）

老师：造纸的过程是不是十分烦琐呀，所以我们一定要节约用纸，养成不浪费的好习惯。

（五）课题延伸

老师：听了今天老师给大家讲解的内容，小朋友们是不是已经对纸有了初步的认知？那么请各位小朋友回去搜集各种类型的纸然后进行创作，带到学校里大家一起欣赏。

（六）课题反思

本堂课的重难点在于给幼儿讲解造纸术的发明以及造纸的过程，幼儿虽然不能完全理解，但是通过讲解，也能明白造纸过程的艰辛和困难，从而培养幼儿不浪费纸张的习惯。通过对不同书写品的对比，提高了幼儿的观察能力。幼儿了解了造纸术是我国的四大发明之一，增强了民族自豪感。

课题三　衍纸花

衍纸也称卷纸，是纸艺的一种形式。它是将细长的纸条一圈圈卷起来，成为一个个形状不同的零件，然后进行排列、粘贴。幼儿对新事物拥有很强的探索以及求知欲，所以我开展了衍纸花的活动，希望幼儿可以通过不同的排列组合，发挥自己的想象力进行创作，鼓励并帮助幼儿体验创作过程的快乐。

（一）活动目的

（1）幼儿能够了解衍纸花制作的基本方法，并且自己动手操作，提高动手操作能力。
（2）幼儿大胆探索，创造出形式各样的衍纸花，提高创造力和想象力。
（3）培养幼儿在实践中发现美、创造美的能力。
（4）幼儿掌握基本的卷纸方法。

（二）活动教具

（1）衍纸成品图片。
（2）衍纸的制作流程。
（3）彩色衍纸条、胶水、彩纸、牙签、安全剪刀。

（三）导入环节

情境创设，课题导入。
老师：小朋友们，你们知道这幅画是用什么做的吗？它是各种形状的纸组合起来的。
老师：那图片上的纸都变成了什么样的形状呢？图片上有圆形的、三角形的……还有小雨滴一样的形状。
老师：那我们应该怎样把一条纸变成这样的形状呢？我们可以把它们粘在一起，然后再捏一捏，就变成自己喜欢的样子了。
老师：我们再来观察一下，上面的圈有什么特点？看来你们都发现了，有的圈大有的圈小，有的松有的紧。

（四）活动环节

1. 讲解创造过程
（1）将衍纸条用牙签卷起来。
（2）用手指固定住控制方向，用力要均匀。
（3）根据自己需要的圆圈大小进行调节，然后用胶水粘住。
（4）取下后将圆圈压平。
（5）将做好的部件粘贴在彩纸上，摆出自己想要的造型，等待胶水晾干。
2. 引导幼儿，大胆创造
老师：老师刚刚做了讲解并且进行了操作，小朋友们还有什么不明白的吗？如果没有，那老师现在就把材料给大家发下去，请大家进行创作。

放舒缓的音乐，老师巡回指导。

3. 展示作品，归纳总结

老师：我看到有很多小朋友的花都很特别，真的好漂亮呀！现在请各位小朋友把自己的作品放在桌子上，大家互相欣赏，看看别人的和自己的有什么不一样。

老师：好了，各位小朋友都看完了别人的作品，你最喜欢谁的作品？告诉老师你为什么喜欢他的作品？

老师：是的，你们说得都很对，每个小朋友都特别棒，老师很开心看到你们创造出来的作品，每个人的都很特别，都是独一无二的。希望各位小朋友在空闲的时间，创造更多的作品。

（五）课题延伸

老师：各位小朋友，衍纸除了可以做装饰画还有很多的表现形式，请大家回家之后了解一下其他的形式，并且制作更加精美的作品来装饰我们的生活空间。

（六）课题反思

本堂课通过我的讲解以及展示，幼儿能够简单地掌握衍纸制作方法。因此我激励幼儿亲自动手实践，感受动手实践的乐趣，通过自己动手完成作品，享受成功的喜悦，养成自己动手的良好习惯，并且热爱衍纸艺术，培养对于美的感知能力。当然，在本堂课上，我对于活动的延伸有些不足，希望下次可以弥补，使课堂效果得到提升。

五、活动延伸

除了上述三种关于纸文化的课题以外，还有剪纸、纸灯笼等都可以作为课题进行讲解。作为中国民间艺术之一的剪纸，已有悠久的历史，它是一种实用性强、表现力丰富、流行最为广泛的民间艺术。剪纸活动是使用剪刀把中国民间剪纸工艺中"黑影""镂空"两种主要的剪纸图形设计手段与幼儿剪纸相结合，使幼儿们在原有的基础上学习剪出多种创意图案。剪纸创作活动中的若干要素包括色彩、造型、构图等。在今后也应该多开展此类活动，培养幼儿自主、探究、合作的能力，并且通过此类活动，让幼儿感受到中国民间艺术的美、了解中华传统文化的丰富内涵，增强民族自豪感，同时也感受到生活的丰富多彩。

六、活动反思

在建党100周年的重要时间节点，在全面建成小康社会的第一个百年奋斗目标即将实现的历史关头，在中国日益走向世界舞台中央的时代潮头，我们应该看到，中华优秀传统文化是实现中华民族伟大复兴中国梦的重要支撑。幼儿是祖国的未来，民族的希望，开展以传统文化为主题的活动，对于加强幼儿的中华优秀传统文化教育、培养中华优秀传统文化的继承者和弘扬者、推动文化传承创新和建设社会主义先进文化具有重要作用。要想做到综合性学习，需做好以下几个方面：首先一定要明确目标，只有目标明确才能够有针对性地进行教学。其次要联合家长,家园一体,共同为幼儿提供良好的文化氛围。最后不能只注重结果,更需要注意过程。通过这类活动,幼儿可以了解祖国丰富多彩的传统文化,激发传承中华优秀传统文化的热情,增强爱国主义情感。

中秋节

> **申请人简介：**
> 贠建平，2001年出生，大二在读生，平时喜爱阅读小说，学习学前教育已有一年多的时间，希望通过参加本次教育活动比赛能够多多积累经验，知道自己的不足，今后更加努力学习，取得更大进步，为以后事业的发展打下一个良好的基础。
> **所在单位：** 北京经贸职业学院国际经济贸易系 2019 级学前教育专业
> **适用班级：** 大班

一、设计意图

中秋节是我国传统节日之一，低龄阶段的幼儿，一般很难理解民族风俗之类的社会知识。这就需要老师根据低龄阶段幼儿的特殊需求，设计合适的教案，并加以引导。为了促进幼儿全面发展，根据《幼儿园教育指导纲要》所提供的目标，我设计了关于"中秋节"的活动，通过游戏的方式让幼儿接受我国传统文化。月饼是中秋节必吃的食物，幼儿也喜欢吃这种食物，此阶段的幼儿好奇心较强，想自己动手做月饼，所以我将中国民俗和手工联系在一起，既能让幼儿了解中国民俗节日，也能满足他们动手制作的乐趣，做到理论与实践相结合。

二、活动目标

（1）幼儿愿意与人交谈，讲话有礼貌；学会倾听他人讲话，能理解日常用语。
（2）幼儿能够清楚地说出自己想说的事，喜欢听故事，看图书。

三、活动准备

（1）与中秋节有关的图片和各种音视频资料。
（2）相关 PPT。
（3）开展各项活动所需的物料。

四、活动过程

课题一　美味的月饼（社会）

（一）活动目的

（1）让幼儿知道月饼的形状是圆圆的，味道也有所不同。
（2）幼儿能够在同伴面前大胆分享自己的疑问和想法，敢于积极提问。
（3）让幼儿体验和同伴一起品尝月饼的快乐。

（二）活动教具

月饼和一系列制作月饼的模具，中秋节儿歌，游戏音乐。

（三）导入环节

老师创设一个小哈巴狗准备开一家月饼店的情景，充分调动幼儿的兴趣。

老师：今天，我们班来了一位小客人，让我们一起来认识认识他吧。

小狗团团：大家好，我是小狗团团，很高兴来到大二班做客。

老师：孩子们，你们猜猜小狗团团来我们班要干什么呢？我们一起来听一听小狗团团是怎么说的。

小狗团团：我开了一家月饼店，最近新推出了几种不同口味的月饼，我想请小朋友们尝一尝，小朋友们，你们愿意帮我试吃月饼吗？

老师：你们愿意帮助小狗团团吃他新做的月饼吗？今天，小狗团团把月饼带到了咱们班，我们一起来看一看。

（四）活动环节

1. 品尝月饼

出示月饼，老师和幼儿一起观察月饼的外形并请个别幼儿品尝月饼。

老师：这些月饼是什么形状的？看上去像什么呀？

幼儿：圆形的……看上去像圆圆的月亮……

老师：原来月饼是圆圆的呀。亲爱的孩子们，你们真棒！

老师：好香的味道呀，请问哪位小朋友愿意来尝一尝，告诉我这些月饼是什么味道的。

老师：宝贝，你吃的月饼是什么味道的呢？宝贝，你吃的月饼又是什么味道的呢？

老师：你的月饼里都有什么呀？请你仔细地观察观察，告诉老师你发现了什么。

小结：中秋节大家都吃圆圆的月饼，月饼有五仁馅儿的，肉松馅儿的，咸蛋黄馅儿的，水果馅儿的，每个都特别好吃。

老师：小朋友们，小狗团团做的月饼怎么样？让我们谢谢小狗团团请我们吃美味的月饼。小朋友们，你们想不想学着做这些好吃的月饼呢？

幼儿：想。

老师：孩子们，现在我们先来玩个游戏，热热身，再做月饼吧。（播放中秋节儿歌）

播放游戏音乐，老师与幼儿一起玩游戏。其中一些幼儿可能会出现不会使用模具的问题，可以把单独活动改成团队活动，让幼儿自愿组队和同伴一起完成任务。

2. 做手工

老师：好了，小朋友们，游戏做完了。现在我们正式来做月饼吧，接下来老师和宝贝们一起做月饼。宝贝们可以跟小伙伴们讨论一下怎么能够把这些月饼做得更完整、更漂亮。

（五）课题延伸

老师：小朋友月饼好不好吃？做月饼的过程好不好玩儿呀？和小伙伴一起制作月饼开不开心？如果小朋友们今天还没有玩过瘾，还想要做小月饼，那么就回家与爸爸妈妈一起做小月饼好不好？

（六）课题反思

小狗团团这一虚拟人物，让幼儿产生了浓厚的兴趣。老师绘声绘色地给幼儿讲述故事，让他们知道了做月饼的步骤以及放多少馅料都会影响月饼的完成情况。在活动中，老师和幼儿一起思考放多少馅料合适，选哪个模具和月饼馅更匹配。幼儿在这次短短的实践中产生了浓厚的兴趣，回家也可以动手制作月饼，而不再需要老师的指导。经过这次活动，幼儿收获满满、受益匪浅。通过老师的描述和实践，幼儿学到了更多的知识和经验，提高了学习能力。

课题二　美丽传说（语言）

（一）活动目的

（1）幼儿知道中秋节的来历、习俗和传统。
（2）幼儿能够复述老师讲的内容。
（3）幼儿通过本节课的学习能认识到中国传统文化的重要性。

（二）活动教具

PPT课件，关于中秋节的视频，小卡片。

（三）导入环节

1. 播放一段音乐，集中幼儿的注意力

老师：小朋友们，老师先问问你们，有人知道中秋节的故事吗？

幼儿：不知道。

老师：好，老师来讲一下有关中秋节的故事。

2. 老师讲述嫦娥奔月的故事

在很久很久以前，有一个叫后羿的哥哥把天上的九个太阳都用箭射落了，人们又过上了相安无事的太平日子。从那以后，后羿就成了所有人心中的英雄，很多人都来找他拜师学艺，某一天，后羿求得了一个长生不死的神药。他把这个神药交给了他的妻子嫦娥保管。这个事情恰好被蓬蒙看到了，当后羿去山里打猎时，蓬蒙这个坏人就逼迫后羿的妻子嫦娥交出长生不死的神药。在这危难的时刻，嫦娥吞下了后羿让她保管的长生不死神药，慢慢地嫦娥感觉自己飘起来了，由于嫦娥实在太牵挂丈夫了，便飞落到离人间最近的月亮上成了仙。百姓闻知嫦娥奔月成仙的消息后，纷纷在月亮下摆设香案，向善良的嫦娥仙子祈求吉祥平安。从此，中秋节拜月的风俗便在民间传开了。

老师：小朋友们，你们知道老师刚刚讲的是什么故事吗？对，就是"嫦娥奔月"的故事，那么下面还有哪个小朋友来分享一下自己知道的关于中秋节的故事？

3. 老师讲述玉兔捣药的故事。

老师：下面老师再给小朋友们分享一个中秋节的小故事。

我们都知道嫦娥身边一直有个小兔子对不对？那这个小兔子是怎样和嫦娥一起到达了月亮上呢？原来当嫦娥吃了长生不死神药之后，感觉自己的身体越来越轻，越来越轻，当她飘起来的时候，害怕地抱起了自己一直喂养的小白兔，因此小白兔随她一起飞到了月亮上，这个小兔子在月宫里有一个捣药杵，每天到夜晚时它就在药碗中捣着药材，就这样一直过了很多很多年。

老师：嫦娥姐姐身旁的小兔子每天的工作就是倒药。这个故事叫作"玉兔捣药"。

老师将两个小故事通过视频的方式播放出来。这样一来，幼儿对于这两个故事的理解就会更加深刻。

老师：好了，老师的小故事讲完了，那么请小朋友们告诉我嫦娥离开了她的丈夫，伤不伤心呀？

幼儿：伤心。

老师：对，嫦娥特别伤心，她离开了自己的亲人，在每年中秋节都不能和自己的亲人一块儿过节了，真是太难过了。我们是不是也应该珍惜自己和亲人之间的感情呢，我们是不是也要感谢爸爸妈妈把我们带到这个世上，给了我们温暖，让我们生活在一个幸福的家庭里呢？

幼儿：是。

（四）活动环节

老师：小朋友们，你们把自己想说的话在小卡片上画出来吧，画出你们对爸爸妈妈的感情。

绘画过程大约5分钟。

老师：好了，小朋友们的画都画好了吗？既然我们的画都已经画好了，那么请大家收起来，今天晚上送给爸爸妈妈好吗？让你们的爸爸妈妈也感受到过中秋节的幸福。

老师：下面老师再提一个问题，有哪位小朋友知道中秋节到底有哪些习俗呢？

幼儿：吃月饼、赏月。

老师：对！有吃月饼，赏月。还有哪位小朋友知道其他的答案吗？

老师：老师来讲一讲吧。很久很久以前，我们的祖先在中秋节有祭月、赏月、吃月饼、玩花灯、赏桂花、喝桂花酒等习俗。这些习俗至今仍有保留。到后来，人们逐渐把赏月与月饼结合在一起，寓意家人团圆，寄托思念，同时月饼也是中秋节好朋友之间用来联络感情的礼物。

（五）活动结束

老师：好了，小朋友们，今天的活动到这里就结束了。请小朋友们想一想，我们今天讲了几个小故事呢？我们中国的习俗又有哪些呢？小朋友们可不可以清晰地向自己的爸爸妈妈或者小伙伴们描述一下我们今天所讲的内容呢？中秋节可不仅仅是放假这么简单，国家放假的目的也是让小朋友们知道这是我们中国人的传统节日。我们每个中国人都要把这些刻在骨子里，永远永远不能忘记。

（六）课题延伸

老师：通过老师的描述，小朋友们应该对"嫦娥奔月"和"玉兔捣药"这两个小故事印象更深了。那么趁热打铁，老师再给小朋友们留一个小小的任务，小朋友们回家的时候，请先跟爸爸妈妈说一声"中秋节快乐"，然后把老师今天给你们讲的小故事讲给爸爸妈妈听。

（七）课题反思

本次活动基本成功。在本次教学活动中，幼儿学习积极性高，通过老师绘声绘色的演讲和生动有趣的动画，幼儿能够充分地理解活动内容。老师在对幼儿进行教育的时候，也很轻松，幼儿能够知道自己与爸爸妈妈的感情，能够主动说出祝福爸爸妈妈中秋节快乐等祝贺话语。本次活动能激发幼儿对中国的自豪感和自信心，深刻地认识到中国传统文化节日的重要性。

五、活动延伸

关于活动延伸的内容已经在各课题中进行了详细讲述，这里不再重复。

六、活动反思

（1）本次设定的活动目标比较全面、合理，适合大班幼儿的年龄特点。

（2）本次活动充分体现了《幼儿园教育指导纲要》中提出的以幼儿为活动主体的思想，能够更好地建立师生同伴关系，让幼儿在集体生活中感受到温暖、心情愉快，形成安全感、信赖感；基本做到了以幼儿感兴趣的方式发展基本动作，提高幼儿动作的协调性、灵活性。我们为幼儿提供了健康丰富的生活和活动环境，满足了他们多方面发展的需要，使他们在快乐的童年生活中获得有益于身心发展的经验。本次活动涉及了幼儿与老师相互讨论的环节，围绕幼儿主题，给予幼儿充足的发言权。

（3）每个课题后的延伸活动，不仅是老师进一步了解幼儿在家表现的一个小过程，更在一定程度上激发了幼儿上进的心理以及对中国传统文化重要性的重视。

（4）本次活动也存在不足：让幼儿观看视频资料的时候，我没能深入幼儿心中。如果让我重新上这节课，我会用现实中的例子或者情境来表演，以便让幼儿深切体验这次活动的主题。

　　我在观察中发现幼儿对于中秋节的理解是各不相同的。我认为幼儿对中秋节的理解就是画一个大大的月亮以及和家人团圆的一幅画。但是先入为主的思想让我犯了一个错误，幼儿的想法其实是丰富多彩的。我决定吸取这次教训，不再犯先入为主的错误。

　　主题性的区域活动对于老师平时的教学工作有很多好处，很多活动课可在区域中进行，这样能够大大减少老师的工作量，使教学工作变得更有条理性。此外，幼儿在活动中提高了规则意识，懂得了规则的重要性，和同伴的沟通也多了，没有更多的时间去做别的事，乱动、乱喊、乱叫的情况大大减少。

　　随着活动的开展，主题环境不断丰富变化，幼儿的创造力在活动中不断提高，热爱祖国的情感也在一天天增长。在中国传统文化教育的主题活动中，幼儿有了更多的发现，感受也越来越深。

　　相信经过这一系列丰富多彩的活动，在以后的生活中，幼儿会更加乐于了解我们伟大民族的传统文化，深深感受到它的博大精深，为自己是中国人而感到无比的骄傲和自豪。

初识中国传统节日

> **申请人简介：**
> 我是姚雅瑞，现就读于北京经贸职业学院学前教育专业，高中毕业于美术院校，学过绘画，做事细心，有耐心，擅长各种手工制作。
> **教育理念：** 我愿用爱心感染幼儿，以诚心感动幼儿，给幼儿一个自由发挥的天地，让幼儿快乐地度过珍贵的每一天。
> **所在单位：** 北京经贸职业学院教育管理系 2019 级学前教育专业
> **适用班级：** 大班

一、设计意图

中国传统节日形式多样，丰富多彩，是中华民族悠久历史文化的重要组成部分。我国的传统节日，无一不是从远古发展而来，从这些流传至今的节日风俗里，我们能够清晰地看到古代人民社会生活的精彩画面。为了帮忙幼儿了解更多的传统节日，我设计了这次主题活动，旨在介绍传统节日，弘扬传统文化。

二、活动目标

让幼儿初步了解中国的传统节日，丰富传统文化知识，体会节日氛围和过节的快乐。

三、活动准备

（1）与中秋节、春节、端午节有关的图片和各种音视频资料。
（2）相关 PPT。
（3）开展各项活动所需的物料。

四、活动过程

课题一　快乐中秋

（一）活动目的

（1）让幼儿了解农历八月十五是一个特殊的日子——中秋节，知道中秋节是中国重要的传统节日。

(2) 让幼儿了解中秋节的来历，知道我们为什么要过中秋节。

(3) 让幼儿了解在中秋节时，我们都有哪些传统活动。

(二) 活动教具

介绍中秋节的 PPT，各色橡皮泥，各种月饼制作模具，每个幼儿自带一个小月饼。

(三) 导入环节

老师：(出示月饼) 小朋友们，看看老师手里拿的是什么啊，有小朋友知道吗？

幼儿：是月饼！

老师：对，大家都答对了，这是月饼。俗话说：八月十五月正圆，中秋月饼香又甜。在中秋节的时候你们的爸爸妈妈肯定都买过月饼，那么小朋友们知道为什么中秋节大家都要吃月饼吗？

老师打开 PPT 开始介绍中秋节，向幼儿介绍中秋节的日期，并讲述中秋节的由来。

(四) 活动环节

老师：小朋友们，你们都见过多少种月饼呢？(引导幼儿回答)

老师：哇，大家都吃过很多种月饼呢，那么小朋友们有没有发现月饼有一个共同点呢？它们都是圆形的，有小朋友知道这是为什么吗？

幼儿回答后，老师配合 PPT 或视频讲解"月食"现象，丰富幼儿的科普知识。

老师：今天老师带来了橡皮泥和一些模具，大家自己来尝试做"小月饼"。

老师下发工具并介绍活动要求与规则。

(1) 橡皮泥不可食用。

(2) 不能在课上打闹、抢其他幼儿的东西等。

(3) 使用模具等要注意安全。

幼儿每人准备一块橡皮泥和一个模具，在老师的监督下做小月饼，老师提供帮助并适时提醒，看护幼儿不误食橡皮泥。

老师：好，小朋友们的月饼都已经做好了，五颜六色的，大家觉得谁做得更好呢？

幼儿们互相交流，体会动手创作的快乐。

老师：大家做的小月饼都非常棒，那么小朋友们还知道哪些关于中秋节的传统习俗呢？

幼儿回答后，老师借助 PPT 做出补充，完整介绍中秋节的传统习俗，并讲述玉兔捣药的故事。

相传有三位神仙变成了三个可怜的老人，向狐狸、猴子、兔子求食，狐狸与猴子都有食物可以济助，唯有兔子束手无策。后来兔子说："你们吃我的肉吧！"然后跃入烈火中，将自己烧熟，神仙大受感动，见兔子有着舍己为人的精神，便把它送到月宫内，使其成为玉兔，陪伴嫦娥，并捣制长生不老药。

(五) 活动结束

让幼儿们交流学到的知识，表达自己所认识的中秋节。最后老师做出总结，并建议幼儿回家后给家长展示自己课上做的小月饼，与家长交流自己新学的知识，增进亲子关系。

课题二　红火的春节

（一）活动目的

（1）给幼儿讲年兽的传说，让幼儿了解春节的来历和习俗。
（2）让幼儿尝试做贺卡，体会动手的快乐，增强动手能力。

（二）活动教具

有关春节的 PPT，音乐《新年好》，过年时放鞭炮的音频，贺卡专用纸，彩纸，安全剪刀，彩笔和碳素笔。

（三）导入环节

老师播放音乐《新年好》。
老师：小朋友们知道这首歌提到的是什么节日吗？
幼儿：是新年！
老师：小朋友们知道春节的意义吗？
老师讲述春节是中华民族最隆重的传统佳节，是一家人团聚的重要日子。
老师接着播放过年时放鞭炮的音频。
老师：小朋友们，你们知道这是什么声音吗？
幼儿：爆炸声！是烟花！是放鞭炮的声音。
老师：我听到有小朋友答对了，没错，这是春节时放鞭炮的声音，那么为什么过春节时要放鞭炮呢？
幼儿：为了热闹！鞭炮还有烟花很好看。

（四）活动环节

老师结合 PPT 给幼儿讲述年兽的传说。

从前，有一种怪兽的名字叫"年"。它的头上长着角，非常厉害。平日里，年兽躲在海底下，在快要过春节时，年兽就会从海底爬出来，吃牛羊鸡猪，甚至是人。因此，每到除夕这天，人们都离家躲避年兽的伤害，把这个称为"过年"。有一次，老百姓知道年兽要来了，都带着养的牛羊等进山里躲避，这时候，来了一位白胡子老爷爷。一位老婆婆劝白胡子老爷爷赶快躲一躲。白胡子爷爷说，我住在这里，不会害怕年兽的，只会是年兽怕我。原来，年兽最怕红色、响声和火光。从那以后，大家知道了赶走年兽的好办法。快到春节的时候，家家都会在门口贴上红对联、红福字，在窗子上贴上红窗花，还会放起爆竹、烟花，以此来驱赶年兽。年兽闯进村，发现村中灯火通明，它的双眼被刺眼的红色逼得睁不开，又听到有人家传来响亮的爆竹声，于是浑身战栗地逃走了。第二天初一一大早，人们还要走亲串友道喜问好，恭贺对方躲过了年兽的袭扰。后来这个风俗越传越广，成了中国民间最隆重的传统节日。

随后老师播放与年兽相关的动画短片,并结合年兽的故事介绍春节的其他传统习俗,如贴窗花、贴对联等。

老师:小朋友们,你们的爸爸妈妈平日里照顾你们很辛苦,春节是一年中最为重要的日子,我们给爸爸妈妈写一张贺卡,等到春节时送给他们来传递我们的祝福吧。

老师下发贺卡专用纸和彩笔等,幼儿们自行制作贺卡。最后让幼儿们互相展示贺卡并交流制作贺卡时的想法。

(五)活动结束

老师:春节是中国重要的传统节日,全家团圆、吃水饺、贴春联、放鞭炮、拜年,是一年中全家人齐聚一堂的珍贵时刻。

鼓励幼儿们在生活中也要学会帮助家人做一些力所能及的事情,对家里的长辈要尊敬,有礼貌。

课题三:端午节活动

(一)活动目的

(1) 让幼儿知道端午节是中国传统节日。
(2) 让幼儿了解关于端午节来源的故事,知道端午节的一些风俗。
(3) 让幼儿对中国文化产生兴趣,初步形成民族自豪感。

(二)活动教具

端午节相关 PPT,有关端午节风俗的图片,五色绳,简易五色绳教程 PPT,有关屈原故事的动画短片。

(三)导入环节

老师:小朋友们知道中国都有哪些传统节日吗?

幼儿:有春节,月饼节,过节有好吃的!还有粽子节,儿童节……

老师:哈哈,我听到了儿童节,儿童节就是你们的节日呢。非常好,小朋友们知道的节日很多,不过我们今天要说的是刚刚有小朋友提到的粽子节,也就是端午节。

老师举起画有粽子的卡片。

老师:大家知道在端午节家里都要做什么吗?

幼儿:吃粽子!

老师:对,吃粽子,那为什么端午节一定要吃粽子呢?

(四)活动环节

老师引导幼儿讨论,然后讲述关于屈原的故事。

很久以前,在中国的土地上有许多小国。其中有个楚国,楚国有个大臣,名叫屈原。

楚国旁边有个秦国。秦国有统一天下的野心,便把楚国当作最大的敌人。屈原向楚王提出许多治理国家的好办法,可楚王就是不听,屈原非常伤心,但是无法说服楚王。后来,楚王中了秦国的奸计，罢了屈原的官，还把他赶出了京城。

屈原离开京城，来到了汨罗江边。他想到国家的前途，想到老百姓的苦难，心里难过极了。他一边走着，一边悲叹。汨罗江边的一位老渔夫认出了屈原，请他住在自己的茅棚里。屈原眼巴巴地等待着来自京城的消息。他多想再回到楚王身边，为国家尽力啊！屈原等啊，盼啊，逃难的百姓越来越多，但是楚王一直没有召见他。

一天，屈原问一个逃难的老头儿："京城怎么样了？"老头儿说："哎，秦国的兵已经打进了京城。我们……我们已经亡国了！"听到国家遭难的消息，屈原万念俱灰。在五月初五的晚上，屈原抱着一块大石头，一头扎进了汨罗江。

老百姓听闻消息后，划着船去寻找屈原。可是，江水滚滚，这上哪里找。人们划啊，划啊，月亮落下去了，不见屈原的影子；太阳升起来了，还是不见屈原的影子。人们一边悲伤地喊着屈原的名字，用苇叶包上蒸熟的饭团，扔进江里。一边喊着："鱼儿啊，要吃就来吃我们的粮食吧，不要去伤害屈原先生的身体啊。"人们悲伤地喊着屈原的名字，乘着船把雄黄酒倒进江中。"毒虫啊，喝了这酒，就乖乖地醉倒吧，不要去咬屈原先生的身体啊。"百姓做的一切都是想尽力保住屈原的身体。大家找了几天几夜，也没有找到屈原。男女老少，都悲伤地哭了。

为了纪念屈原，人们把他投江的五月初五这一天定为端午节。每年的这一天，人们都要吃用苇叶包成的粽子，喝雄黄酒。从此，在端午节包粽子、赛龙舟等习俗就流传了下来。

老师：小朋友们看我手上戴的是什么？

老师伸手展示手腕上戴着的五彩绳，幼儿回答后，老师介绍是五彩绳，告诉幼儿系五彩绳是端午节的重要习俗，有着祈福纳吉的美好寓意，表达长辈对晚辈的祝福。每到端午节，家家户户门楣上都要悬挂五色丝绳，以避不详。所以古代人们用五色彩丝编成绳索，配以银锁，缠绕于幼儿手臂，以祈求辟邪去灾，也就是现在的长命锁。

老师：现在我给小朋友们分发做五彩绳的材料，大家跟着教程学习制作。

老师分发材料，结合PPT教幼儿制作五彩绳。

幼儿制作完毕，老师让大家展示自己的小作品，并让男孩子戴在左手上，女孩子戴在右手上。

（五）活动结束

老师总结端午节的意义和传统习俗，建议幼儿回家后也做一条五彩绳送给爸爸妈妈，或者和爸爸妈妈一起制作五彩绳。

课题四　亲爱的妈妈

（一）活动目的

（1）向幼儿介绍3月8日是妇女节，也就是妈妈的节日。

（2）向幼儿提问，他们对妈妈的印象是什么样的。

（3）幼儿都讲一讲各自妈妈的职业，让幼儿懂得妈妈的不容易，学会关心妈妈。

(二) 活动教具

音乐《世上只有妈妈好》，一朵假花。

(三) 导入环节

老师播放音乐《世上只有妈妈好》。

老师：小朋友们，你们知道 3 月 8 日是什么日子吗？

幼儿：是妇女节！

老师：哇，小朋友们都知道啊，那么我们今天来玩儿一个游戏，老师已经让你们提前回家问了妈妈是做什么工作的了，下面我们先把自己的小凳子搬过来，围成一个大大的圈。

老师帮助幼儿一同完成场地布置。

(四) 活动环节

老师让幼儿依次坐在小凳子上围成一圈，并讲述规则。

老师：老师现在手里拿着一朵花，等一下会随机递给一个小朋友，在老师鼓掌时，小朋友们依次将花传递给右手边的小朋友，下面有几点要求和规则，大家要注意听。

(1) 在传花时不能把花再传回去，也不能一直拿在自己手里不传给下一个小朋友。

(2) 在传花过程中不可以把花扔出去，要手把手地递给下一个小朋友。

(3) 在老师停止鼓掌喊停时停止传花，拿着花的小朋友来与大家分享一个自己与妈妈发生的记忆深刻的事，也可以说说妈妈擅长的事情或者说说妈妈的职业和对妈妈的看法。

老师：好了，小朋友们听明白了吗？

幼儿应声后开始游戏。游戏过程中有的幼儿很害羞，不敢在大家面前分享自己的故事，老师要鼓励幼儿介绍自己的妈妈，让他知道这是一件值得自豪的事情。在游戏过程中，幼儿们介绍着自己妈妈的职业，互相交流，诉说着自己妈妈擅长的事情，甚至有的幼儿晒出自己的小手套说是妈妈亲手给他做的。幼儿们表达对妈妈的亲情，分享与妈妈在一起时快乐的事情。

游戏进行数轮，最后老师请没有轮到的幼儿自愿向大家介绍自己的妈妈，分享与妈妈有关的事。

幼儿全部分享完毕后，老师播放音乐《世上只有妈妈好》，向幼儿解释这首歌歌词的意思，让幼儿理解它所表达的是对妈妈的情感。最后，老师和幼儿一起合唱"世上只有妈妈好，有妈的孩子是块宝"。

(五) 活动结束

让幼儿理解妈妈为他们付出了很多，要学会感激爸爸妈妈，懂得长大后要孝顺爸爸妈妈，现在也要做一些力所能及的事情来帮助爸爸妈妈，比如给妈妈捶捶背，即使是画一幅画送给自己的爸爸妈妈，也会使他们很开心。

五、活动延伸

鼓励幼儿在生活中搜集元宵节的有关资料,在元宵节来临时和爸爸妈妈参加庆祝活动,并交流感想,鼓励幼儿与爸爸妈妈共同制作元宵。

六、活动反思

课题一中引出问题并通过月饼让幼儿对中秋节提起兴趣,有效地让幼儿了解了中秋节的来历与习俗,在动手活动环节秩序保持良好,在幼儿们的配合下完美结束活动。但活动氛围有些欠缺,以后要进行改进,例如可以在课前利用月饼盒和灯笼等来装饰教室,创造一个更好的班级环境,提起幼儿的兴趣与注意力,让他们更好地感受中秋节这个传统节日的氛围。

课题二中让幼儿了解了年兽的故事,课堂氛围活泼有趣,有效调动了幼儿的学习兴趣,让他们加深了对春节的认识,了解了春节的重要习俗;并且制作了贺卡,幼儿以这种简单的方式来传达感情,不仅可以了解春节的内涵,还能感受节日的欢庆与幸福。

课题三中教幼儿制作五彩绳,并呼吁他们与家长一起动手互动。在介绍端午节时结合了屈原的故事,但是对于幼儿来说,他们无法对屈原的事迹理解得更透彻,应该用更加贴合幼儿的语言来讲述故事,让他们更容易理解。

课题四中让幼儿介绍自己妈妈的职业,可以使他们对妈妈产生一种自豪感,也让他们懂得自己的妈妈为他们付出了很多,很不容易。教育幼儿要懂得尊敬父母,心疼父母,明白父母的辛劳,这在幼儿成长过程中是很重要的事情。在游戏过程中,让幼儿讲述自己与妈妈发生的故事,也是为了培养他们的语言连贯性,使他们能够顺畅地表达自己想要表达的意思,并且学会与他人交往,学会倾听,提高社交能力。

中国传统手工艺陶瓷的魅力

> **申请人简介：**
> 大家好，我是王雨萌，是北京经贸职业学院国际经济贸易系学前教育专业的一名大二学生。我性格开朗，对人友善，喜欢和小朋友们接触、玩耍，有良好的生活习惯以及较强的学习适应能力。我积极参加学校和社团组织的各类活动，锻炼自己与人沟通和交往的能力！在以后的生活中，我会继续努力，用更多的知识来充实自己！
> **所在单位：** 北京经贸职业学院国际经济贸易系 2019 级学前教育专业
> **适用班级：** 大班

一、设计意图

中国是陶瓷的故乡，而景德镇被称为"陶瓷之都"。景德镇以陶瓷文化为主，陶瓷的发展推动着景德镇突飞猛进的发展，千百年来铸就了景德镇的辉煌。景德镇经历一代代的传承与创新，对陶瓷艺术的热爱和追求一直延续到今天。陶瓷艺术上的研究、创新、发展，丰富了景德镇陶瓷文化，在中国传统文化中占有相当重要的位置。

二、活动目标

（1）语言领域：让幼儿初步了解陶瓷的历史和制作陶瓷的主要材料，对中国的陶瓷手工艺品产生好奇。

（2）社会领域：让幼儿知道陶瓷对于人类社会的用途，知道中国传统文化就体现在我们生活中的方方面面，等待他们去挖掘。激发幼儿的求知欲，对陶瓷产生兴趣，从而对中国传统文化产生兴趣。

（3）科学领域：让幼儿了解陶瓷是怎么烧制而成的，分为哪些工序和步骤，初步了解陶瓷的制作过程。

（4）艺术领域：让幼儿自己做一个陶瓷手工艺品，激发幼儿对陶瓷的兴趣和喜爱。

三、活动准备

（1）与陶瓷相关的各种视频，如陶瓷简介、陶瓷的历史由来、烧制陶瓷、陶瓷的故乡（普通话，画面清晰，卡通形成，适合幼儿）。

（2）准备陶瓷起源的传说故事（故事要有意思，让幼儿觉得有趣）。

(3) 一个陶瓷瓶子（小型陶瓷），铅笔、彩笔、橡皮、纸若干。

(4) 每人一袋陶瓷黏土（最好是速干的，含有化学成分较少，可供幼儿放心使用），塑料桌布。

(5) 每组一套水彩颜料（最好是速干或可清洗颜料，以防止幼儿不小心蹭到身上）。

(6) 小爱心贴纸（用于投票）。

四、活动过程

课题一　陶瓷的历史（语言）

（一）活动目的

(1) 让幼儿初步了解陶瓷的历史和制作陶瓷的主要材料，对中国的传统手工艺陶瓷产生好奇心。

(2) 幼儿能用顺畅的话语和同伴一起讨论关于陶瓷历史的知识，提出自己的问题，和大家分享课堂中的发现。

（二）活动教具

准备陶瓷简介和陶瓷的历史由来视频（普通话，画面清晰，适合幼儿）。

（三）导入环节

设置问题情境，引出"中国传统文化陶瓷"的话题。

1. 引入环节（2分钟）

老师：小朋友们早上好！这节课我们带大家了解一下中国传统文化！首先大家能告诉我中国传统文化有哪些吗？（提问法）

2. 幼儿开始思索、讨论、回答（3分钟）

幼儿：书法、剪纸、皮影……（集体讨论）

3. 总结，点明话题（2分钟）

老师：没错！你们说得很对！今天咱们来说一下中国传统文化中的陶瓷。

（四）活动环节

1. 看陶瓷的介绍视频（2分钟）

老师：首先我们来看一个关于陶瓷介绍的小视频。

2. 老师总结视频主要内容（2分钟）

老师：通过刚才看到的视频，我们知道了陶瓷的年代和原料，也知道了陶瓷是生活器皿，可以盛放物品，也是工艺美术品。（老师总结）

3. 再次设置问题，引导幼儿探索（2分钟）

老师：下面问题就来喽！

第一个问题：陶瓷是什么和什么的统称？

第二个问题：有哪个小朋友记得陶瓷的原料都有哪些？（提问法）

4. 幼儿再次进行讨论，回答问题（3分钟）

幼儿：陶瓷是陶器和瓷器的统称；原料有黏土、石英……（幼儿自己总结）

5. 老师公布答案（2分钟）

老师：大家说得没错！记得都很准确。陶瓷是陶器与瓷器的统称。陶，是以黏性较高、可塑性较强的黏土为主要原料制成的；瓷是以黏土、长石和石英制成的。（老师总结）

6. 看陶瓷的历史由来视频（3分钟）

老师：接下来还有一个关于陶瓷历史的视频，大家请看。

7. 老师总结视频主要内容（2分钟）

老师：从中国古代陶瓷的发展历史，可以看到陶瓷文化的时代特征，即秦汉的豪放，隋唐的雄阔，宋代的儒雅，明清的精致，无不在其各自的历史阶段闪烁着光芒。

8. 老师再次提问，抛出问题（1分钟）

老师：下面又有一个问题要问大家了！陶瓷起源于什么时期？

9. 幼儿再次讨论（1分钟）

幼儿：新石器时期。（幼儿得出结论）

10. 老师公布答案（2分钟）

老师：是的！是新石器时期。小朋友们看视频都很认真呀！

（五）活动总结

老师：今天的课，我们初步了解了陶瓷。我国传统的陶瓷工艺美术品，历史悠久，质高形美，具有高度的艺术价值，闻名于世界。小朋友们与我的互动，还有和其他小朋友的交流非常多，听讲也非常认真，非常积极。

通过老师的讲解，幼儿对中华传统文化已经产生了兴趣，之后也要多找一些小视频在课堂上和幼儿分享。

（六）讨论交流

老师：小朋友们，今天讲的内容有没有意思呀？你都收获了些什么知识？快和你身边的小伙伴们交流、讨论一下吧！

（七）课题延伸

老师：小朋友们回家以后也可以和爸爸妈妈说一说今天的学习内容，考一考他们知不知道关于陶瓷的知识。

课题二　陶瓷给人们带来的好处（社会）

（一）活动目的

（1）让幼儿知道陶瓷对于人类社会的用途，知道中国传统文化体现在生活中的方方面面，等待人们去挖掘。激发幼儿的求知欲，对陶瓷产生兴趣，从而对中国的传统文化产生兴趣。

(2) 幼儿能专心听老师讲小故事，注意力集中；并能用顺畅的话语和同伴主动讨论关于陶瓷用途的知识，提出自己的问题，和大家分享课堂中的发现。

(二) 活动教具

(1) 视频《陶瓷的故乡》（普通话，画面清晰，适合幼儿）。
(2) 陶瓷起源的传说故事（故事要有意思，适合幼儿，让幼儿觉得有趣）。

(三) 导入环节

设置问题情境，引出"陶瓷对人们的好处"这一话题。

1. 引入环节（2分钟）

老师：小朋友们大家好！今天这节课，我来给大家讲一讲陶瓷给人类社会带来的好处。有哪些小朋友知道陶瓷是用来做什么的？（提问法）

2. 幼儿开始思索、讨论、回答（3分钟）

幼儿：盛东西，做装饰。（集体讨论）

3. 总结，点明陶瓷用途（2分钟）

老师：没错！陶瓷的种类有很多，对应的用途也各不相同。

(四) 活动环节

1. 观看介绍陶瓷种类和用途的视频（3分钟）

老师：下面给大家看一个关于陶瓷种类的小视频，让大家了解一下陶瓷的种类有多少，从而知道它们的用途！（播放视频《陶瓷的故乡》）

2. 老师总结视频主要内容（2分钟）

老师：通过刚才看到的视频，我们知道中国是陶瓷的故乡。陶瓷也分为很多种：

(1) 日用陶瓷：如茶具、罐子等；
(2) 艺术陶瓷：如花瓶、雕塑品等；
(3) 工业陶瓷：如砖瓦等；
(4) 化工陶瓷：如耐酸容器等。

陶瓷的用途非常广泛，不同种类的陶瓷用途也不一样，除了日常生活所需的东西以外，很多精美的陶瓷被用来做装饰，在工业和化工领域也有运用。（老师总结）

3. 讲述陶瓷起源的传说故事（5分钟）

老师：接下来还有一个关于陶瓷起源的传说故事，我来和大家分享一下！

在日常生活中，人们离不开陶瓷制品，就连养花也要用到陶制花盆。那么第一个制陶的人是谁呢？根据记载他叫宁封子，是黄帝身边的一个匠人。在民间流传着许多关于他制陶的故事。

传说那时人们虽已懂得用火烧熟食物吃，但是那时还没有锅、碗等用来盛放食物的器具，只能把食物烧熟后，用手抓着吃。口渴了就到河边趴下，用手捧着水喝。这对于老人和小孩来说特别不方便。

有一天，宁封子在河里捕了很多鱼，放在火堆上烤，结果全烧焦了，他一气之下把剩下的几条鱼用泥裹住放进火堆里。这时黄帝让宁封子去办件事，回来的时候已经过了三天。有人向他问起烧鱼的事，宁封子这才想起他临走时放进火堆里烤的鱼，急忙跑到火堆去寻找。鱼早已没有了，只剩下一个泥糊的壳，用手一敲还发出响声。有人挖苦他说："宁封子本事真大，把鱼烧成硬鱼了。"宁封子毫不在意他们说的话，拿起烧过的泥壳，对大伙说："你们别笑，鱼虽没有了，可烧出了一个有用的东西。"

他把泥壳拿到河边盛满水，详细观察了很久，发现水点滴不漏。他想到假若把泥封在其他东西上用火烧后会是什么样子呢？他把河边的泥沙刨出来糊在一个树墩上，然后架起大火烧了三天四夜。等火熄后他刨开一看，泥沙变成一个土红色的硬泥筒，灌满水后也没有漏水的现象。泥土经过火烧能变成硬壳，既能装水又能盛食物，那为什么不多烧一些呢？他把这个消息告诉了黄帝，黄帝得知后非常高兴，认为这项发明太有用了。于是就任命宁封子为桥国的"陶正"（官员）。

宁封子做了很多次实验，中华民族的第一批陶器终于烧制成功了。陶器的出现解决了人类日常生活中的一大困难。这也充分证明制陶在我国已有几千年的历史。

4. 老师总结故事主要内容（3分钟）

老师：这个故事讲述的是在黄帝时期，一个匠人突然发现制作陶瓷的方法，随着时代的更替，陶瓷已经遍布在我们的生活之中，有几千年的历史。

（五）活动总结

通过视频《陶瓷的故乡》和陶瓷起源的传说小故事，幼儿了解了陶瓷的悠久历史，以及对人类社会的重要作用和给人们生活带来的便利，它代表了古代劳动人民的智慧结晶。幼儿对这则小故事非常感兴趣，对陶瓷的发展变化也有了很强的求知欲。

（六）讨论交流

老师：小朋友们，今天讲的小故事、看的小视频有没有意思呀？你是不是又收获了不少知识？和你身边的小伙伴们讨论讨论吧！

（七）课题延伸

老师：小朋友们回家以后也可以和爸爸妈妈说一说今天的学习内容，和爸爸妈妈讲一讲今天老师给你们讲的有趣的小故事。

课题三　陶瓷是如何烧制成型的（科学）

（一）活动目的

（1）让幼儿了解陶瓷是怎么烧制而成的，都分为哪些步骤，初步了解陶瓷的制作过程。

（2）幼儿大概了解制作陶瓷的步骤顺序，能用顺畅的话语和同伴主动讨论关于陶瓷制作的知识，提出自己的问题，和大家分享课堂中的发现。

（二）活动教具

（1）一个陶瓷瓶（小型陶瓷）。

(2) 视频《烧制陶瓷》(普通话，画面清晰，适合幼儿)。

(三) 导入环节

设置问题情境，引出"烧制瓷器"的话题。

1. 引入环节 (2 分钟)

老师：大家好！今天我给大家带来了一个好玩的东西，大家期待不期待！接下来我们一起来看看吧！

2. 展示瓷器 (3 分钟)

老师：我给大家带来了一个陶瓷瓶，每个小朋友都轮流看看！观察一下它有哪些特点。(提出问题)

3. 幼儿开始观察陶瓷的特点，进行讨论 (3 分钟)

幼儿：它好像是一个瓶子，能装东西。外表好像有一层膜一样的东西，光溜溜的……(幼儿得出结论)

4. 总结，点明烧制陶瓷的话题 (3 分钟)

老师：大家的观察没错。这个陶瓷可以装水也可以装食物。××小朋友说得好！这层光溜溜的膜一样的东西到底是什么呢？这节课老师就给大家讲一讲陶瓷的制作过程。

(四) 活动环节

1. 看烧制陶瓷的视频 (2 分钟)

老师：首先我们来看一个关于烧制陶瓷的小视频，看一看一个陶瓷是如何制作完成的，经历了哪些工序和步骤。(播放视频《烧制陶瓷》)

2. 老师总结视频主要内容 (2 分钟)

老师：烧制陶器是制作陶器的一种工艺。陶器是指以黏土为胎，经过手捏、轮制、模塑等方法加工成型后，在 1 000~1 200 摄氏度的高温下焙烧而成的物品。在中国，陶瓷的产生距今已有 7 000 多年的历史。这个视频也解答了××小朋友的问题，这个光溜溜的东西就是釉。(老师总结)

3. 再次设置问题，引导幼儿探索 (2 分钟)

老师：那么我有一个问题要问问大家，烧制陶器有几个工序呢，它们分别是什么，有哪个小朋友还记得呀？

4. 幼儿回忆视频内容，再次进行讨论，回答问题 (3 分钟)

幼儿：原料加工，泥坯塑制，赋釉……(幼儿自己总结)

5. 老师公布答案 (2 分钟)

老师：大家记得都很准确！陶艺的制作工艺分为四大工序，按顺序可分为原料加工、泥坯塑制、赋釉及煅烧。(老师总结)

6. 老师再次提问，抛出问题 (1 分钟)

老师：为什么有些陶器会出现裂纹，有时甚至会掉皮呢？

7. 幼儿再次讨论 (1 分钟)

幼儿：黏土干燥后会有收缩现象产生……(幼儿得出结论)

8. 老师公布答案（2分钟）

老师：是的！黏土经干燥后在烧成时会产生收缩现象，这就是陶瓷变形及破裂的主要原因。

（五）活动总结

老师：今天大家亲眼见到了陶瓷，对它爱不释手，也对烧制陶瓷充满好奇，还一起欣赏了陶瓷的烧制过程。

通过小视频的分享让幼儿知道了烧制陶瓷的工序和步骤，对陶瓷的了解更深了一步。

（六）讨论交流

老师：大家听完今天的课，是不是对陶瓷又有了新的认识和了解？你都收获了些什么知识？快和身边的小伙伴们讨论一下吧！

（七）课题延伸

老师：小朋友们回家以后也可以和爸爸妈妈讲一讲对陶瓷的了解，问一问爸爸妈妈知不知道怎样烧制陶瓷，具体分为哪些步骤。

课题四　做陶瓷手工艺品（艺术）

（一）活动目的

（1）让幼儿自己做一个陶瓷手工艺品，激发幼儿对陶瓷手工艺品的兴趣。

（2）培养幼儿的动手能力和创造能力，和同伴一起分享做陶瓷的想法，学会与人沟通交流。

（二）活动教具

（1）铅笔、橡皮、纸若干。

（2）每人一袋陶瓷黏土（最好是速干的，含有化学成分较少，可供幼儿放心使用），塑料桌布。

（3）每组一套水彩颜料（最好是速干或可清洗颜料，防止幼儿不小心蹭到身上）和若干画笔。

（4）小爱心贴纸（用于投票）。

（三）导入环节

设置问题情境，引出"做陶瓷手工艺品"的话题。

1. 引入环节（2分钟）

老师：小朋友们大家好！今天的课程非常有意思，是一节手工课！需要小朋友们发挥想象力，自己动手制作一个陶瓷。

2. 分组，布置教室（5分钟）

老师：接下来先请小朋友们分一下组，每组6个人。大家搬着自己的小桌子和小椅子去

找到小伙伴们。把桌子拼在一起，过程要安静，大家动起来吧！（幼儿开始移动桌椅）

3. 按组分发手工材料（3分钟）

老师：现在以小组为单位给大家分发手工材料。大家可以看到，每个人桌子上都有一根铅笔、一块橡皮，还有一张纸。老师还给每个人分配了一袋陶瓷黏土和一张塑料桌布。每组有一套水彩颜料和几根画笔，大家都可以使用。

（四）活动环节

1. 设计陶瓷样式（1分钟）

老师：小朋友们自己心里肯定都有了想制作的瓷器的样子。首先拿起笔，画在纸上。

2. 幼儿拿起笔画，开始创作（3分钟）

3. 老师说明注意事项（2分钟）

老师：小朋友们都画完了，接下来把塑料桌布铺在桌面上。然后拿出桌子上的陶瓷黏土。按自己所画的样子动手操作，捏出陶瓷的形状。有一点要注意！要保持桌面整洁干净，不要把陶瓷黏土弄得到处都是！也不要把陶瓷黏土和手指放到嘴巴里！记住了吗？

4. 幼儿开始动手制作（5分钟）

5. 展示初步成品，互相分享经验，等待黏土晾干（5分钟）

老师：大家全都做好了！让我们来看一看，这位小朋友捏了一个小瓶子，瓶口细细的，瓶身长长的；另一位小朋友做的是一个花盆，盆底面积很大。小朋友们可以互相分享一下自己制作时的想法和经验。不要再去动手里的黏土，等待黏土外表晾干。

6. 发布涂色内容，说明注意事项（2分钟）

老师：黏土外表已经干透了，但大家还是要轻拿轻放。现在每组都有一套水彩颜料，大家发挥想象力和创造力，一起给自己的作品涂上颜色吧。

7. 幼儿拿起画笔，开始涂色（8分钟）

8. 总结幼儿作品（2分钟）

老师：哇！大家涂的颜色都好鲜艳呀，一个粉色的小碗；一个蓝色的小杯子，上面还画着几条黄色的波浪线。

9. 展示作品（3分钟）

老师：现在小朋友们可以离开座位，看一看别的小朋友的作品，也可以评价和交流一下，看一看自己最喜欢哪个小朋友的作品，然后把自己桌上的小爱心放在喜欢的作品的桌子上。

10. 幼儿欣赏他人作品（6分钟）

给出评价，交流想法和创意，进行投票。

11. 统计爱心票数（2分钟）

老师：××小朋友2个小爱心；×××小朋友有4个，那边的小朋友都获得了几个小爱心呢？通过统计，×××小朋友的小爱心数量最多！他设计得真的很棒，大家掌声鼓励一下！

（五）活动总结

老师：大家都亲自动手体验制作陶瓷。每个小朋友的设计都非常棒，所有人都发挥出了自己的想象力和创作力，动手能力也很强。设计的陶瓷手工艺品各式各样，颜色五彩缤纷，各有千秋！

（六）讨论交流

通过今天的实践课，很多幼儿对陶瓷更加感兴趣了，喜欢上了制作陶瓷。同时，也让幼儿和同伴交流了想法和经验。

（七）课题延伸

老师：小朋友们感兴趣的话，也可以买材料和爸爸妈妈一起动手制作陶瓷，体验中国陶瓷手工艺品的魅力！

五、活动延伸

幼儿回到家可以和爸爸妈妈分享关于中国传统手工艺品陶瓷的一些历史知识、制作工艺。考一考爸爸妈妈知不知道陶瓷的历史和种类，它对人类社会的作用都有哪些，也可以问问爸爸妈妈知不知道如何烧制陶瓷，具体有哪些工序和步骤。还可以把课上老师给自己讲的小故事讲给爸爸妈妈听，然后购买材料和爸爸妈妈一起动手制作陶瓷，体验中国陶瓷手工艺品的魅力。

六、活动反思

（1）语言领域：在关于陶瓷历史的小视频讲解中，可以看到陶瓷从新石器时期到汉朝、唐朝、宋朝、明朝、清朝的发展变化和种类的日益增加。朝代太多，变化也太多，稍有些烦琐，幼儿可能无法全面理解，下次可以分开来讲，用两节课的时间进行讲解，让幼儿更好地吸收。

（2）社会领域：幼儿对于小故事非常感兴趣，应该多找一些小故事和幼儿进行分享，争取下次准备得更充分。

（3）科学领域：课程总体都很不错。但由于幼儿不能动手烧制陶瓷，加上有一些词语比较难理解，幼儿无法吸收烧制陶瓷的知识和内容。之后的课可以增加一些能让幼儿集中注意力的活动，也可以带更多的陶瓷来给他们欣赏。

（4）艺术领域：手工课圆满结束，幼儿们的表现非常好，提出的要求也全部做到了。幼儿们对手工课都很喜爱，以后可以增加一些动手活动。

走进中华民族

申请人简介：
　　大家好，我叫铁雅璇，是一名大二学生，现在就读于国际经济贸易系学前教育专业。我从初中开始就对儿童心理学有着很深的兴趣，这也为我现在对学前教育专业的喜爱奠定了坚实的基础。我学习能力较强，性格开朗，为人善良，学前教育这个专业非常适合我。日后我也会继续努力学习，争取学到更多的知识来完善自己。
所在单位： 北京经贸职业学院国际经济贸易系 2019 级学前教育专业
适用班级： 大班

一、设计意图

　　很多幼儿对少数民族的音乐和舞蹈特别感兴趣，由此也引发了一系列对于少数民族的疑问。为了让幼儿更深入地了解中华民族，我在幼儿已有经验的基础上，把音乐和舞蹈融入课程中，让幼儿在民族风格的音乐氛围中，加深对各民族的热爱，更好地弘扬各民族传统文化。

二、活动目标

　　（1）让幼儿了解并能画出一部分民族的特征，开发幼儿的绘画能力与动手能力，提升幼儿的创造力。
　　（2）让幼儿了解少数民族的歌曲，激发幼儿对歌曲的兴趣。
　　（3）让幼儿了解少数民族的舞蹈，激发幼儿对舞蹈的兴趣。
　　（4）让幼儿了解少数民族的历史，弘扬我国少数民族的传统历史文化。
　　（5）让幼儿了解部分少数民族的习俗，让少数民族的习俗得以传承。
　　（6）让幼儿了解少数民族的分布情况。

三、活动准备

　　（1）A4 纸、画笔。
　　（2）舞蹈视频、唱歌视频。
　　（3）傣族泼水节的小故事、火把节的小故事。
　　（4）少数民族分布小地图，有关少数民族分布情况的视频。

四、活动过程

课题一　少数民族特征（艺术）

（一）活动目的

（1）让幼儿了解部分民族的建筑、服饰特征。

（2）让幼儿了解少数民族的歌曲。

（3）让幼儿了解少数民族的舞蹈动作。

（二）导入环节

设置问题情境，引出"少数民族特征"的话题。

1. 出示问题，了解幼儿生活经验

老师：小朋友们，你们知道咱们国家有多少个民族吗？

老师：对，是56个民族，那有没有小朋友来告诉老师这些少数民族有什么特点呢？

老师：对，每个民族都有着不同的特征以及习俗。一会儿老师会给每位小朋友发一张纸和一支笔，每位小朋友挑一个少数民族来画出自己心中该民族的模样。

2. 幼儿自由画出自己心中少数民族的样子

老师：你画的是傣族吧，你这个像是黎族……

3. 让幼儿猜一猜同伴画的是什么少数民族

老师：老师看到小朋友们画得都特别好，小朋友们看看旁边的小朋友的画，猜一猜他们画的是什么民族。

4. 让幼儿依次走到前面介绍自己画的民族

老师：现在老师想要小朋友们上台来跟大家分享一下自己画的是什么少数民族，并且简单地告诉我们你画的少数民族在做什么。

（三）活动环节

设置问题情境，引导幼儿继续探索。

1. 让幼儿思考探索少数民族的其他特点

老师：小朋友们，对于这些少数民族的特点你们都找得特别好，那这些少数民族有没有别的特点呢？

老师：对，像房屋建筑、舞蹈音乐都是这些少数民族的特点，那有没有小朋友知道一些少数民族的舞蹈动作呢？

2. 让幼儿选择自己知道的少数民族的舞蹈动作

老师：小朋友们跳得都非常好，老师这里有一个黎族的舞蹈视频，小朋友们都坐好，老师放这个视频来给你们看看。

3. 带幼儿欣赏少数民族的舞蹈视频，并模仿其中的几个动作

老师：小朋友们觉得这个好看吗？那小朋友们跟着老师一起学学这个舞蹈里的几个动作

好不好？

4. 引出少数民族歌曲这个主题

老师：其实不光是舞蹈，少数民族的歌曲也是各有特色的，小朋友们会唱哪些少数民族歌曲？

老师：大家唱得都非常不错，老师也准备了一首少数民族歌曲，大家坐好咱们来听一听。

5. 带幼儿欣赏少数民族的歌曲

（四）讨论交流

让幼儿自行搬椅子围成半圆坐下，一起参与讨论。

老师：小朋友们，今天咱们了解了少数民族的一些特点，小朋友们来跟老师分享一下，今天都了解了什么新的少数民族的特点呀？

（五）课题延伸

让幼儿回家与爸爸妈妈分享今天的收获。

老师：小朋友们回家后要和爸爸妈妈分享一下今天的收获。

课题二　中华民族的历史（语言）

（一）活动目的

让幼儿了解少数民族的历史。

（二）导入环节

设置问题情境，引出"中华民族的历史"的话题。

1. 讲故事并提出问题，了解幼儿生活经验

老师：小朋友们，老师这里有一个小故事来讲给你们听。

很久以前，一个无恶不作的魔王霸占了美丽富饶的西双版纳，并抢来七位美丽的姑娘做他的妻子。姑娘们满怀仇恨，合计着如何打败魔王。一天夜里，年纪最小的姑娘侬香用最好的酒肉，把魔王灌得酩酊大醉，使他吐露自己的弱点。原来这个天不怕，地不怕的魔王，就怕用他的头发勒住自己的脖子，机警的小姑娘小心翼翼地拔下魔王一根红头发，勒住他的脖子。果然，魔王被打败了，变成一团火球，滚到哪里，邪火就蔓延到哪里。竹楼被烧毁，庄稼被烧焦。为了扑灭邪火，小姑娘揪住火球，其他六位姑娘轮流不停地向上面泼水，终于在傣历的六月把邪火扑灭了。乡亲们开始了安居乐业的生活。

老师：小朋友们谁知道老师讲的是哪个民族的故事，讲的是哪个节日的由来呢？

老师：对，小朋友们真聪明，就是傣族的泼水节的由来。小朋友们还知道哪些关于少数民族的小故事呢？

2. 让幼儿依次讲述自己知道的少数民族的历史小故事

（三）活动环节

设置问题情境，让幼儿深入探索。

老师：小朋友们讲的这些故事都非常精彩，那小朋友们知道这些民族名字的由来吗？大家可以找自己的小伙伴一起讨论一下。

1. 让幼儿一起讨论少数民族以及汉族名称的由来

老师：小朋友们说得都非常有道理，各民族的族称是有自称和他称这两种情况存在的。名称是自己给自己取的叫自称，如蒙古族、土家族；名称是由别的民族给起的叫他称，比如汉族，因为以前汉朝很强盛，少数民族就把建立这个王朝的人称为"汉族"，慢慢地汉族自己也接受了，便有了"汉族"这个称呼。当然除了这些，也有以住的地方或者是经济生活的折射为自己的族称。

2. 让幼儿猜测鄂伦春族、维吾尔族和哈萨克族的名称由来

老师：小朋友们来猜猜看维吾尔族和哈萨克族的名字是怎么来的。

老师：小朋友们说得很对，"维吾尔"是民族的自称，意思是"团结""联合"。而"哈萨克"的称谓记录着历史的艰辛。哈萨克族在历史上曾遭受别的部落的欺压，为摆脱奴役，他们向东迁移，回到故乡，故而得名"哈萨克"，有"避难者""脱离者"或"自由的人""战士"的含义。"鄂伦春"是鄂伦春族的自称，有"使用驯鹿的人"和"居于山岭的人"两种含义。因为驯化野鹿是鄂伦春族经济生活的一个特点，也是他们的一大特长。

（四）讨论交流

1. 幼儿自行搬椅子围成半圆坐下，一起参与讨论

老师：小朋友们结合自己对一些少数民族的理解，能不能再猜测一些少数民族名字的由来？

让幼儿猜测其他少数民族的名称由来。

2. 让幼儿与周围的小伙伴一起交流今天的收获

老师：今天的小朋友们都有什么收获呀？跟你周围的小伙伴一起交流讨论下吧。

（五）课题延伸

让幼儿回家与爸爸妈妈分享今天的收获。

老师：小朋友们回家后要和爸爸妈妈分享一下今天的收获。

课题三　少数民族习俗（社会）

（一）活动目的

让幼儿了解部分少数民族的习俗。

（二）导入环节

设置问题情境，引出"少数民族习俗"的话题。

1. 讲述小故事并提出问题，了解幼儿生活经验

老师：小朋友们，今天老师为大家带来了一个小故事。

很久以前，天神嫉妒人间的幸福生活，便派一位年老的天将来到人间，要他把人间烧成一片火海。老天将来到人间，看到一个汉子将年纪稍大的孩子背在身上，年龄小的孩子反倒牵着走，他感到奇怪，一问才知到背着的孩子是他侄子，牵着的孩子是他儿子，因为哥嫂已经去世了，汉子认为应该好好照料侄子。老天将为这样的人间美德所感动，想着人们的心地是如此善良，不忍加害他们，便将天神要烧毁人间的消息告诉给那汉子，要他告诉人们于六月二十五那天在门口点燃火把，以此免去灾难。于是千家万户都在这天晚上点起了火把。天神以为人们早已在火海中灭亡，就沉沉地睡去，再也没有醒来。后来，纳西族人民就把这天定为火把节。

老师：老师的故事讲完了，小朋友们知道老师的这个故事讲述的是哪个少数民族的哪个节日吗？

老师：对，小朋友们真聪明，就是彝族、白族、纳西族、基诺族、拉祜族等民族的火把节的由来。那小朋友们还知道哪些关于少数民族的小故事呢？

2. 让幼儿依次讲述自己知道的少数民族的习俗小故事

（三）活动环节

老师：小朋友们讲的这些故事都非常精彩，有没有小朋友知道这些少数民族的习俗有哪些呢？

1. 让幼儿一起讨论少数民族的习俗

老师：小朋友说得都非常对。比如说回族男子喜欢戴无檐小帽，通常是白色的圆顶，穿白衬衫，外面套着黑色的坎肩。过去妇女们普遍戴盖头，现在用素色的纱巾包头。逢年过节会炸"油香"等食品。蒙古族的服饰主要由首饰、长袍、腰带和靴子四个主要部分构成。妇女头上的装饰多用金银或者玛瑙制成，而牧区女子多用红绿色的长绸缠头。藏族有一个不同于汉族的风俗是拜火，这象征着夫妻爱情的坚贞和今后生活的红火。

2. 让幼儿说出少数民族的服饰特点以及饮食特点

老师：小朋友们知道这些少数民族的服饰以及饮食跟咱们有什么不一样的地方吗？

（四）讨论交流

（1）幼儿自行搬椅子围成半圆坐下，一起参与讨论。

（2）让幼儿与周围的小伙伴一起交流今天的收获。

老师：小朋友们今天都有什么收获呀？跟你周围的小伙伴交流讨论一下吧。

（五）课题延伸

让幼儿回家后与爸爸妈妈分享今天的收获。

老师：小朋友们回家后要和爸爸妈妈分享一下今天的收获。

课题四　少数民族的分布情况（科学）

（一）活动目的

让幼儿了解少数民族的分布情况。

（二）导入环节

设置问题情境，引出"少数民族的分布情况"的话题。

1. 出示问题，了解幼儿生活经验

老师：小朋友们你们还记得咱们国家有多少个民族吗？

老师：对，是 56 个民族，那有没有小朋友来告诉老师你知道这些少数民族都分布在哪里吗？

2. 让幼儿讨论思考少数民族的分布位置

老师：大家都说得很对，黎族主要聚居在海南省的陵水、保亭、三亚、乐东、东方、昌江、白沙、琼中、五指山等地；宁夏回族自治区是回族的主要居住区；傣族分布在中国、印度、越南、柬埔寨、泰国等国家。

3. 给幼儿观看关于少数民族分布介绍的视频

老师：小朋友们，老师为大家带来了一个关于少数民族分布的视频。小朋友们都乖乖坐好，老师来放给你们看。

4. 带着幼儿在少数民族分布地图上找各个民族的居住地

老师：小朋友们，老师现在手里有一份少数民族的分布地图，几个小朋友为一组，找找看黎族、回族、傣族的位置。

（三）活动环节

（1）幼儿自行搬椅子围成半圆坐下，一起参与讨论。

（2）让幼儿找到自己喜欢的少数民族并简单介绍一下。

老师：小朋友们都找得很快也很准确，老师希望每位小朋友都能找到自己喜欢的一个少数民族，然后跟大家分享你喜欢这个少数民族的原因，再简单介绍一下这个民族。

（3）让幼儿与周围的小伙伴一起交流今天的收获。

老师：今天的小朋友们都有什么收获呀？跟你周围的小伙伴交流讨论一下吧。

（四）课题延伸

让幼儿回家后与爸爸妈妈分享今天的收获。

老师：小朋友们回家后要和爸爸妈妈分享一下今天的收获。

五、活动延伸

让幼儿回家后与爸爸妈妈分享在课上学到的关于少数民族的知识。

老师：小朋友们，今天回家后要和爸爸妈妈分享一下学到的关于少数民族的知识，跟他们讲讲少数民族的分布情况、少数民族的特点、少数民族名字的由来以及这些少数民族的习俗。如果小朋友们还想知道更多关于少数民族的知识，也可以问问爸爸妈妈，与他们一同探讨这些问题。

六、活动反思

在本次活动过程中，我在一些词语以及句子上讲授得比较烦琐，比如聚居、无檐小帽等词语。对于大班的幼儿来说可能无法完全理解这些词语的意义，这是我日后应当改善的地方。下一次活动我会把课题以及讲解的内容再简单化，并把其中的语句转化为幼儿更容易理解的内容。有些课题内容比较多却被安排到一节课的内容里，对于幼儿来说可能不太好吸收，下次应该将其一分为二，分成两节课的内容，以便幼儿更好地吸收其中的知识。有的课题不是很能激发幼儿的兴趣，下次我会多增加一些可以集中幼儿注意力的活动内容，并用更加有意思的语气来吸引他们的注意力。但我讲述的习俗小故事很受幼儿欢迎，引起了他们对少数民族的兴趣，使得这节课能很顺利地引出主题并往下推进。在我的活动中，幼儿不仅进行了自主思考，而且与老师进行了交流与沟通，同时也与周围的小伙伴进行了沟通与讨论。幼儿在了解中华传统文化的同时，也锻炼了与别人交流沟通的能力，增进了幼儿之间的感情。

通过这次活动我充分了解到了自己的不足，但同时也看到了自己的一些闪光点。之后我会不断进步，完善活动内容，将活动设计得越来越好，更加生动有效。

非物质文化遗产——围棋

> **申请人简介：**
> 我叫王成诚，是来自北京经贸职业学院的一名大二学生。我选择的活动主题是非物质文化遗产——围棋。首先，我选择以影片的形式将幼儿引入非物质文化遗产这一知识点上，然后以游戏的方式，带领幼儿学习非物质文化遗产中的围棋这一文化。通过提问的方式吸引幼儿对围棋的兴趣，调动他们的活动积极性。在活动中，我会充分尊重每个幼儿对围棋的想法，时刻激励他们，尽我所能开发他们的思维，让他们对我国的非物质文化遗产有一定的了解。
> **所在单位：** 北京经贸职业学院国际经济贸易系2019级学前教育专业
> **适用班级：** 大班

一、设计意图

非物质文化遗产是指被各群体、团体，有时为个人所视为其文化遗产的各种实践、表演、表现形式、知识体系和技能及其有关的工具、实物、工艺品和文化场所。非物质文化遗产是我国的珍贵宝物，值得我们知晓和学习。其中围棋是我国的一项重要的非物质文化遗产，它源于中国，基本结构简单，内容却极其复杂。它的棋子只分黑白两种，但棋形变化无穷，棋理也博大精深。围棋这一非物质文化遗产所蕴含的文化内涵深邃，充满了辩证思维。在本次活动中，我将引导幼儿了解我国的非物质文化遗产，学习围棋源远流长的古今历史，了解围棋的发展以及它的基本结构和简单玩法，培养幼儿对非物质文化遗产和围棋的兴趣。并且，我希望在此基础上，延伸发展幼儿的辩证思维和动手能力。

二、活动目标

（1）让幼儿了解非物质文化遗产和围棋，培养幼儿对围棋的兴趣。
（2）让幼儿学会围棋的基本结构和下法。
（3）培养幼儿的表达能力、运动能力和动手实践能力。

三、活动准备

（一）物料准备

（1）制作完成的 PPT（非物质文化遗产和围棋的文字介绍、图片），关于围棋的 1 分钟左右的影片，关于非物质文化遗产的影片。
（2）白色、彩笔、黑白彩泥。
（3）足够数量的黑白服饰。
（4）制作好的幼儿展示作品（画好的棋盘和用彩泥制作好的黑白棋子），拍摄工具（手机或摄像机，用于对幼儿作品的拍摄）。
（5）记录本（用于记录幼儿行为）。

（二）活动前期经验

（1）通过学习和了解，明白大班幼儿的认知水平和能力，从而在活动中调整希望幼儿达到的对非物质文化遗产和围棋的认识深度。
（2）明白大班幼儿可以理解一些简单的知识，可以进行一些简单的体育活动，会根据自己的想法和认知进行简单的绘画。

四、活动过程

课题一　非物质文化遗产和围棋

（一）活动目的

（1）让幼儿了解非物质文化遗产和围棋，激发幼儿对围棋的兴趣。
（2）培养幼儿的表达能力和运动能力。

（二）活动教具

（1）制作完成的 PPT，相关影片。
（2）足够数量的黑白服饰。
（3）拍摄工具。
（4）记录本。

（三）活动环节

老师给幼儿播放影片，然后给幼儿讲述关于非物质文化遗产和围棋的一些基本知识（PPT 展示相应内容）。再通过"会运动的棋子"这一游戏，激发幼儿对围棋的热情和兴趣。

1. 老师带领幼儿观看非物质文化遗产的影片，然后采用提问的方式，引导幼儿了解非物质文化遗产老师：小朋友们大家好，首先，老师想请大家看一个关于非物质文化遗产的小影片，你们想不想看呀？

幼儿：想看！

影片播放完毕后，老师提问。

老师：小朋友们，在看完这个影片之后，谁能告诉老师，你在影片中都看到了什么呀？

幼儿：我看到了鼓，我看到了画，我看到了……

（幼儿回答完毕之后，老师进行简单的归纳总结）

老师：小朋友们，你们回答得太棒了！在这个影片中呀，先是出现了鼓，然后还有……

（老师将话题导入非物质文化遗产）

老师：那小朋友们知道影片中出现的这些东西都属于非物质文化遗产吗？有小朋友知道什么是非物质文化遗产吗？

幼儿：不知道！/知道！（如果有幼儿知道，就请他来说说看）

（幼儿回答完毕后，老师结合PPT，向幼儿简单介绍非物质文化遗产）

老师：看完影片之后，我想小朋友们对非物质文化遗产已经有了一定的了解。现在，老师来和你们说一说非物质文化遗产是什么。非物质文化遗产是指被各群体、团体，有时为个人所视为其文化遗产的各种实践、表演、表现形式、知识体系和技能及其有关的工具、实物、工艺品和文化场所。简单来说呀，非物质文化遗产就是各族人民世代传承的，与大家生活密切相关的各种传统文化表现形式和文化空间。老师来举几个例子，小朋友们请和老师一起看PPT。

（看完PPT后，老师需要询问幼儿是否有不理解的地方或者问题）

老师：小朋友们现在知道非物质文化遗产是什么了吗？

幼儿：知道了！

老师：有没有小朋友有不懂的地方或者有什么问题想要问老师呢？

（如果幼儿有问题可以进行简单的讨论回答，或者进行课后思考）

2. 在了解了非物质文化遗产之后，将话题导入第二个知识点围棋（本堂课的重点部分）

通过游戏"会运动的棋子"，带领幼儿在体育运动和快乐中学习围棋的基本玩法以及培养幼儿对于围棋的兴趣。

首先通过游戏吸引幼儿的注意力，激发他们的兴趣，然后采用提问的方法，了解班里幼儿对于围棋的认识程度，同时锻炼他们的表达能力。最后进行游戏，锻炼他们的运动能力，进行健康素质教育。

老师：接下来，老师想带大家玩一个跟围棋有关的小游戏，小朋友们，你们想玩吗？

幼儿：想！

老师：既然我们要玩的这个游戏和围棋有关，那么有没有小朋友知道围棋是什么呀？你有没有在生活中看到过它或者接触过它呢？

幼儿：我知道！/我看到过！/……

（如果有幼儿知道或者举手，老师请他们说一说并给予鼓励。接下来老师告诉幼儿围棋也是我国的非物质文化遗产，并结合PPT讲一讲关于围棋的古今知识和基本结构）

老师：你们说得都很棒，围棋也是我国的一项非物质文化遗产呢！老师找了一些关于围棋的知识，请小朋友们和老师一起看PPT。

老师：小朋友们都知道现在这个东西被称作围棋，但是在很早的时候呀，围棋叫作"弈"，而在国外呢，它又叫作"Go"。很久以前，很多国家就已经有了围棋。现在请小朋友们看PPT上面的图片，告诉老师围棋都由哪些东西组成呀？

（幼儿自主回答，老师归纳总结）

老师：小朋友们回答得太棒了！围棋由棋盘和棋子构成，棋子有黑白两种颜色，而棋盘上面又有很多的小格子，小朋友们知道棋盘上两条线交叉的点有多少个吗？有361个，这么说来，我们就可以在棋盘上放361个棋子了。

老师：小朋友们，你们现在知道什么是围棋了吗？

幼儿：知道了！

老师：那么接下来呀，我们要开始玩游戏了。首先，老师想请你们穿上和棋子一样颜色的衣服好不好？

幼儿：好！

（老师根据幼儿的意愿，将幼儿分成两组，穿好衣服）

老师：接下来呀，老师要和大家讲一下游戏的规则。我们先请一队的小朋友们围成一个大圈，另一队的小朋友们就在圈内。游戏开始的时候呢，老师会放音乐，当音乐响起的时候，围成圈的小朋友们朝着一个方向蹦跳，就像老师这样（教师示范）。当音乐停了的时候，围成圈的小朋友们可要赶紧拉起你们的小手并且缩小圈圈，因为圈内的小朋友们在音乐停的时候要跑到圈外去哦。最后还在圈内的小朋友可是要表演节目的哦。小朋友们，你们听明白游戏规则了吗？

幼儿：听明白了！

老师：那我们现在开始游戏吧！

（活动进行中：老师组织纪律的同时，观察每个幼儿，了解每个幼儿的情况并且适当记录在本子上）

（游戏结束，老师带领幼儿进行总结，并且留下课后思考问题）

老师：游戏结束了，小朋友们玩得开心吗？

幼儿：开心！

老师：这节课我们学习了什么？大家可以讨论一下然后告诉老师。

（给幼儿讨论总结的时间）

老师：现在老师要请小朋友来告诉我，这节课我们学了什么？

（幼儿回答完毕后，老师进行总结）

老师：小朋友们，这节课我们了解了什么是非物质文化遗产，还知道了围棋也是一项非物质文化遗产，最后我们进行了一个游戏"会运动的棋子"。

（四）课题延伸

老师让幼儿思考本节课的游戏和围棋有哪些相似的地方，让他们下课回家后和爸爸妈妈一起探讨。

老师：小朋友们知道我们今天玩的这个游戏和围棋有哪些相似的地方吗？请小朋友们下课回家后好好地想一想，思考一下。你们也可以告诉爸爸妈妈今天在课上玩的游戏，和爸爸妈妈讨论一下。

幼儿：好！

（五）活动重难点

重点：让幼儿对非物质文化遗产有一定的概念，知道围棋也是非物质文化遗产。让幼儿产生对非物质文化遗产的关注和对围棋的兴趣。

难点：本次课理论信息较多，在上课时要把握好分寸，言简意赅，注意说话时的语音语调。玩游戏的时候老师一定要注意安全方面的问题，并提醒幼儿时刻注意安全，把安全健康放在第一位。

（六）活动总结

本次活动运用了提问法、游戏法、讨论法，比较适合大班幼儿，但还是有不足的地方需要调整，比如关于大班幼儿理解能力这一方面还需做好充分的课前研究和观察。

（七）课题反思

在讲述非物质文化遗产和介绍围棋的时候，可以结合更多的元素和方法，让理论知识变得更加生动有趣，这样更能牢牢抓住幼儿的注意力。

课题二　美工课——画一画，做一做，试一试

（一）活动目的

（1）让幼儿进一步了解围棋，培养幼儿对围棋的兴趣。
（2）幼儿学会简单的围棋的下法。
（3）培养幼儿的动手实践能力。

（二）活动教具

（1）制作完成的PPT。
（2）白纸、彩笔、黑白彩泥。
（3）制作好的幼儿展示作品，拍摄工具。
（4）记录本。

（三）活动环节

老师根据上节课留下的问题进行提问探讨，总结后引出围棋的简单下法和规则。最后带领幼儿用彩笔在白纸上画出棋盘，用黑白彩泥捏出棋子，然后两两进行围棋"比赛"。

1. 老师带领幼儿对上节课的内容进行简单回顾，然后引出围棋的下法和规则，让幼儿对围棋的下法和规则有更深的了解

老师：小朋友们大家好，上节课我们了解了非物质文化遗产和围棋，还玩了一个关于围棋的游戏"会运动的棋子"，这节课我们继续研究非物质文化遗产中的围棋，好吗？

幼儿：好！

老师：那么老师想知道大家还记得上节课的最后老师留的问题吗？

幼儿：记得/不记得。

老师：（表扬记得的幼儿）对，你说得很对！老师留的问题是想一想我们玩的游戏和围棋有哪些相似的地方。想必你们回家之后肯定有好好地思考吧！现在，请小朋友们来说一说吧。

（幼儿回答问题，回答过程中老师要进行引导。回答完毕后老师要给予鼓励）

（提问之后，老师进行简单总结。然后进一步引出对围棋的学习）

老师：小朋友们回答得太棒了！我们上节课玩的游戏呀，像极了围棋的玩法，游戏的场地就好像是围棋的棋盘，小朋友们就好像黑色和白色的棋子，当一队的小朋友手拉手包围过来的时候，就像极了围棋的下棋规则呢。现在，请小朋友们和老师一起看一个小影片，来了解一下围棋的下棋规则吧！

幼儿：好！

老师播放影片，看完后简单提问和讲述围棋的下法和规则。

老师：看了影片之后，小朋友们知道围棋是怎么下的了吗？

（幼儿自主回答）

老师：小朋友们说得都很棒。围棋的规则大概就是两位棋手各使用一种颜色的棋子，黑色的先下，白色的后下，双方要轮流下子，每次只能下一颗棋子，棋子要下在棋盘的点上面，下定后，不可以移动棋子。最后呀，谁把对方的棋子围住得多就算谁赢。小朋友们，你们明白围棋的下棋规则了吗？还有不明白的地方吗？

幼儿：明白了！

2. 在学习围棋简单的下法和规则之后，老师通过做好的围棋模型，带领幼儿制作围棋

老师进一步帮助幼儿熟悉围棋的基本结构并培养幼儿的动手实践能力，然后帮助幼儿了解和学习围棋的简单下法和规则。

老师：小朋友们，老师想请大家看一样东西。

老师拿出课前做好的围棋模型，并提问。

老师：小朋友们，你们看这是什么呀？

幼儿：围棋！

老师：你们想不想做一个像这样的围棋呢？

幼儿：想！

老师：接下来呀，我们一起学习做一个围棋好吗？

幼儿：好！

老师引导幼儿了解制作围棋的材料和制作过程。

老师：在做之前，老师想问一下大家，这个围棋是用哪些材料做的呀？

（幼儿自主回答）

老师：你们说得很棒！棋盘是纸做的，棋子是用彩泥捏出来的。那么一会儿，老师会发给你们每人一张白纸，老师需要小朋友们动手画一画，在白纸上画出棋盘的格子。然后，再用黑色和白色的彩泥捏出许许多多的棋子。小朋友们，你们明白怎么做围棋了吗？

幼儿：明白了！

老师：那让我们开始吧！

老师发给每位幼儿一张白纸、一块黑色彩泥、一块白色彩泥。在幼儿制作围棋的过程中，老师要在旁边指导，并观察幼儿的动手制作能力和各种情况，利用空余时间简单记录在记录本上。

（四）课题延伸

制作完毕后，老师组织幼儿进行围棋"比赛"，两两一组，帮助幼儿进一步熟悉围棋的基本结构、简单下法和规则。

老师：小朋友们做的围棋都非常棒！最后，老师想请小朋友们用我们的棋盘和棋子进行一场围棋"比赛"，好吗？

幼儿：好！

老师：我们两个人一组，老师来考考大家是不是都学会了围棋的下法。现在开始吧！

老师组织幼儿进行分组，然后开始下棋，观察每位幼儿的学习和理解情况。

（五）活动重难点

重点：让大班幼儿进一步了解围棋，培养大班幼儿对围棋的兴趣，让大班幼儿能够使用围棋进行简单的对弈。

难点：幼儿之间存在差异性，在引导幼儿进一步学习围棋的知识上有一定的难度。进一步学习围棋知识和制作围棋进行对弈关联密切，从理解围棋下法和规则到在此基础上进行对弈对幼儿来说存在难度，在教学上也有一定难度。

（六）活动总结

运用激励法、提问法、游戏法进行本次课堂活动。通过 PPT 演绎、老师讲解、实际运用，较为全面地帮助幼儿学习围棋并深入了解围棋。

（七）课题反思

在授课方面与上节课没有明显的精进和突破，还需要进一步创新，从而抓住幼儿的注意力，提高幼儿的关注度。

五、活动延伸

关于活动延伸的内容已经在各课题中进行了详细的讲述，这里不再叙述。

六、活动反思

在两次课程中，较合理地运用了提问讨论法、记录法和游戏法。总体来说，课程不会太过单调和无聊。两次课程都紧紧围绕了"非物质文化遗产"和"围棋"，对于幼儿来说简单明了，主题明确。两节课程的关联度较高，关系紧密，并且层次鲜明，第一节课为第二节课打好基础，行之有效，逐渐深入而又恰到好处，没有过分深入。在课程中，较多地运用了提问和讨论的方法，能够更好地帮助幼儿学习，缓解紧张，还促进了幼儿之间的交流，这些对于幼儿表达能力和人际交往能力的提高有一定的帮助。游戏法可以更加有效地使幼儿们保持上课的热情和关注度,对于一些相对枯燥的理论信息的接收有一定的帮助,也可以锻炼幼儿的体育运动能力。通过对非物质文化遗产和围棋的了解和学习,可以帮助幼儿今后能够更多地关注身边的非物质文化遗产,保护我国的传统文化。

  本次活动还需要进一步促进的地方:在教学模式上,我希望能够加入更多的元素和形式,并且希望能够结合更多的方法来改善理论知识方面的教授情况。班里幼儿存在差异性,但因材施教的方式没有得到明显体现,未来,我将进一步思考如何对班里幼儿因材施教,使每位幼儿有更多的提升空间。对于上课过程中出现的一些意外状况或者不当之处要记录在册,思考研究,加以改正,不论遇到什么情况都需保持对幼儿的那一份热爱,努力进步,积极向前。

过年啦

> **申请人简介：**
> 我叫陈子璇，出生于 2000 年，小时候就喜欢小朋友，所以选择学习学前教育专业。我希望以后可以在工作中与天真的小朋友们相处，和他们一起成长，永远保持童心。
> **所在单位：** 北京经贸职业学院国际经济贸易系 2019 级学前教育专业
> **适用班级：** 大班

一、设计意图

作为历史悠久的文明古国，丰富的民族传统节日是中国文化不可缺少的一个重要组成部分。每个节日都有它的历史渊源、美妙传说、独特情趣。为了让幼儿更好地了解我国传统文化节日，加深对春节的认识和了解，体验春节的喜庆气氛，我设计了本次活动。

二、活动目标

（一）初步了解过年

（1）让幼儿简单了解中国的传统节日。
（2）让幼儿了解年的由来故事。

（二）通过春节发生的故事从不同领域学习相关知识

（1）艺术领域：通过包饺子锻炼幼儿的动手能力，发展幼儿的思维，让幼儿在动手中体会快乐。
（2）健康领域：让幼儿认识公勺公筷的作用，明白健康的重要性，认识有效避免病毒传播的方法。
（3）社会领域：通过拜年让幼儿学习基本的过年礼仪和社交礼仪，懂得感谢与感恩。
（4）语言领域：通过拜年的吉祥话，让幼儿学会表达，并且敢于大胆发言。
（5）科学领域：幼儿通过对鞭炮燃放过程的观察，学会远离危险物品，并且通过观看清理鞭炮纸屑的视频，学会保护环境。

三、活动准备

（1）与过年相关的图片和各种音视频资料。
（2）相关 PPT。
（3）开展各项活动所需的物料。

四、活动过程

课题一　讲故事，做手工

（一）活动目的

让幼儿简单了解过年的来历。

（二）活动教具

（1）橡皮泥。
（2）画笔。
（3）纸。
（4）音乐。
（5）和过年相关的图片、视频、PPT。
（6）过年故事绘本。

（三）活动环节

1. 老师拿出准备好的图片

老师：小朋友们看一看老师拿的这张图片上都画了什么呀？
老师：小朋友们说得都对，那么有谁知道这幅图片画的是什么场景呢？
幼儿：过年。
老师：对！小朋友们真聪明！那么过年又叫什么呢？
幼儿：春节。
老师：没错，春节是我们中国的传统节日之一，过年就意味着小朋友又长大了一岁，我们可以和家人团聚，还可以穿漂亮的衣服，收到红包，吃到好吃的食物。大家是不是很开心呢？
老师：那么有哪位小朋友知道"年"是什么，过年又是怎么来的呢？老师要给小朋友们讲一个春节的故事，小朋友们要竖起耳朵认真听哦！

2. 老师讲关于过年的故事

老师：下面老师要给小朋友们讲一个关于过年的故事，大家要仔细听哦！
很久以前，在茂密的森林里住着一只凶猛、庞大的怪兽，人们给这个怪兽取名叫年，年的脾气非常不好，它生气了就会张开大口吃人。可是呢，年这个怪物很懒，它最喜欢睡觉，在这一年中年只有一天会醒来，年为什么会醒了呢？

因为年睡了太久饿了，每年除夕这一天，年就会闯进村庄，吃几个村民和小动物。每年到这一天村民都会躲到山林里避难，有一年的除夕，村子里的人都逃出去避难，从村外来了一位老人，他对大家说："我可以将年兽制服。"众人不信，大家纷纷劝他也躲去山林里，可老人执意不去。老人让村里的人都燃起烛火，不要吹灭。半夜时年来到村子里，发现祠堂贴着大红纸，屋子里烛光通明，这个时候年兽全身战栗，不敢再向前一步了，年说：这是什么呀，我的头为什么晕晕的？忽然从屋子里出来了一个身穿红袍的老人，放了一挂鞭炮。年听到鞭炮声说："天呐，一定是来了一个大怪物，可太吓人了。"年彻底害怕了，头也不敢回地跑回了山林里。从此以后人们明白要怎样打败年这个怪物了。

老师：那么老师有一个问题想要问问小朋友，年究竟害怕什么呢？大家可以想一想年在逃跑前都看到了什么呢？

老师：小朋友们真棒，都答对了，年被灯火通明的村子、红色和鞭炮的响声吓跑了对不对？

幼儿：对。

老师：所以从那以后，每年到除夕，人们就会贴春联、放鞭炮。

3. 设计问题，激发幼儿的动手欲望，使其乐于参与其中

老师：那么平时我们过年用的年货都是从哪里来的呢？

老师：对！我们的年货是买来的，那么小朋友们知不知道买来的年货是怎么做出来的呢？今天就让我们一起体会一下自己动手的快乐吧！

老师：在动手前老师要给小朋友们看看老师做的，好不好？

老师：这幅画上有什么呀？

老师：对了！有福字，有鞭炮，还有新衣服，它们都是红色的对不对？小朋友们也用桌子上的彩泥或者画笔动手做一些红色的和过年有关的东西吧！

幼儿自己动手，并发挥能动性和聪明才智，做出不一样的东西。

让幼儿展示自己做出的东西，并且说出它的用途。

老师进行总结，给表现好的幼儿奖励，也给其他的幼儿鼓励。

4. 重点说明与鞭炮相关的作品

（1）让幼儿观察鞭炮的燃放过程并且说出其危险性。

（2）学习放鞭炮的注意事项。

（3）通过清洁工打扫鞭炮纸屑的视频，让幼儿学会保护环境。

课题二　做饺子，学习餐桌礼仪

（一）活动目的

让幼儿动手做饺子并拓展幼儿的思维。

（二）活动教具

橡皮泥、筷子、勺子，吃饭的图片，关于过年的儿歌。

（三）活动环节

1. 学做饺子

老师：上节课我们学习了过年要准备的年货，那么过年除了这些要用的东西外，还有哪些事情是让小朋友喜欢的呢？

老师：嗯！原来小朋友们都这么喜欢过年呀，老师也喜欢过年，但是老师最喜欢过年可以吃到好多好吃的，那么老师要问问小朋友们，你们最喜欢的食物是什么呀？

老师：呀！这么多好吃的老师也都喜欢，那么小朋友们看看老师用彩泥捏了什么呀？

老师：对，是饺子，有没有和老师一样超级喜欢吃饺子的小朋友呢？

老师：原来有这么多的小朋友也喜欢吃饺子呀！那么有没有小朋友知道饺子是怎么做成的呢？

老师：小朋友们真聪明，那么大家想不想自己动手做饺子呢？现在我们开始动手吧！

老师：老师看到有的小朋友把饺子做成了汤圆，有的小朋友不知从何下手，那么老师先做一个吧！小朋友们仔细看哦！

老师：我们先拿出一小块橡皮泥，把它揉成圆球，然后捏成圆形的"饺子皮"，也可以用手压一下，再用笔擀一擀，然后拿出一小块橡皮泥做"饺子馅"，把"饺子馅"包进去，先把中间捏上，再从两边慢慢来，这样饺子就做好啦，小朋友们也快来试一试吧。

老师：其实还是不简单对不对？没关系，你们现在还小，没有做出来也不要灰心，之前老师看到小朋友们做的其他东西都是很棒的。老师还有一个问题，我们过年吃的饺子和好吃的都是谁给我们做的呀？

老师：有的是爸爸妈妈，还有的是爷爷奶奶、姥姥姥爷，无论是谁做的我们回家都要和他们说一声辛苦啦。我们的家人精心给我们准备好吃的，我们要懂得感恩，对不对？

2. 通过食物渗透简单的餐桌礼仪

老师：那么现在我们要吃好吃的饺子了，可是老师又有了新的问题。

老师：小红同学看着桌上美味的饺子可太想吃了，可是妈妈并没有做好饭，还在厨房忙着，这个时候小红要怎么办呢？有哪位小朋友可以告诉老师，小红应该怎么办呢？

老师：嗯，小朋友们考虑得真周到，那么这个时候小红能不能直接就去吃饺子呢？

老师：对了，不能，小红要等妈妈，等着和妈妈一起享受美味。

老师：那么吃饭之前我们都要做什么呢？

老师：对了，我们要洗手手，保持安静，乖乖坐在凳子上对不对？老师编了一首儿歌，小朋友们和老师一起唱好不好？

吃饭前，洗手手。
小嘴不吵闹，凳子要做好。
等到妈妈来，一起吃真好。

3. 让幼儿观察两幅图，其中一幅图中的人使用了公筷公勺

老师：小朋友们观察这两幅画有什么不同呢？

老师：仔细观察他们的人数和筷子的数量。

小结：同样是一家三口，有的人用了公筷公勺。

4. 讨论交流

（1）大家在家是如何吃饭的？

（2）为什么吃饭时要用公勺公筷？

小结：多人一起吃饭时，用公筷公勺吃饭是为了防止病毒的传染，保护身体健康。用幼儿做的手工饺子和勺子筷子模仿吃饭时使用公筷公勺，加深幼儿的印象，让幼儿能够学以致用。

课题三 拜年啦

（一）活动目的

让幼儿学会说吉祥话。

（二）活动教具

红包、童谣、橡皮泥。

（三）活动环节

1. 让幼儿讨论拜年时会发生的事情，鼓励幼儿积极发言

老师：我们吃了饺子，穿上了新衣服，该去拜年啦！那么小朋友们回忆我们去年过年的情景，并且和大家分享一下吧！

老师：原来大家都收了红包，过年的红包还有一个名字，有谁知道是什么吗？

幼儿：压岁钱。

老师：那么大家收到压岁钱都会和给你们压岁钱的人说什么呢？

2. 学会说过年的祝福语并且在收到压岁钱时知道表示感谢

让幼儿动手画一个红包或者用橡皮泥捏一个红包，并且想好自己要说的祝福语，和同伴一起情景再现，互送红包，说出自己想好的祝福语。

3. 学会正确使用压岁钱

压岁钱又称压祟，有保护平安之意，包含着长辈对晚辈的关怀之情和真切祝福。

（1）让幼儿讨论压岁钱的用处。

（2）提醒幼儿要正确使用压岁钱。

4. 歌曲表演，学习过年的儿歌

带领幼儿一起听音乐，感受过年的氛围。

老师：过年我们会做很多的事情，为了平平安安、快快乐乐地迎接新一年的到来，我们一起学习一个童谣吧。

正月歌

新春正月过大年，
吃点喝点解了馋，
初一饺子初二面，
初三合子团团转，
初四烙饼炒鸡蛋，
初五初六捏面团，

初七初八炸年糕，
初九初十吃米饭，
十一十二八宝粥，
十三十四汆汤丸，
正月十五元宵圆。

五、活动延伸

让幼儿回家给爸爸妈妈讲一讲放鞭炮应注意的事项，和爸爸妈妈一起包一次饺子，给爸爸妈妈讲一讲年的故事。

六、活动反思

此次活动过年的内容太多，过于笼统，重点内容不够突出，没有让幼儿真正体会过年的乐趣和过年对于中国人的重要意义。春节一直以来都是中国最为隆重的节日，也是中国人最为重视的节日，春节还有一个最为重要的意义——团圆，但本次活动没有让幼儿理解团圆的重要性。对于礼仪的简单渗透并没有深入人心，幼儿可能会一听而过，无法真正带到生活中。对于理论的讲述太多，幼儿容易注意力不集中，没有将幼儿的积极性调动起来。

幼儿作品展示如图 1 所示。

图1 幼儿作品展示
(a) 作品一；(b) 作品二；(c) 作品三

十二生肖（三）

> **申请人简介：**
> 我叫蔡彤彤，是来自北京经贸职业学院的一名学生，经过一年多的认真学习，我已具备了一定的专业水准和教学能力，现在正准备以高昂的热情将所学的知识投入教育事业中，实现自身的价值。我具备良好的人际交往能力和语言沟通能力，有着广泛的兴趣爱好并善于挖掘自己的能力。我谦虚好学，性格活泼开朗，敢于挑战，有强烈的学习欲望，有良好的团队协作精神。
> **我的目标：** 通过努力并结合自己已经获得的经验将幼儿英语教学与国际接轨，让自己成为一名国际化的幼儿园教师。
> **所在单位：** 北京经贸职业学院国际经济贸易系2019级学前教育专业
> **适用班级：** 中班

一、设计意图

十二生肖和剪纸是中国几千年积累下来的传统文化，有着丰富的历史背景和现实意义。《幼儿园教育指导纲要》第二部分社会领域内容和要求中指出，"充分利用社会资源，引导幼儿感受祖国文化的丰富和优秀。在幼儿教育中渗透中国传统文化教育，把传统文化体现在观念、环境、教育教学等各个方面。"

为了满足幼儿求知的欲望，让幼儿对中国的传统文化有进一步的了解，我设计了本次活动。让幼儿在观察和听讲的过程中发现，再从中概括，使原本抽象的名词在幼儿眼中生动具体起来。作为中华儿女，我们有必要从小了解中国悠久的历史和特有的传统文化。

希望通过本次活动让幼儿更好地了解中华民族的文化，也掌握一些行为规则，为今后更好地开展其他活动做准备。同时，希望通过本次活动让幼儿学会大胆表述，积极与老师和同伴交流讨论，增强语言表达能力和与人交往的能力。

二、活动目标

（1）情意目标：让幼儿知道十二生肖是中国的传统文化，萌生民族自豪感。
（2）知识目标：让幼儿知道自己的生肖，加深幼儿对传统文化的了解。
（3）能力目标：通过合作，培养幼儿的表达、动手、欣赏和人际交往能力。

三、活动准备

(一) 幼儿准备

(1) 提前调查十二生肖的内容。
(2) 通过听家长讲、看电视、查资料等了解有关十二生肖的传说故事和来历。

(二) 教师准备

课件、工具包、相关小故事、十二生肖图片、剪纸示范作品和轻音乐等。

四、活动过程

课题一 认识十二生肖

(一) 活动目的

(1) 幼儿知道十二生肖都有哪些小动物,并能说出它们的名字。
(2) 幼儿会对十二生肖进行初步排序。
(3) 幼儿知道十二生肖是中国的传统文化,萌生民族自豪感,加深对传统文化的了解。

(二) 活动教具

(1) 准备好上课所需要的图案教具。
(2) 准备一套十二生肖的图片、一个十二格的大转盘、关于生肖排名的故事。
(3) 若干小动物图片(包括十二生肖和其他动物)。

(三) 活动环节

1. 通过图片认识动物

展示准备好的小动物图片(狼、小老鼠、长颈鹿、小猴子、小乌龟、斑马、小狗、小兔子、狐狸、大黑熊、大象、牛、狮子、小熊猫、小猪、羊、猫、北极熊、马、老虎、小蛇、大公鸡、小猪……),问问幼儿是否认识这些小动物,有没有人主动来说一说。(幼儿举手回答)

老师:有没有小朋友知道这些图片里,谁是十二生肖里的小动物?(提出问题)

2. 设置问题情境,引出"十二生肖"的话题

展示空的转盘,引起幼儿的好奇心,告诉他们在上面的图片中,只有十二种小动物才能在这个转盘上成为十二生肖。(先让幼儿猜一猜,再让他们上前来摆一摆,把自己认为是十二生肖的动物选出来)

老师:大家想知道正确答案吗?想知道十二生肖是怎么来的吗?现在老师来讲一个故事,小朋友们要仔细听哦。

很久很久以前，人们总是忘记自己出生于哪一年，也算不清自己现在已经几岁了，玉皇大帝为了给人间定时间，给人类归属，他想出来一个办法，既然计时间这么难，那我们就记动物的名字吧，让我们找出十二种动物来代替时间。

于是玉皇大帝告诉土地公，决定在人间选拔十二种动物作为生肖，他定好一个日子设置了一场跑步比赛，先到终点的十二位小动物就被划入十二生肖中，这一天，动物们纷纷前来报名。消息一公布，所有的小动物都很兴奋，纷纷前来报名处报名，报名广场人山人海。小动物们一个个都积极准备着，都在闹哄哄地讨论着比赛的事。

于是，凡间各动物们展开了一场成为生肖的比赛，当时猫和老鼠是好朋友，他们正在一起讨论着第二天即将到来的比赛，小猫说："我睡得比较晚，如果明天你醒得早，记得把我叫醒。"小老鼠也满口应声。两个小动物约好了谁先起床就叫醒另一个。谁知老鼠第二天起得早，竟静悄悄地独自赴会，没有叫醒小猫。因此群兽大会当天，大公鸡都还没起床，老鼠就早早地到了比赛场，没过一会儿，老牛也来了。小老鼠看到老牛这么庞大，是一个强大的竞争对手，小老鼠就对老牛说："我们合作吧，我知道一会儿比赛时走哪条路不会迷路还能最快到终点，你让我待在你的背上就行。"老牛一听，知道自己爱迷路，就同意了。然后依次又来了许多参赛者，小猪、小马、小乌龟、大老虎、小白兔、小蛇、小狗……

紧接着比赛就开始啦，小老鼠趴在牛背上，一直指挥着老牛该往哪里跑，眼看着离终点的那条红线越来越近，老牛开始拼命向前奔跑。离终点还差一步之遥，小老鼠突然从牛背上跳下来，抢先越过终点线，成了第一名。老牛拼命地跑了半天只得到了第二名，它非常生气，从此之后就一直瞪着大眼睛。过了一会儿，老虎大汗淋漓地从后面跑过来，一边跑一边大喊："我是不是第一名，我是不是第一名？"到了终点它失望了，原来已经有两位排在它前面啦。再过了一会儿，就见兔子一蹦一蹦地过来了，小兔子是第四名。突然间，天空卷起一阵大风，龙从雷云里赶了过来。紧接着一阵马蹄声响起，尘土漫天飞舞，眼看着就要到终点，突然旁边的灌木丛里蹿出一只小蛇抢在马的前面抵达了终点，所以第六、第七名分别是小蛇和马。蛇本来是有脚的，但是因为这次比赛跑得太卖力了，把脚都跑掉了，所以从这以后蛇就没有脚了。然后到终点的是一个三人组合，小羊、小猴和大公鸡。接下来只剩两个名额了，伴随着一阵汪汪声，小狗从远处湿漉漉地跑来了，它在比赛的时候看到一条小河，竟然跳下去玩了半天，如果不是同伴提醒它，它就要忘记自己还在比赛了。这时，十二生肖榜里只剩下最后一个名额了，大家都伸长了脖子向远处望，最后猪来了，气喘吁吁地说："饿死我老猪了，这里有没有好吃的东西？"现在比赛结束啦，土地公为十二只小动物排了顺序，开始颁奖。猫因为睡懒觉，起床已经太迟了，等它赶到时，十二种动物已经被选定了。小猫非常生气，因为怪老鼠没有叫它起床，从这以后，猫见了老鼠就要吃它，老鼠就只好拼命地逃。虽然老鼠成了第一名，但是从此每天都活得提心吊胆的，看到猫就会拼命地跑，白天也不敢出来。

比赛结束了，按照比赛的结果，老鼠排第一名，猪排在了最后一名，所以它们的顺序是：鼠、牛、虎、兔、龙、蛇、马、羊、猴、鸡、狗、猪。

3. 老师提问

老师：故事听完了，那现在谁来说一说刚刚的比赛里出现了哪些小动物？

（配合展示十二生肖的图片）

让幼儿回答问题，鼓励幼儿讲述，说得越多越好。每位幼儿讲述完，老师都要复述他们所说的内容。

老师：十二生肖都包括哪十二种小动物呢？（幼儿边说老师边出示动物图片，不要求幼儿按顺序说）

老师：老鼠第一呀，那谁是第二？谁是第三呢？小马排在第几个呢？

（幼儿回答问题）

引导幼儿回忆故事情节，了解十二生肖的顺序，重点知道排在第一位和第二位的动物。（老师同步调整十二生肖的顺序）

让幼儿在大转盘上给刚刚挑选出来的小动物们排序，看看谁排在前面，谁排在后面。

（幼儿议论，引导幼儿自由发言）

老师总结发言。

4. 设置问题情境，引导幼儿探索

让幼儿说出自己的生肖，再询问同伴的生肖，并用图片记录下来。

老师举例示范："我叫××，我×岁了，我属××，我旁边的××跟我一样也属××"或者"我叫××，我×岁了，我属××，我旁边是××，他×岁了，他属××，跟我的属相不一样"。通过类似的模仿，让幼儿自己总结，大胆询问，通过主动提问，知道谁与谁是相同属相。

（1）你们知道这十二个小动物谁排在第一位吗？

（2）为什么小小的老鼠能排在第一呢？

（3）那么其他小动物是怎么排序的呢？

（四）课题延伸

老师：这十二种小动物叫作十二生肖，也叫十二属相，它是我们中华民族特有的一种传统文化，在我们中国已经流传上千年了，小朋友们都知道自己是属什么的吧，现在让我们来做一个小游戏，帮助我们更好地记住这十二个属相。

1. 游戏："你演我猜"

老师模仿十二生肖中动物的声音或动作，让幼儿猜是在模仿谁。再找一个幼儿学十二生肖里面的一个动物的声音或者动作，让其他的幼儿猜这是在模仿谁。

通过师生间的互动，可以看出这节课幼儿都掌握了多少知识，让每位幼儿都说一说，增强感性认识。

2. 回顾与总结

老师：好了，今天我们每位小朋友都交到了12个新朋友，让我们再回顾一下都有谁。

老师配合着拿出十二格的大转盘，一边说一边把动物们按幼儿说的顺序贴上去，第一个是小老鼠，第二个是老牛，第三个是老虎，第四个是兔子，第五个是龙，第六个是蛇，第七个是小马，第八个是羊，第九个是小猴子，第十个是大公鸡，第十一个是小狗，第十二个是小猪，然后告诉他们生肖是循环更替的，十二个小动物为一个循环，所以小猪之后的下一年还是小老鼠。

让幼儿自己总结，十二生肖是12年为一个轮回，每过了12年就会重复上面的排名属相。通过活动，让幼儿更好地认识十二生肖包括哪些动物，并且知道它们的顺序是固定的，是不能打乱的。

课题二 我爱剪纸

(一) 活动目的

(1) 激发幼儿的兴趣，让幼儿喜欢上剪纸。
(2) 让幼儿学会基本的剪纸方法。
(3) 培养幼儿的动手能力。

(二) 活动教具

(1) 剪纸作品，其他类型美术作品。
(2) 不同类型的剪纸图案。
(3) 彩纸、剪刀、胶水。

(三) 活动环节

1. 创设情境，谈话导入

老师出示各种类型的美术作品。(以课件形式出示)

老师：这些都是什么美术作品？

幼儿：绘画、剪纸。

老师：哪些是剪纸作品？(幼儿自主回答)

老师：剪纸作品与其他美术作品有什么不一样，有哪些特点？(幼儿自主回答)

老师：现在让我们一起来看一看吧！(展示准备好的剪纸作品)

2. 剪纸的基础知识讲解

老师：这些作品原来都是民间的艺术家们创作出来的，他们有一双巧手，用纸和剪刀就可以创作出这么神奇的东西。请小朋友们想一想剪纸首先要学会什么？(幼儿自主回答)

老师将剪纸作品展示给幼儿并提问：这些作品是运用哪些工具制作出来的？(幼儿自主回答)

小结：剪刀、刻刀等。

(四) 课题延伸

老师：老师现在给你们示范一下怎样剪出图案。(先把纸张对折，在纸上剪出不同的小图案，然后打开展示给幼儿)

1. 让幼儿分组实践

引导幼儿拿出一张彩纸，用笔在纸上画出动物的外形，再用剪刀沿着笔画过的痕迹剪纸。检查幼儿的作品并及时指出优缺点。

2. 讲评作品

组织幼儿把作品粘贴到黑板上进行集体讲评。

五、活动延伸

收集各类中国特色手工作品，开展展览活动，借此来增加幼儿对中国传统文化的认知，从而激发幼儿作为中华儿女的自豪感。

六、活动反思

在本次活动中，我准备了一张十二生肖的大图片以及与幼儿人数相等的十二生肖图片若干，剪纸艺术作品若干。在活动中，幼儿们认真地听讲、思考问题、回答问题，几乎每个幼儿都发言了。这让我觉得，一次成功的教学活动一定要有充分的课堂准备，老师一定要对活动目标有正确的定位以及扎实的基本功，只有老师认真地对待每节课，付出的辛劳才会得到回报，才可以构成一次让幼儿快乐学习的活动。在整个活动中，游戏和活动的结合很紧密，幼儿对十二生肖很感兴趣，他们都能积极踊跃地回答问题，表现得很好。幼儿能达到活动目标，而且完成得很好。在整个活动中，师生之间互动融洽，环节设计过渡自然，环环相扣。我相信，幼儿在整个学习过程中应该是真实、快乐的。

随着游戏目标和游戏方式的层层推进，幼儿在接受游戏升级挑战的同时自然学会了演唱歌曲，整个活动顺利而流畅。

老师应把课堂还给幼儿，充分发挥幼儿的潜在个性，创设以幼儿为主的自主学习情境，以游戏寓于教学中，使幼儿在游戏中学习知识，在游戏中获得感悟，这样幼儿的形象思维和主动性便得到了培养和发展。

文化传承

> **申请人简介：**
> 我叫杨玉彭，是北京经贸职业学院的一名大二学生，在大学生活中，我的各方面能力都得到了发展。我这次选择的活动主题是"文化传承"，我希望让幼儿从小了解中国五千多年的文明历史，引领幼儿了解我国的传统节日和风俗习惯。
> **所在单位：** 北京经贸职业学院国际经济贸易系 2019 级学前教育专业
> **适用班级：** 大班

一、设计意图

中华民族具有五千多年灿烂的文明历史，创造了博大精深的中华文化，为人类文明进步做出了不可磨灭的贡献。中华文化积淀着中华民族最深沉的精神追求，包含着中华民族最根本的精神基因，代表着中华民族独特的精神标识，是中华民族生生不息、发展壮大的丰厚滋养。元宵节，又称上元节、小正月、元夕或灯节，是中国的传统节日之一，时间为每年农历正月十五。正月是农历的元月，古人称"夜"为"宵"，正月十五是一年中第一个月圆之夜，所以称正月十五为"元宵节"。元宵节习俗自古以来就以热烈喜庆的观灯习俗为主。在主题活动中通过观察、学习、参与等不同的方式，可以让幼儿了解有关元宵节的传统文化和风俗习惯。我设计了一系列活动，希望借此让幼儿与家长欢欢乐乐闹元宵。

二、活动目标

（1）让幼儿知道元宵节的由来，初步了解元宵节的民风民俗。
（2）鼓励幼儿动手搓元宵，培养幼儿的动手能力。
（3）鼓励幼儿赏花灯、猜字谜，培养幼儿的思维能力。
（4）通过举办亲子活动，加深家园情、师生情、亲子情。

三、活动准备

（1）和元宵节有关的图片和各种音视频资料。
（2）相关的 PPT。
（3）开展活动所需的各种物料。
（4）老师提前告知幼儿家长此活动的意义，家长可自愿参加。

四、活动过程

课题一　欢庆元宵佳节

（一）活动目的

（1）让幼儿了解元宵节的来历和习俗并能简单概括。

（2）幼儿积极参与老师组织的"闹元宵"活动，在幼儿园与老师、同伴一起过节，体会元宵节团圆的意义。

（3）指导幼儿用面团捏、滚等制作方法做出元宵；在煮元宵的过程中感知沉浮、滚动等科学知识。

（二）活动教具

（1）面粉、水、各种馅料、擀面杖、电锅、手套、围裙、一次性盒子。

（2）PPT、元宵图片、背景音乐、故事视频。

（三）导入环节

导入活动，用《猪猪侠》作为背景音乐。

（老师和幼儿面对面站立）

老师：亲爱的小朋友们，大家好！今天是一个非常热闹的节日，整个幼儿园喜气洋洋，充满了欢歌笑语，为了迎接这个不一样的节日，请几位小朋友给大家表演一个节目好吗？（幼儿有序走上台表演节目）

老师：小朋友们表演得真棒，请大家给小朋友们一点掌声鼓励一下，好吗？孩子们请坐在座位上，老师知道大家都是非常聪明的小朋友，那么接下来老师放一个故事视频给大家看，请小朋友们仔细观看视频，看完老师有几个小问题问问大家。

（视频播放结束）

老师：下面老师来考考大家，哪位小朋友知道视频中播放的是什么节日呀？（元宵节）元宵节是几月几日呀？（正月十五）那元宵节的习俗是什么呀？（吃元宵、猜字谜）小朋友们太聪明了！都非常棒！

老师：在我们国家元宵节是非常传统的节日，以后我们在家里也可以和爸爸妈妈一起过元宵节。

（四）活动环节

老师：小朋友们，今天老师给大家准备了几样小礼物（老师展示各种颜色的元宵）。有谁知道老师手里拿的是什么呀？（元宵）小朋友们知道这是用什么材料做的吗？（面粉、各种馅料、水、锅）小朋友们回答得真好！宝贝们，元宵这么漂亮，课前老师给大家准备了制作元宵的材料（展示准备的材料），一会儿大家有序地来制作元宵，老师会告诉大家注意事项。

老师：小朋友们先不要着急做，老师问几个问题，有人知道元宵是什么形状吗？（幼儿和老师讨论总结）那我们应该怎么把元宵做成圆的呢？小朋友们真聪明，接下来我们系好围裙、戴好手套就可以开始制作了。

老师：宝贝们，老师这里有做元宵的材料，一会儿大家完成后把做好的元宵放进面前的盘子里。待会儿我们就来品尝一下自己做的元宵。开始吧，小朋友们！（幼儿开始制作，老师给予指导并放背景音乐）

1. 展示作品

老师：小朋友们，大家都做好又大又漂亮的元宵了吗？现在到了我们的"快乐尝一尝"环节，请小朋友们把元宵给老师，老师帮小朋友们煮元宵。（老师动员元宵做得多的幼儿让给做得少的幼儿）

2. 煮元宵、吃元宵

老师：大家有序地围到桌子前，仔细观察元宵有怎样的变化。（元宵沉底了，元宵浮上来了）小朋友们太聪明了，大家都观察得非常仔细，那老师补充一下，元宵在煮熟之前是沉在锅底的，煮熟之后就浮上来了，并且比煮之前大了许多。现在我们来品尝一下自己做的元宵吧！看一下小朋友们的劳动成果。

（五）活动总结

老师：今天，老师和小朋友们度过了愉快的一天。我们不但知道了元宵节需要吃元宵，还学到了很多知识，学会了观察。只要我们细心观察，就会发现生活中有很多奇妙的事情值得我们去发现。

（六）课题延伸

老师：小朋友们，今天老师在课上带领大家学习了关于元宵节的小故事、风俗和习惯，课后小朋友们可以画一幅关于元宵节的画。

（七）课题反思

在活动开始之前，我首先进行了材料的收集，希望每位幼儿尽可能融入制作元宵的过程中。在活动中，我进行了讲解示范，我认为幼儿们都可以在很短的时间内制作出元宵，他们只需要揉成团加馅料就可以了，因此，我的讲解比较简洁，但幼儿在操作中出现了问题。

（1）有的幼儿贪玩没有制作出元宵，还把面粉弄到了其他幼儿脸上。

（2）桌子上非常乱，弄得到处都是面粉。

针对这些问题，我进行了反思，首先我没有想到幼儿爱玩的天性，他们可能会把面粉弄到其他幼儿脸上甚至衣服上，其次我自己的示范不够明确，没有让每个幼儿都去了解这个过程。

一个看似简单的过程其实更需要我去细心琢磨，以后我会更加谨慎，深入研究教案。

课题二 猜字谜

（一）活动目的

（1）幼儿能了解一些简单的字谜、认识一些字卡。
（2）激发幼儿的兴趣，提高幼儿的想象力和判断力。
（3）让幼儿与他人一起交流讨论猜字谜。

（二）活动教具

PPT、字卡、带有字谜的小视频、动物模型、盒子。

（三）导入环节

老师：小朋友们早上好！今天老师给大家上一节非常有意思的课，在前几天老师讲述了元宵节，大家还记不记得？（幼儿回答）看来小朋友们都非常认真，现在老师给大家放一个小视频，大家认真观察一下，猜猜这节课老师要讲什么。

（视频播放结束）

老师：孩子们猜猜老师这节课要给大家讲些什么？（幼儿回答）对啦！小朋友们太聪明了，（出示两个盒子）大家看老师手里有两个盒子，里面都装着一种东西，但是我们不能看这个盒子。那不能看我们怎么才能知道这盒子里装的都有什么呢？（幼儿自行回答，如果猜不出来老师可以给予提示）好，现在老师来给大家念一首儿歌，大家要认真仔细听。这儿歌讲的是一种东西，但老师念的时候不会直接念出是什么东西，儿歌里面会描写这个东西的样子、颜色、特征，需要像猜谜语一样猜出这个盒子里装的是什么东西。小朋友们听明白了吗？（提醒幼儿仔细听，听完后联想）

（四）活动环节

1. 幼儿学习猜谜语

老师：现在我们先来猜第一个盒子里面有什么，像鱼不是鱼，终生住海里。远看像喷泉，近看是岛屿。（如果幼儿回答不出来，老师可以给予提示）宝贝们，可以想一想、大胆猜一猜，如果有猜到的小朋友可以过来和老师说（再次朗读谜语，帮助理解力较差的幼儿）。（老师拿出准备好的动物字卡，进行谜语分解）小朋友们现在看这里，第一句是讲鲸鱼不是鱼，第二句是讲鲸鱼生活在大海的深处，第三句是讲鲸鱼的身体上有一个小的出气孔，第四句是讲鲸鱼非常大。大家来回忆一下老师讲的儿歌（巩固掌握谜语特点），儿歌中的四句话都和鲸鱼有关系，但是在老师读的儿歌里并没有出现鲸鱼，全部都是描写鲸鱼的特征。小朋友们记住，这就是猜字谜。

老师：现在我们来猜一猜第二个盒子里面的东西，那么我们来换一个游戏规则，老师面前放着几个与这个谜语相似的东西，在老师念完谜语之后，你们不要告诉老师，自己拿桌子前面的材料。（老师读谜语）小朋友们仔细听好：小小游戏家，说话顶呱呱，常在田里住，捉虫保庄稼。大家猜一猜、想一想，猜出来的小朋友来老师面前拿材料后回到自己的座位坐好。(幼儿们依次拿完回到座位)哇！我看有的小朋友拿到了正确的答案。你们是怎么猜出正确答案的？(鼓励幼儿大胆发言)对啦！小朋友们太聪明了！就是根据老师读的儿歌里面的特点来猜谜语。

2. 分组进行猜谜语

老师：现在呢，我们分成三组，由老师来出题给每一小组，一定要认真仔细听老师朗读的儿歌谜语。(老师读谜语，幼儿分组猜谜语，每读一则谜语，就出示模型，鼓励幼儿自行讲述猜谜语过程)

老师巡回指导，帮助理解能力差的幼儿。

(五) 课题延伸

老师：小朋友们，今天在课上所学的知识以及猜谜语的特点大家不要忘记，老师在这里给大家留一个小小的作业，老师出三个谜语，小朋友们回家和爸爸妈妈一起来解谜。

(1) 弯弯一座彩色桥，高高挂在半山腰，七色鲜艳真正好，一会儿工夫不见了。
(2) 一样东西亮晶晶，又光又硬又透明，工人叔叔造出来，它的用处数不清。
(3) 身体有圆也有方，常在铅笔盒里装，要是写错一个字，它会马上来帮忙。

(六) 课题反思

(1) 在这次猜谜活动中，活动气氛热烈，幼儿猜谜的兴趣浓厚，情绪高涨。
(2) 幼儿在活动过程中，能根据谜面的特征，通过联想、推测、判断，很快找出谜底，师幼配合默契，达到了预期的教学效果。
(3) 通过这次猜谜语的教学活动，我对猜谜语这一语言教学有了更进一步的认识，知道了在教学过程中如何运用各种手段将幼儿原有的经验进行提升，让幼儿愉快地学，大胆地表达，达到语言交流的最佳效果。但在技巧方面还需不断学习和提高。

课题三 赏花灯

(一) 活动目的

(1) 引导幼儿了解赏花灯、猜灯谜是元宵节的风俗习惯之一，感受过节的愉悦心情。
(2) 能用清楚连贯的语言描述自己制作花灯的过程。
(3) 发展幼儿的语言交往能力。

(二) 活动教具

(1) 彩笔、白纸、饮料瓶、安全剪刀、彩纸、胶棒。
(2) PPT、视频。

(三) 导入环节

老师：小朋友们，正月十五赏花灯是元宵节的一大习俗，有没有哪位小朋友和爸爸妈妈一起看过花灯呀？(鼓励幼儿发言)花灯非常漂亮，也非常具有象征意义，大家来看老师大屏幕中播放的视频。（播放赏花灯的视频）宝贝们从老师的画中都看到了什么呀？（幼儿自行回答）对啦！看到了许多人一起赏花灯，那么我们可不可以把大家团圆赏花灯的画面简单地画出来呢？（老师进行画花灯提示）小朋友们，如果大家看花灯应该怎么看呢？（幼儿自行回答）对啦！我们应该仰起头来看花灯，在画的过程中我们一定要看好每个人脸上的五官都是什么样的，这是一个抬头向上看的小朋友，你们仔细看看他的头发、眼睛、嘴巴的位置和正面人有什么不一样？（幼儿自行回答）小朋友们太聪明了，观察得都非常仔细，头发在下，嘴巴在上，和正面的人物相反。那么老师想请几位小朋友到前面做模特，请其他宝贝观察这几位小朋友，看看他们背面有什么不一样的地方。（重点引导幼儿从发型、衣着、高矮、动作等方面观察）

（四）活动环节

1. 幼儿动手绘画，老师逐步指导

老师：孩子们，刚刚我们已经观察过了并且老师也给大家讲解了，那现在我们就来画一幅"赏花灯"的情景画，把你看花灯的热闹场景画出来，花灯可以是任意形状的。画画的材料已经在各位小朋友的桌子上面了，大家快来一起动手吧！

绘画注意事项：①区分人物的不同表情，可以是男孩也可以是女孩。②运用遮挡关系合理安排画面布局。③注意色彩的协调搭配以及仰面人、背景人。（老师巡回指导，帮助幼儿们完成作品）

老师：老师看大家画得差不多了，那么大家都把自己的作品展示给同桌的小朋友看，也可以给别的小朋友讲讲你画了些什么，为什么要这样画。（鼓励幼儿大胆表达作品）一会儿老师会把大家的作品都收集起来，贴到我们班的展示栏中。

2. 制作简单花灯

老师：刚才老师看了大家画的"赏花灯"的情景画，大家画得太漂亮了。接下来我们来制作花灯，在这个环节老师和小朋友一起做花灯。请小朋友注意看老师是怎么操作的，在使用剪刀时一定要注意安全。

（1）现在先用剪刀从彩纸上剪下一个长方形的纸条，用来做花灯，把长方形纸对折一下，折成更窄的双层长方形。将长方形上下方向折一小段再打开，用小剪刀将折线以下的部分全部剪成细细的小条。

（2）把纸打开，在纸的左右两端抹上胶棒，把两端粘在一起，做成一个圆筒形状，再用剪刀从彩纸上剪下一个细长条和一个宽一些的纸条，将细长的纸条粘在花灯上方两侧，当作花灯的提手，将较宽的纸条下方剪成细细的小纸条，当作花灯穗子，在花灯穗子上方抹上胶棒，粘在花灯下面。（在制作过程中，一些较难的制作步骤需要协助幼儿完成）

（3）这样一个好看的花灯就制作完成了，现在可以分享一下自己做的花灯都是什么颜色的。

（五）课题延伸

老师：今天我们不仅学习了赏花灯以及我们的传统习俗，还学到了怎么制作好看又简单的花灯，老师也和小朋友们度过了愉快的一天。下面老师给大家留一个小小的作业，回到家后利用周六日的时间和爸爸妈妈一起做一个大的花灯挂在家里，并且要合影留念。好啦！小朋友们，我们今天的课就上到这里啦！

（六）课题反思

本次活动，幼儿在想象的情景中开始，在玩耍中学习，利用已有的物质环境，在有趣的制作中体验成就感，对活动产生了兴趣。

整个活动在活泼愉快的气氛中进行，在活动的开始部分，通过回忆导入活动，引发幼儿的学习兴趣。通过自己喜欢什么样的花灯这一问题，引导幼儿去观察，去思考，选择自己喜欢的花灯样式。由于个别幼儿还是不能很好地掌握制作的方法，在活动过程中我使用PPT进行示范讲解，详细地演示制作过程。这次活动中大多数幼儿能按老师传授的方法进行制作，但还是有部分年龄小的幼儿不能很好地掌握动作要领。

在本次活动中，大部分幼儿轻松地学会了按要求撕纸，练习了技能，同时也得到了快乐。他们在这个活动中，提高了想象力、表达力、自信心，产生了参与赏花灯活动的兴趣。

五、活动延伸

关于活动延伸的内容已经在各课题中进行了详细讲述，这里不再叙述。

六、活动反思

漫漫中华五千年，悠悠历史数千载，中国传统文化在经历几次全盘否定和摒弃后，凤凰涅槃、浴火重生。在西方文化泛滥、道德标准缺失、人心浮躁、功利化趋势日益严重的今天，中国传统文化依然独树一帜、熠熠生辉。

我在初步接触中国传统文化时，哑然失笑、心生不屑，觉得在科技高度发达的现代社会，花精力去学习几千年的文化"古董"，耗时费力，跟不上时代潮流，是重蹈封建思想覆辙。怀着较劲找茬的心态，我不屑地捧起那一本本中国传统文化书籍，眼球像扫描仪一样机械地看着，就这样一天、两天、三天，渐渐地自己也被传统文化吸引了。当枯燥的文字、拗口的语句，慢慢为自己所接受，为人原则、处世之道为自己所认可；当接触儒家提倡的修身齐家治国平天下，道家倡导的悟道、求道、体道、行道，无为而无不为，佛教崇尚的利己利人、功德圆满，《周易》推崇的"天行健，君子以自强不息，地势坤，君子以厚德载物"等思想时，心头更是为之一振，直叹自己才疏学浅，只了解传统文化的冰山一角。

作为中华儿女的我们应该注重保护传统文化，这样才不会愧对于老师这个职业。

有趣的剪纸

申请人简介：
大家好，我是李宇菲，《有趣的剪纸》活动的设计者。写这份教案的初衷旨在让更多的幼儿对中国传统文化之一的剪纸艺术有一个初步的了解。我希望能在活动过程中发掘更多喜欢传统文化的幼儿，对我国的传统文化传承贡献微小的力量。
所在单位： 北京经贸职业学院国际经济贸易系 2019 级学前教育专业
适用班级： 大班

一、设计意图

（1）让幼儿对剪纸文化增加一些了解。
（2）游戏是幼儿活动最主要的方式，要通过游戏的方式让幼儿理解剪纸活动。
（3）通过幼儿向家长介绍剪纸活动，完成家园共育。

二、活动目标

（1）让大班幼儿对传统文化中的剪纸艺术产生兴趣。
（2）让大班幼儿了解剪纸文化，感知中国传统文化。
（3）让那些对剪纸艺术有一定了解的幼儿更加了解剪纸艺术，并愿意主动完成剪纸作品；让那些对剪纸艺术不太了解的幼儿对剪纸艺术有初步的了解，并能完成简单的剪纸作品。
（4）让幼儿将剪纸融入游戏和生活中。

三、活动准备

（一）物料准备

（1）知识竞赛小卡片、白板和白板笔。
（2）关于剪纸知识讲解、剪纸图样教程的 PPT。
（3）用来剪纸的纸张、安全剪刀、彩笔。
（4）手机或摄像机（用于记录作品）。

（二）活动前期经验

（1）老师通过聊天及幼儿平时做小手工的表现观察幼儿对剪纸艺术的了解情况。

（2）幼儿会一些简单的纸工，能根据画好的折痕进行纸张的对折或者裁剪，会画一些简笔画。

（3）老师根据幼儿的年龄特征，选择合适的纸张进行剪纸，并选择合适的剪纸花样。

四、活动过程

课题一　传统文化剪纸

（一）活动目的

让大班幼儿了解剪纸文化，感知中国传统文化。

（二）活动教具

（1）知识竞赛小卡片。

（2）白板及白板笔。

（3）知识讲解 PPT。

（三）活动环节

1. 老师给幼儿分组并讲述一些简单易懂的剪纸知识
2. 进行简单的小型知识竞赛

老师：小朋友们下午好，老师刚才按照大家平时对剪纸的了解和做小手工的能力把大家分成了四个小组。

幼儿：好！

老师：老师准备了一些小卡片，上面是连线的内容，一会儿老师讲解几个小知识之后请一位小朋友上来连线，大家一起来看看他连线的内容有没有问题，好不好呀？

幼儿：好！

老师：中国剪纸是一种用剪刀或刻刀在纸上剪刻花纹，用于装点生活或配合其他民俗活动的民间艺术。今天老师教大家的是简单的小剪纸，是整个中国剪纸艺术中的一小部分，等大家长大之后就会学到更多剪纸的方法。2006 年 5 月 20 日，剪纸艺术遗产经国务院批准列入第一批国家级非物质文化遗产名录。在 2009 年 9 月 28 日至 10 月 2 日举行的联合国教科文组织保护非物质文化遗产政府间委员会第四次会议上，中国申报的剪纸项目入选"人类非物质文化遗产代表作名录"。可能有的小朋友不是很明白，简单来说就是剪纸现在是全世界的重要宝物之一，以后即使大家没有兴趣剪纸也要跟别人说中国的剪纸特别棒。其实，很久之前是没有纸的，古代的人们是不能像我们一样这么方便地剪纸的，他们有的是在做衣服的材料上剪，有的是找树叶之类的来剪，一直流传到现在才有我们能学的剪纸。从具体用途看大致可分为四类：一是张贴用，即直接张贴于门窗、墙壁、彩灯、彩扎之上作为装饰。如窗花、墙花、顶棚花、烟格子、灯笼花、纸扎花、门笺。二是摆衬用，即用于点缀礼品、嫁妆、祭品、供品，如喜花、供花、礼花、烛台花、斗香花、重阳旗。三是刺绣底样，用于衣饰、鞋帽、枕头，如鞋花、枕头花、帽花、围涎花、衣袖花、背带花。四是印染用，即作为蓝印花布的印版，用于衣料、被面、门帘、包袱、围兜、头巾等。所以剪纸不只是在纸上做，等回家之后小朋友们去问问爸爸妈妈家里有没有跟剪纸有关的服装或者用品。

幼儿：好！

老师：那我现在请一位小朋友上来连线，就二组最后面的小朋友吧，老师帮你把小卡片用磁扣粘在白板上，你用笔给大家连一连好不好？

被选中的幼儿：好！

老师：下面的小朋友们做好小老师哦，一会儿我们一起来检查他做得对不对。

幼儿：好！

（被选中的幼儿连线，连线完成后回到座位）

老师：我们一起来检查他做得对不对呢，来看左边第一个中国剪纸，他连的是右边的第三个剪刀或刻刀在纸上剪刻花纹，对不对呀小朋友们？

幼儿：对！

老师：真棒！来我们看下一个，左边第二个雕、镂、剔、刻、剪的技法，他连的是右边第一个在金箔、皮革、绢帛，甚至在树叶上剪刻纹样，这个对不对呀？老师需要思考一下，小朋友们可以告诉我吗？

幼儿：对！

老师：那我们看最后一个，左边第三个具体用途四大类，他连的是右边第二个张贴、摆衬、刺绣、印染，很明显这个也是对的，我们一起来给他鼓鼓掌吧，全对啦，奖励这位小朋友一根棒棒糖。大家一起给他鼓鼓掌吧。

老师：老师在屋子里面藏了一些小卡片，有的印着字，有的印着图片，小朋友们要把它们找出来，然后用磁扣贴在白板上，再接着我们完成最后的连线，好不好？

幼儿：好！

老师：那我们现在就开始吧，注意不要受伤哦。

（幼儿寻找卡片，老师整理白板方便连线，幼儿找完卡片，老师将幼儿没有找到的卡片拿出来，一起连线）

老师：我们现在请一组最前面的小朋友来连线，还是像刚才一样，其他小朋友都在下面做小老师。

幼儿：好。

（被选中的幼儿连线结束，回到座位）

老师：好，我们来看看他的连线结果。左边第一个是一张图，是一对窗花，他连的右边第五个张贴用，是不是对的？

幼儿：对。

老师：左边第二个是在树叶上做的剪纸，他连的右边第一个摆衬用，小朋友们这个对不对呢？

幼儿：对。/不对。

老师：出现了不同的声音哦，老师来告诉你们这样连是不对的哦，树叶应该连右边第三个未出现纸时就已流行,不过这道题确实是难一点。他右边第三个连的是左边第三个一个囍字,这个叫如喜花,应该连右边第一个,没事,这个有点难,我们接着往下看。左边第四个是一条做好的连衣裙,有剪纸的印花,他连的右边第二个印染用,小朋友们这个对不对呀?

幼儿:对的。

老师:那我们看最后一个,左边第五个一张报纸上写着人类非物质文化遗产代表作名录,他连的右边第四个2009年,小朋友们是对的吗?

幼儿:是。

老师:这位小朋友连错了两个,连对了三个,也值得鼓励,我们给他一点掌声鼓励他一下好不好呀?

老师:小朋友们,今天我们学习了一些跟剪纸有关的小知识,也玩了一些小游戏,你们喜欢吗?

幼儿:喜欢!

老师:那我们下节课再玩一些游戏加深对剪纸的了解好不好呀?

幼儿:好。

(四)课题延伸

留课后作业。

老师:小朋友们,老师给你们留一个小作业,回去问问爸爸妈妈家里有没有剪纸的花样,然后看一看是不是我们今天讲到的好不好?

幼儿:好!

(五)课题反思

本次活动用了讲述法、激励法、游戏法进行导入,较为适合大班幼儿运用,激励法与游戏法相结合适合调动大班幼儿的积极性,大班幼儿年龄相对较大,运用讲述法也比较容易理解。

在以后的活动中还能与观察法结合,使活动更加丰富多样。

课题二 神奇的动物园(一)

(一)活动目的

用游戏来引起大班幼儿对传统文化中剪纸艺术的兴趣。

(二)活动教具

(1)老师提前做好的一些小动物样式的剪纸作品。

(2)介绍游戏规则的PPT。

(三)活动环节

1. 设置游戏情境,让幼儿认识剪纸作品

(1)老师出示已经完成的剪纸作品,带幼儿们做一个简单的小游戏。

老师：小朋友们下午好呀，上周老师说要带大家做游戏，了解剪纸艺术，那我们现在就开始好吗？

幼儿：好。

老师：你们先看看老师手里拿的是什么呀？（手里拿着剪纸作品）

幼儿：小兔子！小狮子！长颈鹿……

老师：老师今天带了这么多的小动物来，我们今天就一起去参观神奇的动物园怎么样？

幼儿：好！

老师：我会给每个小朋友发一个现在有的小动物，一共有六种小动物，分别是狮子、长颈鹿、企鹅、猴子、兔子、仓鼠，它们是环环相扣的。

有狮子的小朋友可以去跟有长颈鹿的小朋友猜拳，如果有狮子的小朋友赢了，那么有长颈鹿的小朋友就要把长颈鹿交给有狮子的小朋友，没有动物的小朋友就要回老师这里重新拿一个小动物。

以此类推，有长颈鹿的小朋友可以去跟有企鹅的小朋友猜拳，如果有长颈鹿的小朋友赢了，那么有企鹅的小朋友就要把企鹅交给有长颈鹿的小朋友。

有企鹅的小朋友可以去跟有猴子的小朋友猜拳，如果有企鹅的小朋友赢了，那么有猴子的小朋友就要把猴子交给有企鹅的小朋友。

有猴子的小朋友可以去跟有兔子的小朋友猜拳，如果有猴子的小朋友赢了，那么有兔子的小朋友就要把兔子交给有猴子的小朋友。

有兔子的小朋友可以去跟有仓鼠的小朋友猜拳，如果有兔子的小朋友赢了，那么有仓鼠的小朋友就要把仓鼠交给有兔子的小朋友。

最后我们的小仓鼠也是要逆袭的，有仓鼠的小朋友可以去跟有狮子的小朋友猜拳，如果有仓鼠的小朋友赢了，那么有狮子的小朋友就要把狮子交给有仓鼠的小朋友。

最终，第一个凑齐六个小动物的小朋友就获胜啦，可以得到老师的小奖励，那我们现在就开始吧。

幼儿：好！

（2）在游戏过程中，老师时刻注意幼儿的安全，等待一名幼儿集齐六个小动物交给老师，游戏结束。

老师：哇，你真棒，这么快就集齐六个小动物了呀，来奖励你一根棒棒糖，大家再给他鼓鼓掌吧！

老师：小朋友们游戏玩得开心吗？

幼儿：开心。

老师：那有谁发现老师发给大家的小动物是怎么做的了吗？

幼儿：剪纸。

老师：真聪明，那我们现在学一学怎么用纸来剪出这些小动物好不好？

幼儿：好的！

2. 按照上次分的小组，组织幼儿就座

老师：现在老师给你们讲一个关于剪纸的小故事吧。

很早很早之前有一座城叫扬州城，里面住着一个没有爸爸妈妈的小女孩，谁也不知道她姓什么叫什么，她只能靠剪纸卖钱来过日子，大家都叫她"花丫头"。但是她只会剪一些普通的样子，也没有创新，所以慢慢地就卖不了多少钱了。一天她在回家的路上看到一群人围在一起，挤进去一看是一个老奶奶在剪纸呢，剪得很漂亮。花丫头便求老奶奶教她怎样剪出这么活灵活现的剪纸，从此她也每天都练习。她学成后家门口可热闹了，买剪纸的，求学的，差点把门给挤破了。

老师：大家猜猜老师想带你们做什么呀？

（幼儿们举手，老师叫其中一个幼儿回答）

幼儿：想带我们一起学习剪纸！

老师：真聪明，那我们下节课就一起做剪纸好不好呀？下周你们就都做花丫头，老师就做老奶奶，我们来一起剪纸。

幼儿：好！

（四）课题延伸

留课后作业。

老师：小朋友们，老师给你们留一个小作业，回去问问爸爸妈妈会不会剪纸，如果会，大家做一些小动物下周带过来好不好呀？

幼儿：好！

（五）课题反思

本次活动用了激励法、游戏法、故事法推进游戏，较为适合大班幼儿运用，激励法与游戏法相结合适合调动幼儿的积极性，故事可以更好地连接下节课，让幼儿找到自己的小身份。

课题三　精巧的小剪纸

（一）活动目的

（1）让那些对剪纸艺术较为了解的幼儿更加了解剪纸艺术，愿意主动完成剪纸作品。

（2）让那些对剪纸艺术不太了解的幼儿对剪纸艺术有初步了解，能完成简单的剪纸作品。

（二）活动教具

（1）适合传统文化中剪纸艺术的纸张（若干张）。

（2）安全剪刀（每个幼儿一把）。

（3）彩笔（每人一支）。

（4）带有简单的剪纸图样教程的PPT。

（5）手机或摄像机（用于记录作品）。

（三）活动环节

老师展示剪纸教程PPT。

老师：小朋友们还记得上次课上老师给你们安排的小身份吗？今天你们就都做花丫头，

老师就做老奶奶，我们来一起剪纸。

幼儿：好！

老师：在今天的课开始之前，老师先问问你们，有没有小朋友带了在家做的小作品呀，上台给大家讲讲好不好？

（在举手的幼儿中选择一位）

幼儿：我做的是另一种小兔子，是我妈妈教我剪的。

老师：妈妈教的呀，真棒！一会儿把小兔子的剪法教给同组的小朋友好不好？

幼儿：好！

老师：好的，那你先回座位吧。

老师：现在大家先用彩笔把你想要剪的小动物画在老师给你们准备的纸上，如果不会画就举起你们的小手，老师会一个一个教你们怎么画，现在开始吧。

幼儿：好的！

（个别幼儿举手，请求老师帮忙）

老师：来，老师手把手教你，不急，你想画什么小动物呀？

幼儿：我想画小兔子。

老师：好的，你看小兔子是弓着身子的，那我们先画一段圆弧形作为它的身子。小兔子走起路来呢，一蹦一跳的，是因为它的后腿长而有力，前腿很短，我们现在画两个较长的半个椭圆作为它的后腿，两个较短的半个椭圆再加一点弯度作为它的前腿，记住要稍微重叠一点点哦。小兔子的头圆圆的，我们画多半个圆做它的头，这样是不是就有雏形了。小兔子的尾巴像个小绒球，我们就画个圆形，在它的后腿上面一点。小兔子还有一对长长的大耳朵，因此它的听觉特别灵敏，那我们给它再添上一对大大的耳朵，如果想画得可爱一点，可以把兔子的一个耳朵给折起来。最后我们给小兔子画上两个宝石般的大眼睛、可爱的小鼻子和"丫"字形的嘴巴，这样小兔子就完成啦。你可以照着老师教你的自己再画一次。

（所有幼儿画完）

老师：那我们现在拿起小剪刀，拔掉保护套，把你们画的小动物剪出来吧，一会儿一组和二组的小朋友们先开始剪，老师先去指导一下三组和四组的小朋友们，晚一点再去指导你们。注意不要伤到手哦，剪完举手跟老师说，老师来给你们和作品拍照。

（老师指导，幼儿举手找老师拍照）

老师：来举起你的作品，看老师，1、2、3，茄子。

（幼儿基本完成）

老师：今天小朋友们表现得真棒，老师要给你们一个大大的赞，你们都学会了，那我们下节课再进行一次游戏，把剪纸和游戏结合起来好不好？

幼儿：好！

（四）课题延伸

留课后作业。

老师：小朋友们，老师给你们留一个小作业，回去把自己做的小作品送给爸爸妈妈好不好呀？

幼儿：好！

（五）课题反思

本次活动用了讲述法、示范演示法、操作练习法推进游戏，较为适合大班幼儿运用，能让大班幼儿从中找到乐趣。

本次活动还能与创造法结合，使活动更加丰富多样。本次活动有因材施教的做法但不明显，还可以深化探究，继续改正。

课题四　神奇的动物园（二）

（一）活动目的

让大班幼儿将剪纸融入游戏和生活中。

（二）活动教具

（1）适合传统文化中剪纸艺术的纸张（若干张）。
（2）安全剪刀（每个幼儿一把）。
（3）彩笔（每人一支）。
（4）带有简单的剪纸图样教程的PPT。

（三）活动环节

设置游戏情境，引导幼儿自己通过猜拳和剪纸相结合的方式完成游戏。

1. 带领幼儿做一个神奇动物园的小游戏

老师：小朋友们下午好，上周我们说要再进行一次神奇动物园的小游戏，这次我们要和上周学习的知识结合起来了。这次我们不用老师的剪纸了，用大家自己的剪纸，老师会再给大家说一遍规则，要听好哦。

幼儿：好！

老师：现在每个小朋友都有一个自己剪的小动物，我们还是一共有六种小动物，分别是狮子、长颈鹿、企鹅、猴子、兔子、仓鼠，它们是环环相扣的。

有狮子的小朋友可以去跟有长颈鹿的小朋友猜拳，如果有狮子的小朋友赢了，那么有长颈鹿的小朋友就要把长颈鹿交给有狮子的小朋友，没有动物的小朋友就要回到自己的座位重新剪一个小动物给自己。

以此类推，有长颈鹿的小朋友可以去跟有企鹅的小朋友猜拳，如果有长颈鹿的小朋友赢了，那么有企鹅的小朋友就要把企鹅交给有长颈鹿的小朋友。

有企鹅的小朋友可以去跟有猴子的小朋友猜拳，如果有企鹅的小朋友赢了，那么有猴子的小朋友就要把猴子交给有企鹅的小朋友。

有猴子的小朋友可以去跟有兔子的小朋友猜拳，如果有猴子的小朋友赢了，那么有兔子的小朋友就要把兔子交给有猴子的小朋友。

有兔子的小朋友可以去跟有仓鼠的小朋友猜拳，如果有兔子的小朋友赢了，那么有仓鼠的小朋友就要把仓鼠交给有兔子的小朋友。

最后我们的小仓鼠也是要逆袭的，有仓鼠的小朋友可以去跟有狮子的小朋友猜拳，如果有仓鼠的小朋友赢了，那么有狮子的小朋友就要把狮子交给有仓鼠的小朋友。

最终第一个凑齐六个小动物的小朋友就获胜啦，可以得到老师的小奖励，那我们现在就开始吧。

幼儿：好的！

2．在游戏过程中，老师随时记录幼儿玩游戏和剪纸的过程，并时刻注意幼儿的安全，第一个完成任务的幼儿把六个小动物交给老师，游戏结束

老师：你真棒，第一个集齐了六个小动物，奖励你一根棒棒糖，小朋友们说他棒不棒呀？

幼儿：棒。

老师：那我们给他掌声鼓励一下好不好？

老师：小朋友们，今天我们一起去参观了神奇的动物园，也一起动手做了剪纸，大家开不开心呀？

幼儿：开心。

老师：我们以后再更深入地了解一下其他美好的中国传统文化好不好？

幼儿：好！

（四）课题延伸

布置课后作业，幼儿回家再做一个剪纸作品，并让家长拍照发到家长群里和老师交流。

老师：那我们回去之后和爸爸妈妈一起动手再做一些剪纸好不好呀？

幼儿：好！

（五）课题反思

本次活动用了激励法、游戏法、操作练习法来推进，较为适合大班幼儿运用，若有不足可以调整。

本次活动还能与创造法等进行结合，使活动更加丰富多样，也可以让幼儿强强结合，还可以再增加一些因材施教的内容，使学习起来较为吃力的幼儿也可以轻松地学习剪纸。

五、活动延伸

关于活动延伸的内容已经在各课题中进行了详细讲述，这里不再叙述。

六、活动反思

本课程运用了讲述法、示范演示法、激励法、游戏法、操作练习法、故事法，这些方法较为适合大班幼儿，较为容易让大班幼儿从中找到乐趣。大班幼儿年龄相对较大，对讲述的内容更容易理解，较为适合采用讲述法。示范演示法是让大班幼儿跟着老师的方法剪纸，幼儿更容易接受，更能够完成剪纸作品，同时增强幼儿的成就感。激励法与游戏法相结合更能够调动大班幼儿的积极性，大班幼儿较喜欢做游戏，在游戏中能保护自己的安全，还能快乐

地学习知识。操作练习法可以使内容更加融会贯通,同样的作品做一次不能记住,但让幼儿多加练习,可以促使其理解。故事法可以让幼儿燃起对剪纸的兴趣,提升参与感。

本课程有因材施教的内容,但不明显,仅运用了分组的方式,以及在连线小游戏中邀请知识丰富的幼儿互动。在后期的活动中还可以增加一些内容,如让知识丰富的幼儿充当小老师,这样可激发幼儿的积极性,也能做到因材施教。

中秋节的快乐

> **申请人简介：**
> 我叫薛诗凡，女，出生于2001年，北京经贸职业学院学生，性格活泼开朗，热爱生活，积极向上。写这篇教案时恰逢中秋佳节，为了让幼儿了解中秋传说、习俗等相关知识，理解中秋团圆的内涵，感受借月思亲的情怀，热爱祖国的传统文化，我设计了本次活动。在活动中，幼儿可以学会热爱祖国的传统节日，懂得关爱他人。通过活动，激发幼儿热爱家乡、热爱祖国的情感，体会家庭欢乐、生活甜美的幸福。
> **所在单位：** 北京经贸职业学院国际经济贸易系2019级学前教育专业
> **适用班级：** 大班

一、设计意图

让幼儿了解我国的传统文化，体会中秋节的团圆与思乡之情。了解中秋的一些习俗，激发幼儿对于中国其他节日的兴趣，热爱祖国的传统文化。

二、活动目标

（1）让幼儿理解中秋节的含义及内容。
（2）让幼儿热爱祖国的传统文化。
（3）让幼儿在游戏中体会节日的快乐。

三、活动准备

（一）活动场地

教室内。

（二）活动前期经验

幼儿对过中秋节有一定的记忆，通过家长讲述或看书籍、电视了解一些习俗的作用和象征，知道中秋节的具体时间。

(三) 物料准备

嫦娥奔月故事绘本、中秋节 PPT。

四、活动过程

课题一　故事分享

(一) 导入环节

老师：小朋友们你们好呀，我想问一下，有谁知道现在是什么季节吗？

幼儿：秋天……

老师：对了！现在是秋天！秋天的到来给我们带来了凉爽的天气，小朋友们喜欢秋天吗？

幼儿：喜欢。/不喜欢。

老师：好的，没关系，有的小朋友喜欢秋天，有的小朋友不喜欢，那让我们一起想想办法让不喜欢秋天的小朋友们喜欢上秋天，好不好呀？

幼儿：好！

老师：那么小朋友们喜欢过节日吗？为什么喜欢过节日呀？

幼儿：喜欢，因为……

老师：哇，我看小朋友们都很喜欢过节日啊，那么有小朋友知道过两天是什么日子吗？

幼儿：不知道！

老师：几天后就是我们祖国的生日了，也就是国庆节，那小朋友们知道今年的国庆与往年有什么不同吗？

幼儿：不知道！

老师：今年的国庆节与中秋节撞了个满怀，它们两个今年在同一天哦，这可是很多年才会出现的呢，那么有小朋友知道什么是中秋节吗？每年的几月几日过中秋节呢？

幼儿：老师我知道！是每年的农历八月十五日。

老师：哇，答对的小朋友很棒哦，不知道的小朋友也没关系的。接下来就让我们一起了解下什么是中秋节吧！

(二) 活动环节

老师：中秋节是我国的传统节日，有哪位小朋友知道今年中秋节你们家里会怎么过节呢？

(幼儿自由回答)

老师：哇，你们知道哪些关于中秋节的故事呢？

(幼儿开始交流，分享自己知道的小故事)

老师：哦？有小朋友知道嫦娥奔月的故事呢！太好了，可以说给我们听一听吗？

(幼儿开始讲述，老师补充总结)

老师：真是太棒了。相传，远古时候天上出现了十个太阳，这件事让一个勇敢的人知道了，那个人叫作后羿，他一口气射下九个多余的太阳，也因此深受人民的爱戴。后来，后羿娶了一位名叫嫦娥的姑娘。一天，后羿向王母求得一包不死药。据说，服下此药，能即刻升天成仙。后羿把不死药交给嫦娥珍藏，不料被一个坏人蓬蒙知道了。一天，后羿外出，蓬蒙就借此机会逼嫦娥交出不死药，嫦娥无奈之下，只好将药吞下，吞下这包药的她立刻飘出门外，飞上了月宫。后羿知道后，痛苦不已，只好遥祭月宫中的妻子，百姓知道后，也共同为嫦娥祈求平安。这就是嫦娥奔月的故事。所以说，中秋节这一天也是后羿纪念嫦娥的日子。还有小朋友知道中秋节应该做些什么吗？

幼儿：看月亮。

老师：哦，有的小朋友说看月亮，是不是就是赏月呀，那小朋友们知道为什么要在中秋节这一天赏月吗？

（幼儿自由讨论）

老师：因为八月十五这一天的月亮比其他几个月的满月还要圆，还要明亮，所以中秋节又叫作"月夕""八月节"。中秋节前夕，人们都尽可能和家人团聚，取人月双圆的意义，八月十五是秋天的正中，所以被称为中秋或仲秋。中秋节，又称团圆节，是中国传统文化节日，在农历八月十五；因其恰值三秋之半，以此得名。中秋节始于唐朝初年，盛行于宋朝，至明清时，已成为与春节齐名的中国传统节日之一。还有小朋友知道关于中秋节的什么习俗吗？

老师：其实中秋节我们最主要的庆祝方式就是赏月亮、吃月饼、看晚会，和爸爸妈妈团团圆圆地在一起。小朋友们知道古代的人们在中秋节这天晚上还会做的一项活动是什么吗？对了，就是赏花灯，小朋友们喜欢各种漂亮的花灯吗？

幼儿：喜欢……

老师：那好，下节课就让我们一起来做花灯吧！

课题二　手工制作

（一）活动目的

（1）锻炼幼儿的动手能力和创作能力。
（2）加强幼儿对中秋节的印象。
（3）让幼儿了解中国传统文化的内容。
（4）加强幼儿运用工具的能力。

（二）活动教具

（1）彩色皱纹纸和彩纸若干张。
（2）胶水和安全剪刀（幼儿一定要在老师的监督下使用）。
（3）花灯框架。
（4）彩笔若干。

（三）活动环节

1. 激发幼儿制作的兴趣

老师：接下来让我们一起做花灯吧，让我们看看谁做得最美，最好看吧！

2. 老师先做一个花灯模板

老师：大家快看啊，这就是老师做的花灯，好看吗？现在小朋友们可以自由发挥想象力，做出属于你自己的、最漂亮的花灯。

3. 分发制作材料

幼儿们自由发挥想象力创作属于自己的花灯，在操作过程中如果有使用剪刀的地方，尽量在老师的监督下使用。

4. 制作方法

第一步，把彩色的皱纹纸或者彩纸用胶水粘在已经准备好的花灯框架上做装饰。

第二步，将多余的部分裁剪下来。（需要使用剪刀的地方一定要在老师的监督下使用）

第三步，幼儿用彩纸裁剪出自己喜欢的图形，用胶水粘在花灯框架上做装饰。

第四步，用彩笔勾勒出好看的图案，丰富花灯的样式。

（这样一个好看的花灯就做好了！）

5. 老师总结

老师：哇！小朋友们做的花灯都非常好看呀。有哪个小朋友知道在中秋节挂花灯有什么含义吗？

幼儿：是什么呀？我们不知道！

老师：它其实是有三层含义的。

中秋节挂花灯的第一层含义是对中国传统文化的传承，也是为了营造出浓厚的节日气氛。

第二层含义是象征着幸福团圆，在古代，灯笼是用来照明的，中秋节大街小巷挂满灯笼是代表了照亮团圆的路。

第三层含义是希望子女添丁。

老师：这就是挂花灯的含义，小朋友们清楚了吗？

幼儿：清楚了，老师！

老师：那小朋友们知道中秋节还有一项游戏是什么吗？

幼儿：猜谜语。

老师：答对了，小朋友们真棒啊！那你们喜欢猜谜语吗？

幼儿：喜欢。

老师：下面让我们一起来猜谜语吧！

课题三　谜语猜猜猜

（一）活动目的

（1）锻炼幼儿的表达能力和思维能力。

（2）让幼儿体会过节的氛围，加强对节日的印象和了解。

（3）幼儿能够清楚、连贯地用语言表述自己的谜语。

（4）让幼儿能够流畅地用语言表达自己的想法，体会猜灯谜的乐趣，对传统文化产生兴趣。

（二）活动教具

（1）幼儿已做好的灯笼。
（2）适合幼儿猜的灯谜若干。
（3）能够悬空挂东西的架子。
（4）绳子若干。
（5）将灯谜剪成条状，用胶水粘在灯笼底部，灯笼上方用绳子连接并悬挂在架子上。
（6）猜灯谜的视频。

（三）活动环节

1. 观看视频，引出话题

老师：小朋友们知道视频里那么多人围在一起是在干什么吗？（老师指着视频提问）

幼儿：知道，是在看灯笼，猜谜语。

老师：哇，小朋友们都好棒啊，那小朋友们知道我们今天要干什么吗？

幼儿：猜谜语！

老师：答对了，今天老师将这些好看的、好玩的花灯灯谜也带到了教室，那就让我们一起来猜猜看吧，我们比比谁猜得又快又准确好不好？

幼儿：好的，老师！

2. 游戏规则

老师随意选取一盏花灯，念出对应的灯谜，引导幼儿说出正确答案，并奖励小礼物一个。

游戏进行一段时间后，老师引导幼儿说出他们所知道的灯谜。

3. 强化练习

老师：哇，小朋友们都好厉害啊，能猜出这么多的谜语，小朋友们还知道哪些我们没有听过的灯谜呢？

幼儿：有的，老师……

（老师鼓励幼儿积极分享搜集到的灯谜，并分组讨论）

老师：那我们一会儿组织一个小组比赛，看看哪组出的谜语多，再看看哪组答对的多吧！

幼儿：好的，老师！（幼儿自由讨论时间）

老师：现在我们开始比赛吧！

（老师组织比赛，赛后进行交流并分享心得）

4. 老师总结

老师：小朋友们今天真是棒棒的，竟然一起猜出了这么多的谜语，有的小朋友也分享了自己知道的小谜语。那么老师交给你们一个小任务，今天回到家里，我们将学到的谜语分享给爸爸妈妈，让他们也一起来猜一猜好不好？

幼儿：好的，老师！

课题四 好吃的月饼

(一) 活动目的

(1) 在做月饼的过程中锻炼幼儿的手部灵活性。
(2) 在制作过程中让幼儿体会做食物的不易，让他们知道节约的重要性。
(3) 在做月饼的过程中体会过中秋节的快乐。
(4) 培养幼儿独立解决问题的能力。

(二) 活动教具

(1) 调好的月饼馅料。
(2) 分好的月饼皮。
(3) 月饼模具。
(4) 装月饼的烤盘。

(三) 活动环节

1. 问题导入

老师：小朋友们知道过中秋节除了看花灯和猜灯谜外，还有一项重要的内容是什么吗？
幼儿：吃月饼！
老师：小朋友们猜对了，就是吃月饼，那小朋友们都喜欢吃月饼吗？
幼儿：喜欢！
老师：老师今天可以满足你们这个小小的愿望，我把月饼带到了这里，但是啊，老师带来的这个月饼需要小朋友们帮一个小忙，它想要拥有一个漂亮的外形后，再由老师烘烤，那小朋友们愿意帮月饼的这个忙吗？
幼儿：愿意！

2. 实践操作

老师：真是太棒了，那就让我们一起将小手手洗干净吧！
幼儿：好的！
(洗过手后)
老师：我们的小手手都已经洗干净了吗？
幼儿：洗干净了。
老师：好的，我都看到了，那就让我们一起行动起来吧。
(老师分发馅料和饼皮)
老师：小朋友们将馅料包入饼皮中，记得不要让馅料露出来呀，然后将包好馅料的饼皮放入模具中，帮助月饼变成好看的样子。最后倒出来，放入烤盘中，记得摆放整齐哦！
(老师示范性操作)

3. 老师总结

老师：小朋友们真棒啊，竟然做出了这么多的月饼，等会儿老师将月饼烤好后会分给大家的。在做月饼的过程中，老师看到有的小朋友遇到了小小的困难，有的饼皮包不住馅料破掉了，但是小朋友们非常聪明，有的减少了馅料的数量，有的又包了一层饼皮，都解决了这个困难，小朋友们要记住在生活中如果遇到了小小的困难也要自己先想办法解决，如果实在解决不了，可以找爸爸妈妈和老师帮忙！小朋友们记住了吗？

幼儿：记住了，老师。

老师：好的，一会儿月饼做好的时候，老师将包装好的月饼分给大家，大家记得回家后要与爸爸妈妈分享哦，因为这是你们劳动的成果，小朋友们知道了做食物的不易，以后不要浪费食物哦。因为那也是别人辛辛苦苦的劳动成果。

幼儿：知道了，老师。

五、活动延伸

老师：小朋友们知道了这么多关于中秋节的故事和习俗，有哪些是你们喜欢的环节呢？不论喜欢哪个，这些都是祖先们留下来的传统文化，是我们的文化瑰宝。其实除了中秋节，我们国家的各个节日都有属于其自身的独特活动，小朋友们可以自己去发现，去探寻。记得今天回到家后，要和爸爸妈妈们分享你们学到的关于节日的知识哦！

小朋友们，今天的课程到这里就结束了，再见！

六、活动反思

本课程共分为四大部分。

课题一：主要锻炼幼儿的语言领域，幼儿讲述自己知道的关于中秋节的故事，但是幼儿的表述能力不是很强，讲述得不是很全面，这就需要老师在幼儿讲述过后及时补充。本活动缺少与幼儿的互动性，应带动幼儿之间的互动氛围，提高课堂的活跃度；并在幼儿表述的过程中增加一些记忆点，帮助幼儿加强记忆。

课题二：主要锻炼幼儿的艺术领域，丰富幼儿的美感，培养幼儿的审美能力，幼儿的思想比较单一，老师要帮助幼儿明确目的，动手剪纸时要注意安全，充分激发幼儿的想象力，创作出具有个人特色的花灯。但是在活动过程中，幼儿的专注能力不强，需要老师为他们明确个人目标和需要，尊重幼儿之间存在的个体差异，为幼儿创造创作条件，因材施教。

课题三：有的谜语幼儿不一定能准确猜到，需要老师一步步引导幼儿猜想出正确答案，锻炼幼儿动脑思考的能力。猜谜语游戏贯穿于幼儿的生活中，可有效锻炼幼儿的思维能力。在活动过程中，老师也可以让幼儿自主创作谜题，设定谜底，提高幼儿的思维灵活性。

课题四：主要锻炼幼儿的手部协调能力，在制作过程中，要防止幼儿出现危险性行为，例如，将面粉等弄到其他幼儿的脸上，老师要及时制止；同时，也要防止幼儿浪费食物，如果发现幼儿有浪费食物的现象要及时制止并告诉他们这是不对的行为。

本课程设计的教学内容太多以至于每个环节都很匆忙，没有给幼儿留下充足的活动、感知、体验的时间，在活动内容的设定上需要继续完善。

小成语大智慧——盲人摸象

申请人简介：
我叫王翀，毕业于首都师范大学学前教育专业，一级教师，园级骨干，教龄11年。我有丰富的中大班带班工作经验，熟悉各年龄段幼儿特点，能结合本园"生活即教育"理念，依照有关指南纲要设计开展相应传统文化活动，深受幼儿喜爱，通过多种日常活动促进幼儿的全面发展，多篇论文获京研杯、教育学会学术年会征文、智慧教师、张雪门案例评选等奖项。
所在单位：北京市东华门幼儿园
适用班级：大班

一、设计意图

我园地处皇城脚下，紧邻故宫，建园近百年，幼儿们在上学或放学的路上看着红红的墙、绿绿的瓦，身处传统文化中，园所内部环境古典素雅，到处都与传统文化相得益彰，幼儿们在这样的环境中时刻感受作为中华儿女的荣耀。在日常活动中，我们不会错过任何一个中国的节日、节气，特别是传统文化中的一些经典故事最能引起幼儿的兴趣。进入大班，幼儿各方面能力都有提高，我们借助幼儿喜欢的成语故事这一带有古典文化气息的文学形式，带领幼儿们走进一个个古代人的生活中，感受古人的智慧和成语的独特魅力，并把每个成语故事玩出了新的花样。从理解几个字的含义到背后的故事，再到读故事感受经典；从理解故事感受成语的含义，再到准备和表演，幼儿们在其中学到了很多传统文化的精髓，感受成语的魅力，了解古代人的习俗和知识，在道具中感受古典美，这些都是小小成语带给老师和幼儿们的惊喜。

成语是汉语文化的精华，其中蕴藏着中华民族丰富的文化内涵。这些极富生命力的成语，就似语言中的活化石，为传统文化中的文字过往提供了宝贵而丰富的素材。我设计的"小成语大智慧"是一系列成语活动，每个小单元形式相似，都是以一个有趣的成语故事作为一个活动单元。幼儿在一个活动单元中充分走进一个成语故事，读懂它、感受它，并且尝试用自己的游戏方式把成语故事还原出来，真正理解成语故事，并把学到的知识还原到生活中，发挥传统文化的价值，在优秀的语言环境中获得智慧和教育。

"盲人摸象"是一个经典的成语故事，这个故事是幼儿们在众多成语故事中选出来的非常感兴趣的一篇，故事中"大象是扇子""大象是柱子""大象是胡萝卜"等趣味性语言激发着幼儿们强烈的模仿愿望，几乎只听了一遍故事，幼儿们就学会了几个盲人的对白。盲人摸象的寓意是不能只看到事物的一部分，而应看全局才能了解事物的全面和真实情况，比喻看问题总是以点代面、以偏概全。这些较为深刻的寓意，大班幼儿是在读故事、还原模拟故事情境这些真实的表演中逐步体会和理解的。

（1）老师引领集体活动，通过一起读故事，讨论故事内容和情感，让大班幼儿在老师的引领下自由发表对成语故事的看法和理解，通过游戏体会盲人的感受，并且直观地体会故事中人物的体验和感受，为之后表演故事做好准备。

（2）延伸到活动区的师幼互动，将幼儿们对故事的兴趣延伸到活动区，活动初期幼儿可以和老师一起准备材料玩摸东西的游戏，发展触觉、感知觉和语言表达能力，还可以在表演区准备道具和材料进行故事表演，发展大班幼儿的合作能力和解决问题的能力，并培养幼儿展示自己的能力。这一过程老师充当游戏玩伴与幼儿平等对话交流，当幼儿可以自主游戏时老师适时退出做一个好的观察者。因为成语大都是古代民间流传下来的，所以成语故事会渗透年代、古代习俗和民俗等知识点，幼儿们在成语之中挖掘了很多的文化价值，如古代服饰、古代人说话的方式、古代音乐等。

（3）当幼儿有了一定的经验，熟悉了多个成语后，可以把这些成语故事融入日常游戏中，如可以进行成语续编、剧本创作、道具制作、表演成语剧等，真正玩转成语故事，丰富幼儿多种感官，整合多领域。幼儿们还把自己绘制的成语故事连环画用古典花纹加以装饰，在幼儿园中展示，既美化了环境，又给了幼儿展示作品的机会。幼儿们交换自己感兴趣的成语故事，对成语越来越有兴趣，对传统文化越来越重视。

二、活动目标

（1）幼儿能理解成语故事盲人摸象的内容，知道认识事物要从多角度进行，不能只看片面就下结论的道理。

（2）幼儿能用自己的语言大胆表达对作品内容的理解和感受。

（3）培养幼儿对成语文化的兴趣，感受小故事中有大道理的博大中国文化。

（4）让幼儿理解故事表达的意义，理解部分与整体的关系。

三、活动准备

（一）物质准备

盲人摸象故事的PPT，大块布若干，玩具大象一个。

（二）经验准备

理解什么是成语，有接触成语故事的丰富经验，有小组自由讨论的经验。

四、活动过程

（一）导入环节

使用谜语引出成语故事，激发幼儿兴趣。

（1）指导语：今天有一位神秘动物要登场，我们听听它是什么样子的？

（2）老师给出谜语：鼻子粗又长，耳朵宽又大，腿像一根柱，身像一堵墙，尾巴细又长。（谜底：大象）

（3）引导幼儿猜谜语，如果幼儿猜不出，可用动作提示。

（二）活动环节

展示 PPT 重点页，引出成语故事，感受古人的智慧。

1. 引导幼儿初步了解故事内容

指导语：今天老师给大家讲一个我们国家古代非常有名的成语故事。

提问：这个故事叫什么名字？五个盲人是怎么说的？他们说对了吗？为什么？

提问：什么样的人是盲人？他们感知事物的方法和明眼人一样吗？他们怎样辨别事物？（摸）

盲人摸象这个成语的意义：比喻对事物只凭片面的了解或局部的经验，就乱加猜测，做出全面的判断。

2. 再讲一遍故事，边讲故事边提问

鼓励幼儿模仿五位盲人的动作和模仿他们说话。引导幼儿学说五个盲人说的话，例如，摸到象鼻子的人说："大象又粗又长，就像一根管子。"摸到象耳朵的人说："大象又大又扁，像一把扇子。"摸到象身的人说："大象又宽又厚，就像一堵墙。"摸到象腿的人说："大象就像一根柱子。"摸到象尾巴的人说："大象又细又长，像根绳子。"

提问：为什么他们五人说的大象都不一样呢？

帮助幼儿理解，因为他们都只了解了大象的一部分，没有全面了解，却以为自己了解了。让幼儿明白这个故事传达的道理：对任何事物不能只了解一部分就做出全面的判断，要全面了解才能做出正确的判断，在生活中也是这样。

3. 通过游戏感知成语内涵

拿出布和玩具大象让幼儿表演盲人摸象。指导幼儿在玩游戏时尝试模仿古代人的动作和姿态。

（1）请五位幼儿蒙上眼睛摸玩具大象。

（2）鼓励幼儿大胆说一说自己摸到的大象是什么样的。引导幼儿理解：每个人摸到的只是大象的局部，不是整体。

（3）综合几个幼儿的描述，总结大象的外貌特征，理解局部与整体的关系。

（4）鼓励幼儿分小组尝试盲人摸大象的触觉感受。

4. 展示故事 PPT 完整画面

鼓励幼儿尝试自己边看图边讲述，自然结束。之后引导幼儿说一说成语的特点和古代人的特点（古代人虽然没有发达的科技和高级的工具，但是他们用自己的智慧告诉人们有用的道理和判断事物的好办法）。

五、活动延伸

(一) 渗透到益智活动区

幼儿可以自主寻找材料，玩盲人摸物的游戏，让幼儿蒙上眼睛摸生活中的物品，并用语言描述出来，引导幼儿认识事物要从多角度进行、要全面，不能只看片面、以偏概全。

(二) 渗透到美工活动区

幼儿可以为表演成语故事制作道具和服饰，搜集古代人的服饰特点和生活用品等知识，利用班级材料制作相应服饰、头饰，老师可以把搜集来的，如影视剧中古代人的服饰制作成实例卡供幼儿参考使用，通过美工操作活动让幼儿感受我国文化历史中的服饰美，欣赏古代的特色图案。

(三) 延伸到表演区

1. 活动目的
(1) 幼儿尝试和同伴解决角色分配的问题，利用设计好的古代道具进行较完整的表演。
(2) 幼儿结合自身生活经验表演故事，理解成语背后的含义。
2. 活动准备
幼儿进一步熟悉故事，能够复述故事主要内容。
活动可能出现的问题及指导重点如下：
(1) 大班幼儿扮演意识较强，他们能够自觉地按故事内容顺序上场。但出现的问题是表演时间过短，不到2分钟表演就结束了，需要老师适时介入与幼儿同演或协助解决游戏初期的问题。老师利用讲评环节让幼儿向集体提出问题：盲人摸象这个故事一会儿就演完了，这个故事太短，怎么能演得长一点？通过玩"摸物猜物""手绢蒙眼前后走"等游戏帮助幼儿丰富扮演盲人的体验，充分体验盲人看不见物体，要通过触摸感受物体的特点。
(2) 扮演盲人的幼儿可能都像扮演明眼人一样上下台、说台词，没能表演出盲人的样子。引导幼儿继续熟悉、理解故事内容，了解猜想古代人的说话特点和动作神态等，从而拓展成语故事的内容。可以借助故事图片帮助幼儿回忆故事内容，模仿盲人和古人们在一起的动作。

(四) 延伸到集体活动

1. 活动目的
(1) 启发幼儿在理解比喻手法的基础上，能根据大象各部位特点想象出更有趣的台词。
(2) 让幼儿感受成语的魅力，尝试创编属于自己的成语故事。
2. 活动准备
(1) 幼儿了解成语故事中比喻的手法，储备多个成语。
(2) 幼儿有简笔画绘画经验，了解中国特色的花纹装饰。

3. 活动过程

（1）幼儿较热烈地结合大象各部位特点讨论并设计有趣的台词：象牙—胡萝卜、香蕉；后背—山、床；脚趾甲—小石子；耳朵—书、簸箕等。

（2）幼儿们提出了要选择身材高大的幼儿表演大象，表演时要装扮大象的样子，扮演盲人的幼儿在表演时要有真正摸大象的动作，大象也不能一直站着，要和盲人对话、有交流，古代人说话都很客气，可以加上作揖的动作，还可以播放古典音乐作为背景音乐，表演默剧。

（3）幼儿们利用自己设计的古代服饰进行表演，使表演更加精彩。

（4）在这个成语故事的基础上，唤起幼儿的其他经验，把自己知道的成语说出来，并用简笔画的形式画下来，再进行古典装饰，还可以讲一个成语小故事，融入幼儿园的环境中。

六、活动反思

在此系列活动中，班中每个幼儿都在欣赏成语的基础上参与了盲人摸象的游戏。他们将短小的成语故事一次次丰富，将一个个较为深奥的道理通过趣味盎然的故事表现出来。

（一）活动带给幼儿的益处

幼儿们一开始没能把盲人演出来，老师通过"摸物猜物""手绢蒙眼前后走"等活动帮助幼儿进一步体验盲人的感受，从而丰富他们的经历，他们的表演也因此更加惟妙惟肖。从开始时只能说出："大象是扇子"，到后来说出"什么？大象是一面结实的墙，难道可以遮风挡雨吗？"从5个盲人参与表演到拓展出"香蕉商贩""养象人""街头艺人"，幼儿们为这个短小的不足200字的成语故事拓展了很多内容。一个四字成语变成了一个生动的故事，幼儿们更是发动了多种感官去体验和参与，深刻理解了成语的含义，并且在今后的生活之中更能感受成语的意义。

在大班幼儿小组合作的学习中，老师通过集体活动以及生活中的游戏环节、区角游戏等支持他们用语调、动作、表情来诠释剧中的每个角色；幼儿们借鉴生活中以及文学作品中的经验，并运用到游戏中，对大象身体的8个部分进行比喻，充分体验了比喻夸张的手法，为了演得更像盲人，幼儿们找眼镜、拐杖做道具，为了把自己打扮得像古人，幼儿们查找资料，制作道具，甚至欣赏了很多古典音乐，对表演的组织、活动的设计和道具的使用也有了不同程度的提高。

（二）活动中获得的传统文化体验

小成语中的大故事和大内容被幼儿们理解和表现，如幼儿们熟悉的有关动物的成语"守株待兔""狐假虎威"等，这些成语不仅有趣，还可以画出来、演出来。

还有一些激励幼儿们精神的"愚公移山""水滴穿石"，这些可以代表中国人自古以来的可贵精神。这些成语故事易于被幼儿们理解和讲述，并且还关系到文学、绘画、音乐、舞蹈、戏曲、书法等，都是我们民族精神文化中不可缺少的组成部分，成语与我国传统文化的关系，不论从物质层面还是精神层面看，远不止以上所列举的这些内容。不管从哪个角度看，汉语成语中都沉淀着丰富而生动的文化内涵，闪烁着中华民族智慧的光芒。

(三) 活动不足与期待

虽然幼儿对成语的热情越来越浓，在活动中收获很多，但作为老师，在设计每个成语活动中都会有一些困惑和思考，如幼儿们喜欢的成语，怎样用易懂有趣的小故事输出给他们，让他们易于理解并且理解准确。怎样用恰当的游戏引入成语，让幼儿理解成语、使用成语。这些都需要我在实践中慢慢总结和梳理，从而带给他们更好的成语启蒙。

我要以成语故事作为媒介，遵循"古为今用"的原则，在日常活动中努力挖掘中华传统文化精华，用中华民族特有的传统文化对幼儿进行美的教育，使幼儿的心灵受到精神文明的滋养和净化，将幼儿培养成爱祖国、爱民族、崇尚传统美德和传统文化的一代新人。

年味活动之腌腊八蒜

> **申请人简介：**
> 我叫刘梦瑶，毕业于首都师范大学学前教育系，现为北京市东城区东华门幼儿园二级教师，教龄五年，民族民间舞蹈六级。
> **教育理念：** 愿永远保持一颗童心，用童心守护孩子们；愿为孩子们撑起一片纯净的蓝天、开辟一块快乐的土地，用热爱守护孩子们美好的童年；愿守护每个孩子的小世界，让每个孩子每一天都能健康快乐地成长。
> **所获奖项：**
> （1）2017年6月在东城区新任教师培训中被评为优秀学员；
> （2）2017年11月代表东华门幼儿园在舞动中国——排舞联赛中获青年组小集体规定曲目、集体自选、集体串烧一等奖；
> （3）2018年9月荣获园级新苗奖；
> （4）2018年12月带领东华门幼儿园幼儿参加阳光体育2018年东城区中小学生大体操比赛，获规定曲目、自选曲目一等奖并被评为优秀教练员；
> （5）2018年12月在东城区学前研修部组织的研修活动中，做区级研究课《活动区游戏的组织与指导》、音乐活动《小青蛙找家》，受到好评；
> （6）2019年11月参与东华门幼儿园幼儿童话剧《鸡毛信》中舞蹈《闪闪红星》《小羊舞》和《欢庆秧歌舞》的编排指导；
> （7）2019年11月在"北京市海淀区新任幼儿园园长任职资格高级研修班"观摩时，进行"大班年味儿主题活动"微分享，受到好评；
> （8）2019年12月参与编写余珍有《分级阅读——教师用书》教案。
> **所在单位：** 北京市东华门幼儿园
> **适用班级：** 大班

一、设计意图

（1）依托张雪门先生"生活即教育，行为即课程"的教育理念，将中国传统文化融入幼儿生活之中。

每年农历的腊月初八，是我国传统的腊八节。在这一天喝腊八粥、做腊八蒜是全国各地老百姓最传统，也最讲究的习俗，而腊八节对于幼儿来说相对比较陌生。我基于幼儿们感兴趣的年味活动，并依托张雪门先生"生活即教育，行为即课程"的教育理念，同时为了让幼儿更好地了解我国的传统节日腊八节的传说、习俗等，设计开展了一系列关于传统文化教育——腊八节的活动，以此在日常生活中丰富幼儿对我国传统文化的了解。

（2）从《3~6岁儿童学习与发展指南》出发，促进幼儿对身边常见事物和现象的特点、变化规律产生兴趣和探究的欲望。

"小孩小孩你别馋，过了腊八就是年"是儿歌《春节童谣》中耳熟能详的一句，通过这句俗语，幼儿们了解到腊八节也是中国的传统节日，纷纷通过自己的方式（如看书、查阅资料等）搜集了关于腊八节的一些习俗。腊八节的到来，意味着春节序幕已经正式拉开，年味儿会越来越浓，腌制腊八蒜也是腊八节不可缺少的习俗之一。在了解了吃腊八蒜的习俗后，幼儿们纷纷带来了腌制的材料（如大蒜、醋、材质大小不同的容器）。为了让幼儿们进一步了解中国传统节日，感受中华传统文化的魅力和习俗，同时从《幼儿园教育指导纲要》出发，强调"幼儿教育的内容应从身边取材，引导幼儿对身边常见事物和现象的特点、变化规律产生兴趣和探究的欲望"，我设计开展了腌制腊八蒜的系列活动，促进幼儿们对腊八节的探索。

二、活动目标

（1）让幼儿了解中国传统节日腊八节的来历，知道腊八节的习俗，学习制作腊八蒜。
（2）提升幼儿的动手能力和小肌肉的灵活性，让幼儿比较哪些容器更适合腌制腊八蒜，并尝试用表格记录。
（3）幼儿愿意与同伴分工合作，体验劳动的快乐，感受传统节日的氛围和乐趣。

三、活动准备

（一）经验准备

（1）亲子活动：知道腊八节是中国传统节日。
（2）认识大蒜，并尝过大蒜的味道。

（二）物质准备

（1）腊八蒜制作材料：大蒜、醋。
（2）腊八蒜腌制工具：材质（如玻璃、塑料、木质等）、大小不一的容器。
（3）腊八蒜腌制记录表。
（4）与腊八节有关的故事、腌制腊八蒜的视频等。

四、活动过程

课题一　腊八节的故事

（一）活动目的

让幼儿了解中国传统节日腊八节的来历，知道腊八节的习俗。

（二）导入环节

欣赏故事封面，引发幼儿兴趣。
1. 老师引导幼儿观察画面人物，对故事人物感兴趣
提问：封面上有什么？他们在做什么？
2. 出示故事名字
引导语：这个故事的名字叫"腊八节的故事"，我们一起来听一听这个故事里讲了腊八节的什么事。

（三）活动环节

1. 倾听腊八节的故事，引入主题
讲述腊八节的故事，了解腊八节的来历和习俗。
提问：
（1）在故事里你听到了什么？你最喜欢故事中的哪个部分？
（2）腊八节是怎么来的？在腊八节人们会做哪些有趣的事情？
引导语：腊八节在每年的农历腊月初八，是中国的传统节日。在这一天人们会喝腊八粥、腌腊八蒜。今天，腌制腊八蒜里不可缺少的一位"好朋友"来到了我们的班里做客，我们一起看看它是谁？
2. 出示大蒜的实物，认识制作腊八蒜的材料
出示大蒜的实物，引导幼儿从视觉、触觉、味觉认识大蒜。
提问：
（1）这是什么？你在哪里见过它？
（2）看一看、摸一摸、闻一闻、尝一尝，说说大蒜是什么样子、什么味道的？
引导语：大蒜本身是由很多瓣组成的，我们用大蒜制作腊八蒜和炒菜时要把皮剥掉，剥出一瓣瓣的蒜；大蒜是白色的、辣辣的，经过腌制的大蒜会有什么变化呢？下次活动我们一起来看一看。

【附故事】

腊八节的故事

有一户人家，爸爸妈妈特别勤劳，儿子却特别懒惰，每天爸爸妈妈两个人出去干活挣钱，儿子就在家里睡大觉。后来儿子娶的媳妇也很懒惰，爸爸妈妈不止一次告诉他们，人要勤劳才能过上好日子。

没多久，父母去世了，因为他们生前勤俭持家，留下了一大笔财产。儿子对媳妇说："我们有这么多粮食和钱，根本不用干活。"于是两个人还是每天在屋里睡懒觉，很快钱就用完了，米缸里的米也越来越少了。

到了腊月初八这一天，两个人睡到中午才起床，他们打开米缸一看，没有米了，两个人在屋里找了好久，什么吃的也没有找到，天气寒冷，他们饿得太难受就哭了，邻居们听到他们的哭声，都来帮助他们，有人拿来了大米，有人拿来了红豆，还有人拿了大蒜、蔬菜等，懒儿子和懒媳妇用这些粮食煮了杂粮粥，用大蒜泡在醋里，腌制了腊八蒜，儿子和媳妇说："谢谢大家，我们以后一定好好干活挣钱，再也不偷懒了。"从此以后，两个人变得勤俭持家，日子越过越好。

后来，在腊八这一天喝腊八粥、腌腊八蒜成了民间习俗，大家都希望喝下这碗粥能勤俭持家，让日子越过越好，除此之外民间还会吃腊八豆腐、麦仁饭、腊八面等，这就是腊八节的由来。

课题二　腌制腊八蒜

（一）活动目的

让幼儿学习制作腊八蒜，提升幼儿的动手能力和小肌肉的灵活性，比较哪些容器更适合腌制腊八蒜，并尝试用表格记录。

（二）导入环节

观看腊八蒜制作视频，解说腊八蒜的制作步骤。

提问：

（1）腊八蒜是怎么腌制的？需要腌制多久？

（2）在腌制的过程中蒜有什么变化？蒜为什么会变绿？

引导语： 原来腊八蒜是通过醋的浸泡来腌制的，你们想不想试一试？让我们一起来腌制腊八蒜吧！

（三）活动环节

制作腊八蒜，体验劳动的快乐。

1. 认识各种容器的材质

提问：

（1）今天我们都有哪些容器？它们有什么不一样？都是什么材质的？

（2）你们认为哪些容器更适合用来腌制腊八蒜？

引导语： 你们的答案各不相同，老师为每个组准备了不同材质、不同大小的容器和一张表格（表1），下面带着你们的答案一起试一试吧！

2. 腌制腊八蒜，小组内轮流分工合作

（1）给蒜剥皮。

提问： 大蒜的皮如何能更轻松地剥下来？

小结： 经过尝试我们得出了方法，原来把大蒜放在水里泡一会儿皮就好剥多了。

（2）清洗容器，将容器倒放控干水分。

提问： 如何放置容器水分干得快？

小结： 将容器口向下倒置会更快控干水分。

（3）将蒜放入干净的容器中。

（4）在容器中倒入醋（醋要没过蒜）。

（5）将容器密封盖盖紧。

（6）清理垃圾（蒜皮、洒在桌上的醋等）。

3. 观察并记录

将腌制的腊八蒜按小组摆放在植物角，发放记录表，每组根据容器的不同材质、不同大小观察腊八蒜的颜色变化时间并用自己的方式进行记录（如符号、彩笔颜色、图案等）。

表 1　准备的表格

课题三　分享表格，品尝腊八蒜

（一）活动目的

幼儿愿意与同伴分工合作，体验劳动的快乐，感受传统节日的氛围和乐趣。

（二）导入环节

分享每组的记录表格，选出最适合腌制腊八蒜的容器。

提问：哪组先来分享一下对腌制容器和腌制腊八蒜过程的记录表格？

引导语：通过每个组的分享，我们根据装蒜、取蒜、有害无害和腌制速度，从大口小口的玻璃容器、大口小口的塑料容器和大口小口的木质容器，最终知道了大口的玻璃容器是最适合腌制腊八蒜的容器。下面一起来品尝我们腌制的腊八蒜吧！

（三）活动环节

品尝腊八蒜、腊八醋，感受过节的氛围和快乐。

1. 观看制作腊八蒜的动画

提问：

（1）视频里的小朋友在做什么？他们高兴吗？为什么？

（2）你们想和谁一起品尝腊八蒜？

2. 品尝腊八蒜、腊八醋，共享劳动的成果，共享腊八节的快乐

幼儿园吃饺子，将腌制好的腊八蒜、腊八醋分给幼儿。

提问：腊八蒜、腊八醋什么味道？好吃吗？你们爱吃吗？

引导语：看到你们吃得这么开心，以后每年的腊八节，你们可以在家制作腊八蒜，和你的好朋友一起分享这个美味；也可以将在学校腌制好的腊八蒜带回家和爸爸妈妈、爷爷奶奶、姥姥姥爷一起分享品尝。最后，让我们一起来念一首儿歌。

3. 学念儿歌《春节童谣》

【附儿歌】

春节童谣

小孩儿小孩儿你别馋，过了腊八就是年；

腊八粥，喝几天，哩哩啦啦二十三；

二十三，糖瓜粘；二十四，扫房日；

二十五，冻豆腐；二十六，炖猪肉；

二十七，宰公鸡；二十八，把面发；

二十九，蒸馒头；三十晚上熬一宿；初一、初二满街走。

五、活动延伸

继腌制腊八蒜活动之后，幼儿们对与春节相关的习俗和食物更加感兴趣了，接下来会根

据幼儿们的兴趣和年龄特点相继开展各种类型的年味活动。

(1) 腊八节活动之腊八粥。
(2) 年味活动之腌制活动（如腌肉、晒鱼干、晒白菜干、晒萝卜干等）。
(3) 年味活动之制作新年挂饰（如拉花、做灯笼、剪窗花、画福字等）。
(4) 年味活动之包饺子、做面点等。

六、活动反思

我根据幼儿们的兴趣开展了一系列年味活动，其中就包括腊八节的系列活动，年味活动以中国传统节日及文化习俗为主，引导幼儿与家长一起搜集和幼儿生活经验相关的传统文化习俗及典故，为幼儿创造一个轻松愉快的氛围。幼儿在活动中能够根据自己的兴趣和需要自主选择，与环境、材料充分互动，在活动中发现问题、解决问题、主动探究。

（一）做幼儿活动的引导者，提供适宜幼儿的空间和活动材料

在"腊八节"系列活动设计过程中，做幼儿活动的引导者，主要从"腊八节的故事"（了解腊八节的由来和习俗）→"腌制腊八蒜"→"分享表格，品尝腊八蒜"三个活动入手，以"腊八"为核心，通过三个系列活动层层递进。

课题一："腊八节的故事"作为此系列活动的引入，不仅提高了幼儿对腊八节的兴趣，使他们了解了腊八的由来和习俗，而且丰富了幼儿对传统文化、传统节日的理解，并对中国传统节日"腊八节"进行了传承。

课题二：在课题一中，幼儿们了解了腌制腊八蒜是腊八节必不可少的习俗之一，于是在课题二中开始亲自动手腌制腊八蒜并比较腌制腊八蒜的容器。在制作过程中，幼儿们遇到问题时，集思广益，自己提出设想，尝试解决问题，充分体现了大班幼儿的思维特点和自己解决问题的能力。

课题三：在课题二中，通过腌制腊八蒜感受腊八节的氛围，真正将传统文化教育融入幼儿们的一日生活中，在玩中学，做中学。

此过程加深了幼儿对腊八节的认识与了解，在各活动中相互呼应，层层递进，进一步引导幼儿学会合作、探究、专注等良好的学习品质，把幼儿的兴趣点转移到生活中。

（二）做幼儿活动的支持者，促进活动顺利开展

《幼儿园教育指导纲要》中指出："教师应是幼儿学习活动的支持者，耐心倾听，努力理解幼儿的想法与感受，支持、鼓励他们大胆探索与表达。"在此系列活动中给予了幼儿充分的探索空间，并参与到幼儿的活动中，做活动的支持者，尊重幼儿的个性，支持幼儿提出的问题并提供实验的机会（如在选择腌制容器时，鼓励幼儿一起试一试，通过实验知道最适合的腌制容器），努力创设一个幼儿与幼儿、幼儿与老师交往互动的环境，让幼儿乐学、爱学、会学，各方面都能得到发展。

（三）做幼儿活动的合作者，促进幼儿在活动中成长

《幼儿园教育指导纲要》中指出："幼儿教师在教育过程中的角色绝不仅仅是知识的传

递者，而应成为幼儿学习活动的支持者、合作者、引导者。"在活动中，老师成为互动的创造者（如在腌制腊八蒜时，与幼儿一起腌制，并在腌制过程中，发现问题，与幼儿共同讨论，并找到解决方法），以玩伴的身份参与到活动中，帮助幼儿发现问题，持续不断地探索。

本系列活动中幼儿的积极性很高，注意力一直都非常集中，符合大班幼儿的年龄特点和发展水平，达成了预设目标，从而丰富了幼儿对传统文化、传统节日的理解，并对中国传统节日进行了传承。

创意三折剪纸

> **申请人简介：**
> 王硕，女，二级教师，2016 年 7 月入职于北京市第二幼儿园，论文《浅谈半日制小班升全日制中班午睡指导策略》获北京市首届"教师专业能力"教育教学研究成果二等奖；教育案例《我们准备过生日了》获第十五届"当代杯"二等奖，现为幼儿园中班教师。
> **所在单位：** 北京市第二幼儿园
> **适用班级：** 中班

一、设计意图

（一）了解我国剪纸的传统文化的美

剪纸是我国的传统文化艺术，其在视觉上给人以灵动的感觉和艺术感受。此次教育活动结合传统文化主题教育，以激发幼儿的浓厚兴趣为出发点，让幼儿感受美、欣赏美，并能初步学会表达美，体验剪纸带来的快乐。

（二）初步培养幼儿欣赏生活中的美

剪纸活动是学龄前幼儿在艺术领域中的学习范畴之一，通过剪纸这一活动，引导幼儿初步感受并喜爱"新年"这一环境，能大胆表达自己对"新年"的期待。同时，引导幼儿表达美、创造美，能够用自己掌握、喜欢的方式来剪纸。

二、活动目标

（1）幼儿学习三折剪纸的方法，能使用不同形状的纸剪出不同的造型。
（2）幼儿体验剪纸活动带来的乐趣。

三、活动准备

（一）经验准备

幼儿能熟练使用剪刀。

（二）物质准备

三折剪纸步骤图、剪刀、三折剪纸作品、不同形状的彩纸若干。

四、活动过程

（一）导入环节

通过玩游戏，引发幼儿兴趣。

（1）出示彩纸，引发幼儿思考：我们怎么剪才能用这些纸剪出好看的图案呢？（幼儿自由表达）

老师：小朋友们，老师手里的是什么呢？我们都可以用这张纸做什么呢？除了折纸、在纸上画画，我们还可以用剪刀剪出好看的图案，那我们怎么才能剪出好看的图案呢？（幼儿自由表达）

（2）玩游戏：魔术师。

老师使用彩纸和剪刀为幼儿表演剪纸魔术。引导幼儿发现纸折一折变出一个图案，折两折变出两个图案，折三折变成四个图案。

老师：王老师现在要用剪刀和彩纸为小朋友们表演一个精彩的魔术，请你们一定要认真看哦。

小结：幼儿发现一张完整的彩纸，通过三折剪纸后，图案变得更多、更漂亮。

（二）活动环节

主体部分：尝试根据步骤图学习三折剪纸。

（1）引出情境"魔法大会"，激发幼儿大胆操作的兴趣。

"魔法师"邀请幼儿参加魔法大会，并得到魔法步骤图。激发幼儿学习三折剪纸的兴趣。

老师：刚才王老师为小朋友们变了一个简单的魔术，很多小朋友都已经破解了魔术，特别厉害，快为自己鼓鼓掌吧。

老师：王老师刚刚收到了"魔法大会"的邀请函，邀请我们所有中四班的小朋友参加，我们快一起按照魔法步骤图来学习三折剪纸，去参加"魔法大会"吧。

（2）出示魔法步骤图，引导幼儿初步了解三折剪纸的方法。

老师打开魔法步骤图，带领幼儿观察步骤图，总结三折剪纸的方法。

老师：我们快看看这神奇的步骤图里面都有什么呢？（帮助幼儿回忆步骤图的观看方法）

重点指导：带领幼儿仔细观察步骤图中三折剪纸的方法。

（3）幼儿根据步骤图，初次尝试长方形的三折剪纸。

老师：老师出示长方形彩纸，请幼儿按照步骤图动手剪一剪。

老师：我们刚才仔细观察了魔法步骤图，大家快快拿起小剪刀试试吧。

重点指导：提醒幼儿在使用剪刀时要小心，不要剪到手。同时也要注意不要将纸剪成两半。

小结：幼儿使用同一形状的彩纸，幼儿在折的时候方向不同，剪出来的剪纸不同。

（4）出示魔法大会的邀请函，激发幼儿再次尝试三折剪纸。

①展示幼儿初次的作品，幼儿获得奖励，得到了魔法大会的邀请函。

老师：小朋友们刚才尝试了三折剪纸，但是为什么有的小朋友变成两张纸了呢？（帮助幼儿加深不要将纸剪断这一印象）接下来剪纸一定要小心，千万不要把纸剪断，这样图案就不漂亮了。

老师提出新的要求，引出使用长方形、正方形、圆形等不同形状的彩纸，进行三折剪纸创意制作。

老师：刚才我将小朋友的作品给魔法大会的评委看了，评委们说我们中四班的小朋友好厉害呀。但是他们提出了一个新的参赛要求，小朋友要用其他形状的纸进行三折剪纸，我们试试用不同形状的纸剪出来都分别是什么样子的吧。

②幼儿自主选择不同形状彩纸进行不同折法，与同伴分享自己的作品。

重点指导：注意一只手拿剪子，另一只手的大拇指和食指攥住折好的纸，随着剪刀慢慢转纸的方向。

小结：不同折法、不同形状的彩纸会出现不同图案的剪纸，引导幼儿观察同伴的作品与自己的有哪些不同。

（三）活动结束

幼儿互相分享作品，并带着自己的作品参加魔法大会，在会上进行展示，活动自然结束。

五、活动延伸

（1）生活中还有很多不同形状的剪纸，引导幼儿仔细观察并尝试找一找、看一看、剪一剪，学会欣赏我国传统的剪纸艺术。

（2）在美工区投放三折剪纸步骤图及不同形状的彩纸，激发幼儿自主学习多种三折剪纸的方法。

六、活动反思

剪纸是我国传统民间艺术之一，主要通过剪来表现艺术的趣味性。剪刀的使用对于中班幼儿来说，既能锻炼他们的手眼协调性，又可以促进他们小肌肉的发展。我班幼儿已能独立使用剪刀和步骤图，因此我结合节日主题教育，从培养幼儿创造性思维出发，将剪纸活动引入美工活动中。

本次教育活动是采用谈话、观看步骤图等围绕魔法大会进行的，幼儿的注意力一下子就被吸引住了。大部分幼儿在新年时看过窗花，能够大概说出窗花的外形等。因此我通过魔法步骤图的方式让幼儿初次尝试三折剪纸，幼儿在初次尝试剪纸的时候，虽然我提醒了幼儿不要将纸剪断，否则纸就会散开导致剪纸失败，但是幼儿在操作过程中还是会剪坏，因此要提醒幼儿之后选择长方形、圆形彩纸等继续剪纸，提醒幼儿剪的线条越多，作品就会越好看。在总结经验之后，大部分幼儿第二次的作品达到了预期的目标。但还是有一小部分幼儿第二次选择不同形状的彩纸自主进行创意三折剪纸活动时，无从下手，个别幼儿的创新能力还有待提高。在之后的拓展活动中，我可能会通过观看更多剪纸作品等方式让这些创新能力较弱的幼儿不断学习，发散创造性思维。

包香包

> **申请人简介：**
> 我叫崇静，今年34岁，在幼儿老师这个岗位已经工作了15年，期间担任过美术老师、环创设计老师和班组长等，现就职于北京朝莘蓝岛幼儿园。我拥有扎实的学前教育经验及专业知识，在美工方面尤为突出，在教学中我一直坚持要留给幼儿广阔的想象创造的空间，发展幼儿的自我个性。在日常活动设计中，我经常会把美工活动与中国传统文化相结合，如"皮影戏""捏面人"等活动，得到了一定好评。
> 我曾经在一本书上看到，老师分为四种类型：智慧爱心型、爱心勤劳型、勤劳良心型、良心应付型。我希望自己能成为一名智慧爱心型的优秀幼儿老师。工作以来，我一直不断努力，积极思考如何做好幼儿老师工作，也一直朝着这个目标奋进。
> **所在单位：** 北京朝莘蓝岛幼儿园
> **适用班级：** 小班

一、设计意图

端午节是我国的传统节日，小班幼儿对于颜色丰富的有香气的东西很感兴趣，而香包正符合他们直观的观察方式，利用香包颜色的视觉冲击、香味的刺激能很好地激发幼儿观察了解。同时，香包的历史由来也颇为有趣，其能帮助幼儿了解到历史和民间美术的内在美。

二、活动目标

（1）让幼儿喜欢和老师、同伴共享节日的快乐。
（2）让幼儿初步了解端午节的一些习俗，试着做香包。
（3）让幼儿积极参与活动，体验美工活动带来的快乐。

三、活动准备

（一）经验准备

知道农历五月初五是端午节。

(二) 物质准备

课件PPT、动画《五月五》、长方形的布袋、驱蚊香料、桌布、超轻黏土、彩笔、彩色即时贴、印章、颜料。

四、活动过程

老师和幼儿做小律动后走进教室就座，让幼儿初步了解端午节的热闹活动。

(一) 导入环节

1. 以观看PPT和儿歌的形式帮助幼儿了解端午节的风俗习惯

老师：今天老师给你们带来了一段动画，我们大家一起来看一下。

(播放动画《五月五》：五月五是端午，门插艾草香满堂，带香包吃粽子，龙舟下水喜洋洋)

老师：他们在过什么节呀？

老师：哦，在过端午节。过端午节我们都会做什么事情呢？(回忆动画内容)

幼儿：吃粽子。

老师：是呀，要吃香香的粽子。

幼儿：赛龙舟。

老师：你在哪里看到过赛龙舟啊？

幼儿：电视里，赛龙舟可热闹了！

幼儿：挂香包。

老师：小朋友们挂上香包真漂亮。

幼儿：插艾草。

老师：是啊，门上还要插上香香的艾草呢，可以把蚊子和小虫子赶走。

小结：端午节真热闹，赛龙舟、吃粽子、插艾草、挂香包，小朋友们乐陶陶。

2. 老师介绍端午节的一些活动，加深幼儿对香包的认知

(二) 活动环节

1. 老师引导幼儿闻闻香包，了解香包的作用

提问：

(1) 小朋友们来闻闻，香包是什么味道的？(香香的，有一点药的味道)

(2) 香香的，那它里面有什么好东西啊？(它里面有香料，可以帮助我们驱除蚊子和小虫子)

(3) 香包挂在身上有什么用呢？(能让我们更漂亮，让我们的身体更健康)

小结：是呀，香包香香的很漂亮，能赶走蚊子和小虫子，让小朋友们的身体健健康康的。

2. 老师引导幼儿观察香包的外形和图案

提问：

（1）看看这些香包都是什么样的？（有的圆圆的，有的方方的，看上去有点像爱心，看上去有点像三角形）

（2）都有哪些颜色？

（3）香包上有些什么？

小结：有小贴纸，还有漂亮的图案，下面还有一些小穗穗。

3. 老师讲解香包的制作步骤

直观形象，语言生动、有趣，为幼儿操作奠定基础。

老师：今天大家要为自己制作一个小香包，我们一共有三个制作香包的小组。分别用不同材质的用品来装饰香包。

老师：每个小朋友看看我手中的小袋子，你想选择什么样的制作小组呢？

4. 幼儿制作香包，老师巡回指导

（1）介绍材料。

先来看看做香包需要些什么呢？我们需要袋子、香料、小贴纸、各种漂亮的图案、颜料。

（2）介绍操作要求。

老师：先装饰你手中的袋子，可以选择颜料组、贴纸组、黏土组。用这些材料装饰完袋子后装一些香料，装好了，小手拉一拉，把口袋收紧。

（3）老师巡回指导。

（三）活动结束

鼓励幼儿介绍香包。

小结：大家都自己动手制作了漂亮的香包，我们可以把它随身带着，它不仅好看，在夏天还可以帮助我们驱除蚊子和小虫子。

五、活动延伸

鼓励幼儿向大家展示自己做好的香包，讲出其特色之处，以及如何使用。

六、活动反思

幼儿是天生的美术家，艺术教育是实施美育的主要途径。美工活动作为艺术表现的重要形式，深受幼儿喜爱。我将美工活动与中国传统文化相结合，激发幼儿兴趣，引导幼儿对中国传统文化有初步认识。在活动设计中我采用动静结合的方式，分组进行香包的制作。幼儿对活动很感兴趣，初步了解了端午节的文化与习俗后，试着学做香包。幼儿们积极参与活动，体验到了美工活动带来的快乐。活动刚开始时幼儿能很快把注意力集中到活动上来，活动目标基本完成。有的幼儿在制作的过程中兴趣很高，制作好一个香包后还要求再做一个，于是我便引导幼儿要制作一个和刚刚不一样的，效果还可以。在以后的活动中我还需要培养幼儿大胆创作和大胆想象的能力。在活动中我存在一些不足之处，如虽然绝大多数幼儿的积极性被调动起来，但个别幼儿仍游离于活动之外；在自由分组选择时没有考虑到幼儿的个别差异，如选择材料偏难的幼儿在制作中遇到了一些问题，我没有及时有效地去引导；活动结束时的展示环节没有敏锐地注重个别性格内向的幼儿。

通过前期组织教案时的设计与研究，我进一步加深了对美工活动的理解，同时也深深地体会到了"幼儿园的教育要以幼儿为本，以幼儿的发展为本，以游戏为基本活动"这句话的真谛，激发幼儿对中国传统文化的热情与兴趣。通过揣摩教案，反思活动中的细节问题，也明白了自己需要改进的地方，所以在以后的教学中我会更加严格地要求自己，并时时考核自己，完善自己。教育不仅在于让幼儿学会了什么，更要教给幼儿怎样去学。

活动现场如图 1 所示。

图 1　活动现场

大手拉小手，给爱插上翅膀
——感受爱、学会爱、传递爱

> **申请人简介：**
> 我叫董悦华，学前教育本科毕业，从事幼教工作13年，拥有二级教师职称，曾被评为西城区"优秀老师"，并多次获得西城举办的"西城杯""科研月"征文和园内活动特等奖、一等奖、二等奖等奖项。在工作中，我始终保持一颗热爱幼教事业的诚心，踏踏实实地立足于本职工作，爱岗敬业。以满腔的工作热情与全部爱心，赢得家长的满意、孩子的爱戴、领导的信任。
> **所在单位：** 北京市西城区物资机关幼儿园
> **适用班级：** 大班

一、设计意图

爱是一种奇妙的存在，它赋予我们每个人成长的希望、前行的力量。开学季，我们以"爱"为核心，设计"大手拉小手"活动，本次活动以感受爱为切入点，以生活为载体，帮助小班新生克服分离焦虑，使其更快地熟悉、适应幼儿园集体生活，体验集体生活的快乐，同时让大班幼儿萌发哥哥姐姐帮助、爱护弟弟妹妹的情感。在感受爱、学会爱、传递爱等层层推进的活动过程中，引导幼儿感受爱与被爱的力量，提升幼儿表达爱、传递爱的能力。在和谐氛围中给爱插上翅膀，支持每个幼儿在爱与被爱中传承爱的教育！

每到九月开学季，幼儿园就会迎来一届软软糯糯的小可爱，他们从对幼儿园美好的向往到分离焦虑、想妈妈中开启幼儿园之旅。作为经历过这一切的大班哥哥姐姐，听到弟弟妹妹的哭声，也想起自己刚入园时的那份焦虑及来自家人、老师和哥哥姐姐的关爱；同时，他们也想把这份感受、体验到的爱，传递给新一届的小可爱。

二、活动目标

（一）一级目标

（1）结合自己入园时的故事，支持幼儿在活动中感受爱、学会爱、传递爱，提升爱的能力；

（2）根据幼儿视角，借助同伴经验，在分享交流中支持幼儿学会思考、学会交往、学会付出、学会爱的分享；

（3）借助"大手拉小手"活动，在幼儿心中种下爱的"种子"，支持幼儿做自信、自强、包容、有爱的人。

(二) 二级目标

（1）感受爱：幼儿结合自身成长经验，体会家人、师长、同伴等对自己的爱，学会感恩。

（2）表达爱：幼儿愿意动手动脑，用彼此喜欢的方式表达对他人的爱，体会爱和成长的力量。

（3）传递爱：幼儿关心身边的人，有初步的责任意识，用自己的实际行动播撒爱的种子，萌发爱他人的情感。

三、活动准备

(一) 物质准备

整齐、干净的园所环境；主题墙"大手拉小手"、摄像机、欢迎新生入园的绶带等。

(二) 经验准备

小班照片、理解记者的职业及工作内容、交往经验等。

四、活动过程

开学季，中班幼儿升入大班，在幼儿园门口担任小迎宾迎接新生入园。回班后他们就带回了关于新入园幼儿的信息。乐乐说："我在门口当迎宾欢迎弟弟妹妹时，有好多小朋友都哭了。"可可说："我也看见了，他们都不愿来幼儿园。"琪琪说："我刚上小班的时候也总是哭，可我现在是大姐姐了，不哭了，我能给弟弟妹妹擦眼泪。"乐乐提议说："我们来帮助弟弟妹妹吧，告诉他们幼儿园可好了。"幼儿们的这一想法得到了老师的好评及大力支持，于是，爱幼活动"大手拉小手"开始着手准备了……

(一) 激发回忆——我第一次上幼儿园时

1. 活动目的
引导幼儿回忆初入园时的情绪状态，萌发对弟弟妹妹现状的理解。
2. 活动重点
鼓励幼儿大胆讲述第一次来园时的状态，引导幼儿表达当时的情绪、心理。
3. 活动难点
幼儿能换位思考，切身感受新入园幼儿分离焦虑的心情。
（1）老师出示小班时的照片或播放视频，引发幼儿回忆刚来幼儿园时的情景。
提问：
①孩子们，还记得你们刚来幼儿园时的情景吗？
②那时候你们的心情是怎么样的？

③你为什么会哭、不想来幼儿园呢？
（2）在换位思考中理解新入园幼儿的情绪。
提问：
①你们现在知道弟弟妹妹们为什么哭了吗？
②他们现在是什么心情？
③你们觉得他们现在最需要什么？

（二）感受爱——我感受到的关心照顾

1. 活动目的
梳理身边人的关爱，体会爱的力量。
2. 活动重点
总结家人、老师、社会的关爱，体会爱就在身边。
3. 活动难点
将关爱传递给新入园幼儿，使他们度过分离焦虑期，做一名会表达爱的幼儿。
（1）引导幼儿梳理总结遇到困难时家人及老师对他们的关爱。
提问：
①你们是怎么从哭闹着找妈妈变成每天高高兴兴来园的大哥哥大姐姐的呢？
②发生什么事情让你有了变化？
③那时候老师和爸爸妈妈是怎么照顾你们的？
小结： 是老师每天的陪伴，给你们讲好听的故事，带你们玩好玩的游戏，给你做好吃的饭菜，当你难过时会安慰你、抱抱你，这是因为老师爱你们，很高兴你们长大了，变成幼儿园最大的哥哥姐姐。
（2）将感受到的关心和照顾传递给新入园幼儿，使他们度过分离焦虑期，体验和老师、同伴在一起的美好感受。
提问：
①孩子们，你觉得弟弟妹妹现在最需要什么？
②我们可以怎么做呢？
4. 引导幼儿思考、讨论具体帮助新入园幼儿的方法

（三）表达爱——我来帮助新入园幼儿

1. 活动目的
支持幼儿运用多种方式帮助新入园的弟弟妹妹，使其顺利通过分离焦虑期。
2. 活动重点
尝试用自己的方法帮助新入园幼儿，学习初步的交往技能。
3. 活动难点
在实践中发现问题，并尝试解决。
（1）运用自己的方法，进行"大带小"的实践活动。
①幼儿用自己的方法尝试和新入园的弟弟妹妹交往。
②老师用摄像机记录整个过程，方便带领幼儿回顾。

（2）回顾与新入园幼儿交往的过程，结合视频交流与新入园幼儿交往时的情况。

提问：

①孩子们，今天的活动你有什么发现？想跟同伴分享什么呢？

②他们做什么事情的时候才会不哭呢？

③还有没有别的发现？

（3）支持幼儿进行梳理总结。

（4）引导遇到困难的幼儿和同伴一起探讨解决问题的策略，鼓励幼儿用多种方式表达自己的爱。

提问：

①怎么解决活动中出现的问题？

②有没有新方法？

③如果是你，会喜欢什么样的陪伴？

④我们怎样才能了解弟弟妹妹的需要呢？

（四）活动中的好方法

1. 活动目的

引导幼儿梳理总结活动中的好方法。

2. 活动重点

引导幼儿梳理总结分享故事时的感受。

3. 活动难点

引导幼儿克服紧张情绪，尝试解决分享中遇到的问题。

（1）活动中我们应该如何克服紧张情绪？

①如果你讲故事时不小心忘词了，没有关系，老师会提示你。——赵思妍

②如果你忘词了，就把这一段跳过去，讲你能想起来的部分。——王梓宸

③提前准备充分，把我们要做的事情记熟了就不会紧张了。——天天

④如果弟弟妹妹不理我，那就换一种方式去陪他们。——乐乐

（2）如果你紧张了怎么办？

①先让自己冷静下来，学习别人的勇敢。——果果

②多去帮助弟弟妹妹几次就好了，会觉得自己越来越棒。——李睿轩

③不想紧张的事，多想开心的事就不紧张了。——张绰言

（3）弟弟妹妹不理我们怎么办？

①讲故事时我们可以声音大一些，用语气吸引弟弟妹妹。——盛美子

②我们可以配上动作，吸引弟弟妹妹。——王兆琨

③我们的节目可以精彩一些，由好几个小朋友来表演。——郑任之

④选故事时认真挑选，选精彩的，还可以配上音乐。——任宇涵

⑤教弟弟妹妹洗手时，可以编一个小儿歌，方便弟弟妹妹记住。——李睿轩

实践活动已经进行快一个月了，幼儿们一边互相帮助一边感受，每次陪伴完新入园幼儿回到班里，都会有不一样的感受，有的是开心的，有的是紧张的，也有的在期待下一次的到

来。幼儿们把自己活动中的好经验、好方法总结下来，一边总结，一边感受，一边学习，一边成长。

小结："大带小"实践活动可多次进行，每次活动结束后要引导幼儿反思自己实践中的发现，将好的方法分享给同伴，遇到问题也可以通过集体出谋划策，找到解决的方法并试用于下一次的活动中，让幼儿们在实践、反思、再实践的过程中，层层深入、螺旋上升，用这份关爱切实帮助新入园幼儿顺利度过分离焦虑期，大班幼儿在实践中，增强了交往技能，学会了发现问题、解决问题、回顾反思、换位思考等良好的品质。

（五）学会爱——采访弟弟妹妹

1. 活动目的

关注新入园幼儿的需要，有针对性地关心新入园幼儿。

2. 活动重点

能围绕一个话题进行讨论，主动发现问题和解决问题。

3. 活动难点

能用简单图示或符号将采访内容记录下来。

（1）有针对性地帮助新入园幼儿，询问他们的需要。

①我们都是哥哥姐姐，有好多本领，我们还能为小班的弟弟妹妹做什么呢？

②他们爱看什么表演呢？

③他们喜欢听什么故事？

④他们喜欢什么玩具？

⑤怎样才能知道弟弟妹妹需要什么样的帮助呢？

（2）引出活动，让幼儿去采访新入园幼儿。

（3）采访前的讨论。

提问：

①用什么方法记录我的采访内容？

②我们怎么问才能让弟弟妹妹听明白？

（4）幼儿去小班采访新入园幼儿，并用自己的方式记录。

（5）采访后回班分享。

提问：

①你都采访谁了？你是怎么采访的？

②你知道他们需要什么了吗？都记录下来了吗？

③采访时你有什么发现吗？你是怎么做的？

（6）引导幼儿统计采访结果。

小结：孩子们，爱是什么？爱是你们采访弟弟妹妹时忙碌的身影、爱是你们陪伴弟弟妹妹时的耐心、爱是你们和弟弟妹妹玩游戏时的细心，整个活动中老师能感受到你们内心浓浓的爱。你们用眼睛看、用耳朵听、用心去感受着弟弟妹妹的需要，这就是爱，你们用自己的行动去付出着、去传递着，让爱生出了丰满的翅膀。

(六) 传递爱——我们一起成长

1. 活动目的

能根据新入园幼儿的需要，多元表达自己的爱。

2. 活动重点

感受帮助别人的快乐情绪，做一个会爱的人。

3. 活动难点

支持幼儿感受、发现、理解更加多元、更深层次的爱。

(1) 集体分享，采访记录汇总，分组。

提问：

①我们怎么帮助弟弟妹妹实现需要呢？

②我们怎样才能又好又快地完成这些呢？

(2) 引导幼儿分组实施计划。

①幼儿结合自己的兴趣加入小组，如陪伴游戏组、表演组、制作礼物组等，自主分组。

②每个小组选出一个小组长，协调本组任务。

③在组长的带领下完成本组任务，同步筹备各种活动。

(3) 讨论：我们有四个小班，帮不过来怎么办？

①我们需要更多的人来帮助弟弟妹妹。——小可

②要不我们请大二班的小朋友一起加入活动。——琳琳

③把我们的计划分享给别的大班小朋友吧，看看谁想加入我们。——小美

(4) 邀请所有的幼儿一起加入活动。

(七) 传递爱——我来帮助你

1. 活动目的

根据新入园幼儿的具体需要，有针对性地提供帮助。

2. 活动重点

根据自己组新入园幼儿的需要，错时错峰地去提供帮助。

3. 活动难点

在老师的帮助下协调好自己的活动时间。

(1) 穿衣服组。

①请几个大班幼儿穿衣服，边穿边分享穿衣服的小秘诀。

②教新入园幼儿学习穿衣服的小儿歌，边念儿歌边出示穿衣服的图片。

③每天午睡起床后，本组幼儿去小班帮助、指导幼儿穿衣服。

(2) 吃饭组。

①大班幼儿教会新入园幼儿拿勺子的基本方法。

②对能力弱的新入园幼儿可以喂一喂，逐步培养其自主进餐的能力。

③鼓励新入园幼儿多进餐、自主进餐。

（3）看书组。

①把自己带来的图书和新入园幼儿分享，说说书上的内容。

②一起阅读图书内容，提醒新入园幼儿看书时要一页一页轻轻翻，爱护图书。

③给新入园幼儿梳理图书的教育意义。

（4）送礼物组。

①制作多种形式的礼物，展示自己在幼儿园学会的本领，激发新入园幼儿来幼儿园上学的欲望。

②请新入园幼儿自主选择喜欢的礼物。

（5）游戏组。

①陪同新入园幼儿一起参与户外游戏。

②游戏中提示新入园幼儿要注意的安全事项。

③带领新入园幼儿体验不一样的新游戏。

（6）表演组。

①根据新入园幼儿的需要准备不同形式的内容，如唱歌、跳舞、童话剧、手偶剧等。

②创设小剧场请新入园幼儿来观看演出。

（7）一周活动后讨论，体验帮助别人的快乐。

提问：

①孩子们，弟弟妹妹看完节目、听完故事、收到礼物后你觉得他们高兴吗？

②你从哪里看出来的？

③你有什么感受？

④你帮助弟弟妹妹之后的心情是怎样的？

⑤你知道你做的这些是什么吗？

小结：这是爱，是大哥哥大姐姐对弟弟妹妹的爱，老师很高兴你们能感受到身边人对你们的爱，并用你们自己的方式把爱回馈给他人。你们从感受爱、学会爱到爱他人，你们对爱的理解越来越深刻，对爱的表达也越来越丰富、立体。在新学期开学之际，老师希望你们在爱的环绕中学会独立，学会生活，学会思考，学会学习，也学会用自己的爱去温暖更多的人、温暖这个世界。

五、活动延伸

目的：在爱的启迪下，进一步激发幼儿爱自己、爱他人、爱环境、爱祖国的情感，激励幼儿用自己的实际行动见证爱的力量和成长的快乐。

重点：鼓励幼儿延续对爱的思考与行动。

难点：尊重幼儿的个体差异，满足幼儿个性化发展需求，支持幼儿有深度地发展。

（1）继续通过关于爱的主题活动丰富幼儿对爱的理解、认识和行动。

（2）将爱的主题活动进一步深化、延续，支持幼儿以爱为核心探究生命，享受生活，收获成长。

六、活动反思

优势：

（1）发扬中华民族的传统美德，培养幼儿的责任感和爱幼的好传统、好品质。

（2）创设快乐的交往环境，提供充分的交往机会，鼓励幼儿大胆地交往，促进幼儿交往能力的发展。

（3）在感受爱、学会爱、传递爱等层层推进的活动过程中，引导幼儿感受爱与被爱的力量，提升幼儿表达、传递爱的能力。在和谐氛围中给爱插上翅膀，支持每个幼儿在爱与被爱中传承爱的教育！

（4）尊重大班幼儿年龄特点，在实践中激发其自主探索、尝试、发现、反思、梳理、总结的能力，并在此过程中提升幼儿做事的坚持性，促进幼儿克服困难及发现问题、解决问题等良好品质的发展。

（5）通过"大带小"的活动，让新入园幼儿在陌生的环境下获得来自大班幼儿的关爱，使其逐渐减少分离焦虑，产生归属感。

建议：

（1）应关注大班幼儿的心理，如分享时的紧张、碰壁时的失落，开展类似的活动丰富其经验。

（2）应带动大班的全体幼儿一起参与"大带小"的活动，活动前期可形成班班结对、幼幼结对，增加帮助对象的稳定性，能避免频繁换人给新入园幼儿带来心理上的恐惧感，也可以让大班幼儿在熟悉、了解的基础上更有针对性地表达关爱。

中国影灯——皮影戏

> **申请人简介：**
> 我叫石聪慧，2019年毕业于河套学院，所在单位为物资机关幼儿园。我曾在大班实习一年，中班老师岗位就职一年。
> **所在单位：** 北京市西城区物资机关幼儿园
> **适用班级：** 大班

一、设计意图

幼儿园组织全园的幼儿们观看了皮影戏《三打白骨精》，这是幼儿们第一次接触皮影戏，在看到白骨精换脸的环节时，幼儿们表现得非常兴奋。节目结束后，幼儿们轮流体验皮影戏，来到了皮影戏的幕布后面，他们兴奋地讨论："这个皮影真大！""你看那个皮影，真好看！""白骨精是怎么做出来的？"——幼儿们在观看皮影戏、体验皮影戏的过程中对皮影戏产生了浓厚的兴趣，他们很好奇皮影人是怎样做出来的，为什么皮影人要在幕布的后面表演。老师抓住这个教育契机，把喜欢皮影戏、对皮影戏的表现形式感到神奇的情感，升华为丰富幼儿知识、发展幼儿动手能力、激发幼儿民族自豪感以及幼儿对中华传统文化的喜爱。

二、活动目标

（1）让幼儿初步了解皮影戏是我国民间古老的传统艺术，喜爱中国传统文化。
（2）让幼儿积极参加探索活动，能大胆表达自己的想法，在操作中感受皮影戏的魅力，激发幼儿民族自豪感。
（3）让幼儿在活动过程中与同伴相互配合，培养发现问题、解决问题的能力。

三、活动准备

（1）主题墙：奇妙的皮影戏。
（2）家长和幼儿找到的皮影戏资料、视频《皮影戏》、玩具、不透明的物体、透明的物体、手电筒、白色幕布、视频《俏夕阳》、音乐《摘果子》《小老鼠上灯台》、幼儿制作的皮影作品。

四、活动过程

根据大班幼儿的年龄特点、认知特点、学习特点，我通过感知、操作、创造三个阶段设计本次活动。

第一阶段　感知

调动幼儿前期经验，激发幼儿对皮影戏的兴趣，丰富幼儿认知。

（一）大班社会活动"神奇的皮影戏"

在活动开始前，幼儿们已经观看过皮影戏《三打白骨精》，但对"皮影戏"这种艺人在白色幕布后面操纵人物进行表演的方式还是第一次接触，幼儿们觉得非常有趣，回去查阅了皮影戏的相关资料，并将查阅到的资料带到幼儿园与同伴分享。

本班幼儿喜欢以讨论的方式认识新事物，老师给予幼儿们充分的时间，对提出的问题进行讨论，在说到将自己喜欢的故事用皮影戏演绎出时，幼儿们非常感兴趣，这也将贯穿之后的活动。

1. 活动目的
（1）让幼儿知道皮影戏是我国传统民间艺术之一。
（2）让幼儿感知皮影戏的表演形式，激发幼儿表演皮影戏的兴趣。
2. 活动重点
通过了解皮影戏，感知皮影戏的表演形式，激发幼儿表演皮影戏的兴趣。
3. 活动难点
大胆表达怎样通过皮影戏的方式表演喜欢的故事。
4. 活动教具
视频《皮影戏》、幼儿准备的皮影戏资料。
5. 活动环节
（1）调动幼儿前期经验，说一说自己知道的皮影戏。
（2）观看视频《皮影戏》，了解皮影戏的特点。
（3）提问：当你喜欢的故事变成皮影戏，你会怎样表演它？
6. 课题延伸
（1）幼儿在美工区自由制作"皮影"。
（2）幼儿在图书区阅读、选择皮影戏剧本，用不同的方式创编喜欢的故事。
7. 课题反思

本次活动能够让幼儿充分地认识皮影戏，在活动过程中调动幼儿前期经验，让幼儿积极发言，以视频的形式介绍皮影戏的特点，更能吸引幼儿的兴趣，也能够更严谨地介绍皮影戏。本次活动给予了幼儿讨论的时间，让幼儿有充分的时间、空间去发挥想象力，激发幼儿表演皮影戏的兴趣。

(二)确定活动墙"我认识的皮影戏"

主题墙贯穿在整个活动中,它梳理总结了幼儿们在活动中的点点滴滴,幼儿们的想法都以图片或文字的形式呈现在上面。在活动初期,老师与幼儿进行谈话活动,了解幼儿兴趣点,确定主题活动内容。

主题活动生成后,老师与家长沟通,使家长了解班级的教学内容和教学目标,共同给予幼儿支持,将每位幼儿获得的知识展示在活动墙"我认识的皮影戏"上。

第二阶段 操作

让幼儿在实际操作中学习知识,锻炼幼儿的动手操作能力,发展幼儿发现问题和解决问题的能力。

(一)大班音乐游戏活动"小小皮影人"

本次活动让幼儿进一步感受到皮影戏的独特魅力,使幼儿认识到,原来皮影戏还可以通过肢体语言演绎出来。幼儿在感知中欣赏,通过体验、学习获得具体感受,进一步了解了皮影戏的特点,感受到了皮影人的动作,产生了在幕布后面表演皮影戏的欲望。

1. 活动目的
(1)幼儿能够跟随音乐做出皮影人的造型动作。
(2)让幼儿体验音乐游戏的快乐。
2. 活动重点
跟随音乐做出皮影人的造型动作。
3. 活动难点
创作具有皮影人舞蹈特点的皮影人动作。
4. 活动教具
白色幕布、视频《俏夕阳》、音乐《洋娃娃与小熊跳舞》《小老鼠上灯台》《蜗牛与黄鹂鸟》。
5. 活动环节
(1)幼儿跟随音乐《洋娃娃与小熊跳舞》进场。
(2)幼儿跟随音乐《蜗牛与黄鹂鸟》律动。
(3)幼儿欣赏视频《俏夕阳》,说一说视频中的人在跳什么舞蹈。
(4)幼儿跟随《小老鼠上灯台》创作皮影人动作。
(5)幼儿合作演绎猫与老鼠,跟随音乐进行游戏。
6. 课题延伸
幼儿在音乐区中跟随音乐进行皮影游戏。
7. 课题反思
我们认识了皮影戏,皮影戏的一举一动对于幼儿们来说都十分新奇,幼儿们跟着皮影戏手舞足蹈。首先幼儿们跟随音乐入场,自主感受音乐,接下来欣赏《俏夕阳》,进一步感受皮影人的舞蹈方式。这其中的大部分活动是在游戏中进行的，不论是让幼儿创作皮影人动作，还是让幼儿演绎猫和老鼠，都能让幼儿在游戏中学习，在游戏中感受音乐带给他们的快乐，而以皮影人的动作去进行游戏，不仅加深了游戏的难度，而且能让幼儿进一步感受皮影戏的特点。

（二）大班美工活动"制作皮影"

幼儿的想法很多，老师要用多种方式鼓励、支持幼儿，幼儿分组合作，大家根据提前选定好的剧本，进行角色分配，认真创作自己的作品，为接下来的皮影表演做准备。

1. 活动目的

（1）能够用多种材料制作简单的"皮影"。

（2）大胆想象，体验创作带来的愉悦感。

2. 活动重点

能用多种材料制作简单的皮影。

3. 活动难点

让皮影的四肢关节"动起来"。

4. 活动教具

彩纸、吸管、棉线、胶棒、安全剪刀、勾线笔、油画棒。

5. 活动环节

（1）让幼儿说一说能够用哪些材料创作皮影。

（2）幼儿分组合作自主创作皮影。

6. 课题延伸

（1）幼儿在美工区继续创作皮影。

（2）幼儿将制作的皮影投入音乐区中进行游戏。

7. 课题反思

本次活动先是启发幼儿思维，让幼儿思考能用哪些材料制作皮影，接着让幼儿分组合作创作皮影，培养幼儿的合作能力和动手操作能力。这次活动给予幼儿充分的时间去创作作品，他们在创作过程中遇到了很多问题，但都能与同伴一起想办法解决，提升了合作解决问题的能力。

在制作皮影时，幼儿提出了"怎样才能让皮影站起来呢？""我的皮影胳膊不会动，怎么办？"等问题，老师利用过渡环节与幼儿讨论，解决问题并记录。

（三）确定活动墙"我遇到的问题"

幼儿第一次尝试在图书区用不同的方式自由创作喜欢的故事，第一次在美工区尝试制作喜欢的皮影，第一次在美工区进行皮影表演，在活动的过程中幼儿遇到的问题会以记录的形式展示出来。

（四）确定活动墙"我的好方法"

幼儿是在积极地不断积累经验的过程中获得勇气的，这种勇气能使他们有足够的能力客观地面对问题、解决问题。在活动过程中，老师引导幼儿将遇到的问题进行分类，请幼儿们讨论怎样解决问题，幼儿受到启发，尝试用多种方法解决问题，幼儿的好方法会在活动墙上记录下来。

第三阶段 创造

幼儿用皮影戏来表达自己创造的故事，同伴之间相互配合，总结经验，塑造完整的皮影节目。

（一）大班音乐表演活动"我的皮影戏"

幼儿表演皮影戏，既能满足他们的表现欲望，也能培养他们的合作能力。在这个过程中，老师要注意保护幼儿对皮影戏的热情，帮助幼儿在表演中寻找乐趣。

幼儿表演皮影戏是一个大工程，在这之前，幼儿在表演区进行过游戏，在过渡环节讨论过如何表演他们要展示的皮影戏，他们的皮影戏要选择哪个故事。在这个过程中，能够锻炼幼儿的语言表达能力、阅读理解能力、合作能力以及发现问题和解决问题的能力。

1. 活动目的
（1）通过表演皮影戏，感受创作带来的乐趣。
（2）在操作中锻炼幼儿的合作能力。

2. 活动重点
与同伴配合表演皮影戏。

3. 活动难点
幼儿之间相互配合演绎完整的皮影戏。

4. 活动教具
幼儿前期准备的皮影道具。

5. 活动环节
（1）幼儿首次表演皮影戏。
（2）幼儿讨论在表演过程中出现的问题。
（3）幼儿合作解决问题。
（4）再次表演皮影戏。

6. 课题延伸
幼儿合作探索，在音乐区进行皮影戏表演。

7. 课题反思
幼儿首次表演皮影戏，在表演过程中会出现很多问题，需要老师和其他幼儿作为观众给予好的建议，帮助幼儿解决问题，鼓励幼儿大胆地进行表演，让幼儿体会到表演皮影戏的成就感，让幼儿的作品从初具雏形到有声有色。

（二）确定活动墙"我的皮影戏"

幼儿从认识皮影戏、选取故事到制作皮影道具、在音乐区练习皮影戏，他们的一点一滴都会在活动墙上体现出来。

每位幼儿都有自己擅长的事情，老师要善于发现每位幼儿的优点，及时鼓励他们将自己的想法付诸实施;并且给予幼儿适宜的空间、材料,及时观察幼儿的行为,尊重幼儿的想法,促进幼儿之间合作,提高幼儿的语言表达能力,培养幼儿用多种方法解决问题的能力,使所有幼儿得到发展。

(三) 大班科学活动"会变身的影子"

在表演皮影的过程中,幼儿发现,有的皮影在幕布后面看着很清楚,很大,有的却很小,影像一点都不清晰。根据这一问题幼儿查询资料,原来,影子的大小是由光源与物体的距离、光源大小、被照物的大小来决定的;幼儿还发现,他们看的皮影是彩色的影子,可是表演出来的皮影是黑色的影子,为了丰富幼儿的知识,我设计了本次活动。

1. 活动目的

(1) 通过观察,让幼儿探究影子的形成。

(2) 让幼儿操作探究光穿过不同物体时影子的变化,体验游戏的乐趣。

2. 活动重点

幼儿通过自主操作探索,知道影子的形成原因。

3. 活动难点

幼儿操作不同物体,探究光穿过不同物体时影子的变化情况,能够清晰地讲解自己的操作方法。

4. 活动教具

玩具、不透明的物体、透明的物体、手电筒。

5. 活动环节

(1) 幼儿通过自主操作探索,知道影子的形成原因。(灯光直射,遇到物品遮挡时,灯光不通过,就会形成阴影)

(2) 幼儿通过操作,对比光穿过透明物体与不透明物体时影子的变化情况。

(3) 幼儿与同伴合作,自主选择教室中的物品进行影子游戏。

6. 课题延伸

(1) 幼儿在户外活动中进行游戏"影子捉迷藏"。(提问:你能让自己的影子藏起来吗?)

(2) 幼儿在科学区继续探索光穿过不同物体时影子的变化情况。

7. 课题反思

本次活动从自主探索影子的形成,到对比光穿过透明物体与不透明物体时影子的变化情况,让幼儿有层次地了解了光、物体、影子之间的奇妙关系。教室中随处可见的活动材料能让幼儿受到启发,有充足的时间、空间、材料去进行探索活动。

这次活动让幼儿了解了光的直线传播等科学知识,幼儿开始尝试将自己的皮影镂空,用透明的胶带把镂空的部位填补进去,然后涂上颜色,根据选用颜料的不同又进行一次探讨。

五、活动延伸

精彩的皮影戏活动在快乐的氛围下圆满落幕,但我们的主题活动并没有结束。幼儿们更愿意把他们的作品展示给其他班级的幼儿,由小舞台走向大舞台。

通过这次活动，幼儿能够感受皮影戏独特的表演魅力，这种表演方式也能够让他们更好地理解每个文学作品；同时，在活动中幼儿相互配合，发展了人际交往能力。

在以后的区域活动中，幼儿更愿意与同伴合作进行游戏，有高兴的或者觉得有趣的事愿意与大家分享，知道别人的想法与自己不一样的时候，能够耐心倾听他人的意见。

六、活动反思

（一）家园共育方面

本次活动的优势在于充分利用家庭资源，在"中国影灯——皮影戏"主题活动初期，家长参与收集皮影戏的资料，与幼儿一起整理资料；主题活动后期，家长欣赏幼儿的皮影戏和班级的活动墙，给予幼儿建议、支持，感受幼儿在活动中的成长，为幼儿的发展创造良好的条件。

本次活动在家园共育方面还需要改进的是活动中老师不仅仅要在活动初期与家长沟通教学活动的内容，也要将与幼儿共同制定的主题活动目标、主题网络图、主题活动内容用家长园地或家长会的形式告知家长，使家长主动参与配合。老师要及时与家长沟通，帮助家长了解幼儿的发展状态，自发地关注活动，给予幼儿多方面的支持，特别是在活动中期，最好让家长也参与进来，把家庭变成一个小的讨论组，帮助启发幼儿制作皮影道具、创编皮影故事，鼓励幼儿大胆想象，大胆创作。

（二）在领域活动方面完善主题活动内容

本次活动的优势在于一日活动与教学活动相结合，尊重幼儿的想法，能够及时地调整活动内容。活动主要侧重于艺术领域、社会领域，语言领域、科学领域、健康领域虽有所涉及但比重不大，因此在活动中老师应该有意识地进行随机教育，在活动过程中抓住教育契机，有意识地去拓展活动。

活动还需要完善的地方有：在幼儿选择皮影戏剧本的时候，老师可以开展"分享阅读"活动，幼儿将喜欢的故事分享出来，既有利于皮影戏剧本的选择，培养幼儿对阅读、书写的兴趣，也能够使幼儿接触到优秀的文学作品，感受语言的美。

当主题活动内容中出现了光时，老师应该把握机会，开展"认识光"的活动，引导幼儿探索光的特性、用途、种类等，丰富科学领域的活动内容。

在健康领域方面，老师应该充分地利用户外活动，结合主题活动，开展丰富多彩的游戏；也可以帮助幼儿在区域活动中养成良好的收纳习惯。

（三）将区域活动与主题活动相结合，满足不同幼儿发展需要

结合"中国影灯——皮影戏"主题，我们创设了不同发展目标的区域活动环境，主要体现在教学活动的活动延伸之中：

（1）"美工区"——从最初用不同的材料制作小人到主题活动中"制作皮影"的补充，再到丰富皮影舞台，为皮影戏制作了丰富的辅助材料，有层次地锻炼了幼儿剪纸、绘画等能力。

（2）"图书区"——幼儿尝试用不同的方式创编喜欢的故事。

（3）"科学区"——幼儿探索光穿过不同物体时影子的变化。

（4）"建筑区"以搭建"皮影戏小剧场"命名，引导幼儿学习制订建筑区计划，运用和巩固数、量、形、比例、对称等相关概念，发展空间知觉。

（5）"音乐区"——表演皮影戏。

《幼儿园教育指导纲要》中指出"各领域的内容相互渗透，从不同的角度促进幼儿情感、态度、能力、知识、技能等方面的发展"，但本次活动在区域活动方面不够完善，活动区随着主题活动的进行要不断变化，为幼儿创设适宜的活动条件，以满足不同幼儿的发展需求。

比如在图书区可以举办"分享阅读"活动，让幼儿自发投放绘本故事，便于阅读、选择皮影戏剧本。在科学区可以把主题中关于"光""影子"的学习延伸到活动区中，创设"光与影"，并以挑战性问题"怎样用影子测定时间"引发幼儿猜想、验证。在音乐区可以鼓励幼儿自编自演经典童话故事，对图书区绘本故事进行创意表演，丰富音乐区游戏。还可以结合主题活动在益智区中创设棋牌游戏。

（四）充分利用过渡环节

本次活动充分利用一日生活的过渡环节，让幼儿讲述选择好的皮影故事，讨论创编故事时遇到的问题，并讨论如何解决问题，给予幼儿充足的时间对皮影戏角色进行分工，分享活动中的乐趣。

九九重阳节，浓浓敬老情

> **申请人简介：**
> 我叫孙立锐，毕业于北京师范大学，现在是二级教师。我不但是一名老师还是一位妈妈，我喜欢和孩子在一起玩，喜欢和孩子一起闹，更喜欢学前教育这个专业。自2009年至今一直在物资机关幼儿园一线工作。我喜欢在物资机关幼儿园这个大家庭里工作，因为在这里让我感受到了什么是爱，更让我有家的感觉。
> **所在单位：** 北京市西城区物资机关幼儿园
> **适用班级：** 大班

一、设计意图

实例1： 夏天的时候，姚辰的爷爷为了能第一个接到孙女，下午4点多就来到幼儿园门口了。夏天4点多时天还是很热的，但老人丝毫没有因为天热而放弃答应第一个接孙女的事情，爷爷汗流浃背地站在幼儿园的门口，很辛苦；当我知道此事的时候主动和姚辰的爸爸妈妈沟通，天太热，不要让爷爷来那么早，妈妈反馈说，爷爷坚持要第一个接孩子，这样孩子能高高兴兴地来幼儿园。

实例2： 孟曦琳小朋友每周都在姥爷家住，所有的事情都是姥爷帮忙做。妈妈说："孟曦琳每天都会主动帮姥爷捶背，吃完饭还帮助姥姥收拾碗筷，因为她觉得姥姥姥爷很爱她，她也爱姥姥姥爷。"

实例3： 还有李杨译小朋友，从来没有说过有关爸爸妈妈的事情，说什么事都是爷爷奶奶、爷爷奶奶的……这样的故事还有很多。

重阳节是我国的传统节日，在重阳节来临之际，我想借助这样的机会，根据幼儿的实际需要和现有水平，并结合园本教育德育内容，以"爱"为出发点，从感受爱→发现爱→传递爱，从大爱到小爱，为老人举办一次庆祝活动，给老人送去更多的欢乐。因此我设计了"九九重阳节，浓浓敬老情"这一主题活动。

二、活动目标

（1）让幼儿知道农历九月九日是我国的重阳节，又叫"老人节"。
（2）让幼儿了解一些重阳节的风俗习惯。
（3）幼儿愿意用不同的方式表达自己对老人的爱。
（4）让幼儿感受中华传统美德，养成尊老、敬老、爱老的良好品质。

三、活动准备

（一）精神准备

（1）了解幼儿与老人生活中的点滴故事。
（2）寻找身边有关爱的故事。
（3）欣赏菊花。

（二）物质准备

（1）收集有关重阳节的资料。
（2）幼儿利用已有物品亲手为老人制作的礼物。

四、活动过程

活动初期：讨论"谁要过节了？"

第一次讨论："猜猜家里谁要过节了？要过什么节？"最开始幼儿们说要过儿童节、国庆节、中秋节等，就是没有人说九九重阳节。其实我也很理解，儿童节幼儿们表演节目，对于天真活泼的他们来说很有意义，既表演节目了，也收到礼物了，记忆深刻。国庆节、中秋节刚刚过完，幼儿们刚从愉快的假期中回来，所以记忆深刻。没有人说重阳节，是因为幼儿们没有过这个节的前期经验。

第二次讨论："家里还有谁没有过节？"这一次，幼儿们都积极地回答"爷爷奶奶、姥姥姥爷"，但李浩轩小朋友说我们家的姑爷爷也要过节了，接着田梓澄也说我还有姑姥姥呢，她也要过节了。季轶航小朋友说"要过老人节了，就是老人过的节"，接着我问她："你怎么知道的"，季轶航小朋友告诉我们，是奶奶告诉她的。我继续问小朋友，"老人节"还有一个名字谁知道？幼儿们虽然在小声说着，可是没有人说"重阳节"，就此，我把这个新的名词告诉了幼儿，让大家知道很快就要过"九九重阳节"了，由此生成以下活动。

课题一　重阳节的习俗（社会）

（一）活动目的

（1）让幼儿知道重阳节是我国民间传统节日之一，有独特的活动和风俗习惯。
（2）让幼儿知道"重阳节"的由来。
（3）让幼儿懂得"敬老爱老"是中华民族的光荣传统，要尊敬长辈。

（二）活动教具

PPT课件、歌曲《常回家看看》、古诗《九月九日忆山东兄弟》。

（三）导入环节

1. 欣赏歌曲《常回家看看》

（1）老师提出问题。

老师：刚才你听到歌里都唱了什么？（引起幼儿的情感共鸣）常回家看看，你们知道回家看的是谁吗？（幼儿和爸爸妈妈一起回家看望老人）

（2）引出老人节。

老师：我们小朋友有自己的节日，老人也有自己的节日，你们知道老人节是哪天吗？

小结：每年的农历九月九日就是老人节。

老师：你们知道老人节是怎么来的吗？

2. 介绍重阳节的来历

（1）播放PPT，幼儿欣赏。

老师：老人节也叫重阳节，相传在我国古代有个叫桓景的名仕，九月九日那天，全家一起登高、插茱萸、饮菊花酒，据说这样可以辟邪。因此，重阳节登高就逐渐形成一种风俗，从那以后，在九九重阳节这天会有很多诗人作诗纪念。

（2）讲解古诗《九月九日忆山东兄弟》。

（3）重阳节的课件。

小结：在九九重阳节这一天很多地方的人都有登高、赏菊、插茱萸、吃重阳糕、饮菊花酒的风俗习惯。其中登高和吃重阳糕有"步步高"的含义，为表示对老人的敬意，我国又将重阳节定位为老人节。

"敬老爱老"是中华民族的光荣传统，我国非常重视和关心老人，各地都为老人修建了敬老院，幼儿们也要尊敬长辈，知道在长辈不舒服的时候要关心长辈。

（4）讨论：在重阳节，你想怎么做？在日常生活中你是怎么尊敬老人的？

3. 敬老爱老活动

（1）重阳节是老人的节日，是姥姥姥爷、爷爷奶奶的节日，在过节的时候，我们在家里可以给他们买许多礼物，然后一起过节。

（2）回家给长辈捶捶背，还可以说一句暖心的话语。

（3）可以帮助长辈做一些力所能及的家务来表达你对长辈的爱意。

幼儿们对于重阳节的活动很感兴趣，总是积极参与。为了让幼儿了解重阳节的一些习俗，我在微信群里和家长沟通，让家长收集有关九九重阳节的知识，满足幼儿的需要。尤其是季轶航小朋友的家长和季轶航一起赏菊、吃重阳糕，让其了解重阳节的风俗习惯。另外，在国学课上，李老师也给幼儿们讲了有关重阳节的活动内容，让幼儿进一步了解有关重阳节的风俗习惯。为了提升幼儿们的经验，我以图片（图1）的形式将重阳节的习俗展示到墙上。

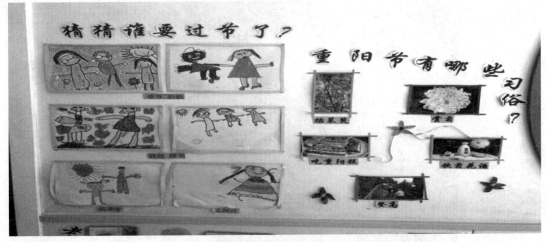

图1　重阳节的习俗

课题二　我想……（综合）

（一）活动目的

（1）幼儿能够大胆地利用图文的形式制作计划表。

（2）幼儿愿意用自己喜欢的方式表达对老人的爱。

（二）活动教具

计划表（每人一张）、勾线笔、油画棒。

（三）导入环节

1. 谈话引入主题

老师：你们都想好怎么给老人过节了吗？（请幼儿说说自己的想法）

2. 制作计划表

（1）现在请每位幼儿制作一张属于自己的重阳节计划表。

（2）幼儿自取材料制作计划表，老师巡视指导。

（3）收拾材料。

3. 分享"我的计划……"

4. 将幼儿的计划分类装订好

5. 活动小结，将幼儿的计划展示到墙上，活动自然结束

在"我的计划"中，有的幼儿想给老人送礼物，有的幼儿想给老人表演节目，有的幼儿想带着老人出去玩，还有的幼儿想给老人表演故事"蛇偷吃了我的蛋"……每位幼儿的想法都不同，这是幼儿们发自内心的爱（图2）。

图2　"我的计划"

幼儿们的想法我们知道了，可我们不知道老人是怎么想的，为了让活动更有意义，我请幼儿把记录表带回家，让老人也做一份计划，以此了解老人内心的真实想法。只有这样这个活动对于老人来说才是有意义的。当家长拿回计划表的时候，我感觉很意外，有的老人想收到幼儿们的祝福，有的老人想和幼儿们一起在幼儿园里面过节，有的老人想看幼儿们表演节目（图3）。不管是幼儿还是老人都有自己的想法，为了能满足他们的需要和兴趣，我们以投票的方式决定到底要怎么给老人过节。最终确定了我们能够做到的，即表演故事"蛇偷吃了我的蛋"、走秀、送礼物，另外再加上幼儿们的一些表演。

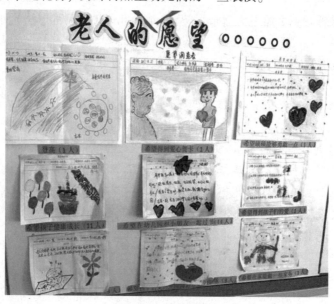

图3　老人的愿望

课题三 准备进行时……（综合）

（一）活动目的

（1）让幼儿积极地参与重阳节活动。
（2）幼儿愿意用自己的方式表达对老人的爱。

（二）活动教具

表演用的道具、音乐等。

（三）导入环节

1. 谈话引出主题

老师：马上要过什么节了？是谁的节日？你们都按照计划准备好了吗？谁愿意分享一下自己的想法和意见。

2. 鼓励幼儿大胆地表达对老人的爱

（1）分组分享。
（2）集体分享。将幼儿们准备的过程呈现在主题墙上。

3. 活动自然结束

当我们决定表演节目的时候，即开始分组准备（分组后在小组中进行）。

（1）表演组。

说到表演，就要准备道具，可是在制作的过程中遇到了一些困难。如"用什么做小动物的蛋""怎么才能让蛋宝宝不碎呢"。同样，我把问题抛给幼儿，让幼儿们自己想办法。最终季轶航、高铭、于熙等几位小朋友选择的方法是将报纸卷成团，然后再用橡皮泥把它包起来，这样蛋就做好了。为了更好地保护蛋宝宝，可以在小动物的蛋下面放棉花和碎纸条。经过一次又一次尝试，最终他们成功了，不仅有了蛋宝宝还可以保护蛋宝宝（图4）。

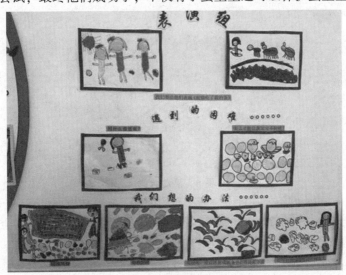

图4 保护蛋宝宝

(2) 走秀组。

有的幼儿在家长的陪伴下,在体验馆体验过走秀,有了走秀的基本知识与能力。他们知道在走秀的时候,不但要有漂亮的衣服还要有音乐。我们现在没有适合走秀的漂亮衣服,幼儿们需要自发从家里带来,甚至还需要找资料室的周老师借衣服。为了给老人过一个难忘的节日,我们也想了很多办法,如音乐一响我们就开始走,走的时候要挺胸抬头,眼睛往前看;还可以看电视里的叔叔阿姨是怎么走的,两个人可以一起走,走到观众面前要摆一个姿势;另外最重要的一点是在观看走秀的时候,要安静,这是对表演者的尊重。经过我们的不断练习,不断努力,幼儿们当天表演得非常出色,并得到家长们的好评(图5)。

(a)　　　　　　　　　　(b)

图5　幼儿表演走秀

(a) 走秀表演一; (b) 走秀表演二

活动当天,我们班来了50多位家长(老人),有的家里来了一位老人,有的来了两位老人,还有的四位老人都来了。家长们都很感动,因为这是他们第一次过重阳节,而且还是在幼儿园和自己的孙子孙女一起过。当播放《感恩的心》这首歌曲的时候,他们都很感动。高铭奶奶:作为日夜牵挂儿孙长大的老人,心情得到了理解与慰藉,充满了幸福感。孟曦琳姥爷:借助九九重阳节的活动,让幼儿们敬老孝老、知恩感恩,重阳节也是对幼儿们开展感恩教育最好的机会,能让幼儿们更好地传承重阳节,加深对重阳节文化的认知,是很好的教育引导方式。李扬译奶奶:孩子们精彩的表演和衷心的祝福,让我很感动,也特别开心,终生难忘,在此感谢老师的用心和付出,希望能够把中华美德延续下去。活动合影如图6所示。

图6　活动合影

在这次活动中,幼儿们不但在社会领域中获得发展,在其他方面也得到了提高。如:①知道重阳节是我国的传统节日,是老人的节日,了解了重阳节的风俗习惯。②会用礼貌的方式向长辈表达自己的需求和想法,愿意参与重阳节的相关活动,尝试自己做计划,并亲手制作礼物表达对长辈的关心与爱。③能体会到长辈为养育自己所付出的辛苦,拥有一颗感恩之心。

课题四　你和老人是怎样过节的（社会）

（一）活动目的

（1）幼儿愿意主动分享自己和老人是怎样过节的。
（2）幼儿能够大胆地在集体面前讲话，表达自己的想法和意见。

（二）活动环节

1. 快乐重阳节
老师：周六重阳节那天你们是怎样过节的？
（1）幼儿分享。
（2）鼓励幼儿大胆地在集体面前讲话，表达自己的想法和意见。
（3）老师做总结。
2. 交流与讨论：怎样才能让自己的爷爷奶奶每天都很开心？
（1）幼儿讨论。
（2）老师做总结。
3. 活动结束

课题五　我的计划表……（综合）

（一）活动目的

（1）在老师的引导下，幼儿能够读懂计划表。
（2）幼儿学会运用图文的形式制作计划表。

（二）活动教具

每位幼儿一张计划表。

（三）活动环节

1. 介绍计划表
（1）计划表上都有什么内容？你在哪里见过这些？
（2）鼓励幼儿大胆地讲出自己的发现。
（3）老师做总结。
2. 幼儿做计划
（1）请每位幼儿按照自己的想法做计划。
（2）幼儿做计划，老师巡视指导。
3. 分享计划内容
让每位幼儿分享计划表的内容。
4. 鼓励幼儿每天回家坚持完成自己的计划
幼儿已经完成的部分可以在自己的计划表上画"√"。

5. 收拾学具，活动结束

重阳节活动之后，为了将爱延续下去，幼儿们做了计划。有的幼儿说"在休息的时候，可以和爷爷奶奶们一起出去玩一玩"；有的幼儿说"在家的时候可以帮助姥爷干活"；有的幼儿说"我要给姥姥捶捶背"；还有的幼儿说"我要带爷爷奶奶出去玩"……这些都是幼儿们的真实想法，我也在微信群和他们的爸爸妈妈说了，希望他们能够配合幼儿按照自己的想法完成计划内容，并将这份无私的爱延续下去。有的家长说"我们也反思，因为工作的原因，很少陪孩子，更没有时间陪父母，幼儿园做的这个活动真的很好，我们做儿女的感觉很惭愧……以后我们会尽量抽出时间多陪父母，谢谢老师设计这么好的活动，老人也特别开心，觉得这次活动很有意义"。看到家长们的反馈，我很欣慰，觉得我们的付出是值得的，我也会带着幼儿们将这份尊老、敬老、爱老的中华民族传统美德继续传承下去。图7为季轶航和爷爷奶奶一起赏菊、吃重阳糕。

图7　季轶航和爷爷奶奶一起赏菊、吃重阳糕

图8~图11是幼儿们做计划的结果，看得出不管是幼儿还是家长都很开心。

(a)　　　　　　　　　(b)　　　　　　　　　(c)

图8　幼儿和家人外出游玩的照片

(a) 照片一；(b) 照片二；(c) 照片三

图9　硕硕帮奶奶包饺子　　　图10　林林帮助姥爷扫地

(a)　　　　　　　　　　　(b)　　　　　　　　　　　(c)

图11　幼儿们给奶奶捶背，说声"奶奶辛苦了"

(a) 幼儿一；(b) 幼儿二；(c) 幼儿三

五、活动延伸

（一）爱的延续

（1）我和幼儿们一起制订了计划，希望大家每天都能与长辈沟通、交流，或者做一些力所能及的事情，做计划的目的是让幼儿坚持做一件事，培养幼儿做事的持久性。

（2）幼儿园可以多组织一些与老人互动的亲子活动，满足幼儿感恩、关心长辈的美好愿望，幼儿的动手操作能力也能得到提高。在活动中，爷爷奶奶不但可以感受到幼儿对自己的关心，还可以增进祖辈和幼儿之间的情感交流，同时，也能促进家园共育工作的开展。

（3）如果有条件可以带着幼儿们到社区、养老院参观。让幼儿了解老人们的现实需要，还可以定期为养老院做一些力所能及的事情或者定期给养老院的爷爷奶奶们表演节目，以陪伴的方式为老人送去快乐。

（4）农历九月初九重阳节是我国的传统节日，又叫"老人节"，是一个敬老爱老的日子。尊老、敬老、爱老是中华民族的传统美德，重阳节的一些风俗习惯也需要我们去了解和传承。所以我围绕重阳节开展了一系列活动，在活动中鼓励幼儿用自己的方式表达对老人的关心和爱护，感受中华传统美德，培养幼儿尊老、敬老、爱老的良好品质，积累重阳节的传统文化经验。

（二）爱的拓展

爱是我们中华民族的传统美德，现在幼儿们不但感受到了爱，还学会了爱和传递爱。在活动中，幼儿们知道了爱不仅是获得，更是分享。在疫情期间，白衣天使含泪剪掉的长发告诉我们他们不怕牺牲，高高举起的拳头让我们看到他们在做最大的努力，这些英雄们让我们懂得——爱是需要付出和努力的，有时候是非常大的努力，甚至是献出自己的生命。

有许多人为了保卫我们的生命安全和健康，付出了他们的爱，从他们的动作、神态、语言，我们感受到了他们的坚强和勇敢。无论是驰援武汉的白衣天使、解放军叔叔阿姨还是为我们打扫卫生，不怕脏不怕累的保洁员们，他们都让我们懂得：只要人人奉献自己的爱，我们的世界就会变得更加美好。图12为医护人员穿着厚厚的防护服给社区居民做核酸检测，图13为警察叔叔不分日夜排查车辆，保驾护航。

(a)   (b)

图12　医护人员穿着厚厚的防护服给社区居民做核酸检测
(a) 检测现场一；(b) 检测现场二

(a)   (b)   (c)

图13　警察叔叔不分日夜排查车辆，保驾护航
(a) 排查现场一；(b) 排查现场二；(c) 排查现场三

街道社区每天都安排工作人员，为我们测体温和检查出入证（图14），正是因为有了他们日日夜夜的坚守，疫情才得到了有效控制。可以说他们是我们的保护者，这种舍小家为大家的爱是无私的。分享爱其实并不是一件容易的事，需要我们努力学习。今天我们已经慢慢长大，我们能够爱身边的人，但是作为一个中国人，我们更应该热爱我们的祖国，只有祖国繁荣昌盛，我们才能够幸福快乐地生活！为了祖国的繁荣强大，我们一起努力，一起加油！

(a)   (b)

图14　社区工作人员不分昼夜地入户排查，并对出入小区人员测量体温
(a) 入户排查；(b) 出入证

六、活动反思

"爱的教育"系列主题活动还在继续,"爱的故事"每天都在发生,发现"爱"的步伐也不会停止,爱的教育在幼儿园已蔚然成风。让幼儿温暖、团队成长、教师幸福已成为幼儿园师爱建设的主旋律,有爱,就有成功的教育。

《幼儿园教育指导纲要》中指出:"关注幼儿在活动中的表现和反应,敏感地观察他们的需要,及时以适当的方式应答,形成合作探究式的师生互动。"在老师不断地观察、倾听、追随、发现中,不断调整自己的行为,丰富和拓展幼儿的经验,逐渐形成和发展课程。师生共同建构的过程,追求的是每个幼儿在活动中有主体性地参与,以及老师作用的有效发挥。不管什么时候我们都要把幼儿对爱和发展的需要以及对游戏的兴趣需要放在首位,如"九九重阳节,浓浓敬老情"主题活动的设计,就考虑了以下几方面问题:第一,主题活动一定要从幼儿最关心和最关注的问题得来,而且要注意这个问题能否成为大家的问题、能否激起大多数幼儿的兴趣、是否对幼儿的成长有积极意义。第二,主题活动能否让幼儿自主地进行探索学习,主动探索有关重阳节的风俗习惯。第三,一个活动的延伸可以生成许多内容,涉及幼儿成长的各个方面,如幼儿对爱的理解、个体能力、学习品质、意志行为等诸方面得到发展。

作为老师要静静地观察幼儿们的一举一动,因为在活动过程中不只是幼儿们在学习,老师们也在学习。如何满足幼儿的发展和需要呢,这个问题我一直在思考,也在一点一滴的活动中积累经验,虽然我一直在学前教育的道路上行走,但要学习的东西还有很多。我会尽我所能为幼儿们创设宽松的氛围,多给幼儿们创设自主探索的时间和空间,我也会以一颗敏感的心聆听和观察幼儿们的一言一行,保护好他们的兴趣,陪伴他们做游戏并鼓励他们分享,促进幼儿间合作化的共同学习,形成良好的班级氛围,支持幼儿敢于挑战、乐于学习、快乐分享!我也会继续努力,让幼儿们拥有一个美好的童年时光,并在这个充满爱的环境中健康、快乐地成长。

投粽子

> **申请人简介：**
> 我叫杨帆，毕业于首都师范大学教育学专业，毕业九年来一直就职于北京市第一幼儿园海晟实验园，现担任英文主班老师。工作以来，我对孩子们付出了全部的爱心，对幼儿工作献出了全部的热情，尊重幼儿，乐于奉献，用足够的耐心、高度的敬业精神和责任感对待每位幼儿，愿意把自身充沛的精力和爱用在孩子们身上。
> **所在单位：** 北京市第一幼儿园海晟实验园
> **适用班级：** 大班

一、设计意图

传统节日文化源于生活，与幼儿的现实生活状态紧密相连，并以幼儿喜闻乐见的形式存在于幼儿的生活之中。《幼儿园工作规程》中明确规定：幼儿园要将"萌发幼儿爱家乡、爱祖国、爱集体、爱劳动的情感""萌发幼儿初步的感受美和表现美的情趣"作为保育和教育的主要目标之一。因此，我们应该让传统节日文化走进幼儿，使幼儿们从小就能感受到中国传统民俗文化的博大精深，并从中收获团结合作带来的快乐。

以传统节日为切入点的游戏活动，应充分挖掘身边的教育资源，以追求最大的教育利益。端午节游戏活动，能够培养幼儿的纪律观念、集体观念和自我控制、克服困难的能力；也使幼儿在游戏中不知不觉养成良好的品质，提升幼儿的情感，这正是传统节日教育的独特之处。其实，深入挖掘传统节日文化，创设适合幼儿开展的体育游戏，对幼儿合作能力的发展有着积极的促进作用，也能使幼儿逐步学会观察思考问题，体会到只有共同合作，才能分享快乐、收获成功。

二、活动目标

（1）锻炼幼儿的投掷能力。
（2）在游戏中促进幼儿合作意识的发展。
（3）让幼儿感受传统文化带来的快乐。

三、活动准备

（一）经验准备

已了解端午节吃粽子的习俗，了解端午节的由来，了解粽子的外形、颜色、材料和制作过程，听过屈原投江的故事，知道里面出现了汨罗江、粽子、鱼等节日元素。

（二）物质准备

用废旧材料制作的不同形状的粽子，不同的"鱼"，丝带。

四、活动过程

（一）热身运动

引导幼儿边唱端午儿歌边做热身运动。

指导语：五月五，是端阳，家家户户包粽忙，粽叶宽，棕梭长，包起四角不四方，大米江米白如雪，艾叶箬叶绿油油。

（二）想一想，比一比

1. 想一想

指导语：请小朋友们想一想怎样才能将粽子准确地投入鱼嘴中。

2. 比一比

指导语：两个小朋友可以比一比，看看哪个小朋友投得准。

（三）运粽子，投粽子

1. 老师讲解游戏规则，进行双人运粽子游戏（两人三足）的示范

指导语：老师是怎样进行两人合作运粽子的？用什么办法能将粽子快速地运到终点？

2. 协商合作运粽子、投粽子

指导语：现在将游戏改为两人一组自由结合，两人运粽子，一人投粽子。怎样才能将两个小朋友中间的腿绑在一起，而且保证走路时不会分开呢？

3. 启发幼儿讲述合作时的感受，体验合作成功带来的喜悦

指导语：小朋友们说一说你在游戏时有什么感受？

五、活动延伸

幼儿回家后可以和爸爸妈妈一起玩这个游戏，感受端午节传统文化，体验节日的快乐。

六、活动反思

每个幼儿的身心发展情况各不相同，他们之间存在着显著的个体差异，这就要求我们在组织体育活动时，必须充分了解每位幼儿的具体情况，根据幼儿的情况区别对待，因人施教，让每个幼儿都能感受成功的喜悦，这样才能更好地激发幼儿参与活动的兴趣。能力强的幼儿和能力弱的幼儿之间动作的差异是比较明显的，在投粽子游戏中，有些幼儿因为距离和高度的原因，不容易将粽子投进鱼嘴里，于是我把幼儿投掷的距离和高度分别定为两个层次，让幼儿根据自己的能力，选择不同的"鱼"来"投粽子"，同时注意个体差异，在游戏中给予适当的指导，以鼓励的口吻和细小的动作，让能力差的幼儿同样保持持久的游戏积极性，使每位幼儿都有成功的体验。这样不但提高了幼儿参与游戏的积极性，同时使幼儿的技能有了进一步的提高。能力较弱的幼儿，只有在较低的高度上获得成功，才会向新的高度发起冲击。每个新的高度对幼儿来讲都是一次挑战，每挑战成功一次，幼儿就获得一次成功的体验。

在已熟练掌握单人投粽子游戏的基础上，我在游戏环节中增加了幼儿的合作性互动，设置了两人一组的合作内容，在投粽子前加入了双人运粽子的环节，目的是引导幼儿合作进行游戏。在实施过程中，我发现幼儿在合作过程中会出现各种问题。如有些幼儿绑腿的位置过于靠下，导致脚绑在一起，腿还是分开的；有些幼儿因为想尽快将粽子运到终点进行投掷，两人互不相让，导致步调不一致，速度相对减慢了……在竞赛中出现这样的问题时，失败的幼儿便开始互相埋怨，产生了各种矛盾。于是我为幼儿创设问题，让他们充分协调彼此的行为，达到合作的目的。针对步调不一致的问题，我引导幼儿进行协商，与同伴商量"开始"指令发出后，两人先迈哪条腿后迈哪条腿，并在行走过程中用两人的"秘密口号"来保持步调的一致。在幼儿再次合作游戏的过程中，我发现幼儿的协商有很好的效果，有的幼儿商量的秘密口号就是简单的"1212"，在交流与合作中幼儿体验到了游戏带来的快乐。活动后，我启发幼儿讲述合作时的感受，体验合作成功带来的喜悦。在胜利完成任务后，幼儿之间增进了友谊，为下一次合作打下了基础。我对幼儿活动中的行为及感受进行评价，对不配合的行为进行提醒，鼓励和赞扬幼儿间友好合作的行为，同时，引导幼儿总结合作中的失败与成功之处，使幼儿更好地体会合作的愉悦感。

活动前在进行端午节传统节日文化教育时，我通过视频和图片引导幼儿了解节日传统文化，充分调动幼儿视觉感官参与活动，让幼儿在看一看、想一想的过程中实现情感的提升。首先引导幼儿理解故事的缘由，屈原是为了自己的祖国才跳进汨罗江而死。传说屈原死后，楚国百姓很伤心，纷纷涌到汨罗江边。渔夫们划起船只，在江上来回打捞他的真身。有位渔夫拿出为屈原准备的饭团、鸡蛋等食物，"扑通扑通"地丢进江里，让鱼龙虾蟹吃饱了，就不会去咬屈原的身体了。人们见后纷纷模仿。在听与看的过程中幼儿对传统文化产生了很大的兴趣，而且看了几次，都积极发表意见，"端午节我们应该多准备一些东西给屈原吃""我们长大了也要做一个热爱祖国的好孩子"……通过对传统文化的理解，幼儿在游戏的过程中，也能够将自己置身其中，我引导幼儿以角色扮演的形式融入游戏当中，每个参与游戏的队员都是一名渔夫，幼儿为了能多投一些粽子到江中，协商出新的办法来缩短运粽子的时间；如有些幼儿将口令的速度加快，随之走的速度也就加快了；有些幼儿采用了合作跑的方式运粽子。幼儿在合作中不但情感得到了提升，而且民族文化意识也随之增强了。

神奇的水拓画

> **申请人简介：**
> 我叫尹彩云，从事学前教育工作已有一年半的时间，在这一阶段我发展自己的美术特长，在个人技能绘画大赛和手指游戏技能大赛中获得了第一名，并获得了说课大赛第六名。未来在工作中我将更加努力发展自己的一技之长，从而更好地培养孩子们。
> **所在单位：** 北京青年政治学院附属幼儿园
> **适用班级：** 大班

一、设计意图

传统的水拓画是我国众多灿烂传统文化中的一种，我想通过本堂课让幼儿了解中国传统文化的源远流长、博大精深。在中国，自唐朝有记载之后的一千多年间，水拓画基本处于绝迹的状态，在2010年以后水拓画也只是通过舞蹈的形式展现出来，画画的形式少之又少。在古代，由于造纸技术有限，纸张并没有像现在一样普及。绘画作品大都展现在人们的生活元素里，比如衣服、丝巾、扇子、小雨伞、卷轴等。扇子起源于我国远古时期，新石器时期主要用于驱蚊、散热，随着时间的推移，很多绘画作品被用于美化扇面；此外，自西汉起丝绸之路将中国的丝绸传扬海内外。

大班幼儿能积极参与艺术活动，有自己比较喜欢的活动形式；能用多种工具、材料或不同的表现手法表达自己的感受和想象。学习水拓画可以给幼儿提供表现的机会，还能激发幼儿的民族自豪感。

二、活动目标

（1）情感目标：让幼儿能够感受到传统文化的博大精深，并对中国文化感到自豪。

（2）认知目标：让幼儿了解水拓画是我国古代就存在的一种绘画方式，了解中国古代代替纸的有关物品（如衣服、丝巾、扇子等）。

（3）能力目标：幼儿能够大胆地尝试操作水拓画，并且掌握多种绘画技巧（用勾线棒勾勒出图案、圆形、带角的形状、波浪形等），大胆尝试色彩搭配。

三、活动准备

（一）经验和知识准备

带幼儿去幼儿园操场发现色彩的奇妙变化，丰富其想象力和创造力。通过组织幼儿玩转颜色等系列活动，幼儿积累对色彩的经验，有初步的感受美、发现美、表现美的情趣和能力。

（二）物质准备

水拓画颜料、绘画托盘、勾线棒、刷子、绘画水、丝巾、扇子、卷轴、布料、石膏、PPT图片、古典音乐。

四、活动过程

（一）吸引幼儿兴趣，引发思考

老师：今天老师在带宝贝们绘画之前，请你们观察播放的图片中哪里有漂亮的图案。（老师播放PPT图片）

老师请举手的幼儿回答。（在扇子上和丝巾上看到了图片）

老师：你们真的是太棒了。宝贝们发现了这么多带有漂亮图案的物品，其实这些图案都是很久以前的人们画的。那个时候他们还没有现在我们所用的电脑，纸也非常稀少。那个时候人们就在扇子上、布料上、丝巾上等绘画，不仅节约用纸还美化了物品。

小结：观察法，可以激发幼儿的兴趣，使幼儿更加期待接下来的活动安排，兴趣是幼儿学习的动力。只有有了兴趣才能促进幼儿积极主动地参与到教学活动中。提问法，在幼儿园教学活动中应用提问式教学方式，可充分挖掘和发展幼儿的语言意识及语言能力，有效促进幼儿思维能力的发展。良好的问题和提问方式能够让幼儿有充足的语言组织及语言表达的机会。

（二）吸引幼儿的专注力和兴趣，掌握技巧

老师：今天老师带宝贝们尝试一下像古代人一样去画画，我们不用笔，不用纸，试试能不能在扇子、丝巾、布料、小雨伞、卷轴上画漂亮的图案，好不好？

老师拿出水拓画工具，告诉幼儿们，水拓画在很久以前就被老祖宗发明出来了，但可惜的是，后人没有传承和学习，所以现在很少有人用水拓画去创作了。今天我们来做小小传承人，请大家跟老师一起学习水拓画的步骤，然后画出漂亮的图案。

老师一步一步进行展示，边讲解边示范操作。

（1）先去除水里面的气泡，将绘画的盆拿起来颠两下去除泡泡（泡泡会影响绘画作品的美观）。

（2）拿出自己想要绘画颜色的颜料，将画液轻轻地滴到托盘的画液里，再轻轻地用勾

线棒勾画漂亮的图案（由外向里、由左向右、画圆式勾勒等方法），不同的方法勾画出来的效果有很大的不同。

（3）着重强调幼儿在滴颜料时，不能用力过猛或者将颜料挤得太多，否则颜料会沉底，画液也会变得混浊，就不能展现出清晰的线条和漂亮的绘画作品了。

老师：小朋友们，每种颜色的颜料浓度都是不同的，晕染的效果也截然不同，请宝贝们不用担心，可以大胆去尝试。我们在滴颜料以后一定要等颜料都晕染开了，再放置布料或者其他物品进行吸附。吸附时一定要注意应把颜料轻轻放在画面上，要保证全部都覆盖上去，默数十个数以后再轻轻地拿起来，然后，老师会帮助你们烘干作品。

小结：示范法，主要指通过自己的语言动作或教学表演，为幼儿提供具体模仿的范例。让幼儿能够在有限的时间里，更加快速地掌握学习内容和操作规则。《幼儿园教育指导纲要》中明确指出："能用多种感官动手动脑，探究问题；用适当的方式表达，交流探索的过程和结果。"在活动中，我引导幼儿看一看、试一试、比一比、说一说等，让幼儿调动多种感官参与，在不知不觉中幼儿对活动产生了兴趣。

（三）动手制作，大胆尝试

（1）给幼儿分好组以后，让幼儿根据老师的示范去动手尝试，并且在勾勒出作品以后选择自己想要的物品（如布料）去吸附图案（其间老师要来回巡视帮助幼儿），在完成作品时老师可以在旁边辅助，以使成品效果更好。

分好组后，每个小组都有一名老师负责指导和帮助幼儿完成作品。老师负责分发工具以及颜料，其间请幼儿想象自己要创作的图案、颜色等。在分发好工具以后，幼儿按照老师的操作步骤，一步一步地选择颜料并轻轻地滴在盆中等待颜料晕染，最后选取自己喜欢的工具棒勾勒图案完成自己的作品。完成后选取物品吸附颜料图案，这一步老师要做辅助，把物品放在水面上默数十个数后再轻轻拿起，放置在空地上烘干作品。

老师在巡查指导中对于不太自信的幼儿，可以鼓励他们，让他们大胆选用自己喜欢的颜色和作画工具进行创作。同时引导幼儿欣赏同伴的作品，通过互评提高幼儿的审美能力。

（2）将幼儿创作出来的作品进行分类，布料、丝绸、卷轴、小雨伞、扇子类晾晒烘干。

小结：操作法，心理学家皮亚杰认为，思维是从动作开始的。幼儿思维能力的发展，应注重幼儿指尖上的智慧，让动手操作成为习惯，改变耳听口说的模式。在活动过程中，通过猜想激起幼儿的好奇心和求知欲，引导幼儿观察欣赏。幼儿根据已有经验以及学习兴趣与特点，了解水拓画的表现特点，感知水拓画的画面效果及独特美。幼儿们通过操作，感受着水拓画过程中"透明的存在"，控制水流，享受艺术的美感，幼儿每次看到老师从水面揭起水拓画都在惊呼，欣赏着独一无二的独幅版画。

（四）小小模特展示台

（1）幼儿全部制作完以后，请幼儿回到自己的座位上，老师点评绘画作品。其间老师讲解制作时用到的布料、丝巾、扇子的由来和历史作用，并告诉幼儿这些都是中国传统文化的一部分，其他老师负责烘干作品。

扇子起源于商朝，古代的扇子把手非常长，是仆人为有权威的人扇风散热用的，后来用于煮药扇火，有的文人拿扇子作诗绘画。

在古代，丝绸之路把中国生产的丝巾运往海内外，传播了中国文化。

雨伞、卷轴、衣服从古至今都是生活中必不可少的一部分，人们每天都离不开衣服，古代人们用卷轴作诗或者绘画。

以上都体现出了中国传统文化源远流长和博大精深之处。

（2）老师：小朋友们刚才玩得非常开心，都制作了绘画作品，但由于物品有限，所以有的小朋友并没有尝试用很多的物品绘画图案，老师接下来请小朋友们参加水拓画模特秀。

老师把幼儿分为 AB 两组，在规定的时间内两组挑选自己模特的装饰物品，小组成员作为模特的设计师，小组内选择一名幼儿作为模特，设计师为其进行装饰和打扮。例如穿着印上漂亮图案的布料衣服等。在幼儿们装饰好以后，请两位老师作为裁判进行打分，分数高的组获胜。

幼儿们可以手拿扇子，穿着古代衣服，或者手拿卷轴，同时老师播放古典音乐，烘托活动气氛，模特进行展示，这样古代人物就活脱脱地展现出来了。幼儿们可以设计走秀的造型姿势，请一名老师作为摄影师来拍照。在音乐结束以后，幼儿们撤离场地回到座位上等待比赛结果，老师帮助恢复场地。

（五）活动结束，展示作品

在模特秀结束以后，让每组幼儿合影留念并打印出来粘贴在照片墙上做展示，全班合影留念，拍照的时候幼儿们手里可以拿着绘画作品。然后老师进行总结，讲解每个绘画作品的优点。最后将作品放置在作品展柜里进行展示。

小结：在学法中，主要遵循幼儿学习规律和幼儿年龄特点，引导幼儿通过参与、模仿、操作、展示等活动方式逐步完成活动任务，引导幼儿在活动中活泼、自主地学习，丰富幼儿的情感，培养幼儿的认知能力，在《幼儿园教育指导纲要》相关理念的指导下，整个学习过程始终以幼儿为主体，遵循由浅入深的教学原则。在听、看、说、玩的轻松气氛中掌握重点难点。创造条件让幼儿参加探究活动，不仅提高、锻炼了幼儿的能力，更升华了情感。

在教法中，主要遵循以老师为主导、幼儿为主体、活动为主线的教学原则，《幼儿园教育指导纲要》中指出："老师应成为幼儿学习的支持者、合作者、引导者。"幼儿园的教育活动是老师以多种形式有目的、有计划地引导幼儿生动、活泼、主动活动的教育过程。因此，本次活动采用提问法、示范法、观察法、操作法来开展。

五、活动延伸

本课程主要运用了中国传统文化中的扇子、丝巾、卷轴。可以让幼儿想一想在没有这么多画纸的远古时期，他们还会在哪里绘画呢？还会画出什么样的图案呢？幼儿们在活动过程中肯定也发现了绘画所运用的水和以往喝的水完全不一样，那具体哪里不一样呢？请幼儿们课后思考为什么颜料会漂浮在水面上，回家查阅资料或者询问爸爸妈妈，第二天让幼儿们互相分享和交流。老师给幼儿们播放视频，让幼儿观看古代扇子的作用、丝绸之路、卷轴等具有代表性的视频。

美工区：可以将水拓画材料放置在美工区，让幼儿自己创造新的玩法、新的绘画方式以及新的绘画图案。

科学区：将画盆投放在科学区，课后让幼儿自己探索和发现绘画用的水与日常生活中所喝的水有什么不同，去发现其中的奥妙，钻研绘画水质的形成。

图书区：可以投放相关的水拓画书籍，在幼儿有不会的问题时，可以通过翻阅图书去寻找答案，或者以看书的方式了解更多与水拓画有关的知识。

六、活动反思

在本次课程活动中，我充分尊重幼儿的兴趣和爱好，选取幼儿熟悉的活动作为操作内容，使活动自然拓展、延伸。并且充分调动幼儿主动、积极地参与活动，为每名幼儿都提供了参与的机会。在活动中，幼儿带着愉快的情感体验参与创作，作品生动鲜活。在活动中，我注重兼顾群体需要与个体差异，关注每位幼儿在活动中的表现与反应，对不同水平的幼儿及时给予鼓励与引导，努力使每位幼儿都获得成功体验，并在活动的过程中获得新的发展。活动整体效果很好。

本堂课深深地融入了中国的传统文化，例如卷轴、扇子、丝巾、布料等流传至今的物品，它们都代表着中国传统文化。每件物品都承载着中国历史的发展，在作品烘干期间还为幼儿讲解四样物品的产生时期以及在古代的作用和价值，让幼儿了解了中国传统文化的源远流长、博大精深。在课堂最后请幼儿们装扮成古代人进行走秀，幼儿不仅在课堂上学到了好玩的绘画方式，也以听、说、玩、做的方式学习了中国的历史发展。在音乐的熏陶下，幼儿们能更好地融入活动氛围之中，课后还拓展了幼儿的传统文化知识。播放知识延伸的视频，既放松了幼儿的大脑，又使他们学到了中国历史的博大精深。

最后幼儿们将中国的团扇赠送给外国友人，这样既学到了知识，又宣扬了中国的传统文化。

百家姓

> **申请人简介：**
> 我叫尹彩云，来自北京青年政治学院附属幼儿园，是一名幼儿园老师。我从事学前教育工作已有一年半的时间，在这一阶段里我努力发展自己美术方面的特长，在个人技能绘画大赛和手指游戏技能大赛中获得了第一名，并获得了说课大赛第六名。未来在工作中我将更加努力发展自己的一技之长，从而更好地培养孩子们。
> **所在单位：** 北京青年政治学院附属幼儿园
> **适用班级：** 大班

一、设计意图

中国姓氏文化源远流长，博大精深，每个姓氏都包含了独特的、丰富的文化内涵。每个人都有其富有文化内涵的姓氏，我们应该深入探索，去发现其中的奥妙。

《幼儿园教育指导纲要》中指出，教育内容的选择既要贴近幼儿的生活，又要有助于拓宽幼儿的经验和视野。在充分考虑幼儿的年龄特点及兴趣后，要采用适当的教学方法和途径，实施传统文化教育，使传统文化走进新一代幼儿的生活，激发幼儿热爱自己的民族、热爱祖国的情感。有人说：只有民族的才是世界的。我希望通过这次活动，唤起幼儿对传统文化的兴趣。

本次活动课程主要引导幼儿了解百家姓是中国传统文化的一部分，并使幼儿知道中国姓氏的传承特点，感受中国姓氏的丰富性和多样性。课程的内容要贴近幼儿生活实际，源于幼儿生活又服务于幼儿生活。

二、活动目标

（1）认知目标：帮助幼儿了解中国姓氏，感受传统姓氏的特点。

（2）能力目标：让幼儿能够大胆地和他人交流和沟通，了解姓氏的传承性。

（3）情感态度与价值观：引导幼儿知道百家姓是中国传统文化的一部分，了解中国姓氏具有传承性、多样性，为自己是中国人而感到骄傲。

三、活动准备

（一）知识和经验准备

幼儿们了解家人的姓氏，并让家人告诉他们姓氏的来源。

（二）物质准备

黑板、记号笔、姓氏卡片、图书《百家姓》、音乐《百家姓》、白纸、人物照片等。

四、活动过程

（一）介绍自己，导入活动

老师可以先做自我介绍，再请幼儿们依次做自我介绍。（例如，小朋友们大家好，我是你们的尹老师，欢迎小朋友们。那么请小朋友们也自我介绍一下，让老师认识认识你们）

这一步采用了提问法，既有效缩短了师生之间的距离，又直接导入活动。

（二）寻找姓氏，引出《百家姓》

1. 寻找自己的姓氏，引起兴趣

兴趣是幼儿主动参与活动的关键，开始部分我就以幼儿喜欢的游戏方式吸引他们的眼球，并且通过提问直接进入了课题。

老师：我是尹老师，我姓尹（出示相应的汉字卡片），小朋友们你们姓什么呀？

请幼儿去姓氏卡片里寻找自己的姓贴在黑板上（这一步会出现有的幼儿没有卡片的情况，可以询问幼儿黑板上是否有他的姓，如果有让其回到座位上），并且请幼儿们数一下黑板上一共有多少个姓，再数一下教室里一共有多少位幼儿，数量是否一样（幼儿会发现姓氏卡片跟教室里幼儿的数量不一样，那么老师可以引导幼儿去寻找答案，原来有一些幼儿姓氏相同，所以才会出现有的幼儿没有卡片的情况）。

这一步主要采用了提问法、示范法、操作法。通过示范法可以引导幼儿知道什么是姓氏，通过提问法引起幼儿探索知识的好奇心。操作法能让幼儿更好地融入教学活动中，能引起幼儿的兴趣并且自主地探索学习知识。

2. 同姓之家，寻找共姓

通过上一步幼儿发现卡片和幼儿数量不同，引导幼儿发现有很多人姓氏相同。通过提问的方式引起幼儿思考。

提问：

（1）小朋友们，家里谁和你同姓氏？（请幼儿代表回答问题，并且让幼儿自己数一数刚才说了几位同姓氏的人，然后拿记号笔把数字写在相应的卡片下方）这一步老师可以归纳和总结姓氏具有传承性。

（2）家里和你同姓氏的人外貌是否有相似之处？（在这里播放提前准备好的照片，展示

幼儿的家庭照片，老师作为引导者帮助幼儿发现同姓氏的家人外貌上有很多相似之处）

（3）在班级里同姓氏的小朋友外貌是否也有相似之处？（可以分别请双胞胎上前让幼儿们去观察，观察之后再请同姓氏但是没有血缘关系的幼儿上前让幼儿观察）

通过以上的步骤引导幼儿了解同姓氏在很久以前就是一家人，归纳出姓氏具有传承性的特点，过程中主要采用了提问法、观察法。通过这一步，让幼儿了解姓氏的传承性，以及同姓氏之间的联系；并且让幼儿大胆地交流和沟通，发表自己的想法。这一步也运用了幼儿10以内的数数能力。

3. 寻找不同姓氏

在姓氏中有同姓氏，也有不同姓氏，引导幼儿自己去寻找还有哪些不同的姓氏。这一步主要以游戏的形式去体现。将幼儿分成两队，每队各有一名老师作为写姓氏人站在两队的后方，幼儿排成两个竖排，每位幼儿手中都有一张白纸，按照老师指定的顺序跑到后方老师位置请老师书写姓氏，幼儿得到姓氏之后按照顺序跑到黑板前将姓氏张贴在黑板上。在规定的时间里，哪队贴在黑板上的姓氏多则获胜。在游戏结束之后让幼儿平复心情，并且仔细观察通过自己的努力得到了这么多不同的姓氏，让幼儿们感受成功的喜悦。

这一步采用游戏法，通过游戏激发了幼儿探索答案的兴趣，既锻炼了幼儿的体能，又让幼儿了解了姓氏的多样性。最后幼儿们发现通过自己的努力找到了这么多的不同姓氏，从而引出《百家姓》。

（三）详解《百家姓》，引出了不起的中国人

通过以上的步骤，引导幼儿知道中国人姓氏之多。老师拿出图书《百家姓》，同时播放《百家姓》音乐。讲解中国人的姓氏都记载在这本书里，只要你是中国人，你的姓氏，祖祖辈辈的姓氏就会在这本书里出现，书里有500多个姓氏。引导幼儿了解姓氏的传承性，由祖先传给子子孙孙，到我们再传给下一代，让幼儿了解到有中国人的地方就有百家姓，说出姓氏，别人就知道我们是中国人。

这一步采用谈话法，使幼儿了解姓氏的传承性和多样性，并且以自己是中国人，拥有自己的姓氏而骄傲。

（四）了不起的中国人

世界上有很多有影响力的中国人，他们通过自己的事迹，不仅让中国也让全世界都知道了他们的名字。老师出示有影响力的人物照片，并让幼儿说出人名姓氏以及事迹（可以拿出袁隆平、杨利伟等比较有影响力的人物照片，让幼儿在老师的提示下说出照片上人物的名字，以及相应的事迹）。多让幼儿去思考，老师少提示多等待。

这一步采用提问法、观察法。让幼儿了解具有影响力的中国人，以及他们伟大的事迹，使幼儿懂得作为中国人应感到骄傲。

五、活动延伸

中国还有很多比较有影响力的人物，让幼儿回家收集相关人物的有影响力的事件，以及人物的姓氏名字。或者请幼儿自己说一说还知道哪些伟大的历史人物，为国家做出了哪些贡

献。这样不仅可以丰富幼儿的知识，同时也为自己是中国人而感到骄傲。

本节课可以扩展到幼儿园大班的以下区域：

（1）图书区：幼儿可以在图书《百家姓》中寻找自己的姓氏，而且能了解更多的姓氏。

（2）音乐区：在课堂上播放音乐《百家姓》，可以让幼儿在课下通过音乐潜移默化地掌握百家姓。

（3）科学区：幼儿了解谁发明的这个小实验，掌握姓氏姓名，并且在科学区进行实验去探索真实性。

（4）美工区：可以让幼儿画家谱，知道家里有谁以及每个人的姓氏。

（5）益智区：幼儿可以在《百家姓》卡片中寻找自己的姓氏，或者按照儿歌的顺序摆放百家姓的顺序。

六、活动反思

在新的教学理念下，结合自己的教学案例进行反思，首先是有效课堂应该为幼儿创设思考的空间和时间。老师要敢于改革，敢于创新，敢于改造教材，尝试新的教法，解放课堂、解放幼儿，让幼儿在课堂上自主、自发地参与、投入学习，淡化老师在课堂上的主导地位，这不是不重视老师的主导地位，而是把更多的主导权交给幼儿，把课堂交还给幼儿。我越来越觉得现在的幼儿要比以往更聪明，更有创造力和想象力，我们作为老师，更要以幼儿为本，为幼儿创设思考的空间和时间，充分发挥幼儿的主观能动性，采取一切方法与手段，发展幼儿的思维，调控幼儿的情绪。但是本堂课只是初步让幼儿感知姓氏的多样性，在以后的课程中应该拓宽百家姓的文化知识，让幼儿了解姓氏中的奥秘、姓氏的由来、姓氏的传承等。课堂的时间会限制老师传授给幼儿知识的数量，那么就要采用家园合作的方式，家园共同配合才能让幼儿全方面地学习和发展自己。可以请爸爸妈妈等家庭成员在家里顺着课堂学的知识丰富幼儿的知识量，回到校园中时可以互相分享自己学到的知识。这样不仅可以完善老师讲授知识的不足之处，而且幼儿的思维是开阔的，多让幼儿去动脑思考，去发现、寻找问题，这样得到的答案和知识才能更加丰富多彩。

穿越回没有文字的时代

> **申请人简介：**
> 我叫张睿，2019 年毕业于中华女子学院，毕业后进入北京青年政治学院附属幼儿园工作。我对幼儿有爱心、有耐心、有责任心，在工作中可以做到对幼儿因材施教。
> **所在单位：** 北京青年政治学院附属幼儿园
> **适用班级：** 中班

一、设计意图

对古诗、传统节日、节气的学习逐渐成为幼儿与传统文化进行连接的喜闻乐见的形式，然而这些只是我们传统文化中的一小部分。在教育实践中我发现幼儿在学习传统文化知识时经常会产生一种强烈的距离感，这些看不见摸不着的东西离他们太遥远了。

中国有五千多年的历史，文化源远流长，其中汉字作为文化传播和继承的重要载体是我们祖先最伟大的发明之一。现在的幼儿可能难以想象在汉字被发明前，在那个没有文字和多媒体的时代，我们的祖先是如何记录身边发生的事情的。"上古无文字，结绳以记事"，我们的祖先通过在绳子上打结暂时化解了这个难题，结绳记事代表的不只是一种记录的方法，在它的背后蕴藏着中国人无穷的智慧和不被困难打倒的精神。

传统文化的学习对一个人的成长和素质的培养都有着重要的作用，希望通过本次活动可以让幼儿们了解结绳记事，让他们明白在那个没有文字的年代我们的祖先原来是这样生活的，让他们惊叹古人智慧的同时可以通过自己的努力找到记录的方法，解决当下的困难。

二、活动目标

（1）认知目标：让幼儿了解结绳记事这种记录方法。
（2）能力目标：让幼儿通过小组讨论、操作的形式总结出记录的方法。
（3）情感目标：让幼儿体会祖先在结绳记事中赋予的意义，感受中国人的智慧。

三、活动准备

古人和食物的卡通图片、绳子、布条、吸管、雪糕棍、毛根、安全剪刀、钻石贴画。

四、活动过程

(一) 开始部分：谈话导入

(1) 老师：小朋友们会用什么方式来记录我们身边发生的事情呢？
(幼儿回答，老师根据幼儿的回答进行总结)

(2) 老师：我们现在有各种各样的方法和各式各样的工具可以记录美好的一天，可是在几千年以前，那个时代没有文字，没有手机，没有这么多厉害的工具，大家猜一猜那个时候古人是用什么办法记录的吧。
(幼儿回答，老师根据幼儿的回答进行总结)

(二) 猜测如何用绳子进行记录 (产生兴趣)

老师：今天老师请来了一位古人 (老师出示古人图片)，他告诉我们那个时代没有文字，更没有我们小朋友现在看的各种各样的书籍，所以他们想要记录一些事情是非常困难的。古人一直被这个问题困扰着，"我应该如何记录每天发生的事情呢？"他们并没有被这个问题打败，经过不断尝试他们想到了一个好办法：可以用绳子来记录 (老师出示绳子)。小朋友们，你们知道怎样用绳子记录下我们每天做的事情吗？
(幼儿回答，老师根据幼儿的回答进行总结)

(三) 演示"结绳记事" (主动体验)

老师：接下来，我们来看一看古人是怎样用绳子记录事情的。今天来我们班级做客的古人要给我们展示一下他都吃了些什么东西。(老师出示绳子)

老师：这天早晨他吃了一个馒头 (老师出示食物图片)，于是就在绳子的一端打了一个结 (老师用绳子演示)，这个结就代表吃了一个馒头。

早餐结束后他去帮隔壁的爷爷干活，忙了一上午又累又饿，所以中午的时候吃得比较多，吃了一整只鸡 (老师出示食物图片)，于是他就在绳子上打了一个稍微大一点的结 (老师用绳子演示)，这个结代表吃了一只鸡。

中午睡了一会儿觉醒来又饿又渴，于是他拿出上午爷爷给的两个梨 (老师出示食物图片)，一口气全都吃了下去，并在绳子上连续打了两个稍微小一点的结 (老师用绳子演示)，这两个结代表吃了两个梨。

有了这根绳子古人就可以告诉其他人今天都吃了些什么东西。早晨的时候吃了一个馒头，中午吃了一只鸡，然后又吃了两个梨 (老师出示绳子)。

小结：这种用绳子记录事情的方法叫作"结绳记事"，古人真是很聪明，可以用身边简单的工具解决没有文字的难题。

(四) 寻找"结绳记事"的秘密 (总结规律)

老师：小朋友们，你们可以观察一下这根绳子上的结有什么不同。(幼儿回答)
小结：绳子上的结有大有小，而且每次打结的数量都不同，所以每个结都是不一样的，它背后代表的事情也是不一样的,是不是很神奇?

(五)幼儿分组讨论其他工具的记录方法(经验迁移)

老师:老师这里除了绳子以外还有各种各样的工具(介绍工具:布条、吸管、雪糕棍、毛根为主要工具,安全剪刀和钻石贴画为辅助工具。可以根据每种工具不同的特性启发幼儿:布条是软软的,吸管可以伸缩并且可以剪断,雪糕棍的长短和颜色不同,毛根可以弯曲并且颜色不同),我们现在要带着这些东西回到没有文字的几千年以前,今天小小古人们的任务就是寻找其他记录的方法。我们一会儿分组进行,每组根据你们选择的材料讨论出一种记录的方法,在分享环节可以跟全班的小朋友分享你们组使用这种工具记录的方法,然后讲一讲你们记录的三件事情。

幼儿自由组合,每张桌子上只准备一种材料,让幼儿根据自己的兴趣选择想要探索的工具,在幼儿操作期间老师根据各组情况给予指导。

(六)分享小组讨论成果(分享交流)

老师根据幼儿的分享内容给出评价,并进行总结。

(七)活动结束

老师:今天我们不仅学习了"结绳记事"的方法,还克服了没有文字的困难,找到了属于自己的记录方法,快给自己竖个大拇指吧!虽然我们回到了科技发达的现代,但是还有很多隐藏着古人智慧的发明等着我们继续去探索。

五、活动延伸

本次活动有两方面的延伸。

(一)区域活动

科学区和益智区都可以让幼儿们继续寻找更多可以用于记录的材料;表演区可以让幼儿们扮演古人,体验古人的生活。

(二)教学活动

接下来的教学活动是以"仓颉造字"为线索展开的,结绳记事只能是当事人知道内情,其他人不会知道大小结代表了什么,这种局限性也让此种记录方法无法长久使用。仓颉造字的出现弥补了这些缺陷,不同的符号代表不同的事物,以便于区分和记录。在活动中幼儿先是发现结绳的局限性,接下来了解仓颉造字,最后通过仓颉造字的启发创造出属于自己的记录符号。学龄前的幼儿处于前书写的阶段,能用自己的方法记录下身边发生的事情和自己的小秘密,对于他们来说也是一段非常珍贵的回忆。

六、活动反思

本次活动是中班的活动，如果在小班开展，可以带幼儿了解结绳记事并发现其中的规律，去掉后面经验迁移的环节。如果在大班开展，可以在介绍结绳记事之后增加一个自己进行结绳记事的环节，让整个活动更加饱满。

附表：北京学前职教集团"传统文化活动设计"名单

序号	活动名称	姓名	申报单位	适用班级
1	认识传统活动——春节	安天琦	北京经贸职业学院	大班
2	十二生肖	李若	北京经贸职业学院	大班
3	端午节活动	琚美琪	北京经贸职业学院	大班
4	辞旧迎新	侯婉秋	北京经贸职业学院	大班
5	一起过端午	叶永静	北京经贸职业学院	大班
6	十二生肖	李立平	北京经贸职业学院	大班
7	京剧周	王原梦	北京经贸职业学院	大班
8	快快乐乐过春节	曹晨	北京经贸职业学院	大班
9	元宵元宵乐开花	刘佳慧	北京经贸职业学院	大班
10	欢欢喜喜迎新年	刘歆彤	北京经贸职业学院	大班
11	京剧脸谱	陆孝琴	北京经贸职业学院	大班
12	元宵节主题活动	王丽	北京经贸职业学院	大班
13	喜迎中秋团圆	王佳媛	北京经贸职业学院	大班
14	民族大家庭	白鑫悦	北京经贸职业学院	中班
15	清明时刻	陈香雪	北京经贸职业学院	大班
16	欢欢喜喜过大年	张欣怡	北京经贸职业学院	大班
17	认识少数民族	张奥	北京经贸职业学院	大班
18	我们一起过端午	周邵婷	北京经贸职业学院	大班
19	元宵节	王文敏	北京经贸职业学院	大班
20	丰收节	徐钰昕	北京经贸职业学院	大班
21	小熊游北京	张淇	北京经贸职业学院	大班
22	欢欢乐乐过元宵	张璐	北京经贸职业学院	大班
23	被遗忘的国粹	申利军	北京经贸职业学院	大班
24	传统节日之端午节	冀可欣	北京经贸职业学院	大班
25	端午节	田贺然	北京经贸职业学院	大班

续表

序号	活动名称	姓名	申报单位	适用班级
26	二十四节气	卢心怡	北京经贸职业学院	大班
27	国粹京剧	张雨、李笑迎	北京经贸职业学院	大班
28	新年	王佳琪	北京经贸职业学院	大班
29	纸文化	李畅畅	北京经贸职业学院	大班
30	中秋节	贠建平	北京经贸职业学院	大班
31	初识中国传统节日	姚雅瑞	北京经贸职业学院	大班
32	中国传统手工艺陶瓷的魅力	王雨萌	北京经贸职业学院	大班
33	走进中华民族	铁雅璇	北京经贸职业学院	大班
34	非物质文化遗产——围棋	王成诚	北京经贸职业学院	大班
35	过年啦	陈子璇	北京经贸职业学院	大班
36	十二生肖	蔡彤彤	北京经贸职业学院	中班
37	文化传承	杨玉彭	北京经贸职业学院	大班
38	有趣的剪纸	李宇菲	北京经贸职业学院	大班
39	中秋节的快乐	薛诗凡	北京经贸职业学院	大班
40	小成语大智慧——盲人摸象	王翀	北京市东华门幼儿园	大班
41	年味活动之腌腊八蒜	刘梦瑶	北京市东华门幼儿园	大班
42	创意三折剪纸	王硕	北京市第二幼儿园	中班
43	包香包	崇静	北京朝莘蓝岛幼儿园（呼家楼园）	小班
44	大手拉小手，给爱插上翅膀——感受爱、学会爱、传递爱	董悦华	北京市西城区物资机关幼儿园	大班
45	中国影灯——皮影戏	石聪慧	北京市西城区物资机关幼儿园	大班
46	九九重阳节，浓浓敬老情	孙立锐	北京市西城区物资机关幼儿园	大班
47	投粽子	杨帆	北京市第一幼儿园海晟实验园	大班
48	神奇的水拓画	尹彩云	北京青年政治学院附属幼儿园	大班
49	百家姓	尹彩云	北京青年政治学院附属幼儿园	大班

续表

序号	活动名称	姓名	申报单位	适用班级
50	穿越回没有文字的时代	张睿	北京青年政治学院附属幼儿园	中班